本书出版得到教育部哲学社会科学重大项目攻关项目“近代救灾法律文献整理与研究”（18JZD024）资助。

清代救灾行政体系与国家治理研究

赵晓华 著

中国社会科学出版社

图书在版编目（CIP）数据

清代救灾行政体系与国家治理研究 / 赵晓华著.
北京 ：中国社会科学出版社，2025. 5. -- ISBN 978-7-5227-4680-7

Ⅰ. D632. 5；D691

中国国家版本馆 CIP 数据核字第 20257PR414 号

出 版 人　赵剑英
责任编辑　耿晓明
责任校对　李　刚
责任印制　李寡寡

出　　版　中国社会科学出版社
社　　址　北京鼓楼西大街甲 158 号
邮　　编　100720
网　　址　http://www.csspw.cn
发 行 部　010-84083685
门 市 部　010-84029450
经　　销　新华书店及其他书店

印　　刷　北京明恒达印务有限公司
装　　订　廊坊市广阳区广增装订厂
版　　次　2025 年 5 月第 1 版
印　　次　2025 年 5 月第 1 次印刷

开　　本　710×1000　1/16
印　　张　22. 75
字　　数　353 千字
定　　价　118. 00 元

目　录

绪　　论

一　选题缘起

自然灾害是全人类的共同大敌。人类一直在同各种自然灾害的顽强斗争中艰难地发展着自己。中国地域辽阔，地理条件和气候条件十分复杂，自古就是一个多灾之国。无岁不灾、无处不荒是中国历史上自然灾害发生的一个基本特点。频繁发生的严重的自然灾害，往往会导致人口锐减，造成巨大的生命财产的损失。自然灾害的发生，对社会经济带来极大破坏，大量土地荒芜，农作物遭到破坏，粮食减产甚至绝收，人口大量被迫流移，耕地严重减少，生态环境恶化，严重制约着农业生产的恢复和发展。“靠天吃饭”、对气象及气候状况等外部条件十分依赖的小农经济，一旦受到自然灾害的侵袭，往往会遭到沉重的打击而一蹶不振。严重的自然灾害往往还危及社会稳定和封建国家的统治。根据统计，中国古代大规模的13次农民起义中，12次起义爆发的原因中有自然灾害的因素，其中直接削弱甚或推翻了王朝统治的有8次，而引发起义的自然灾害则大多为水灾、旱灾和虫灾。① 天灾还和“人祸”相连，是导致政权更迭的重要原因之一。

在长期和自然灾害进行斗争的过程中，中国人民对灾害有了深刻认识，总结了一系列防灾、减灾、救灾的经验。历朝政府无不十分重视灾害的救治，将之视为国家治理的重要组成部分，并逐渐形成系统完备、独具特色的灾害治理体系。传统中国的灾害治理体系建立在大一统国家

① 赫治清主编：《中国古代灾害史研究》，中国社会科学出版社2007年版，第473页。

的治理体系之上，灾害治理与政治、经济、法律、社会、文化、对外交流等领域紧密相连，其制度建设和实施过程，体现了国家治理能力、中央与地方行政系统的协调机制、国家与社会之间的联动博弈。中国古代社会将救济饥荒的法令、制度与政策、措施统称为“荒政”。荒政的运行，需要依托于国家强大的行政体系。从皇帝、中央各部到省、府、州县，各自承担相应的救灾职能，组成上下相因、层次清晰的灾害治理机制。相应的立法体系，为荒政的运行提供了重要的制度保障。荒政内容的不断丰富、救灾思想的不断进步、相应行政系统的不断完善、立法体系的不断建设，体现了中国古代灾害治理体系的逐渐完善和提升。“我国古代逐渐形成了涉及政治、经济、社会、文化、生态、科技、对外交流等领域的灾害治理体系，并体现在灾前预防、灾时救治和灾后重建等环节，而其得失成败则成为衡量国家治理能力和水平的重要标尺。”①

清朝集历代国家治理经验之大成，灾害治理也是国家治理的重要组成部分。关于清代救灾制度、救灾思想的探讨，相关学术成果已经非常丰富，但是，对于清代救灾行政系统及其运行的专题性探讨，则成果较少。本书希望通过对清代救灾行政系统与国家治理关系的探讨，进一步丰富清代灾害治理史、政治制度史的研究。

二　学术史回溯

（一）国家治理视野下的灾害史研究

近些年来，有的学者对中国古代灾害治理或国家治理视野下的历代救灾制度做了具有创新性的探讨，极大地拓宽了灾害史研究的视野和深度。减灾备荒是历代国家的重要治理任务。张涛就中国古代灾害治理的历史经验进行分析。他认为，中国古代逐步建立起了以各级政府为主导、社会民众为辅助的多元化灾害治理格局，保障了防灾救灾的顺利开展。同时，生态保护、科技创新与灾害治理密切结合，广泛汲取域外救

① 张涛：《中国古代灾害治理的历史经验》，《理论学刊》2022 年第 5 期。

灾成果，及时总结救灾历史经验，促使灾害治理能力和水平不断提高①。张进红探讨了中国古代灾害治理的理念与策略。历朝历代都对灾害防治进行了积极的探索，积累并形成了较为成熟的治理理念和应对策略，表现为敬天与爱民的灾害治理理念，灾前预防和灾后应对的管理机制，国家救助与民间自救相辅相成的灾害治理模式。② 展龙提出从国家治理视域拓展灾害史研究。他提出，灾害治理史研究是要在灾害、灾害治理、国家治理的递进关系中，系统考察历代灾害治理能力，集中评判历代国家治理能力；围绕灾害系统和治理系统，深入探讨灾害治理与国家治理之间的学理性联系，探寻中华民族治理灾害的价值取向和人文关怀，总结历代治理灾害的实践路径和国家作为，为当今灾害治理提供宝贵的经验教训。③ 周光辉、赵德昊从荒政与大一统国家的关系出发，揭示荒政在大一统国家巩固与恢复重建上的关联机制。自然灾害通过对农业生产的威胁而给大一统国家带来了强大的政治压力。荒政实践作为国家提供的公共物品，强化了王朝国家的资源调动能力，推进了国家官僚组织建设，规避了中央政府基层控制权的旁落，巩固了普通民众对大一统国家的政治支持。荒政还为大一统国家的重建提供了心理基础、历史共识、制度遗产和基础设施。④ 陈志武《文明的逻辑：人类与风险的博弈》一书从风险的角度解读文明变迁，该书认为人类历史也是一部与风险的博弈史，也就是说，文明发展史不只是生产力上升的历史，更是风险应对力提升的历史。工业革命前，人类各主要文明因应对风险挑战而被迫不断演进，从婚姻、家庭、宗族、宗教、商业与金融市场等几类主要的化险方式上做出了不同程度的创举，使许多社会在工业革命前能够勉强应对自然风险⑤。刘宝霞、彭宗超对中国古代风险、危机、灾害进行了语义溯源，认为先秦时期风险、危机、灾害的相互关系可整合为

① 张涛：《中国古代灾害治理的历史经验》，《理论学刊》2022 年第 5 期。

② 张进红：《中国古代灾害治理的理念与策略》，《光明日报》2023 年 9 月 9 日。

③ 展龙：《从国家治理视域拓展灾害史研究》，《中国社会科学报》2020 年 9 月 28 日。

④ 周光辉、赵德昊：《荒政与大一统国家：国家韧性形成的内在机制》，《学海》2021 年第 1 期。

⑤ 陈志武：《文明的逻辑：人类与风险的博弈》，中信出版集团 2023 年版。

“幾微—危殆—灾难”风险演化链；针对这一演化链，先秦文献中的“知幾察微”“持危救危”“御灾救荒”“慎始慎终”“仁政为本”等风险治理策略也呈现出以“断链”为主要手段、兼顾整个流程的链式治理特点①。卜风贤认为，历史上的灾害治理具有国家化倾向，特定历史阶段灾害治理的瓶颈制约了减灾成效，灾害治理的根本出路在于发展科技，应当大力推行科技减灾的国家战略②。

（二）清代救灾制度史的总体性研究

制度化救灾是清代灾害治理的重要组成部分。关于清代救灾制度研究，已经取得较为丰硕的成果。20 世纪 20 至三四十年代，是中国灾荒史研究的起步阶段③。1934 年，冯柳堂《中国历代民食政策史》对清代仓储制度、“荒歉之处理”、“灾荒之赈济”等予以分析④。1936 年，徐钟渭在《中国历代之荒政制度》一文中阐释了中国历代荒政制度及其变迁。⑤ 1937 年，邓拓所著《中国救荒史》由商务印书馆出版，作为中

① 刘宝霞、彭宗超：《风险、危机、灾害的语义溯源——兼论中国古代链式风险治理流程思路》，《清华大学学报》（哲学社会科学版）2016 年第 2 期。

② 卜风贤：《传统荒政何以陷入救灾乏力的历史困境——基于灾害治理史的考察》，《社会科学战线》2024 年第 7 期。

③ 关于灾荒史的综述的成果已有多篇，相关成果包括吴滔《建国以来明清农业自然灾害研究综述》，《中国农史》1992 年第 4 期；余新忠《1980 年以来国内明清社会救济史研究综述》，《中国史研究动态》1996 年第 9 期；卜风贤《中国农业灾害史研究综论》，《中国史研究动态》2001 年第 2 期；阎永增、池子华《近十年来中国近代灾荒史研究综述》，《唐山师范学院学报》2001 年第 2 期；朱浒《二十世纪清代灾荒史研究述评》，《清史研究》2003 年第 3 期；邵永忠《二十世纪以来荒政史研究综述》，《中国史动态研究》2004 年第 3 期；佳宏伟《近十年来生态环境变迁史研究综述》，《史学月刊》2004 年第 6 期；周荣《20 世纪 50 年代以来海外学者明清荒政、救济和慈善事业史研究述评》，赫治清《中国古代灾害史研究》，中国社会科学出版社 2007 年版，第 451—467 页；阿利亚·艾尼瓦尔：《清代新疆自然灾害研究综述》，《中国史研究动态》2011 年第 6 期；王新宁：《二十多年来中国近代灾荒史研究综述》，《防灾科技学院学报》2012 年第 2 期；王鑫宏、柳俪葳：《近二十年来河南近代灾荒史研究的回顾与展望》，《农业考古》2014 年第 3 期；姚佳琳《近 30 年来清代云南灾荒史研究综述》，《保山学院学报》2014 年第 1 期；王进玲《近代灾荒救济史研究综述及展望》，《黑龙江史志》2015 年第 11 期；胡刚《清代民国灾害史研究综述》，《防灾科技学院学报》2015 年第 4 期；邵焕可《清代新疆灾害史研究述评》，《防灾科技学院学报》2023 年第 1 期，等。

④ 冯柳堂：《中国历代民食政策史》，商务印书馆 1934 年版。

⑤ 徐钟渭：《中国历代之荒政制度》，《经理月刊》1936 年第 1 期。

国第一部较为完整、系统、科学地研究中国历代灾荒及救荒思想的专著，该书展示了“以政治史为路径的灾害史研究”的“基本框架”，其主旨是“通过分析灾害与政治、制度等方面的关联与相互影响，将灾害作为一把钥匙，来理解和把握相关历史时期国家能力和制度建设的成效”[①]。

1949 年中华人民共和国成立至 70 年代末，人文社会科学领域对灾荒史的研究几近陷于停顿[②]。20 世纪 80 年代以来，灾荒史作为社会史的一个分支，取得了突破性的发展。中国人民大学李文海教授领衔的“近代中国灾荒研究课题组”，先后出版了《近代中国灾荒纪年》《近代中国灾荒纪年续编》《灾荒与饥馑：1840—1919》《中国近代十大灾荒》等著作[③]，这些研究成果从资料与理论方面均拓宽了灾荒史的研究路径，带动了一批学者开始从事相关领域的研究。90 年代以后，灾荒史的研究队伍日渐壮大，相关研究成果层出不穷。在救灾制度史的研究方面，李向军所著《清代荒政研究》一书，[④] 对清代救灾程序、救荒措施进行了系统梳理，该书还分析了清代荒政与吏治、财政的关系，以及荒政的实际效果，被称为迄其出版为止“对清代荒政最有成就的研究”[⑤]。法国学者魏丕信（Pierre – Etienne Will）《18 世纪中国的官僚与荒政》一书，以方观承《赈纪》所载的 1743—1744 年直隶大旱灾的赈济活动

---

① 朱浒：《中国灾害史研究的历程、取向及走向》，《北京大学学报》（哲学社会科学版）2018 年第 6 期。

② 参见朱浒《二十世纪清代灾荒史研究述评》，《清史研究》2003 年第 3 期。

③ 李文海、林敦奎、周源、宫明：《近代中国灾荒纪年》，湖南教育出版社 1990 年版；李文海、林敦奎、程歗、宫明：《近代中国灾荒纪年续编》，湖南教育出版社 1993 年版；李文海、周源：《灾荒与饥馑：1840—1919》，高等教育出版社 1991 年版；李文海、程歗、刘仰东、夏明方：《中国近代十大灾荒》，上海人民出版社 1994 年版。

④ 李向军：《清代荒政研究》，中国农业出版社 1995 年版。李向军另发表以专著为基础的有关清代荒政的论文多篇，如《清代救灾的基本程序》，《中国社会经济史研究》1992 年第 4 期；《清代救荒措施述要》，《社会科学辑刊》1992 年第 4 期；《清代前期的荒政与吏治》，《中国社会科学院研究生院学报》1993 年第 3 期；《清代前期荒政评价》，《首都师范大学学报》（社会科学版）1993 年第 5 期；《清前期的灾况、灾蠲与灾赈》，《中国经济史研究》1993 年第 3 期；《试论中国古代荒政的产生与发展历程》，《中国社会经济史研究》1994 年第 2 期；《清代救灾的制度建设与社会效果》，《历史研究》1995 年第 5 期；以及与宁可合著的《清代荒政研究》，《文献》1994 年第 2 期。

⑤ 李向军：《清代荒政研究》，“序言”；李根蟠《荒政研究中的拓荒之作》，《中国社会科学》1996 年第 3 期。

为中心，通过使用大量的明清档案及赈灾手册、行政法规汇编、地方志及文集等史料，对明清荒政问题予以全方位研究。该书在第二编“国家干预”部分对官僚组织、勘灾、赈济、供给、价格调控、加强恢复与生产等荒政的具体措施进行了详细论述，作者认为18世纪清王朝拥有一个成熟稳定的官僚体系，这一官僚体系能够聚集大量资源，进行粮食和资金的跨地区调运，承担大规模、长时期的救灾活动，大大减轻了自然灾害对普通人民的打击[①]。美国学者李明珠（Lillian M. Li）的专著《华北的饥荒：国家、市场与环境恶化（1690—1990）》（*Fighting Famine in North China*：*State*，*Market*，*and Envioronmental Decline*，*1960s – 1990s*：Stanford Unirersity，Press，2007），被称为运用研究手段多元，分析全面的“灾害史学的鸿篇巨制”[②]。该书将环境史与社会经济史的研究方法结合起来，阐述了三百年间直隶地区的政府、灾民、意识形态和环境的相互关系。该书第八章探讨了盛清时期、即魏丕信所称的“赈灾黄金时期”各种救灾技术的运用及效率，包括勘灾、普赈、粮食与银两、粥厂、平粜、蠲减税负、安辑流移等，第九章探讨了19世纪救荒的衰败，认为即使这一时期饥荒变得更加严重和频繁，社会历史背景也发生着巨大变化，但是“盛清模式的局部失效也并未影响到清王朝救灾的基本设想和方法”[③]。作者认为，清朝救荒的成功要素之一，是“皇帝和官僚在发动救荒运动中的领导，以及官僚在维持救荒中的效能”。方观承、陈宏谋等乾隆帝的股肱大臣，都致力于灾害救济和对下级官吏执行情况的监督，但是，即使方观承也不是完美无缺的，“目标宏伟、措施详尽的大型救荒模式要求人手缺乏的官僚机构具备最高效的运作水准，但即便有最好的环境和最优秀的人才，这一点也难以实现”[④]。夏明方《近世棘途：生态变迁中的中国现代化进程》围绕明清以来中国的自然灾

---

① ［法］魏丕信：《18世纪中国的官僚与荒政》，徐建青译，江苏人民出版社2003年版。

② 李军、石涛：《中国饥荒史研究方法刍议——以〈1690—1990年间华北的饥荒：国家、市场与环境的退化〉一书为中心》，《中国社会经济史研究》2014年第4期。

③ ［美］李明珠：《华北的饥荒：国家、市场与环境退化（1690—1949）》，石涛、李军、马国英译，人民出版社2016年版，“前言”，第14—15页。

④ ［美］李明珠：《华北的饥荒：国家、市场与环境退化（1690—1949）》，第334—335页。

害，就自然灾害与早期工业化、减灾救荒与政治体制的嬗变等方面展开论述，其中，对明清以来中国救灾体制的嬗变提出了独到的见解，在总结数百年来中国救灾防灾的经验教训的基础上，对建设有中国特色的减灾救灾体制提出历史的镜鉴①。周琼《清前期重大自然灾害与救灾机制研究》一书，对清前期灾赈机制及其社会效应进行了系统分析，阐释了清前期一系列重要救灾制度的形成、演变乃至实施情况②。陈桦、刘宗志《救灾与济贫：中国封建时代的社会救助活动（1750—1911）》、朱凤祥《中国灾害通史·清代卷》、孟昭华《中国灾荒史记》、袁林《西北灾荒史》、谢永刚《中国近五百年重大水旱灾害——灾害的社会影响及减灾对策研究》③ 等著作中，也有相关部分对清代救灾制度进行了相关介绍。

（三）清代救灾制度的专题性研究

不少学者分析了清代不同时期的救灾制度。如刘志刚《天人之际：灾害、生态与明清易代》④、张祥稳《清代乾隆时期自然灾害与荒政研究》⑤、张艳丽《嘉道时期的灾荒与社会》⑥、康沛竹《灾荒与晚清政治》⑦、张高臣《光绪朝灾荒与社会研究》⑧ 等。在清代区域性救灾研究方面，主要成果包括张崇旺《明清时期江淮地区的自然灾害与社会经济》，陈业新《明至民国时期皖北地区灾害环境与社会应对研究》，包庆德《清代内蒙古地区灾荒研究》，池子华等《近代河北灾荒研究》，王林主编

---

① 夏明方：《近世棘途：生态变迁中的中国现代化进程》，中国人民大学出版社 2012 年版。

② 周琼：《清前期重大自然灾害与救灾机制研究》，科学出版社 2021 年版。

③ 陈桦、刘宗志：《救灾与济贫：中国封建时代的社会救助活动（1750—1911）》，中国人民大学出版社 2005 年版；朱凤祥：《中国灾害通史·清代卷》，郑州大学出版社 2009 年版；孟昭华编著：《中国灾荒史记》，中国社会出版社 1999 年版；袁林：《西北灾荒史》，甘肃人民出版社 1994 年版；谢永刚：《中国近五百年重大水旱灾害——灾害的社会影响及减灾对策研究》，黑龙江科学技术出版社 2001 年版。

④ 刘志刚：《天人之际：灾害、生态与明清易代》，中南大学出版社 2013 年版。

⑤ 张祥稳：《清代乾隆时期自然灾害与荒政研究》，中国三峡出版社 2010 年版。

⑥ 张艳丽：《嘉道时期的灾荒与社会》，人民出版社 2008 年版。

⑦ 康沛竹：《灾荒与晚清政治》，北京大学出版社 2004 年版。

⑧ 张高臣：《光绪朝灾荒与社会研究》，中国社会科学出版社 2014 年版。

《山东近代灾荒史》，董传岭《晚清自然灾害与乡村社会研究——以山东为例》，于德源《北京灾害史》，耿占军、雷亚妮等《清至民国陕西农业自然灾害研究》，焦润明、张春艳《中国东北近代灾荒及救助研究》，聂选华《固本安边：清代云贵地区的灾荒赈济研究》等①。

关于救灾制度的专题性研究中，在备荒制度的研究方面，吴四伍《清代仓储的制度困境与救灾实践》一书，以苏州长元吴丰备义仓为点、江南积谷仓为面、全国仓储为体，对清代仓储制度的运行模式及转型予以微观考察，力图展示清代仓储制度的运行机制和实践形态，揭示传统仓储的制度困境及其近代转型。② 白丽萍所著《清代长江中游地区的仓储和地方社会：以社仓为中心》，以社仓为研究对象，以湖北、湖南、江西三省为研究区域，考察了清代长江中游地区仓储与地方社会的互动，分析了长江中游地区社仓的功能和实效，社仓实践中的中央与地方、官僚与士绅之间的关系，社仓与地方社会研究的区域性特色等③。在对清代救灾法律制度的专门性研究中，主要研究成果有赵晓华所著《救灾法律与清代社会》④、杨明《清代救荒法律制度研究》⑤。相关研究还有吴十洲《帝国之雩——18 世纪中国的干旱与祈雨》、杨乙丹《中国古代灾荒赈贷制度研究》⑥ 等。

还有许多学者以不同灾种或某次赈案为中心，对清代救灾机制的内

① 张崇旺：《明清时期江淮地区的自然灾害与社会经济》，福建人民出版社 2006 年版；陈业新：《明至民国时期皖北地区灾害环境与社会应对研究》，上海人民出版社 2008 年版；包庆德：《清代内蒙古地区灾荒研究》，人民出版社 2015 年版；池子华、李红英、刘玉梅：《近代河北灾荒研究》，合肥工业出版社 2011 年版；王林主编：《山东近代灾荒史》，齐鲁书社 2004 年版；董传岭：《晚清自然灾害与乡村社会研究——以山东为例》，九州出版社 2014 年版；于德源：《北京灾害史》，同心出版社 2008 年版；耿占军、雷亚妮等《清至民国陕西农业自然灾害研究》，中国社会科学出版社 2015 年版；焦润明、张春艳《中国东北近代灾荒及救助研究》，北京师范大学出版社 2011 年版；聂选华：《固本安边：清代云贵地区的灾荒赈济研究》，中国社会科学出版社 2022 年版。

② 吴四伍：《清代仓储的制度困境与救灾实践》，社会科学文献出版社 2018 年版。

③ 白丽萍：《清代长江中游地区的仓储和地方社会：以社仓为中心》，中国社会科学出版社 2020 年版。

④ 赵晓华：《救灾法律与清代社会》，社会科学文献出版社 2011 年版。

⑤ 杨明：《清代救荒法律制度研究》，中国政法大学出版社 2014 年版。

⑥ 吴十洲：《帝国之雩——18 世纪中国的干旱与祈雨》，紫禁城出版社 2010 年版；杨乙丹：《中国古代灾荒赈贷制度研究》，商务印书馆 2023 年版。

容及实践进行研究。如就丁戊奇荒的探讨方面，已有的专著中，何汉威《光绪初年（1876—1879）华北的大旱灾》一书，在描述旱灾发生背景及破坏性的基础上，分析了华北灾区当局的救灾措施、清廷及其他省份对灾区的支援、救灾成效的检讨等[①]。郝平的专著《丁戊奇荒：光绪初年山西灾荒与救济研究》，对此次大旱灾在山西的发生、蔓延、受灾程度，各级官员及民间力量，西方势力的救灾力度等予以详细分析和研究。[②] 在对清代水灾及其救治的相关专著方面，贾国静围绕清代河患河防，著有《黄河铜瓦厢决口改道与晚清政局》《水之政治：清代黄河治理的制度史考察》[③]。李嘎《旱域水潦：水患语境下山陕黄土高原城市环境史研究（1368—1979年）》将历史时期城市水患研究与城市环境史相结合，对城市水患的发生状况、致灾原因、防治措施等进行全面考察。[④] 蔡勤禹、景菲菲等《近代以来中国海洋灾害应对研究》，梳理了近代以来中国海洋灾害应对的相关历史，阐述了海洋灾害应对机制体制的历史变迁[⑤]。在疫灾及其救治的研究方面，余新忠《清代卫生防疫机制及其近代演变》从“卫生”概念的演变入手，对清代的卫生规制及其近代演进、晚清检疫制度的引建及其权力关系、晚清的卫生防疫与近代身体的形成等问题进行探讨，并进一步探究传统在中国社会近代转型中的影响与作用以及展开对现代化过程和“现代性”的省思。[⑥] 相关研究还有曹树基、李玉尚《鼠疫：战争与和平——中国的环境与社会变迁（1230—1960）》、焦润明《清末东北三省鼠疫灾难及防疫措施研究》、路彩霞《清末京津公共卫生机制演进研究（1900—1911）》[⑦] 等。

---

① 何汉威：《光绪初年（1876—1879）华北的大旱灾》，香港中文大学出版社1980年版。

② 郝平：《丁戊奇荒：光绪初年山西灾荒与救济研究》，北京大学出版社2012年版。

③ 贾国静：《黄河铜瓦厢决口改道与晚清政局》，社会科学文献出版社2019年版；《水之政治：清代黄河治理的制度史考察》，中国社会科学出版社2019年版。

④ 李嘎：《旱域水潦：水患语境下山陕黄土高原城市环境史研究（1368—1979年）》，商务印书馆2019年版。

⑤ 蔡勤禹、景菲菲等：《近代以来中国海洋灾害应对研究》，商务印书馆2023年版。

⑥ 余新忠：《清代卫生防疫机制及其近代演变》，北京师范大学出版社2016年版。

⑦ 曹树基、李玉尚：《鼠疫：战争与和平——中国的环境与社会变迁（1230—1960）》，山东画报出版社2006年版；焦润明：《清末东北三省鼠疫灾难及防疫措施研究》，北京师范大学出版社2011年版；路彩霞：《清末京津公共卫生机制演进研究（1900—1911）》，湖北人民出版社2010年版。

（四）清代救灾行政的相关研究

“荒政者，仁政也”。中国历代王朝对荒政都极其重视，国家主导的救灾实践也成为中国救灾的重要特色。在传统中国“政法合一”的体制之下，救灾制度的运作需要依托强大的行政体系而进行。孙绍骋所著《中国救灾制度研究》一书的第四章“救灾主体”，对历代救灾工作的管理体制、历代救灾机构沿革、中央政府、地方政府予以分别阐述[①]。石涛《北宋时期自然灾害与政府管理体系研究》试图突破传统荒政学的框架，运用管理学、经济学等跨学科的研究方法，认为北宋时期已经具备现代灾害管理模式的雏形，形成现代管理体系的三个行政等级和四个层次，即决策层、管理层、执行层、操作层，并从弭灾和减灾两个方面分别论述了北宋中央和地方政府的各个层级在灾害管理中扮演的不同角色、管理职责和运作模式[②]。在对清代救灾制度的探讨中，有些学者对清代救灾行政体系也做了相应探讨。李向军在《清代荒政研究》第五章中对清代救荒用人制度进行分析，认为清政府在救荒用人方面建立了一套独特的管理与监督方法，“措施得当，制度完备”，是保证救灾工作得以顺利进行的重要原因。[③] 法国学者魏丕信在所著《18 世纪中国的官僚制度与荒政》中，对清代救灾中的地方人事所存在的问题及解决办法予以阐释。[④] 李伯重指出，清前期有效的信息收集系统是达到较好的国家治理的关键之一。清代将粮价奏报与雨泽奏报系统共同组成荒政信息收集系统，建立起完备的信息收集系统。这一系统使得清代国家有能力建立一个巨大而复杂的赈灾机构，从而在广大的范围内影响人民的生活福利[⑤]。李长莉对乾隆江苏如皋饥疫的恶性案例、光绪山东惠民水灾的良性案例与宣统直隶保定新法防疫三个清代救灾案例进行比较考

---

① 孙绍骋：《中国救灾制度研究》，商务印书馆 2004 年版。

② 石涛：《北宋时期自然灾害与政府管理体系研究》，社会科学文献出版社 2010 年版。

③ 李向军：《清代荒政研究》，第 76—80 页。

④ ［法］魏丕信：《18 世纪中国的官僚制度与荒政》，第 69—78 页。

⑤ 李伯重：《信息收集与国家治理——清代的荒政信息收集系统》，《首都师范大学学报》（社会科学版）2022 年第 1 期。

察，认为在清中后期，由救灾体制所代表的社会危机公共管理体制，伴随社会变动，经历了从传统模式向近代模式的转换。① 贾国静对清代河务中河道总督与皇权政治进行了探讨，指出以河道总督为中心的官际关系与人际关系向上可至皇帝、内政大臣，向下涉及地方督抚、庶民百姓。皇帝在治河中扮演的角色，经历了从宏观调控到微观调控、再到逐渐失控，河道总督与内政大臣、地方督抚起初还能够进行不同程度的合作，但是随着皇权式微，为寻求各自利益最大化，不断产生矛盾乃至冲突。黄河管理制度的运转，也体现了皇权政治文化的特点及复杂性。②其对清代治水过程的探讨，既以国家最高政权为核心，同时也兼顾了中央与地方、地方与地方，围绕着河患“在地域分布上的不均衡而展开的竞争性政治规避行为，以及这种政治竞争对治河体制的影响”③。郝平以丁戊奇荒中的山西为中心，探讨了旱灾救济中高层官员与灾荒救济、中层官员中的办赈典型、州县官员的个人形象与救济策略、饥荒中的外部援助、地方绅商与灾后自救，描绘了从钦差大臣、督抚、知府到州县官等的救灾职能及运作④。张璐《国家治理视域下清前中期救灾法律及其实践——以1830年直隶磁州地震为例》以道光十年（1830）直隶磁州地震为研究对象，认为在磁州地震救灾实践中，在行政奖惩和全程监督的驱动下，直隶官员展现出较高的行政效率，完善的制度体系和官员较强的制度执行力，成为清前中期灾害治理取得良好效果的关键因素。⑤ 杜丽红《清末北京卫生行政的创立》则描述了在清末社会思潮变动的社会背景下，北京卫生行政制度创立的过程，并对其内容和执行状况做了分析⑥。拙著《救灾法律与清代社会》第二章　“清代救灾法律

① 李长莉：《清代救灾体制转换与公共管理近代转型——效能分析与基层案例比较》，《江海学刊》2012年第1期。

② 贾国静：《水之政治：清代黄河治理的制度史考察》，中国社会科学出版社2019年版。

③ 贾国静：《水之政治：清代黄河治理的制度史考察》，夏明方“序”，第13页。

④ 郝平：《丁戊奇荒：光绪初年山西灾荒与救济研究》，北京大学出版社2012年版。

⑤ 张璐：《国家治理视域下清前中期救灾法律及其实践——以1830年直隶磁州地震为例》，《理论界》2023年第3期。

⑥ 杜丽红：《清末北京卫生行政的创立》，余新忠主编：《清以来的疾病、医疗和卫生：以社会文化史为视角的探索》，生活·读书·新知三联书店2009年版，第300—337页。

的行政体系及其运作”就清代救灾官员及机构的组成、职能及其办赈实效等予以分析，惜乎当时材料及该书主旨所限，对相关问题的阐释远称不上系统完善①。

三 本书的研究旨趣和结构说明

以上对学界关于清代灾害治理、救灾制度及救灾行政的主要研究成果进行了简单的梳理。从中我们可以看到，学术界关于清代救灾制度的研究可谓成果宏富，且不乏上乘之作，但是，对于清代救灾制度赖以实行的救灾行政系统，还缺乏系统的研究。对于清代灾害治理史的研究，近年来也已经成为学界关注的视角，但是从这一视角关注清代救灾行政机制的专题性研究，还尚为寥寥。卜宪群指出，“治理”一词，系指国家管理应按照某种规律、规则行事，在中国古代的治理思想与治道政治文化传统中，不仅有自上而下的治理思想，也有注重民间社会参与的治理思想。国家统治并不能与国家治理等同②。还有的学者指出，国家治理是制度性实践，国家治理史的问题意识和研究旨趣与传统政治制度史息息相关，但是又不同于对典章条文的简单复述和泛泛而论，其更关注国家权力在不同时期、层级、领域中的生成、分配、表现和运行机理，是一种具有理论关怀、整体视野和资鉴精神的制度实践史。这就需要研究者努力转换问题意识和观察视角，全面观察治理思想、治理方式的制定、布达和演变。③ 清代的行政管理机制是确保荒政体系运行的保障体系。有清一代，没有出现常设的救灾机构和专职救灾人员，根据李向军《清代荒政研究》的分析，其原因包括两点：其一，清历朝皇帝将荒政视为根本大计，十分重视，救灾之事往往亲自过问。督抚、知府、知州、知县等也即一省、一府、一州、一县的救灾总管，因此，无须另设其他救灾机构和官吏；其二，救灾时间性极强，若设立常设机构，平时

① 赵晓华：《救灾法律与清代社会》，社会科学文献出版社 2011 年版。
② 卜宪群：《中国古代“治理”探义》，《政治学研究》2018 年第 3 期。
③ 宋儒：《2022 年国家治理史研究综述》，《地域文化研究》2023 年第 6 期。

徒靡开支，临灾又人手不够。[1] 虽然不设常设机构，但是清代形成了与国家治理紧密联结的救灾行政机制。在皇帝的统一驾驭下，从中央机关到地方州县，皆确立了相应的救灾职责和监督机制，各级临时救灾官员的派设，又使得救灾制度的运转能够因时制宜，灵活多变。本书在深入挖掘档案、实录、会典、荒政书、文集等资料的基础上，拟详细梳理清代救灾制度建设及发展脉络，对清代帝王及中央机关、督抚、州县等为中心形成的救灾行政体系进行阐述，并通过探讨清代因灾祈禳机制分析禳灾与清代政权之间的关联，希望本书能够有助于拓宽清代灾害史和清代国家治理史的研究路径。

本书分四个部分。第一部分为第一章，主要对清代救灾行政法规文献进行了梳理和分析。清代救灾行政法律制度体现了清代法律体系的三个层次。其中，《大清会典》作为国家典章制度总汇，居于国家行政法律体系最高层次。清代行政法律体系的中间层次由六部则例等构成，规定了各种可直接应用于救灾实践且稳定性较强的救灾法规，也属于国家基本法律。清代法律体系的最低层次是未经统一编纂、但经由中央机构和地方官府议准的事例、章程等，属于可变通之法。在地方性救灾法规的建设方面，各省省例大都包含一定数量的救灾法规，此外还有作为临时性救灾法规的灾赈章程，这两类救灾法规皆是对中央法规的具体阐释和补充，体现了清代救灾立法的灵活性，从而能够更好地发挥救灾法规对救灾实践的指导作用和保障作用。许多荒政著述对救灾法规的辑录归纳，有助于各级官吏从容而灵活地应对灾荒中的突发事件，为其减少办赈分歧、提高办赈效率打下了良好基础。

第二部分为第二、三、四章，主要分析了清代救灾的制度建设及发展脉络。第二章阐述了清代救灾制度的主要内容，以及清朝救灾责任的法律化，并对清代救灾制度的发展脉络和阶段性变化进行了分析。清朝吸纳历代经验，建立了系统完备的救灾制度，其内容主要包括报灾、勘灾、筹赈、赈灾、善后等多个方面，基本覆盖整个救灾过程。清朝将救灾责任法律化，救灾立法体系严整灵活，从而确保救灾制度有效运行。

---

[1] 李向军：《清代荒政研究》，第76—77页。

清代救灾制度建设与王朝活动同步进行，存在较为明显的阶段性变化。第三章探讨了学界以前探讨较少的灾赈方式及其特点。清朝灾赈方式名目繁多，贯穿整个赈灾过程，不同的赈灾名目面向不同的赈济对象，规定了不同时期的赈灾期限和标准，体现了清代荒政既系统严密、又灵活多变的实施特点，有利于加强对灾赈钱粮的合理分布和管控，也有利于将赈灾和农业生产恢复紧密关联起来。不过，由于灾赈方式名目繁多而不易把握，增加了赈灾的繁难程度，对地方官办赈能力提出了较高的要求。晚清以降，在官赈能力衰落、筹赈艰难的情势下，地方官不得已改赈为抚，对传统灾赈方式进行了变通。第四章阐述了清代粮食安全政策及其实践。粮食问题关乎国家安全和社会稳定。清代人口发展迅速，由此产生的人地矛盾给清政权造成了空前的压力，清代政府在发展粮食生产、建设粮食储备系统、稳定粮食价格、降低粮食危机等方面形成一系列政策，努力保障粮食安全。

第三部分为第五至第十章，分别从皇帝及中央机关、督抚、州县救灾职能及实践，以及清代临时性救灾机制等，阐述了清代救灾行政机制的基本运行方式、成效及困境。皇帝作为最高决策者，也是清代国家救灾制度制定和实践的最高指挥官。第五章探讨清代中央救灾行政机制。清代帝王在救灾中所应尽的具体职责和从事的具体活动，主要包括制定、推广救灾制度，组织赈济，因灾修省等，六部、步军统领衙门、都察院、内务府、理藩院等均承担相应救灾职能。清末成立的民政部和度支部等，承接了户部、步军统领衙门等承担的救灾职能。第六章对作为清代政治救灾重要内容的因灾祈禳机制进行探讨。第七章以直隶为中心，分析了清代督抚的赈灾实践。督抚作为独当一面的地方长官，救灾自然也是督抚最为重要的工作内容之一，督抚的素质和效率也直接关系到整个救灾体系的成效。第八、九章考察了清代州县的救灾机制。州县是清代最小的行政单元。作为州县的行政首脑和政治主体，救荒赈济也是州县官重要的职掌之一。这两章分别以道光二十八年（1848）江苏仪征水灾赈济、光绪二十四年（1898）山东惠民水灾赈济为例，以仪征县令王检心《真州救荒录》和惠民县令柳堂《灾赈日记》为中心，分析清代州县救灾机制的运作状况及其特点，以及晚清州县官视野中的救灾活动。第十章考察清代救灾人事制度的成效及困境。派设临时救灾官员是清代救灾人事制度的重要组成部分。清代的临时救灾官员包括中央委派的察赈大臣、地方查赈委员，及由佐杂组成的协办官等。临时办赈官员的派设，有助于补充地方赈济力量之不足，提高救灾效率，完善和监督地方行政系统的救灾职能，但在实际的救灾实践中，办赈官员对地方形成一定扰累，地方官对于办赈官员多有不合作，加以办赈官员素质的影响，使得清代救灾人事制度在清中叶后陷入困境之中。清代救灾行政系统及其运行，是清代灾害治理的重要组成部分。救灾行政系统的不断完善，提升了灾害治理的制度保障，确保了灾害治理程序的执行和落实。清代灾害治理的发展脉络，也是对清代国家治理能力从发展、鼎盛到衰落的鲜明反映。

夏明方在谈到当前灾害史研究如何走出“舒适圈”，“进而构建符合时代要求的新灾害叙事”时指出，“我们不能把灾害仅仅作为社会的一部分或社会生活中的某一个环节来看待，而应把它作为人与自然这一生态复合体的整体构造里不容忽视的一部分，甚至是非常重要的一部分来看待。我们需要用它来观察作为整体的社会，观察政治，观察经济，观察文化，观察一切，进而得出与其他观察视角不一样的新认识”①。在新的时代际遇下，努力借鉴跨学科研究方法，坚守历史思维和历史逻辑，从多种不同的角度总结历史上灾害治理的经验，是灾害史学者的重要责任与使命。限于时间及能力所限，本书对于清代救灾行政制度及其运作的研究，对从国家治理视野出发的灾害史研究，无疑只是一个初步的、粗浅的探讨，期望本书能够作引玉之砖，为深化清代灾荒史、清代国家治理史的研究有所作用，并为我们今天的防灾减灾事业提供一定的历史借鉴。不足之处，欢迎各位学者同仁批评指正。

① 夏明方：《继往开来：新时代中国灾害叙事的范式转换刍议》，《史学集刊》2021 年第 2 期。

第一章

清代救灾行政法规文献略论

清朝以五朝会典为经，以各部院单行行政法规为纬，建立了“内容庞博，门类齐全，规范细密，并饶有中国特色的古代行政法体系”①。作为中国古代荒政和法律制度的集大成者，清朝也建立了一整套严密系统的救灾法律制度。清代的救灾法律不仅反映在会典、则例、《大清律例》等行政、刑事法典中，还反映在省例、救灾章程等地方性、临时性的法律规范及其汇编中。清代许多荒政著述对救灾法律做了整理和归纳，使得各级官吏更方便了解和把握救灾法律的内容及沿革，为其在救灾过程中遵循法定程序、提高办赈效率提供了很大的可能性。学界目前对清代救灾法律文献关注较少，本章拟对清代行政救灾法律文献的分类及特点进行分析，期望加深对清代救灾法律制度的内容及其演变发展特点的认识。

一　会典与则例中的救灾类行政法规

清代的救灾立法，在会典、则例、律例等法典、法规中皆有明确体现。《大清会典》“是全面规范国家政务和各项基本制度、经久常行、在国家法律体系中居于‘纲’的地位的大法”②。作为清代的行政法典，清五朝会典“构筑出了结构严密、内容完备的一整套行政管理法律体

① 张晋藩：《中国古代的行政管理与行政法》，《中国社会科学》1985年第1期。

② 杨一凡、宋北平主编，（清）伊桑阿等纂：《大清会典》（康熙朝），第1卷，关志国、刘宸缨校点，凤凰出版社2016年版，“前言”，第3页。

系，其系统完备、理性务实之程度可谓达致中国传统行政立法之巅峰。”① 清五朝会典对救灾均作了相应的规定。康熙朝会典作为清朝首部编纂的会典，其卷二十一在“户部·田土”之下专设“荒政”目，宣称“恤荒之政，诚为拯民急务，我朝深仁厚泽，立法补救，凡遇水旱虫雹，议报勘，议缓征，议蠲，议赈，规制具在，虽值岁荒，民不失所，法至善也”②，并依照时间顺序对报勘、蠲免、缓征、劝输等救灾法规做了相应的历时性梳理。卷二十八“户部·仓庾”指出：“国家设仓储粟，以赡军赈民。自京师通州，以及直省府、州、县、卫、所各仓，监督有官，考核有法，收支奏销有例，具列于后。至常平仓，尤足以备缓急，并载之。”③ 卷二十八、二十九设“各省府州县卫仓”，对各省所存常平仓等仓庾情况及管理予以详细记录。④ 雍正朝会典自卷三十五至卷三十九皆以“蠲恤”为目，从报勘、豁免、赈济、借给、积贮等方面详细记载了清代救灾法规的逐步完善。卷四十五“仓庾二”下设“直省府州县卫仓”⑤。乾隆朝会典卷十九“户部·蠲恤”把“蠲恤”解释为保息和荒政两个方面，并叙述二者区别称：“古者以保息养万民，岁有不登，则聚之以荒政。国家频赐天下租税，鳏寡孤独者又养其保息斯民者，至矣。一方告饥，百出其道以拯救之，荒政于是乎详焉。所以有备无患，而民不失其所也。”所谓保息之政包括十条，分别为赐复、免科、除役、赈茕独、养幼孤、收羁穷、安节孝、恤薄宦、矜罪囚、抚难夷等，体现了清朝在社会保障，尤其对社会弱势群体的赈济规定。每条之下对国家相应政策法规的变化做了一定解释。如第六条“收羁穷”对京师贫民救济制度予以概要性的介绍：“五方之民多聚京师，有贫病无依者，五城各设栖流所以收养之，日给钱米有差；隆冬酌给棉被，所佣一人扶持之；病故者给棺以瘗，标识其处，以待其家访寻

① 罗冠男：《清代行政立法理念与路径探析——以〈大清会典〉编纂为例》，《江汉论坛》2003 年第 6 期。

② （清）伊桑阿等纂：《大清会典》（康熙朝），第 1 卷，第 227 页。

③ （清）伊桑阿等纂：《大清会典》（康熙朝），第 1 卷，第 316 页。

④ （清）伊桑阿等纂：《大清会典》（康熙朝），第 1 卷，第 322—351 页。

⑤ 《大清会典》（雍正朝），雍正十年内府刻本。

者，其费由部关支。冬十月至春三月，五城设厂为饭，以食羁旅行乞者，其米由通仓关支。”在对社会救济活动的管理上，“巡城御史督兵马司指挥举行，左都御史、左副都御史亲省视之”。另外，清政府在广宁门外设普济堂，“贫给饮食，病有医药，没为敛瘗。起于绅民好义者捐设，岁颁崇文门税银千两、京仓米二百石，以倡率之”[①]。乾隆朝会典还列举荒政十二条，分别为救灾、拯饥、平粜、贷粟、蠲赋、缓征、通商、劝输、严奏报之期、辨灾伤之等、兴土功、反流亡。其中，“救灾”专指水灾的救治：“川泽水溢，湮田禾，漂庐舍，有司率众救济，申报上司，视所坏民居，辨其为茅苫，为瓴甓，给修理费各有差。有伤人者，加恤之。”督抚对于前述事项应当“立与施行，具疏以闻，有怠玩濡迟，致民众流离者，惟督抚之罪”[②]。“兴土功”，指的是“使民就佣”，即以工代赈。“岁饥，有力之家皆罢兴作，闲民转移任执事者生计益艰。乃命有司相时地之宜，鸠工庀材，或筑城垣，或浚沟渠，或固堤防，或治仓廨，俾废坠可修，而民就佣赁得食，以免于阻饥。事竣，则疏报所济饥民与所费工筑之数，由部复核而奏销之。”乾隆会典列举的荒政十二条更为具体地阐释了灾赈内容，体现了清代中央政府救灾的主旨和基本的法律规章。[③] 卷十二“库藏·积贮”对常平仓、社仓、义仓制度予以概括性介绍。“国家循古制设常平仓，随时粜米谷，用资振贷。丰年则劝民出升斗以益之，厥后户口殷阜，乃出库藏市籴，闲或截漕运贮各州、县、卫，分上中下等，以三万、二万、万六千石为差。”“凡民间收获时，随其所赢，听出粟麦，建仓贮之，以备乡里借贷，曰社仓。”“凡绅士捐谷，以待振贷，曰义仓。”[④] 嘉庆朝会典卷十二对荒政十二条重新做了调整，将其内容设定为备祲、除孽、救灾、发赈、减粜、出贷、蠲赋、缓征、通商、劝输、兴工筑、集流亡。其中，备祲、除孽系新增加的规条。备祲为防灾之策，包括奖励农耕、农忙停讼、招

---

① 杨一凡、宋北平主编，（清）允祹等纂：《大清会典》（乾隆朝），李春光校点，凤凰出版社2018年版，第95—96页。

② （清）允祹等纂：《大清会典》（乾隆朝），第96页。

③ （清）允祹等纂：《大清会典》（乾隆朝），第96—98页。

④ （清）允祹等纂：《大清会典》（乾隆朝），第75—76页。

徕垦荒等。比如奖励农耕方面，“凡勤耕务本之农，该管官时加奖励，每州县量设老农数人，以为董率，察其勤俭无过者，准给与八品顶戴。岁遇农忙，则停征、停讼以劝农务”①。除孽即捕蝗和除蛟。光绪朝会典对荒政十二条的记载与嘉庆会典基本相同。

康熙和雍正朝两部会典都依照《明会典》的体裁，以官统事，以事隶官，并将则例附于各条之末。乾隆朝在修订纂修会典同时，采用“以典为纲，以则例为目”的体例，把附在《会典》后的事例分离出来，在编纂会典同时，还制订了 180 卷的《大清会典则例》。乾隆朝《大清会典则例》在“户部”下设“蠲恤”目，作为对乾隆会典的具体阐释和补充。其中，卷十九为“灾赈”，包括报灾逾限、捕蝗、失火等。卷五十三至卷五十五为“蠲恤”，卷五十三内容包括赐复、免科、除役、振茕独、养幼孤、收羁穷、矜罪囚等，卷五十四包括救灾、拯饥、平粜、贷粟，卷五十五内容包括蠲赋、通商、劝输、严奏报之期、辨灾伤之等、兴土功、反流亡等。嘉庆、光绪朝《清会典事例》也在“户部”下设“蠲恤”目。光绪朝《清会典事例》内容更为丰富，详细叙述了有清一代救灾法规的沿革损益和变动的情况。其中，“户部”下“蠲恤”项包括卷二百六十五至卷二百八十八：卷二百六十五至二百六十七为“赐复”；卷二百六十八“免科、除役”；卷二百六十九“恤孤贫、养幼孤、收羁穷”；卷二百七十“安节孝、恤薄宦、矜罪囚、抚难夷、救灾”；卷二百七十一至二百七十四为“赈饥”（一至四）；卷二百七十五“平粜”；卷二百七十六至二百七十七“贷粟”；卷二百七十八至二百八十一“蠲赋”（一至四）；卷二百八十二至二百八十七“缓征”（一至六）；卷二百八十八“贩运、劝输、兴土功、抚流亡、奏报之限、灾伤之等”。“礼部”之下，卷四百零三“风教”包括“旌表乐善好施”“旌表急公好义”；卷四百二十“大祀·雩祀”；卷四百四十五“群祀·直省御灾捍患诸神祠庙”。“刑部”的部分，卷七百五十四为“户律田宅·检踏灾伤田粮”。此外，相关内容还有卷九百三十九“工部·

① 杨一凡、宋北平主编，（清）托津等纂：《大清会典》（嘉庆朝），王帅一、刘盈皎、王正华校点，凤凰出版社 2021 年版，第 194 页。

船政·救生船”，卷九百九十一“理藩院·优恤·赈济”，卷一千一百九十七，“内务府·屯庄·粮庄勘灾”等。

对救灾内容予以详细法律规定的还有《钦定户部则例》。与会典相比，清代的则例每隔十年即重修一次。由于续修频繁，则例的记载更为详尽，同时资料的来源也更加直接。作为清代的经济行政法规，《钦定户部则例》的修订次数更多，频率更高。据同治朝《钦定户部则例》称：“计自乾隆四十一年至咸丰元年，先后十三次奏请纂辑成书，颁发各直省在案。”75 年间，平均五年多就续修一次。其原因是户部作为“钱粮总汇”，“例案较繁，兼有随时更改之处”，应行入例事件往往多过其他则例数倍。《户部则例》首次刊刻通行系在乾隆四十一年（1776），现存 126 卷，其中卷一〇九和卷一一〇在蠲恤项下分设灾蠲和赈济两类，灾蠲类内容包括报灾、勘灾、灾蠲地丁、灾蠲耗羡、被灾蠲缓漕项、灾蠲官租、蠲赋溢完流抵、业户遇蠲减租、蠲免给单、奉蠲不实；赈济类包括散赈、折赈米价、坍房修费、隆冬煮赈、士商捐赈、查勘灾赈公费、督捕蝗蝻、邻封协捕、捕蝗公费、捕蝗禁令、捕蝗损禾给价等。同治朝《户部则例》现存 100 卷，根据其纂辑则例，此次修订以删繁就简、文简意赅为原则，旧例所载上谕中凡有关例义者照旧存录，应纂例文者即行补录，无关例义者已载录在会典中，则例因此不再纂录。其中卷八十四蠲恤项下设恩蠲灾蠲事例、查勘灾赈事例、稽查灾民事例、抚恤冲淹事例、督捕蝗蝻事例，从条目编排来看较乾隆朝《户部则例》变化颇大，更加系统，因为会典及会典事例内容的不断丰富，则例中的相关条款也删减归并不少。与会典及会典事例依照时间顺序记录救灾法规的沿革不同，《户部则例》只录最新修订的条款，文字简要，分类明确，因此更易各级官吏查照办理。

二　省例中的地方性救灾法规

在清代地方性的行政法规中，省例作为对中央法的立法创新及分权，既有地方特色和个案差异，又有其地方为中心立法的法理基础和社会根源。[①] 杨一凡认为，清人主要从三层意义上使用“省例”这一称谓。其一，清代的省例是以地方性事务为规范对象、以地方行政性法规为主体、兼含少量地区性特别法的一种法规汇编，在各地司法、行政过程中具有重要作用。其二，指刊入具有省例性质的官方文书和地方性法规、政令汇编中的每一种法规、政令或具有法律效力的规范性文件。其三，特指省级政府刊发地方性法规、政令及具有法律效力的规范性文件的一种官方文书形式。[②] 省例多采用官方文书形式发布，通行于全省。在目前所见的清代省例中，多包含一定的救灾法规。

清代省例编纂体例并不统一。“盖纂修省例，各地随其实情，以施行之。故较量事件大小轻重，或奏请之，或禀申中央政府，或地方官厅自专决行，无有法律上一定之论据者。”[③] 根据有的学者研究，清代省例的编排方式，可以分为如下几种：把整体内容分为“藩政”“臬政”两个类别的藩臬二分法，按照《大清律例》吏、户、礼、兵、刑、工六部框架依次编排具体内容的六部分类法；根据具体规范事例的不同分类排列的事务性分类法[④]。这里按照省份，对各省省例中涉及的救灾法规做一简单罗列：

乾隆年间刊刻的《晋政辑要》，卷六设赈恤孤贫、普育二堂、留养贫民等条，光绪年间刚毅等重新修订的《晋政辑要》，分吏、户、礼、兵、刑、工六门，“凡晋政之要各以其类隶之”，其中在卷十八户制下设“恤政”一至七条，内容分别为养济院、普济堂、保婴局、牛豆局、省垣饭厂、栖流所事宜及经费，以及故员柩费等。另外还附设“光绪三四等年灾赈案”，从赈恤和劝输两个方面详细辑录了有关“丁戊奇荒”的上谕和重要奏折。

收录雍正、乾隆年间行政案例的《湖南省例成案》采用《大清律

① 曾哲、高珂：《清代省例：地方法对中央法的分权》，《武汉大学学报》（哲学社会科学版）2011 年第 3 期；王志强：《论清代的地方法规：以清代省例为中心》，《中国学术》2001 年第 3 期。

② 杨一凡、刘笃才：《历代例考》，社会科学文献出版社 2012 年版，第 417—418 页。

③ ［日］织田万撰：《清国行政法》，李秀清、王沛点校，中国政法大学出版社 2003 年版，第 65 页。

④ 魏淑民：《清代省级司法与国家治理研究》，社会科学文献出版社 2022 年版。

例》的编纂体例，“名例”下设“雨泽愆期恤刑条款”，“户律·田宅”卷四内容为“检踏灾伤钱粮”，包括因灾清理刑狱、借给灾民仓谷等；卷七、卷八内容为“荒芜田地”，内容包括劝课农桑，广种杂粮，因牛疫发生、劝富户购买牛只等；“刑律·断狱”卷十七、卷十九分别收有乾隆十年（1745）、乾隆十六年（1751），因为天旱，湖南巡抚命清理刑狱的文告和章程。①

就山东省而言，《乾隆朝山东宪规》共辑录宪规 142 件，所收的法律文件大多为山东巡抚、藩台、臬台发布的政令，或户部等衙门咨准巡抚上报的法律文件，或者关于山东事宜的皇帝上谕或朝廷通例。作为目前所见清代省例中较早的一种，《乾隆朝山东宪规》内容广泛，与防灾救灾、社会救济相关的法规包含官仓、社仓、灭蝗、救灾、《普济堂收养贫民章程》、救济孤贫等。②《东省通饬》收录乾隆至光绪年间山东地方官府发布的相关通饬，其中也包括同治八年（1869）的《考试及勘灾巡哨等事往返各日期随时报查》、光绪十一年（1885）的《放给孤贫口粮章程》。同光年间的《山东交代章程》，也收录有《正额浮额孤贫口粮并闰月银两册式》《常平仓社仓谷册式》等条③。

乾隆《河南省例》涉及救灾法规的内容主要收录在“雨雪”“灾赈”“普济堂”“当铺衣物被水淹损酌议赔偿”等部分。④另根据刘正刚的研究，同治《河南省例》户例下设 16 类，包括户役、田宅杂税、被灾、仓库、漕项等，被灾类有“被灾蠲免分别应支应解”“夏灾赈恤事宜”等 12 款，时间跨度从乾隆至道光年间。⑤

同光年间刊行的《江苏省例》及其续编、三编、四编辑录“院司各衙门通饬新定章程以及裁除陋规”等关系“吏治民生”的规条，分藩政和臬政两个部分，其中藩政主要包括“钱粮款项及升迁调补等

① 《湖南省例成案》，嘉庆十八年湖南按察司刻本。

② 杨一凡、刘笃才：《历代例考》，社会科学文献出版社 2012 年版，第 424—425 页。

③ 《东省通饬》，清抄本。

④ 杨露：《清抄本乾隆〈河南省例〉整理与研究》，硕士学位论文，暨南大学，2019 年。

⑤ 刘正刚：《清代地方经济立法探析——以孤本同治〈河南省例〉为例》，《安徽师范大学学报》2020 年第 2 期。

事"，所收条规按年编纂，其中像同治十三年（1874）的"盘量积谷通饬"、光绪二年（1876）的"示禁私宰耕牛"、光绪六年（1880）的"札发求雨文籍"、光绪十七年（1891）"札饬兴利开垦救荒章程"等，皆属灾赈类的条规。①

道光十七年（1837）刊行的《治浙成规》，卷一至卷三"藩政"部分收录关于煮赈、仓储等的规定，卷五、卷六"臬政"部分包含对杭州救火抢火等事宜的规定。②

道光二十六年（1846）刊行的《粤东省例新纂》卷二即为蠲恤卷，下设条目包括刊贴誊黄、奏办灾赈、文员正杂各官周恤路费、武职周恤路费、孤贫口粮、普济堂、恤嫠局、育婴堂、递送难民、救火等③。

同治末年刊刻成书的《福建省例》收录平粜例、社仓例、捐输例等，又在"恤赏例"中包含"兵民等猝遇暴风照例赏恤"等条款。④

清末安徽巡抚冯煦授意编纂的《皖政辑要》纂修未完即逢清政府覆亡，但该书辑录了光绪朝安徽省的大量地方性法规，其中卷二十为"养济"，卷二十一为"拯救"，内容包括光绪八年（1882）以来"救济灾民、抚恤并工赈各项办法"，卷四十二、卷四十三为"蠲赈"，内容分恩蠲、发帑、赈恤、缓征、赈捐等，非常详细地记载了光绪朝安徽省的救灾法规及其实施情况。⑤

在以因地制宜作为总的修纂原则的指导下，作为地方性的行政法规，省例中所包含的救灾法规主要包括以下几种类型：

（一）对中央相应法规的收录和重申

《皖政辑要》卷四十二记载了光绪元年（1875）以来上谕关于安徽省蠲缓钱粮、漕米及发帑、赈恤等事。比如，光绪九年（1883），淮水

---

① 《江苏省例初编》，同治八年江苏书局刊本；《江苏省例续编》，光绪元年江苏书局刊本；《江苏省例三编》，光绪九年江苏书局刊本；《江苏省例四编》，光绪十七年江苏书局刊本。

② 《治浙成规》，道光十七年刊本。

③ （清）宁立悌等：《粤东省例新纂》，道光二十六年刊本。

④ 《福建省例》，《台湾文献史料丛刊》第7辑，人民日报出版社2009年影印本。

⑤ （清）冯煦主修、陈师礼总纂：《皖政辑要》，黄山书社2005年版。

泛涨，凤阳、怀远、寿州等州县低洼地区成为泽国，上谕称："钦奉皇太后懿旨拨给银二万两，着即迅速拨发。"① 光绪十四年正月初四日（1889 年 2 月 15 日），又奉上谕："上年安徽滨淮各州县被水较重，业经截留河运漕粮，并分别剔征、缓征钱粮。又令于该省漕折等项内，拨银赈济小民，谅可不至失所。惟念该处农田现在尚未涸复，当此青黄不接之时，民力未免拮据，加恩着将太和、阜阳、颍上、涡阳、寿州、凤台、怀远、凤阳、灵璧、泗州、盱眙、五河等十二州县黄流淹没未能耕种田亩应完光绪十四年上忙钱粮均着悉予蠲免。"② 类似这些皆属地方对中央法规的重申。

（二）对中央相应法规的细化

以孤贫人口、普济堂及育婴堂的设立为例。《大清会典》称："凡直省府州县设立养济院，以处孤贫残疾无依之民，每年给发衣食，于所在地方存留钱粮内支给"。除养济院外，雍正二年（1724），上谕各省督抚"转饬有司劝募好善之人，于通都大邑、人烟稠集之处"，照京师例设立普济堂和育婴堂，"其于字弱恤孤之道似有裨益，而凡人怵惕恻隐之心可感发而兴起矣"。对于会典中的上述条规，《粤东省例新纂》、《晋政辑要》等省例，均结合本省情况做了详细的解释。如孤贫人口方面，《粤东省例新纂》"孤贫口粮"条规定：广东省孤贫定例额内收养 4681 名，每名每日发给口粮银一分，每年额支银 16851 两 6 钱，遇闰月加增，在地丁项下支销，如有病故，以额外孤贫项补。③《晋政辑要》"赈恤孤贫"条也称，山西省按地额设孤贫 1330 名，并对各县的孤贫人口做了设定。普济堂、育婴堂的设立上，广东省城普济堂始建于雍正二年（1724），堂内房屋包括男堂 187 间，女院 221 所，收养孤贫男女正额 2050 名，每名每日支米八合，菜钱三文，柴三斤八两，盐四钱，新入堂者每名冬季给棉衣一件，其余满三年再给。育婴堂计有房屋 300 余

① （清）冯煦主修：《皖政辑要》，度支科，卷四十二，蠲赈一，第 425 页。
② （清）冯煦主修：《皖政辑要》，度支科，卷四十二，蠲赈一，第 426 页。
③ （清）宁立悌等：《粤东省例新纂》，卷二，蠲恤。

间，雇设婴妇、司事等收养婴孩，婴孩数岁无定额。育婴堂经费有婴羡、婴息、租谷地租、官商捐助及节次增羡白盐加价项内动拨银两等款。其中婴羡是指盐商带折子盐以盐本归地方银库，盐羡归育婴堂；婴息指将官商捐助银及盐羡等发商生息所得；租谷地租是指民间互争入官纳租或自行捐输流传官屋租息等①。《皖政辑要》卷二十“养济”也称，安徽省养济院“收养孤贫”，通省额设3038名，每名每年支米三石六斗，或支银三两六钱，共支米二千五百零五石六斗，支银八千四百三十一两二钱，并对各府州县孤贫额数、银米额数分别做了统计和说明。《东省通饬》收录历程县《放给孤贫口粮章程》十六条，为了解决浮冒支销等弊病，该县按照银米时价，核定正额每名每日实支制钱二十五文，作为大粮，浮额每名每日实支制钱二十文，作为中粮，普育二堂并额外每名每日实支制钱十六文，作为小粮，并对散放程序等做了规定。②《山东交代章程》中则收录《正额浮额孤贫口粮并闰月银两册式》。《治浙成规》卷三收录《孤贫铎户口粮会同教官城守当堂按名散给》。

再如对贫民的留养和资遣。《晋政辑要》《留养贫民》条规定，各属于通衢大路、五方杂处之所设立留养局，冬间将实在无依穷民与老弱病躯及过往孤身疾苦之人收养存恤，至春融遣散。各地留养贫民时间，关内、关南各州县于十月十五日起，至次年正月十五日止，北路关外各州县十月初十日起，次年二月初十日停止。所需经费或者为无碍闲款，或者动用额定繁费，或者地方官倡捐养廉，或者绅士乐输。③《粤东省例新纂》《递送难民》条则称，本省遇有难民到境，沿途州县无论行抵何处，恤行截留，妥为抚恤，酌给口粮，听其自愿投往他省觅食，或者回原籍栖身，不得任其纡道来省内各处，以致滋生事端。④

（三）对中央相应法规的适当调整变通

《江苏省例续编》所载同治十三年（1874）的“盘量积谷通饬”及

---

① （清）宁立悌等：《粤东省例新纂》，卷二，蠲恤。

② 《放给孤贫口粮章程》，《东省通饬》，清抄本。

③ （清）海宁辑：《晋政辑要》卷六，乾隆五十四年山西布政使司刊本。

④ （清）宁立悌等：《粤东省例新纂》，卷二，蠲恤。

“盘量积谷条款”称，积谷是备荒的要政，《户部则例》所载盘量积谷方法，只有盘量而无扦量，“殆因积谷满廒，其中或有霉变搀杂情弊，非盘不清”，但是江苏省认为实际上扦量之法“最为简捷”。所谓扦量之法，是用上圆下锐的长铁签一支，直扦到底，看深若干，再量长若干，宽若干，则实存谷数一算即知。此种方法“既省公费又免耗折，较为简便”。为了加强州县官对积谷事宜的管理，是年江苏省令各州县将所有仓谷统为扦量。扦量完毕后，州县造具细册，出具无缺印结，在一月之内送司。新旧交接之时，新任官员在一月之内会同董事照前述扦量之法结报，如有短少，除了现定准耗外，应由前任及董事赔补各半。若新任官徇隐不察，即着其买赔。这样“任任扦量，责有攸规，庶无推委”。另外，如果积谷掺杂霉变，应批准新任官员逐廒盘量，以免日后争执诿卸。如果积谷数量多，盘量需要一定时日者，准新任官专禀声明，给予其一定宽限日期[①]。由上可见，扦量之法即反映了江苏省对中央相关法规的适当调整，体现了省例等地方性法规的灵活性。

（四）地方自己设订的救灾法规

省例中还有许多会典则例中交代甚少甚至完全没有涉及的内容。比如，《粤东省例新纂》辑有《恤嫠局》，体现了广东省对嫠妇的救助和关注，也属中央法规中较少涉及的部分。广东省嫠妇共2100名，其中1250名为恤嫠局之正额，每名每年给银四两，共计银5000两，在普济堂经费项内提拨。另额外250名，由官绅捐银12000两，每年可得息银1200两，除了留200两作为经费外，其余1000两按名支给。此外尚有额外候缺嫠妇600名无项支给，俟正额出缺，挨顺年岁老幼次第补给。恤嫠局设在盐务总运公所，并在广州府学文庙按季发银。同治七年（1868），江苏省青浦县集捐周恤儒嫠，成立儒寡会，江苏巡抚丁日昌提议“其余各属亦应官为倡率，一体劝捐举办”。《江苏省例》另有《清理善堂田产》等。再如救火方面。一些省例针对本省情形，设立了相当细致的防火、救火法规。《粤东省例新纂》中有道光十七年

① 《盘量积谷通饬》，《江苏省例续编》，同治十三年刻本。

(1837) 批行的《本省防火事宜》，阐释了广东在有关防火的物力人力设备、军队消防、官员监察等方面的规章制度。[①]《治浙成规》中也有乾隆十七年 (1752) 颁行的《杭城救火抢火等各事宜》，其设定的原因是杭州作为省会，人户繁多，住居房屋又无砖墙，皆用竹茨作为墙壁，因此极易发生火灾。该事宜分两部分。一部分为救火事宜，包括防火、灭火、救火组织、火场治安秩序的维护等，共计规条十则。[②]

此外，省例中还有一些救灾法规系针对地方具体的赈济需要而设定。《粤东省例新纂》《奏办灾赈》条规定了地方遇有水涝而勘不成灾的赈济方法。广东各州县若遇水灾，冲塌围基民房，间或损伤人口，虽然勘不成灾，其被水较重之处所有本年应完地丁银米也应查明，分别奏请缓征，并借给修费秧资，分限带征完缴。上述办法以后又有变通。如道光二十三年 (1843)，海阳县被水冲决堤基，估需修费四万余金，因官绅捐数不敷，在司库筹备修葺堤岸项下借银 24000 两，以具报工竣之日起，勒限十年，责合各业户按亩匀摊，照上下忙奏销期限如数征解归款，如完不足数，着落该县经征之员照数赔解，以重库款[③]。

三　救灾章程：单行性救灾法规

除了会典、则例及省例等地方性法规关于灾赈的规定之外，清代还有许多因地制宜、因时而设的救灾章程。这里从三个方面对此类救灾章程进行介绍：

(一) 由清中央各部制定的救灾法规

如光绪十年 (1884)，户部奏定《新定灾案章程》。这份章程共五条，对原有则例略做变通。具体内容为：其一，嗣后各直省所属有灾伤，一面申报督抚、布政使，一面报明该管道府、直隶州，不必再照原

---

① (清) 宁立悌等:《粤东省例新纂》，卷二，蠲恤。

② 《杭城救火抢火等各事宜》,《治浙成规》卷五，臬政一，道光十七年刻本。

③ (清) 宁立悌等:《粤东省例新纂》，卷二，蠲恤。

来规定由省发派查赈委员，由道、府、直隶州轻骑减从，会同州县勘灾，随勘灾之文申报督抚，督抚据详入奏，再令州县照例勘灾，造具细册，依照限期申报督抚；其二，嗣后直省遇有灾歉，经该管道、府、直隶州会同该州县即日先出简明告示，即日停征，遍揭被灾村庄，若州县不出告示等，即将州县官撤任严参；其三，因灾请蠲请缓者，不论已完未完，均以应豁应缓之分数为准；其四，各直省遇有灾缓，仍按照区图村庄，分清应征应免数目，经布政使核发后大张告示晓谕；其五，各督抚收到蠲缓谕旨之日，即行刊刻誊黄，遍行蠲缓，并令州县遍贴四乡。户部强调，各省督抚应“严饬司道牧守，遇有各属报灾，即遵照此次奏定章程办理。倘再有违例取巧，即行从重参处。如敢有延搁誊黄，即照违制例议罪。或别经发觉，并治该督抚以徇隐之罪，庶州县知所惩儆，小民得以阖泽均沾矣。”① 再如，宣统元年（1909），邮传部订立《各省报灾电报暂行章程》，规定各省如遇洪水暴发等事，报灾电报应照一等官电加急提前速发，此项电报照章半价收费。②

（二）地方临时性救灾法规

此类法规多由地方官拟定，奏报皇帝批准后方可实行。这类灾赈章程多针对灾情特点、救灾条件而设定，集中反映了清代救灾法律制度的灵活性。这类救灾章程依其内容大致又可分为两种：

1. 综合性的救灾法规

一般称为灾赈章程、办赈章程、赈济章程、赈灾章程等，这些章程有助于合理设计救灾中的各个环节，减少各级办赈者的分歧：“一切查灾放赈事宜，皆系弊薮攸关，自应预立章程，期归画一。”灾赈章程的内容，可以参考例文、既有的荒政书而设定，也多要密切结合地方情形。嘉庆十五年（1810），甘肃自春徂夏，雨泽愆期，秋成失望。五月底六月初，皋兰等二十四厅州县续报成灾。陕甘总督那彦成令道府迅速驰赴所属被旱地方，履亩确勘受旱情形及轻重分数，据实分析结报。因

① 《新定灾案章程》，光绪十年刻本。

② 《各省报灾电报暂行章程》，《交通官报》1909年第2期。

为甘肃办赈积弊甚多，就道府来说，每因道途辽远，往返需时，恐逾限期，一般都根据印委各员印结加结转报，并不亲自复查。“又或虑其浮冒，凭空删驳，而各属虑及删减，早已预先浮开。上下相蒙，尤非核实之道”，就州县官来说，“现在正值清查，不肖州县或思乘此机会，藉以弥补，或因冲途差繁赔累，假此补偿；少有天良者，尚系挪移办公，而其中难保其不用以肥己。本官既有私图，下至书役乡保，以及地方奸民，愈得肆意舞弊，本官亦无敢禁止。且弊端既起，虑难掩人耳目，不得不委曲周旋，以塞其口，甚至过临上司之书吏丁役人等，无不输情尽礼，嘱托照应”，所有查灾散赈各委员，“亦不免有馈赠扶同隐饰，上下分肥”，肩负复核之责的道府及各委员，“往往苦于道途之穹远，村庄户口之纷繁，并不实力确查。各州县官亦贪图安逸，并不亲身周历散放，听凭书役串通乡约地保，或浮开人数，或虚捏户口，有力者可串通多领，无力者转一无所得”，至于乡保代领，书役包散，“或藉称纸笔盘费及脚价口食，藉端克扣，并不按人按户放散，灾民亦不知谁为应领、不应领，而其实在曾否散放，竟不可问”。那彦成认为，之所以积弊丛生，其中重要原因就是没有明确的办赈章程，“办灾之要益含糊而弊益丛生。总在彰明较著，使被灾之民家喻户晓，一有浸渔，即可告发。庶贪官墨吏，知所儆惧，不敢肆行”①。那彦成因此奏定办赈章程，主要内容有：其一，被灾地亩，宜著该管道府亲身督勘，以昭慎重；其二，散赈宜添设本牌，遍挂各堡，以杜弊混；其三，散赈宜先散赈票，以凭查验；其四，散赈宜择地分厂，并著大员往来督查，以期安妥；其五，散赈银粮宜查点足数，以免克扣；其六，查灾散赈大小官员，均宜洁己奉公，以肃官箴而勤民瘼。② 除了将办赈条款札发府州县外，那彦成还令各府州县“查灾放赈如何随地制宜杜渐防微之处，妥速筹议章程，胪列条款，禀候查核”。《赈记》中收录各府州县制定的办赈条款，包括署巩昌府黄铣十二款、隆德县许宁五款、固原州李尧询六款、署灵

① （清）那彦成编：《赈记》，李文海、夏明方主编：《中国荒政全书》第二辑第二卷，北京古籍出版社 2004 年版，第 695 页。

② （清）那彦成编：《赈记》，《中国荒政全书》第二辑第二卷，第 695—698 页。

州翟汉八款、花马池州同李大櫄五款、皋兰县训导朱世隆八款、金县学训导孙大才五款、署金县事漳县贾炳十二款、宁夏府王赐均十二款、陇西县樊玉轴八款、中卫县知县翟树滋四款、固原州儒学训导唐闾三款、静宁州知州丁文衔十款、环县儒学训导刘树烈十四款、署碾伯县知县尹元龙覆禀六款、试用知县常久议禀五款等。[①] 对于府州县所呈递的办赈条款，那彦成多有批示，如试用知县常久议禀五款，那彦成表扬称："所见甚真，是亲身曾到语，可嘉之至。仰将发去规条十本，可散给本学及各委员细酌之。合之地方情形，不妨准酌而行。"[②] 对于所定章程敷衍了事或不够切实可行者，则予以批评。如静宁州知州丁文衔所议十款，那彦成称"该牧所禀，似无心思，已于禀内详为批示"，令其进一步细化，"照此试行，可期诸弊尽除，实惠在民，政声当必日起矣，勉之。"[③] 中卫县知县翟树滋所禀四款，批复称"所议各条，尚系浮议，仰即确切妥议，另禀查夺"[④]。

光绪初年华北大旱灾中，山西巡抚曾国荃称其订立赈济章程的原因为："晋省丁丑年以前本已五季歉收，而今年旱荒尤甚，官绅、士民、耆老、幕友均未尝睹此非常之灾，所有稽核各属成灾分数、应赈户口数目及委员分赴各路采买米粮、劝谕富绅、捐输助赈、分拨各灾区赈粮、赈款各事宜，头绪纷繁，厘剔弊端，酌定章程，最关紧要"。这份章程包括勘灾、应赈户口、查赈官员、放赈不拘泥常例、赈款缺乏情况下先令富绅各赈各村、赈放米数、粥厂设置、购办发放籽种、停征钱粮、粮食转运、粮食采买、蒲州设局转运粮食、办赈官员奖惩等方面。[⑤]

2. 专门性的法规

即专门针对某一救灾程序设定。如查赈章程、散赈章程、大赈章程、赈捐章程，办赈赏罚章程、煮粥章程、救治时疫章程、留养灾民章程、工赈章程等。

---

① （清）那彦成编：《赈记》，《中国荒政全书》第二辑第二卷，第774—804页。
② （清）那彦成编：《赈记》，《中国荒政全书》第二辑第二卷，第804页。
③ （清）那彦成编：《赈记》，《中国荒政全书》第二辑第二卷，第800页。
④ （清）那彦成编：《赈记》，《中国荒政全书》第二辑第二卷，第797页。
⑤ 中国第一历史档案馆藏：军机处录副奏折，赈济类，档号：03－168－9354－11。

（1）查赈章程

道光十一年（1831），江苏水灾，江苏巡抚程祖洛、江苏布政使林则徐认为，江苏官场积弊已久，此次救灾，虽然已经三令五申，令各属洗心涤虑，整顿颓风，“但恐明不足以察积弊，诚不足以格众心，陋习尚未尽除，奸徒尚未尽慑”，办赈过程中，“挨查户口之际最为紧要关键”，因此，林则徐“汇核各属所禀，参以闻见”，订立查赈章程十条，“刊刷颁行，共相遵守”。此十条分别为：官员吏役均须免其赔累以清办赈之源；各衙门陋规宜尽行裁革；书役地保宜责令委员严加约束；印委各员宜令互相稽查；应赈不应赈之人宜详细区别以防争论；严禁灾头以戢刁风；棚栖灾民宜附庄给赈以示体恤；闻赈归来宜明立限制以防重冒；领银易钱须择价善之区设法购运；赏票名目应严行革除。林则徐等要求江苏省“在事各员，官职虽有崇卑，天良总难泯灭，经此更番申儆之后，若不力办清赈，则是别有肺肠，惟有执法从事而已”①。

（2）煮粥章程

嘉庆十五年（1810），甘肃旱灾，陕甘总督那彦成因被旱灾民缺水乏食，出走四方，无力回归，又距散赈之期尚早，所以先煮粥赈恤，在皋兰、中卫、武威、西宁地方设厂施粥。因为“食粥贫民，俱系五方杂处之人，设厂施粥，若不定立章程，难免拥挤而滋事端”②，因此订煮粥章程八条：第一，煮粥之期自七月初一至十月初一，约计三月，先行晓谕流民知悉；第二，男妇须分厂散放；第三，每日开销，大口粮五合，小口粮二合五勺，地方官、委员、营员公同散放；第四，稽查人数方法；第五，经手人员应办理得宜；第六，严防犯窃滋扰等事；第七，在空阔处所酌盖席棚，或择空闲窑屋庙宇，以蔽风雨；第八，地方官及委员应随时劝谕、资助灾民回籍，以免聚集滋事。③ 此次办赈，所定煮粥章程不仅一份，甘肃布政司也拟定有煮赈章程，其内容包括：煮赈宜

① 中国第一历史档案馆藏：军机处录副奏折，财政类，田赋地丁，档号：03－50－2875－58。

② （清）那彦成编：《赈记》，《中国荒政全书》第二辑第二卷，第739页。

③ 中国第一历史档案馆藏：宫中朱批奏折，内政赈济等，档号：01－02－0075－022。

酌定章程，以免克减浮冒；设厂宜择宽阔地方，以免拥挤滋事；食粥宜设立大小木筹，以防重领而稽实数；出外穷黎，俟开赈有期，宜随时劝谕回籍，以免流离，并稽查匪徒，以免滋扰。那彦成命将两份章程“互参酌用，总期周妥尽善，俾就食各贫民得沾实惠”①。

（3）大赈章程

一般大赈从十一月开始，但根据灾情也有提前。嘉庆六年（1801），因永定河决口，顺天、直隶被灾地方多达128州县。署直隶总督陈大文奏定大赈章程，根据《清实录》的相关记载，其内容为：“一、大赈日期提至十月；一、应给赈粮银米兼放；一、严查冒滥之弊以杜侵蚀。委隔属大员查明极次贫民、大小口数，逐户填入印册，一发州县，一送上司复核，并照册载姓名丁口，填写告示，先期晓谕；一、设厂煮赈应准报销。向来直属偶遇歉收，多有地方官捐办及详用义谷者。今岁被灾较重，所有七八九三月抚恤摘赈案内，准其一并报销；一、应给房屋修费。查瓦房一间给银一两，土草房一间给银五钱，应照例赏给；一、兵丁户口应分别查赈。查兵丁既得月饷，自未便准其食赈。其兄弟叔侄虽系同居，而该兵丁所支官粮不能兼顾，应准与民人一体赈恤；一、各属屯居旗人、灶户令理事同知等官及场员查明，分别给赈。”②

（4）赈捐章程

晚清以来，赈捐频繁，各省多设赈捐章程。赈捐章程需由户部议准，并由皇帝批准。各省的赈捐章程常常互相援照。如光绪十六年（1890），顺天、直隶发生严重水灾，直隶总督李鸿章奏准开办赈捐，经户部议准，订立顺直赈捐章程，其内容包括捐贡监、捐职衔、捐升衔、捐推广升衔顶戴、捐封典、捐翎枝。根据这份章程，凡捐衔、封典、贡监，统照新海防捐，以四成实银上兑，应试监生仍收十成实银，并仿照光绪十五年（1889）江浙赈捐章程，准捐翎枝二品顶戴，又援

① （清）那彦成编：《赈记》，《中国荒政全书》第二辑第二卷，第738—741页。

② 《仁宗睿皇帝实录》（二）卷八十六，嘉庆六年八月，中华书局1986年影印本，第131页。

照火器营章程，准由贡监加捐盐运使、副将、参将等衔。各省被议人员分别官阶、银数，准请赏还官衔、翎枝，报捐棉衣除照例建坊外，如折解实银，也准一律核奖。① 这份顺直赈捐章程以后几年曾多为直隶及其他省份所援照。再如，光绪二十一年（1895），湖北钟祥等州县被淹成灾，险工迭出，湖北巡抚谭继洵奏准开办赈捐，依照山东、直隶两省赈捐章程订立《湖北赈捐章程》，虚衔、封典、贡监等项，按海防新章以三成实银上兑，其应试监生仍收十成实银。光绪二十六年（1900），山西亢旱严重，户部也咨山西依照上述湖北赈捐章程，修订《山西赈捐章程》，开办赈捐。② 另外，因山西、陕西旱灾奇重，“而库款奇绌，早已罗掘一空。各军防饷又复纷至沓来，仰屋兴嗟，束手无策”，陕西巡抚岑春煊、山西巡抚锡良等奏准颁行《秦晋实官捐输章程》，以“实职赈捐，广集巨款”，颁发实职空白部照五千张，陕灾分用六成，晋省分用四成③。晚清的赈捐章程，另外还包括光绪二十一年的《湖南赈捐请奖章程》《湖北筹办推广赈捐章程》，光绪二十七年（1901）《山东赈抚赈捐总局改章收捐章程》，光绪三十三年（1907）《安徽筹办赈捐章程》，光绪年间《山东赈捐章程》《山东奏定赈捐章程》，宣统年间《江皖筹振新捐例章》等。

在救灾过程中，地方官可以就赈灾需要制定多种不同的救灾章程。乾隆八年（1743），据方观承所称，先后奏定和设立的灾赈章程包括院奏办赈事宜六条、会议办赈十四条，另霸州知州朱一蜚禀陈办赈济事宜八条，方观承也令“印委各官即一体遵照办理”，审户即将结束时，又有散赈条规十二条。根据方观承的设想，只有当局者先期筹划，“身之所不至而心至之，心之所不至而法已至之，庶几弊无萌生，泽可下究耳”。有的章程虽然是针对某次赈事而设立的，但因其制定合理，也常被用来作为后来各级地方官办赈的参考。比如道光十一年（1831），江

① （清）佚名：《顺直赈捐章程》，李文海、夏明方、朱浒主编：《中国荒政书集成》第9册，天津古籍出版社2010年版，第6575—6586页。

② （清）佚名：《山西赈捐章程》，《中国荒政书集成》第10册，第7135—7148页。

③ 中国第一历史档案馆藏：宫中朱批奏折，内政赈济，朝年赈济，档号：01－01－1039－045。

苏水灾，江苏布政使林则徐曾经订立筹济章程，内容包括倡率劝捐以周贫乏，资送流民以免羁累，收养老病以免流徙，收养幼孩以免遗弃，劝谕业户以养农佃，殓葬尸棺以免暴露，多设粜厂以平市价，变通煮赈以资熟食，捐给絮袄以御寒冬，劝施籽种以便种植，禁止烧锅以裕谷食事，收养耕牛以备春耕等。道光二十八年（1848），江苏省被水州县甚多，江苏省将此条款抄发被灾各州县，令“逐条确核仿办”，十月份办理大赈之时，江苏省认为林则徐道光十一年（1831）订立的《查赈章程》“诚为办赈箴规”，因此刊刷多本，交给查赈委员遵照办理①。道光二十九年（1849），长江中下游水灾严重，江苏最为严重，江苏省又令被灾各州县对照道光十一年（1831）筹济章程，逐条确核，“倘有今昔异宜之处，应如何参酌举行，分别妥议筹办，通禀察夺”，又将《接济灾黎章程》十二条“颁示行司，通行筹办”②。还有人建议，康熙四十七年（1708 年）时，江苏水旱相仍，时任苏州知府陈鹏年曾请准在全省施行《救荒二十策》，“今宜仿行”③。

（三）地方单行性救灾法规

除了临时性的救灾法规外，清代地方还有大量常设性的单行性救灾法规，晚清以后，这类法规日渐增多。

1. 水上救生的相关章程

在水上救生方面，清代长江流域水运发达，水上救生活动也非常活跃。康熙年间，已经大规模设置救生红船④。雍正十二年（1734），内阁学士凌如焕奏准请四川、湖广两省督抚转饬地方官，将三峡中水道遍加详勘，广设救生船只，以守候救生，保全民命⑤。雍正十三年（1735），清政府议准，四川奉节等县各设救生船，“照河内战船年限修造，成造工料银十八两一钱，小修二两七钱，大修五两五钱各有奇”。

---

① （清）王检心：《真州救荒录》，《中国荒政书集成》第 6 册，第 3753、3759 页。

② （清）佚名：《道光己酉灾案》，《中国荒政书集成》第 6 册，第 3944 页。

③ （清）佚名：《常昭水灾纪略》，《中国荒政书集成》第 6 册，第 3962 页。

④ 蓝勇：《清代长江上游救生红船制初探》，《中国社会经济史研究》1995 年第 4 期。

⑤ 《世宗宪皇帝实录》（二），卷一百四十四，雍正十二年六月，第 802 页。

乾隆元年（1736），又谕在四川“有名险滩”设立救生船[①]。三年（1738），准在长江滨江各处设救生船只。[②] 四年，上谕又命各省在“有险阨之处”设立救生船，动用存公银两估计修造[③]。晚清以来，长江上游的救生红船制日渐兴盛。光绪年间，四川省主持制定了用于水上救生的《峡江救生总局条款十则》《峡江救生船只会议章程》《光绪九年奉饬会议酌加救生红船并各章程》《东湖县正堂吴会议县属红石滩改设救生红船条款章程》等，对救生总局办公场所的规模、资金来源、常规活动，以及救生红船的设置、经费、管理、职责等予以规定。[④] 如《光绪九年奉饬会议酌加救生红船并各章程》规定，在巴东县属、归州所属、东湖县属著名险滩各添加红船二只，共拟加红船陆只，“更为周密，以重救生”。舵工等口粮方面，每船舵工一名，每月银四两五钱，头工壹名，每月银四两二钱，水手三名，每月各银三两六钱。舵工水手的分配方面，如“拟虎牙滩看守篾缆红船一只，向于夏秋二季募舵工一名，水手三名，从四月初一日起，至九月底止，今请概用五人，毋庸截止，平时移调峡江，择要驻扎”[⑤]，等。此外，根据蓝勇、刘静的研究，哈佛大学图书馆所藏、晚清海关编制的《中国救生船》是有关内河水上救生“相关规章文献的集大成者”，所收录的救生章程、条规等有川东官设救生船章程（光绪七年）、至善堂救生条规（同治五年）、体仁堂救生条规（同治九年）、拯溺堂规条、华阳镇救生局章程、官设救生红船救生章程、金陵救生局嘉庆二十五年碑示规条、金陵救生局同治四年续拟章程、金陵救生局同治五年续议规条、重兴芜湖大江救生局章程（光绪十五年）、皖江大通宪核新设救生红船义渡摆江各章程、桐城县枞阳三江口戚家矶救生局章程、三江口戚矶重兴救生拯溺挂缆设渡规条、皖省体仁救生二局增减新旧章程、金陵救生局章程、江阴救

---

① 光绪《清会典事例》（一〇），工部，卷九百三十九，工部七八，船政，救生船，中华书局1989年版，第767页。

② 《高宗纯皇帝实录》（二），卷六十三，乾隆三年二月下，中华书局1986年版，第35页。

③ 《高宗纯皇帝实录》（二），卷九十，乾隆四年四月上，第391页。

④ （清）涂宗瀛等辑：《峡江救生船志》，卷二，条款，光绪九年水师新副中营刻本。

⑤ （清）涂宗瀛等辑：《峡江救生船志》，卷二，条款，光绪九年水师新副中营刻本。

生局酌改条规、京口救生会章程、焦山救生局章程、道宪颁发章程18条、沿海保护失事船只章程、山东沿海保护失事船只章程敬缮清单、抄录总理衙门奏请通行闽抚丁日昌所定救护人船遇险章程、计开救护章程五条等，较详细地记载和反映了晚清中国水上救生体系的规模和情况。①

晚清随着国际交往增加，中外船只救护也渐渐受到重视，并逐渐制度化。同治八年（1869），福建省与英国领事订立《酬赏救护失事洋船章程》五条②。同治十二年闰六月初五日（1873年7月28日），《申报》刊登《中西泛海各项船只海中相逢各规条》。十一月，为了规范中外水上救生管理事项，总理衙门主持订立的《中外救生船总会章程》公布。该章程共9条，议定在上海设立总堂，通商各口及香港设立分堂，并规定了总会的成员组成、救助失事船舶、救生等具体办法和责任。③ 光绪二年（1876），清政府将福建省所定《救护中外船只遇险章程》推行全国，该章程共五条，对船只救护的地段、赏罚、酬金等做了规定，并要求将该章程写在木牌上，在沿海地区到处悬挂，以让渔民周知"遇险之船救护为有功，不救护为有罪"④。光绪十六年（1890），《中日船只遭险拯救章程》订立，共计三条，主要对两国拯救沿海遭难人民所需费用及货物归属等做了说明。⑤

2. 防疫类法规

为了应对不断发生的疫情，不少地方开始制定防疫法规。道光元年（1821），直隶、山东、河南等地疫灾流行，"京城内外时疫传染，贫民不能自备药剂，多有仓猝病毙者"。八月初二日（8月28日），都察院

---

① 蓝勇、刘静：《晚清海关〈中国救生船〉与东西洋红船情结》，《学术研究》2016年第4期。

② 交通铁道部交通史编纂委员会：《交通史航政编》第三册，1931年，第1268—1269页。

③ 《议立中外救生船总会章程》，《申报》1874年1月1日（同治十二年十一月十三日）第2版；1874年1月2日（同治十二年十一月十四日）第2版。

④ 《救护失事洋船章程》，《申报》1876年7月4日（光绪二年五月十三日）第3版。

⑤ 交通铁道部交通史编纂委员会：《交通史航政编》第三册，1931年，第1271页。

拟定《奏为遵旨酌议分城设局救治时疫章程事》①。有的学者认为，《救治时疫章程》是经道光帝批准，以章程形式呈现的第一个法规性文献，说明“清朝已把对疫灾的防治初步纳入法制化体系”②。光绪二十四年（1898），湖南省订立《湖南保卫局章程》，其中规定“道路污秽，沟渠淤塞，应告局中，饬司事者照章办理”；“凡卖饮食，物质已腐败或物系伪造者，应行禁止”③。

晚清专门性的防疫法规中，包括数量不少的海港检疫法规。随着闭锁的国门被打开，晚清社会国际交往、对外贸易日益频繁，传染病的传播也变得迅速而复杂。因此，在通商口岸和港口，海港检疫制度逐步推行。相关的法规有光绪二十八年（1902）《上海、吴淞两口续修防护轮船染疫等各章程》，光绪三十年（1904）《大沽查船验疫章程》④、《查防营口鼠瘟铁路沿途设立医院防疫章程》⑤、《江汉口防护染疫章程》⑥、《青岛查验进口船只防护染疫章程》⑦，光绪三十三年（1907）《江海关道吴淞防疫告示并章程》⑧、《天津口防护病症章程》⑨ 等。晚清关于检疫法规的制定过程，体现了西方国家在文明和种族上的优越性和殖民者的权力。如光绪二十八年（1902），据江苏绅士公呈内称：“有人由轮船南下，行至吴淞口，被查船验病之洋人扣留，令坐无篷洋划，带至距吴淞三十余里之三夹水，其地四面皆水，身本无病，洋人坚谓有病，种

① 中国第一历史档案馆藏：军机处录副奏折，赈济灾情，档案号 03－169－9799－043。

② 林乾、陈丽：《法律视域下的清代疫灾奏报与防治》，《西南大学学报》2020 年第 3 期。

③ 陈铮编：《黄遵宪全集》（上），第四编，公牍，中华书局 2005 年版，第 510—514 页。

④ 《大沽查船验疫章程》，《东方杂志》1904 年第 4 号。

⑤ （清）甘厚慈辑，罗澍伟点校：《北洋公牍类纂正续编》，天津古籍出版社 2013 年版，第 988—989 页。

⑥ 《江汉口防护染疫章程》，交通铁道部交通史编纂委员会：《交通史航政编》第二册，1931 年，第 917—919 页。

⑦ 《青岛查验进口船只防护染疫章程》，《大公报》（天津）1904 年 9 月 8 日第 3 版，9 月 12 日第 2 版。

⑧ 《江海关道吴淞防疫告示并章程》，（清）甘厚慈辑：《北洋公牍类纂正续编》，第 990—991 页。

⑨ 《天津口防护病症章程》，（清）甘厚慈辑：《北洋公牍类纂正续编》，第 989—990 页。

种虐待，无复人理。凡至该处，生还者十不一二。死亡枕藉，惨目伤心”。因此，舆论“咸归咎于章程之未善”[①]。另外，晚清防疫章程也显示了阶级阶层的权力关系，对下层民众的歧视和差别对待。如《江海关道吴淞防疫告示并章程》最后一条规定：“华人不分等第，须着治病号衣，此不过为下等人，恐其逃走难查；官商上等之客，无此办法。”[②]

在军队防疫方面，光绪三十一年（1905），颁布《北洋陆军卫生防疫章程》，分卫生章程十条、行营卫生章程十条、防疫章程十条。[③]。光绪三十四年，民政部订立《预防时疫清洁规则》15 条，主要为卫生防疫的城市管理法规，涉及街道马路公共卫生、污水倾倒、垃圾投放与处理、沟渠维护、厕所扫除等公共卫生防疫内容。[④] 此后颁布的法规还有《直隶警务处拟定预防传染病章程》17 条，对传染病的防治、消毒、清洁等办法予以明确规定。其中，清洁法包括扫除、洗涤、疏浚、搬运，消毒法包括焚烧消毒、火炙消毒、蒸晾消毒、石灰消毒、药品消毒等。[⑤] 宣统二年（1910），京师内外城总厅会订、申报民政部立案通过《管理种痘规则》，该规则共 9 条，对开局种痘的申报程序、注意事项、检查办法以及对违犯者的相关处罚等做了相应规定。[⑥]

宣统二年（1910）九月，东三省鼠疫暴发，并波及京津、河北、山东等地，流行时间近八个月，感染致死者六万余人。宣统二年末到宣统三年初，东北三省纷纷成立了各级防疫机构和组织。吉林省作为疫情最为严重的地方，防疫机构创设也最早。十月十四日（11 月 15 日），滨江厅成立防疫会，后改为哈尔滨防疫局，清政府任命留英医学博士伍

---

① 《总税务司赫德为吴淞防疫可由执事酌办等事致外务部总办瑞良信函》，中国第一历史档案馆：《清末防治瘟疫中外交涉档案（上）》，《历史档案》2020 年第 3 期。

② 《江海关道吴淞防疫告示并章程》，（清）甘厚慈辑：《北洋公牍类纂正续编》，第 990—991 页。

③ 《北洋陆军卫生防疫章程》，《东方杂志》1905 年第 9 号。

④ 京师警察厅编辑：《京师警察法令汇纂》，第四种，警察法令，卫生类，京师警察厅，1915 年，第 33—34 页。

⑤ 《清末直隶警务处拟定预防传染病章程》，中国第一历史档案馆：《清末直隶警务处拟定客店戏场及预防传染病章程》，《历史档案》1998 年第 4 期。

⑥ 京师警察厅编辑：《京师警察法令汇纂》，第四种，警察法令，卫生类，第 115—116 页。

连德为防疫处总医官。随后，为了防止鼠疫由哈尔滨传至长春，长春成立防疫所，后改为防疫局。另外，吉林全省防疫总局成立于十二月二十六日（1911 年 1 月 26 日），负责领导所有防疫机关。各府厅州县也纷纷成立防疫分局、防疫所、防疫分所等。奉天省的防疫机构主要有作为全省防疫总机关的奉天防疫总局，该总局成立于十二月十四日（1911 年 1 月 14 日），附属于奉天行省公署，统一全省防疫行政。另外，十二月十二日（1911 年 1 月 12 日），作为省城独立防疫机构的奉天省城防疫事务成立。此外，设立于承德县属内的奉天省城乡镇事务所，是省城直辖各乡镇防疫的执行机构，西北防疫局则主要负责奉天以北、怀德以南防疫事宜。黑龙江有“江省全省防疫会”。防疫总会在胪滨府、呼兰府、绥化府、海伦府、嫩江府、呼伦厅、讷河厅、安达厅、大赉厅、兰西县、木兰县、青冈县、大通县、巴彦州也设置了防疫机关。① 不少防疫机构订立了相应章程，如《吉林全省防疫总局章程》、《奉天防疫会草章》、黑龙江《防疫会简章》、长春《议定防疫会之简章》、绥化《防疫会暂行章程》等。在防疫过程中，晚清中央和地方政府还颁布了一系列的防疫规则和章程，这一时期，防疫法规建设更得以长足发展。宣统三年（1911）三月，由外务部、民政部、邮传部会奏议定的《防疫章程》共 6 章 18 条，该章程成为清政府颁行的全国性的防疫法规，在防疫制度历史上具有里程碑式的意义。② 清政府还陆续颁布《消毒规则》《检疫规则》《百斯笃预防及消毒法》《陆军部暂行防疫简明要则》等规章。黑龙江、吉林、奉天各省均颁行了一系列防疫法规。奉天省有《奉天防疫事务处订定临时防疫规则》和《百斯笃预防及消毒法》、《奉天临时疫病院章程》、《奉天省城防疫事务所修改八关检疫分所暂行规则》、《奉天防疫事务所规定隔离章程》，吉林省有《吉林各府州县防疫暂行简明规则》、《消毒规则》、《检疫规则》、《检疫所留验章程》。各府县也有相应的法规，如延边府防疫局颁发了《澡堂防疫规则》、《客

---

① 李春华：《记黑龙江省一次特大鼠疫》，《黑龙江史志》2003 年第 4 期。

② 《督院瑞准民政部咨会奏拟订防疫章程一折札行交涉司巡警道文》，《湖北官报》1911 年第 97 期，第 4—9 页。

栈防疫规则》、《酒席馆防疫规则》、《妓馆规则》等。根据焦润明的研究，自1910年底到1911年上半年出现的防疫法规的数量非常之多，大小达百余件，这些法规可以分成疫情报告类法规、疫区阻断交通类法规、疫区人员留验检疫隔离类法规、强制清洁消毒类法规、对疫尸及秽物处理类法规、防疫奖惩类法规、防疫善后类法规七类。[①] 地方性防疫法规与中央相呼应，说明全国性防疫法律体系逐渐形成。

3. 防灾减灾类法规

除了救灾法规，在防灾减灾方面，晚清时期在法规建设方面也有发展。清末新政中，清政府将垦荒、植树作为防灾的重要内容，予以法律化、制度化。光绪三十三年（1907），农工商部奏定《农会简明章程》23条，该章程第15条规定，遇有旱涝荒歉，应由该分会、分所于未成灾以前，将详情报明总会，与地方官统筹办法，并报农工商部核夺。宣统元年（1909），农工商部又拟定《推广农林简明章程》22条，要求各地“详查所管地方官民各荒并气候土宜，限一年内，无论远近，绘图造册，悉数报部”[②]。农工商部又奏陈《振兴林业办法》，指出各国皆有森林法律，中国目前除东三省外，其余各省“皆无茂林丛薮，以宣地气，养水源，消炭气，故北方多旱多河患，而南方多疫。近年以来，江北、湖南水患尤多，皆于森林关系甚巨”，农工商部因此奏准派人调取各国森林专章，去日本考查造林之法，同时调查各省造林情况，在此基础上“妥订森林专章”[③]。这些章程和办法，说明晚清政府开始把垦荒、林业作为防灾的重要手段，纳入国家治理与法制化进程中。

清末新政中，袁世凯在北洋推行新政，发布的种植、农务、卫生等政令法规中，不少和防灾减灾密切相关。光绪三十三年（1907），直隶成立农务总局，劝办各地种树[④]。直隶农务总会专门定立《直隶农务总

---

① 焦润明：《清末中国大规模防疫法规建设之滥觞》，《晋阳学刊》2019年第1期。

② 《农工商部奏筹议推广农林先行拟订章程折并单》，上海商务印书馆编译所编纂：《大清新法令》第5卷，商务印书馆2010年版，第295—299页。

③ 《农工商部奏酌拟振兴林业办法折》，《大清新法令》第5卷，第359—361页。

④ 《直隶农务总局详定劝办种树章程文并批》，（清）甘厚慈辑：《北洋公牍类纂正续编》，第906页。

局详定劝办种树章程》，该章程对种树的保护、赏罚、调查、分利等分别予以规定。[①]。各县为了推行，也分别出台具体的章程，

如清河县《油坊镇沿堤种柳并赏罚章程》《保定县拟就河堤种树大致办法》《深州禀定保护城壕柳株章程》、束鹿县《种树章程》、《唐山县拟呈创办种树官会章程》、《广平府成安县试办森林社简章》、《曲周县禀设农林会章程》、盐山县《劝种树株告示》等[②]。

直隶还成立新式农业社团“直隶农务总会”，由布政使司增韫兼任会长。根据《直隶详定试办农会章程》规定，农会分为总会和分会两级。农会的宗旨在于“讲求农务，使农产日形发达，以效裕国富民之效”，具体工作包括“办理救荒之政”，以及劝种及保护森林、开垦荒田、振兴水利等[③]。《农务总会规则草案》也规定，农务总会应办事项，包括“汇报本省春稔秋收及米谷粮食市价事项”，以及“筹办本省旱涝荒歉事项”[④]。在直隶农务总会的引领下，不少州县设立有农务分会，定立相应章程。如冀州农务分会定立《冀州农务分会及农事试验场陈列所简章》，“以开通农民智识，联合农社改良农事增加生产为宗旨，以提倡凿井、种树、垦辟城地为入手办法”，第 20 条规定，遇有旱涝荒歉，“本会可开临时会商议救济之策，禀请州尊采择施行”[⑤]。

4. 晚清各省谘议局议定的救灾法规

宣统元年（1909），全国 21 个行省的谘议局如期开议，各省谘议局均强调其在本省的立法地位和作用。比如江苏省谘议局通过的议案规定，本省单行法由谘议局议决，呈请公布施行，始为有效，从前所订单行法增删修改，必须交谘议局议决。谘议局提出和议决的议案，有不少

---

① 《直隶农务总局详定劝办种树章程文并批》，（清）甘厚慈辑：《北洋公牍类纂正续编》，第 906—907 页。

② 《直隶详定试办农会章程》，（清）甘厚慈辑：《北洋公牍类纂正续编》，第 921—924 页。

③ 《直隶详定试办农会章程》，（清）甘厚慈辑：《北洋公牍类纂正续编》，第 938—940 页。

④ 《农务总会规则草案》，（清）甘厚慈辑：《北洋公牍类纂正续编》，第 1910—1902 页。

⑤ 《冀州农务分会及农事试验场陈列所简章》，（清）甘厚慈辑：《北洋公牍类纂正续编》，第 1912—1915 页。

涉及各省救灾活动。这里主要概括为如下三个方面：

（1）关于具体救灾活动的议案

比如，湖北沔阳、黄梅、广济与江西接壤，因频年水患，每遇灾区聚集多人，邀求地方官给发路票，俗名逃荒，“一票之数多至数千人，少亦数百人，扶老携幼，风餐雨宿，道途之间死亡相继，流离困苦莫可言状”，因为大量灾民进入江西九江、南康、南昌一带，“各郡常被灾民蹂躏，大村落则奉票就食，勒索钱米，稍有不遂，于是踞占祠庙，侵掠田园，破人门户，毁人器具，积日累月，械斗相寻，祸患滋大；小村落人数稀少，料不敢与之拒抗，明抢暗偷无所不至，并有就食之地反不如其被灾之地者，徒以恃官票为护符而张其恶焰也。近年吴城镇、涂家埠、生米街抢案迭出，无从缉获，实属灾民所为”，“赈济灾民自多良法，听其分途就食最为滋乱之阶”，因此，江西谘议局议决呈请江苏巡抚“移会两湖督部堂禁止沔阳、黄梅、广济等县发给灾民就食路票并严饬鄱阳、余干等县一律禁止”①。

（2）新型地方性救灾法规

如浙江谘议局宣统元年所定“浙江办理灾歉规则”，分4章34条，其中突出了绅董的作用，如清查灾情时，勘查明确后，乡董于五日内造册具报，如有查报不实或有舞弊情事，地方官须于三日内派员会同邻区之乡董前往复查。另外，第二章专设“会议”，规定每年无论有无灾歉，厅州县官于五月内“通告城乡开会举报”，会议由城乡绅董按照比例组成，城绅董二至六人，乡绅董每区图村庄一至三人。厅州县官担任议长。会议对厅州县官的权力予以监督，其中规定，凡遇灾歉之年，厅州县官须召集被举之绅董于九月下旬会议。会期十日前，厅州县官应发召集通知书。如九月初十日未发召集通知，“得由城乡被举之绅董自集城中，要求厅州县官开会”。会议核算灾歉分数等，形成议定书后上呈藩司，并分贴各区图村庄。再如第17条规定，会议时，“如因审查之必要，得请求厅州县官调取全邑庄册”，第18条规定，“会议时，如绅董

① 黄志繁编：《江西谘议局》，胡绳武主编：《清末立宪运动史料丛刊》第27辑，山西人民出版社2020年版，第195—196页。

对于表册或州县复勘记事录上有异议时，得提出讨论”①。

（3）防灾类法规建设

防灾类的法规或议案主要包括推广森林和建设仓储两类。在推广林业方面，各省大都认识到制定森林法规的重要性：“查森林事业，造端既大，头绪自繁，在日本有帝室林、公有林、私有林、部分林诸名目，或则认为保安林而禁其采伐，或则认为共享林而资为材料，皆以法律规定。”② 各省谘议局制定的相关章程，如江西谘议局“整顿林业章程”、浙江谘议局“浙江全省森林规则法律案”、湖南谘议局“议决组织农会及培禁森林案”、广东谘议局“议决筹办森林垦牧案”、山西谘议局“奖劝各学堂种树案”“提倡林业案”、山东谘议局“农会详细章程提议案”、“农事试验场章程提议案”、“推广森林试办章程提议案”、四川谘议局“保护森林”的议案等。③

仓储类法规方面，各省谘议局大都认识到储谷备荒的重要性。山西省谘议局《广储社仓以备荒歉议决案》指出，“莫先于整顿社仓，以广储积”。积谷的具体办法，是按照户口多寡，规定谷石数目，每社户口有一百家，至少不得下十石。“嗣后每遇丰收之年，积谷一次”，由各地方官督催绅董赶速整顿，限五个月内一律办齐。④ 吉林《谘议局议决常平仓积谷案》中称，各地应将已经变价之谷分别如额买补；其谷存民间者迅即分别提追，并订立了买补之法、提追之法、续筹劝募之法。⑤顺直谘议局《申覆谘询整顿积谷事宜案》则提出积谷也要“酌量措施缓急”，并指出现在随着交通条件的改善，“轮轨四达，千里一息，商

---

① 沈晓敏编：《浙江谘议局》，《清末立宪运动史料丛刊》第 23 辑，第 526—527 页。

② 沈晓敏编：《浙江谘议局》，《清末立宪运动史料丛刊》第 23 辑，第 174—181 页。

③ 黄志繁编：《江西谘议局》，《清末立宪运动史料丛刊》第 27 辑，第 53—54 页；何一民编：《四川谘议局》，《清末立宪运动史料丛刊》第 13 辑，第 53—58 页；尚小明编：《山西谘议局》，《清末立宪运动史料丛刊》第 18 辑，第 246—247 页；尚小明编：《山东谘议局（上卷）》，《清末立宪运动史料丛刊》第 19 辑，第 281—283 页；沈晓敏编：《浙江谘议局》，《清末立宪运动史料丛刊》第 23 辑，第 174—181 页；牛贯杰编：《湖南谘议局》，《清末立宪运动史料丛刊》第 28 辑，第 631—638 页。

④ 尚小明编：《山西谘议局》，《清末立宪运动史料丛刊》第 18 辑，第 152 页。

⑤ 孙家红编：《吉林谘议局（下卷）》，《清末立宪运动史料丛刊》第 17 辑，第 999—1001 页。

贾既易流通，但能广开屯垦，博兴水利，当可无虞荒歉，似不必专恃积谷，以为救荒至计”，因此，顺直谘议局“拟请饬下各属，凡现时无积谷之处，令其量力买补，其实系无款可筹，不能买补者，不妨令其暂时从缓，俟自治团体发达，民力少舒时，再行设法办理。庶要政可以次举行，而民力亦不至疲敝，所谓宜查地方情形，以渐规复者此也。”①

总体来看，各省谘议局的议案经督抚批示照准颁布施行，具有法律效力。与灾害治理、积谷备荒、广植森林等关联的议案或法规，虽然在当时绝大多数施行时间有限，或者因为“议决之案，督抚颁布施行者尤少”，“多无效力”，形同具文，但这些议案也在救灾过程中发挥了一定作用，成为晚清救灾法律文献中非常有时代特色的部分。

四 荒政著述中的救灾法规

清代各类救灾法规是各级官吏的办赈指南和准绳。但是，由于相关律例条规繁多复杂，又分载于各处，使得官员对救灾法规的检寻把握并不容易。法国学者魏丕信将明清荒政著作分为实用指南类、百科全书式汇编类、特定救荒活动之公牍文集类。清代许多荒政著述，尤其是魏丕信称之为实用指南类的救荒书中皆收录相应救灾法规，并做了详细注解②。夏明方认为，魏丕信所称“实用指南类”荒政书可以分为两种亚型：亚型1是通过引证历史上救荒专家的建议以及详细措施，有时也结合个人的经验，向当政者提出建议或对策，往往称之为“法”“策”“丛言”等；亚型2的突出特点在于更注重辑录现行则例、律例，并遵循比较明确的救荒程序安排章节。清代荒政指南的服务对象也逐渐细化，出现了专为地方州县官，尤其是州县幕僚而撰写的作品。③

乾隆十七年（1752），万维翰辑《荒政琐言》，其内容从平粜、出借、查灾、查赈、赈恤、以工代赈、劝捐、粥厂、流民、镇抚等十个方

① 邱涛编：《顺直谘议局》，《清末立宪运动史料丛刊》第13辑，第590—591页。

② ［法］魏丕信：《略论中华帝国晚期的荒政指南》，曹新宇译，李文海、夏明方主编：《天有凶年：清代灾荒与中国社会》，生活·读书·新知三联书店2007年版，第102—109页。

③ 夏明方：《救荒活民：清末民初以前中国荒政书考论》，《清史研究》2010年第2期。

面就会典、则例中的相关规定做了详细解释。[①] 乾隆三十三年（1768），在浙江任幕友多达二十多年的姚碧认为，地方官对救灾法规的不熟悉是导致胥吏擅权的重要原因，因此，姚碧编辑八卷本的《荒政辑要》，将“历奉谕旨及通颁条例、现行章程，间或参考前人成说，汇为一编”[②]。在姚碧之后，江苏巡抚汪志伊编辑的九卷本《荒政辑要》于嘉庆十一年（1806）刊刻。该书卷三为查勘，卷四为则例，是全书最为重要的两卷。其中，卷三“查勘”分勘灾事宜、抚恤事宜、查赈事宜、剔除弊窦四类，卷四为则例，系从《户部则例》中抄出灾伤蠲赈一门，共二十一类。汪志伊表明自己修纂此书的目的称：“予破冗纂辑是书，刊发各属官，盖冀历练深者，益扩其措施；历练浅者，亦有所依据。”[③]汪志伊《荒政辑要》一书对后世救荒产生影响甚大，在相当长时期内成为地方官重要的救灾指南和参考。比如道光三年（1823），浙江水灾，浙江省将是书第三卷分发办赈各官员[④]。道光十三年（1833），四川布政使署陕西布政使李羲文认为汪志伊《荒政辑要》一书“广集古今办灾之法，既详且备”，但因卷帙浩繁，阅读不便，因此从中“择其尤要者”辑成《荒政摘要》，“于大同小异、今古不侔之处概从节芟”，“期于一览辄可见之于行事”[⑤]。道光二十七年（1847），河南省旱灾严重，上谕认为“救荒之策，务期简易可行，小民均沾实惠，不可空谈无补，且时势各异，亦应体察变通”，因此令将汪志伊《荒政辑要》一书发交河南巡抚鄂顺安，令其“率同司道等加意讲求，择而行之”[⑥]。同治年间，担任石景山同知的蒋廷皋，就《荒政辑要》“删繁就简，手抄成帙，而又采取他书，略参己意”，辑成二卷本的《救荒便览》，书成后，李鸿章“深加奖美”，光绪九年（1883），该书由顺天府府尹李朝

① （清）万维翰辑：《荒政琐言》，《中国荒政全书》第二辑第一卷，第461—478页。

② （清）姚碧辑：《荒政辑要》，《中国荒政全书》第二辑第一卷，第737—739页。

③ （清）汪志伊辑：《荒政辑要》，《中国荒政全书》第二辑第一卷，第538页。

④ （清）王凤生：《荒政备览》，《中国荒政全书》第二辑第三卷，第597页。

⑤ （清）李侪农编：《荒政摘要》，《中国荒政全书》第二辑第四卷，第556页。

⑥ 《宣宗成皇帝实录》（七），卷四百四十五，道光二十七年八月，中华书局1986年影印版，第575页。

仪作序，付梓刊印，“以公当世”[①]。

道光初年刊刻的荒政书中对救灾法规也多有辑录。嘉道年间在浙江任幕友的杨西明自称于嘉庆二十三、二十四年开始“迷闷于新陈例案，旁及故纸堆中”，嗣后随见随录，有加无已，于道光三年（1823）刊刻而成四卷本的《灾赈全书》，将《大清律例》《户部则例》《吏部则例》《漕运全书》中相关救灾法规分门别类，又附载引证条款，包括上谕、廷臣条奏，部臣核议等，作者希望能够做到“引今据古，缕晰详明，引而伸之，阅者豁然贯通”[②]。同样于道光三年（1823）刊刻的还有王凤生的《荒政备览》，该书分上下两卷，其中卷上从勘灾事宜、查赈事宜、抚恤事宜、平粜事宜等几个方面，对《荒政辑要》、《江浙灾赈条议》、《浙省条议》中的相应法规做了详细归纳，在每条法规之下还附有自己的大量解释。[③] 此后，任职刑部的杨景仁所辑录的《筹济编》于道光六年（1826）刊刻。该书作于道光三年（1823），时江苏大水，杨景仁是年在家乡常数参与查办灾赈，“与二三同志讲求利病，因于晨昏之暇，旁搜古今救荒诸书，分条采辑，汇而存之”[④]。林则徐专为此书作序，称赞该书“取古今荒政之可行者，类次排纂，条分件系之，疏通证明之，良以救荒无善策而自有其策，与其遇荒而补苴，不如未荒而筹备，诚使为民牧者事理达于平时，偶值偏灾，措之有本，上以纾圣天子宵旰之忧，下以托穷黎数十百万之命”[⑤]。该书卷首即为“蠲恤功令”，系从《大清会典》、《户部则例》与刑部律例内录出，杨景仁解释自己这样编排的原因称：会典、则例等虽然颁行在官，毋庸抄录，但因全书浩繁，初任地方者或者不能全数购置，猝遇灾荒时，又因官非素练，恐致其违误定例。所以他希望摘录其要，“俾览者开卷了然，平时则加意讲求，临事复悉心检阅”[⑥]。道光年间辑成的还有漕运总督朱澍的《灾

① （清）蒋廷皋编撰：《救荒便览》，《中国荒政书集成》第6册，第4295—4296页。
② （清）杨西明编：《灾赈全书》，《中国荒政全书》第二辑第三卷，第463—465页。
③ （清）王凤生：《荒政备览》，《中国荒政全书》第二辑第三卷，第597—618页。
④ （清）杨景仁编：《筹济编》，《中国荒政全书》第二辑第四卷，第8页。
⑤ （清）杨景仁编：《筹济编》，《中国荒政全书》第二辑第四卷，第6页。
⑥ （清）杨景仁编：《筹济编》，《中国荒政全书》第二辑第四卷，第15—37页。

蠲杂款》，该书辑录了乾隆朝以来有关灾赈的定例、上谕、灾案、部议通行等，其特点是能够比较清楚地看到救灾法规的沿革变换。[①]

五　清代救灾行政法规的层次性

所谓“备荒有政，救荒有策”[②]，在汲取传统荒政和法律制度的经验的基础上，清朝建立了中国传统社会最为完备、详细的救灾行政法律体系。清代救灾行政法律制度也体现了清代法律体系的三个层次。其中，《大清会典》作为国家典章制度总汇，居于国家行政法律体系最高层次。清五朝会典借鉴了《明会典》的规定，但其中容纳的救灾法规内容远比明朝要丰富和完备。乾隆、嘉庆、光绪会典皆载有荒政十二条，说明了清朝将传统荒政体系和救灾经验进一步制度化、法律化。清代行政法律体系的中间层次由六部则例等构成，规定了各种可直接应用于救灾实践且稳定性较强的救灾法规，也属于国家基本法律。《钦定吏部处分则例》《钦定六部处分则例》对灾赈过程中各级官员的行政处罚提供了依据，《户部则例》作为经济行政法规，体现了清代救灾法律程序和救灾法规的具体内容。清代法律体系的最低层次是未经统一编纂、但经由中央机构和地方官府议准的事例、章程等，属于可变通之法。[③]在地方性救灾法规的建设方面，各省省例大都包含一定数量的救灾法规，体现了各省对中央救灾法规的重申、细化、补充、变通，展示了地方救灾法规的灵活性、丰富性、创新性。作为临时性救灾法规的灾赈章程，主要因时制宜，针对某次救灾活动而制定。这两类救灾法规皆是对中央法规的具体阐释和补充，体现了清代救灾立法的灵活性，从而能够更好地发挥救灾法规对救灾实践的指导作用和保障作用。传统救灾法规在国家法律体系的不同层级中不断得以调适，并发挥着重要作用，成为中央和地方政府救灾的重要制度指南，体现了传统荒政在清代作为“中

---

① （清）朱澍撰：《灾蠲杂款》，《中国荒政全书》第二辑第四卷，第743—818页。

② （清）姚碧辑：《荒政辑要》，《中国荒政全书》第二辑第一卷，第737—739页。

③ 关于清代法律体系三个层次的表述，参见杨一凡《历代则例沿革考》，《中国历史研究院集刊》2021年第2辑。

国国家韧性的塑造机制”的特点①。许多荒政著述对救灾法规的辑录归纳，也有助于各级官吏从容而灵活地应对灾荒中的突发事件，为其减少办赈分歧、提高办赈效率打下了良好基础。

作为一个传统的农业国家，清朝历代政府对救灾行政立法都予以极大的重视。从顺治朝开始，伴随着救灾活动的展开，清代救灾制度开始恢复和重建，救灾立法进程也随之开始，经历了康熙、雍正朝对救灾行政法规内容的不断丰富，乾隆会典首次写入了荒政十二条，更为全面具体地阐释了清代国家救灾的主旨和基本的法律规章。乾隆四十一年（1776），作为清代经济行政法规的《户部则例》首次刊刻通行，其中在蠲恤项下分设灾蠲和赈济两类，乾隆朝《钦定吏部处分则例》灾赈卷也进一步丰富了雍正则例的相关部分。这些反映了乾隆朝以后，由于国力逐渐强盛，救灾经验日益丰富，救灾行政立法也日趋完善。嘉道以降，救灾行政法律体系整体变化不大，只是在府或州县一级的地方性赈灾实践中根据需要进行了适当的变通及调整。嘉庆朝开始，即逢白莲教起事长达九年多，清政府不得不将财政收入主要用于庞大的军费支出。由于财政紧张，国家拨款赈济日渐减少，救灾制度表现为缓征多而蠲免少，及以煮赈充放赈等。晚清以降，基于防疫、救灾、水上救生的急切需要，单行性救灾防灾法规不断出现，尤其宣统年间东三省鼠疫的发生，更出现了晚清大规模的防疫法规的建设，此外，晚清频繁出现的赈捐章程，说明了赈捐成为当时赈济钱粮筹集的重要方式。在机构设立上，清末民政部成立，下设民治司“兼司保息荒政”，卫生司“掌检医防疫，建置病院”等事，说明在国家机关中出现了专设的救灾部门。清末各省谘议局的活动，也显示了各省在救灾法规建设上的努力。晚清救灾法律机制在衰败中的转型和变通，并不能为岌岌可危的清王朝续命，但是作为中国法律近代化和救灾制度近代化的重要组成部分，为民国救灾法律制度建设提供了继续前进的基础。由此来看，清代救灾行政法规的建立与发展，也大体上能够反映清朝历代政府救灾活动的时代特点。

① 周光辉、赵德昊：《荒政与大一统国家：国家韧性形成的内在机制》，《学海》2021 年第 1 期。

清代救灾立法虽然丰富，但是亦有缺憾。有清一代，除了作为临时性救灾法规的救灾章程外，中央层级的常设的救灾条例或法典还较为少见，更远称不上系统。也就是说，指导和规范国家与地方救灾活动的救灾法规大都需要从综合性法典、则例中找寻。民国以后，才出现了一系列常用的、专门颁行的灾赈法律条例和章程。这些专门性法规的出现，反映了传统救灾法律制度的近代转型。当然，民国以后救灾法律制度的发展，又是以清代救灾法律制度作为基石的。

第二章

清代救灾的制度建设及发展脉络

清朝吸纳历代经验，建立了系统完备的救灾制度，其内容主要包括报灾、勘灾、筹赈、赈灾、善后等多个方面，基本覆盖整个救灾过程。清朝将救灾责任法律化，救灾立法体系严整灵活，从而确保救灾制度有效运行。清代的救灾制度建设与王朝活动呈现同步进行，存在着较为明显的阶段性变化。

一　清代救灾制度的主要内容

中国古代社会将救济灾荒的法令、制度与政策、措施统称为“荒政”。作为中国最后一个封建王朝，清朝吸纳历代经验，救灾制度严整完备，主要包括报灾、勘灾、筹赈、赈灾、善后等多个方面，基本覆盖整个救灾过程。

（一）报灾

报灾，即将灾情自下而上逐级上报。报灾是灾赈启动的首要程序，也是灾赈的前提和保证：“地方遇灾不报，则民隐不上闻，膏泽无由下究，以致道殣相望，盗贼司目，往往酿成事端，而朝廷不知也。迨知之而百方绥辑，已无及矣。”① 以直省为例。清代强调报灾应及时：“地方遇有灾伤，该督抚先将被灾情形日期飞章题报。”② 顺治六年（1649），

① （清）杨景仁编：《筹济编》，《中国荒政全书》第二辑第四卷，第56页。

② 乾隆《钦定户部则例》，卷一百零九，蠲恤，乾隆四十六年武英殿刻本。

规定“地方被灾，督抚按即行详查顷亩分数具奏，毋得先行泛报”[①]，但对报灾所用时间并无明确要求。十年（1653），科臣季开生疏请立报灾期限，户部议准，夏灾限六月终，秋灾限九月终，“先将被灾情形驰奏，随于一月之内查核轻重分数、题请蠲豁。其逾限一月内者，巡抚及道府州县各罚俸，逾限一月外者，各降一级，如迟缓已甚者革职”。[②]顺治十七年（1660），进一步明确报灾期限及报灾逾限的相关处罚。直省灾伤，先以情形入奏，夏灾限六月终旬，秋灾限七月终旬，扣去程途日期，如详报到省在限外，而扣算程途日期，尚未逾限，免其揭参；若到省在限外，而计算应扣之程途亦已逾限者，即行照例参处：“州县官迟报逾限一月以内者，罚俸六月；逾限一月以外者，降一级调用；二月以外者，降二级调用；三月以外者，革职。”督抚司道府官以州县报到日为始，如有逾限者，照此例处分。以上规定“永着为例”[③]。

康熙年间，对报灾期限做了进一步的调整。康熙三年（1664），因为州县报灾，有的离督抚驻扎地方穹远，定限一月内难以确查，规定嗣后限三月内查报，即报夏灾分数直至九月，报秋灾分数直至十二月，违限者仍照例议处。康熙七年（1668），又因按照上述报灾期限，“苗根已尽，无凭踏勘，易致捏报，以后仍照先定例行”[④]。是年，户部又曾请将报灾限期改为夏灾不过五月初一，秋灾不过八月初一。康熙帝认为，凡被灾州县，州县官必先勘察申报，督抚然后具题。地方远近不一，若限期太过紧迫，被灾之民恐致苦累。谕报灾日期仍照旧例[⑤]。康熙十五年（1676），加重对官员报灾迟延的处分，规定被灾地方抚、司、道、府、州县官迟报情形及迟报分数，逾限半月以内者罚俸六个月，一月以内者罚俸一年，一月以外者仍照前定例议处。[⑥]

雍正六年（1728），因在一月内造报被灾分数时间太过紧迫，议准

① （清）伊桑阿等纂：《大清会典》（康熙朝），第1卷，第227页。

② 《世祖章皇帝实录》，卷七十九，顺治十年十一月，第623页。

③ 光绪《清会典事例》（四），户部三，卷二百八十八，户部一三七，蠲恤二三，奏报之限，第366页。

④ （清）伊桑阿等纂：《大清会典》（康熙朝），第1卷，第228页。

⑤ 《圣祖仁皇帝实录》（一），卷二十六，康熙七年六月，第362页。

⑥ （清）伊桑阿等纂：《大清会典》（康熙朝），第1卷，第228页。

嗣后造报分数，勘灾之官宽以十日，查覆上司宽以五日，总以四十五日为限。乾隆十二年（1747），又议准州县勘报续被灾伤分数，其原报被水、被霜、被风灾地续灾较重，距原报情形之日未过十五日者，不准展限，统令于正限内查勘请题。若在十五日以外者，准于正限外展限二十日。如已过正限，均准另起限期勘报。①

（二）勘灾

勘灾系由地方官勘察受灾程度，确定成灾分数。勘灾是确定灾蠲分数及赈济标准的重要依据："夫夏灾秋灾轻重不齐，非亲至田亩，无由定其分数。其勘报轻重之间，不惟核赈以此为根据，即钱粮蠲缓之等差所由判焉。患辨之不早辨也。"② 顺治十七年（1660），确定勘灾期限：地方官限一月内将报灾分数勘明，造册题报。各官如有违限者，照报灾迟延例议处。因一月内造报被灾分数为时太过紧迫，雍正六年（1728），议准将勘灾期限宽以十日，查覆上司宽以五日，总以四十五日为限。如逾限半月以内递至三月以外者，议处。乾隆十二年（1747），再次调整勘灾展限的标准：州县勘报续被灾伤分数，除旱灾以渐而成，仿照四十日正限勘报外，其原报被水被霜被风灾地续灾较重，距原报情形之日未过十五日，不准展限，统于正限内查勘请题；十五日以外者，准于正限外展限二十日；如已过正限，均准另起限期勘报。③

勘灾目的是通过查勘核实田亩受灾程度，确定成灾分数。成灾分数按照受灾轻重分成一至十分，受灾六分至十分者为成灾，五分以下为不成灾。成灾分数的确定标准。一村之中有田百亩，其九十亩青葱茂盛，独十亩禾稼荡然，则此十亩即为被灾十分；其中有一分收成者，即为被灾九分；二分收成，即为被灾八分；有三分、四分、五分收成，即为被

① 光绪《清会典事例》（四），户部三，卷二百八十八，户部一三七，蠲恤二三，奏报之限，第367—368页。

② （清）杨景仁编：《筹济编》，《中国荒政全书》第二辑第四卷，第67页。

③ 光绪《清会典事例》（四），户部三，卷二百八十八，户部一三七，蠲恤二三，奏报之限，第366—368页。

灾七分、六分、五分。[①] 勘灾的过程中，九分、十分重灾最易勘查，七分、八分与六分递轻之等，所辨已微，六分与五分灾因牵涉到赈济与否，与灾民的利益息息相关，所以勘分时尤其需要审慎。时人认为，在这个问题上，“与其畸轻，何如畸重。重则可于核户时伸缩之，轻则无挽补法矣”[②]。

成灾分数的确定，应以村庄为单位，而不能以通县熟田作为统计分数。康熙八年（1669）规定：“州县灾伤，不得以阖境地亩总算分数，仍按区图村庄地亩被灾分数。”[③] 但乾隆朝以前，成灾分数以一州一县计算者比比皆是。乾隆二十二年（1757），在河南水灾的赈济中，侍郎裘曰修奏请在勘灾中，成灾分数不应合计，“大抵一县中高下不一，有数处尽丰收而一隅全歉者，一经牵算，则皆不成灾，其歉收之处多于熟地，一邀蠲赈，又未免侵滥，因而州县缘以为例，致小民苦乐不均”。乾隆帝准其所奏，州县成灾分数应“俱照各村庄分数实力查办，不得合计累民”[④]。勘灾不能太过笼统，也不能太零碎。一个村庄中若情形大抵相仿，就不必要过为区别，“致有纷繁零杂，滋高下其手之弊”[⑤]。

在勘灾人员的选择上，州县官应当注意用人得当，可以在六房书吏中，“择身家殷实，为人端整，素推老成持重，并无过犯之人，点取数名，宁少毋多，再将署内丁属之能事者，一一派出”。勘灾之时，每村庄令内丁一人，领同书吏一人，再派登记书二人，随役一人，由保正甲长指引，携带鳞册，查得某庄某甲某户某圩某号田若干亩，或系佃种，则注明佃户某人，住居村庄，种植何项，被灾似有几分，随即登簿。田则按圩按号，挨段踏查，再考以鱼鳞图册。查一村庄毕，得一草册，由地保呈缴州县。州县官亲带此册，履勘确切，“冒入者删除，遗漏者增补，轻重不当者更改”。为了节省时间，也为了严格监督丁役，州县官应该设计好勘灾的先后次序：“如甲日丁役查勘东庄，则乙日印官亲勘

① （清）万维翰辑：《荒政琐言》，《中国荒政全书》第二辑第一卷，第466—467页。
② （清）方观承辑：《赈纪》，《中国荒政全书》第二辑第二卷，第507页。
③ （清）杨景仁编：《筹济编》，《中国荒政全书》第二辑第四卷，第73页。
④ 《高宗纯皇帝实录》（七），卷五四二，乾隆二十二年七月上，第868—869页。
⑤ （清）杨景仁编：《筹济编》，《中国荒政全书》第二辑第四卷，第70页。

东庄；乙日丁役查勘西庄，则丙日印官亲勘西庄。其窎远村庄，许委丞簿巡检等员分勘，以副定限。一如前法，轮流无间，便无迟误之虑。”勘灾步骤，州县官先凭灾户呈报坐落亩数，刊就简明呈式，每张如册页式样叠做两折，预发铺户刊刷，由地方乡保转给灾户，自行照填报送，地方官查对粮册，等汇齐后按照灾田坐落区图村庄分钉，用印存案，作为勘灾底册。与此同时，该管府州接到报文后，即委员赴县协查。委员查勘时，州县官将前钉成灾册分交各员带往，按田踏勘，将勘实被灾分数田数于册内注明。勘不成灾、收成歉薄者，亦登明册内。勘毕，将原册缴县汇报，其余未被灾之村庄，不许滥及。州县官等委员勘齐灾田后，核造总册，并将本邑地舆绘画全图，分注村庄，将被灾之处，水用青色，旱用赤色，渲染清楚，随折并送，以便查核。①

（三）查赈

赈灾是清代救灾制度中最为重要的环节。在进行赈灾前，先要进行查赈。查赈是为赈济做准备，其内容是划分贫户等差，核对灾民户口，填写赈票，为赈济做准备。查赈的目的是划分贫户等差，核对灾民户口，填写赈票，为赈济做准备。“查赈灾荒，乃地方第一紧要事务。”②查赈中最重要的步骤是审户：“审户为查赈之先务，审富户则可藉之以劝分，而贫户有极贫次贫，赈数之多寡以判，不可滥，尤不可遗，按户详稽而口亦核焉。”③ 审户的关键是划分极贫、次贫，这关系着灾民加赈月份的多少，因此也是查赈工作中难度最大的部分。明人林希元认为救荒有二难，其一即为审户难：“盖赈济本以活穷民，夫何人情狡诈，奸欺百出。乃有颇过之家，滥支米食，而穷饿之夫，反待毙茅檐。寄耳目于人，则忠清无几，树衡鉴于上，则明照有遗，此审户所以难也。”④也就是说，审户不清，即会导致贫民富民真伪莫分，贫者得不到实质的

① （清）汪志伊辑：《荒政辑要》，《中国荒政全书》第二辑第二卷，第567—568页。
② 《高宗纯皇帝实录》（二），卷一百五十四，乾隆六年十一月上，第1205页。
③ （清）杨景仁编：《筹济编》，《中国荒政全书》第二辑第四卷，第75页。
④ （明）林希元辑：《荒政丛言》，《中国荒政全书》第一辑，第159页。

救济，“盖谓审户不清，各弊端从兹而起，故为荒政中最难事”①。

1. 极贫、次贫的划分标准

明人林希元把灾地之民分为六等，富民之等三，极富、次富、稍富；贫民之等三，极贫、次贫、稍贫。对于稍富者不劝分，对于稍贫者不赈济。极富、次富者均为劝分对象：“极富之民，使自检其乡之稍贫者而贷之银；次富之民，使自捡其乡之次贫者而贷之种。”林希元认为，劝分之中还可以寓审户之法：“盖使极富之民，出银以贷稍贫，彼必度其能偿者方借，而不借者即次贫也。使次富之民出种以贷次贫，彼必度其能偿者方借，而不借者即极贫也。不用耳目而民为吾耳目，不费吾心而民为吾尽心。法之简要，似莫有过于此者。”② 清代规定，灾民以十六岁以上为大口，未至十六岁为小口，尚在襁褓者不入赈册③。关于贫户等差，乾隆七年（1742）以前，山西、湖广、贵州等省不分极次，山东、陕西等省只分极次，江南、浙江等省则分为极贫、次贫、又次贫三项。乾隆七年（1742），议准又次贫与次贫相去无几，不便赈恤，且容易耽误赈期，应该只分极贫、次贫，将又次贫列于次贫之内一例办理。④

极贫、次贫的划分并没有统一的规定。根据乾隆朝浙江的查办章程，如灾户内有田地虽被灾伤，另有山场、果木、柴、炭、渔、盐各种花息，并有手艺生业，以及有力之家，一概不准开报。若被灾贫民既无自己田地，又无手艺营生、山场别业，佃种田地在十五亩以下者，及虽有己田而为数不及十亩，自耕自食，各被灾八九分者，准其列作极贫。如己田十亩以下自耕，被灾六七分，及己田十亩以上至二十亩自耕，被灾八九分，并佃田十五亩以上，被灾六七分者，准其列作次贫。除此之

---

① （清）汪志伊辑：《荒政辑要》，《中国荒政全书》第二辑第二卷，第558页。

② （明）林希元辑：《荒政丛言》，《中国荒政全书》第一辑，第160页。

③ 大小口的确定标准前后亦不一致。顺治十年，以七岁以上为一口，六岁以下、四岁以上为半口［（清）伊桑阿等纂：《大清会典》（康熙朝），第1卷，第232页］；乾隆时直隶以十二岁以上为大口，十二岁以下为小口［（清）万维翰辑：《荒政琐言》，《中国荒政全书》第二辑第一卷，第469页］。

④ 光绪《清会典事例》（四），户部三，卷二百七十一，户部一二〇，蠲恤七，赈饥一，第102页。

外，如灾户内有己田自耕十亩以上至二十余亩，及佃田十五亩以上，被灾六七分，家有老病父母、幼小子女，此种贫户即使丰收时期也尚不敷用，被灾更属可悯，应列作极贫。又如灾户并无己田，亦无己屋，佃田成灾过半，家口繁多者，并外乡新迁，耕种全荒，无力佣工者，亦应定为极贫。虽无己田，尚有房屋牲畜，佃田全荒者；虽无己田己屋，佃田半收，家口无多者；自种己田仅止数亩，虽未全荒，而家口多者；搭寮居住耕种，外乡别邑民人，佃田荒芜过半者，俱应列作次贫。如佃田四五亩，虽被全荒，而系单身壮丁，能佣工度活者，应不准入册。① 方观承称："司赈者先视田亩被灾轻重，复审其居处器用牛具之有无存弃，以别极贫、次贫。其不因灾而贫者，则非农也。佣工之农，耰锄辍而饥饿随之，极贫者为多，此与佣食于主家者有别也。"② 汪志伊的划分标准相对简明："贫民当分极、次，全在察看情形。如产微力薄，家无担石，或房倾业废，孤寡老弱，鹄面鸠形，朝不谋夕者，是为极贫。如田虽被灾，盖藏未尽，或有微业可营，尚非急不及待者，是为次贫。极贫则无论大小口数多寡，俱须全给。次贫则老幼妇女全给，其少壮丁男力能营趁者酌给。"③ 嘉庆年间，陕甘总督那彦成的划分办法则是："以人口众多而众亩全荒者为极贫，人口本少而地亩尚有薄收者为次贫。"④ 道光年间浙江省把以下情况划分为极贫：并无己产己屋，佃田耕种全荒者；并无己田己屋，佃田耕种成灾过半，家口众多者；外乡别邑农民携

---

① （清）姚碧辑：《荒政辑要》，《中国荒政全书》第二辑第一卷，第749页。又万维翰辑《荒政琐言》也载乾隆间浙江省查赈规条："浙省向来查赈规条，以被灾穷民并无己田，又无手艺营生、山场别业，向系佃种为活，及佃田十五亩以下、己田十亩以下全被灾伤，准作极贫；又己田十五亩以上，佃田十五亩以上，被灾过半，又无山场别业，准作次贫；佃田十五亩以上之户，虽无己田，如果全灾，亦列作极贫。被灾之民并无己田己屋、佃田耕种全荒者，或无己田己屋佃田成灾过半、家口众多者，并外乡迁居耕种田已全荒、无力佣工者，定为极贫；虽无己田尚有房屋牲畜佃田全荒者，虽无己田己屋佃田半属有收而家口无多者，自种己业仅止数亩全荒者，或有少许收获而家口众多者，搭寮居住耕种外乡别邑农民佃田荒已过半无力佣工者，定为次贫。此虽已行成案，亦只言其大概耳。总在临时酌看情形，因地制宜，妥协办理，毋致遗滥，不可过于拘泥也"［（清）万维翰辑：《荒政琐言》，《中国荒政全书》第二辑第一卷，第469页］。

② （清）方观承辑：《赈纪》，《中国荒政全书》第二辑第一卷，第508—509页。

③ （清）汪志伊辑：《荒政辑要》，《中国荒政全书》第二辑第二卷，第572页。

④ （清）那彦成编：《赈记》，《中国荒政全书》第二辑第二卷，第709页。

眷耕种，搭寮居住，田已全荒，无力佣工者。“以上无论大小口数多寡，俱系全给。十六岁以上为大口，十六以下至能行走为小口。其在襁褓者，不准入册。”次贫的标准为：虽无己田，尚有房屋牲畜，佃田全荒者；虽无己田己屋，佃田半属有收，而家口无多者；自种己业，仅止数亩而全荒者；自种己业仅止数亩，尚有少许收获，而家口众多者；搭寮居住，耕种外乡别邑农民，佃田荒已过半，无力佣工者。“以上老幼妇女全给，其少壮丁男力能营趁者，不准给赈。其有残废，无力营趁者，应与老幼一体散给。”另外，对于被灾村庄内的无田贫民，若无己田又无佃田，并无手艺，专藉佣工糊口，因被灾，无工可佣而有家口之累者，为极贫，孤身为次贫；无己田又无佃田，并无手艺，专赖小本营生，因被灾无可卖买而有家口之累为极贫，孤身为次贫；成灾村庄之四茕无依，未经编入孤贫者，为极贫。此外，以下属有力之家堪以资生者，不准入赈：但有本经营及现有手艺营生者，概不准入赈；田地虽被灾伤，尚有山场柴草花息者，不准入赈；成灾村庄内之四茕，其有力自给及亲族可依并已编入孤贫册者，不准入赈；不成灾村庄内之四茕及无手艺营生者，概不准入赈①。

对于佃户、兵丁、鳏寡孤独者、无田贫民、屯卫、贫生等，清代也规定了划分极贫、次贫的办法：其一，对于佃户，如系专靠租田为活之贫佃，田既遇荒，业主又无养赡，应查明极、次，及所种某某业主之田，按其现住灾地分数给赈，不得分投冒领；其二，兵丁原有粮饷资生，但家口多者，遇灾拮据，令该管营员查明灾地兵丁，除本身及家属三口以内不准入赈，其多余家口，方准分别极、次，开册移县。该地方官会同该营亲查确实，与民一体给赈；其三，被灾村庄内鳏寡孤独疲癃残疾之民，除有力自给，或亲族可依，及已入养济院者，毋庸给赈，其无业无依遇灾乏食者，悉照所住村庄灾分轻重，分别极、次，一体给赈；其四，无田贫民，或藉工营趁，或赖手艺糊口，因被灾失业，无处营生者，应随住居村庄灾分轻重，分别极、次、一体给赈；其五，屯卫灾军饥口，应归田亩坐落之州县，照依民例一体查赈；其六，被灾贫

① （清）王凤生：《荒政备览》，《中国荒政全书》第二辑第三卷，第609—610页。

生，以全无粮产亦无己屋者为极贫，尚有些微田地、住系己屋而全荒者为次贫①。给赈时，应令学官查明极、次及家口大小口数，造册移县复查明确，会同教官传齐各生，在明伦堂唱名散给，以与齐民区别②。

2. 查赈过程

查赈应紧随勘灾进行，如果被灾地方田亩不多，灾户甚少，则可以将勘察成灾分数与查审户口并作一次，查勘入册："凡地方被灾，该管官一面将田地成灾分数依限勘报，一面将应赈户口迅查开赈，另详请题。若灾户数少，易于查察者，即于踏勘灾田限内带查并报。"③ 清代地方各类灾赈章程中罗列了诸多查赈的方法和注意事项，大体上主要包括以下几个方面：

第一，查赈应该先赴被灾最重之州县，就一州县中，应先赴被灾最重之村庄，挨户清查。

第二，查审户口步骤。

"救荒先审户。古人之审户，兼审贫富，贫者不混于不贫者，极贫者不混于次贫者，而户乃审。"④ 审户的办法，乾隆时浙江省为由乡保携带烟户册，查得某庄某甲某户大小丁口若干，似属极次贫，自种田若干，或佃种某人田若干，内被灾几分，田若干，随即登记。每户则按庄按甲，挨次查审，又证之以烟户底册。一庄查毕，即有一草册，此草册作为该乡保初报之私册，呈缴州县。州县官照册亲加查明，冒滥者删除，遗漏者增补，极次不当者更改⑤。嘉庆时汪志伊则认为，如果只听凭乡保开报，肯定难以凭信，即使由州县官携带烟户册查对，"其中迁移事故，亦难尽确"。有田灾户尚有灾呈开报家口，无田贫户则根本无户口可查，况且"人之贫富，口之大小，必须亲历查验，方能察其真伪"。因此，汪志伊认为，委员查赈，务必挨户亲查，详察情形，参考原册，查照规条，酌分极次，查明大小口数，当面登册，填给赈票，千

① （清）王凤生：《荒政备览》，《中国荒政全书》第二辑第三卷，第610页。
② （清）汪志伊辑：《荒政辑要》，《中国荒政全书》第二辑第二卷，第574页。
③ 乾隆《钦定户部则例》，卷一百一十，蠲恤。
④ （清）杨景仁编：《筹济编》，《中国荒政全书》第二辑第四卷，第86页。
⑤ （清）姚碧辑：《荒政辑要》，《中国荒政全书》第二辑第一卷，第747页。

万不能怠惰偷安，假手乡保书役代查代报，致滋混冒。查完一庄，即行总结，再查下一庄。每日要将查完村庄赈册票根固封缴县，同时要将查过村庄饥口名数，或三日，或五日，开折通禀查核。查完一户，对于应赈之户，要在门首壁上用灰粉大书极贫、次贫某人，大几口、小几口字样，以便上司委员不时抽查。俟赈毕后，方许起除。[①] 后因灰粉书壁易于剥落，且恐有更改之弊，道光时王凤生查《浙省办灾条议》，认为改用门单实贴灾户门首，“较为周匝”，门单可作二连，一系根查，一系实贴，须由委员立时填写面交。等到赈票办就，再令该庄绅耆出具收领，就近查照门单，按户散给。[②]

第三，备具印票赈册。

挨查户口，要备具印票赈册。赈票一般用两联串票，由地方官预先刊刷印就，每本百页，编明号数。其应用查赈户口册，每页两面各十户，亦刊刷钉本用印，每本百页。委员赴庄查赈时，按其所查村庄户口之多寡，酌发册票若干本，登记存案。各委员赍带册票，按户查明应赈户口，即将所带联票，随时填明灾分、极次、户名、大小口数，将一票截给灾民，票根则留存比对，赈册亦照票填明。填完一庄，将用剩册票朱笔勾销，封交该州县收存，作为放赈底册[③]。

第四，特殊人群的补救办法。

极贫户内老病孤寡赤贫无依者，皆在册内注明，以便续办。村庄内如有因灾挈眷外出、仅存剩空房者，另簿登记，作为外字号，亦于其门墙上书写户名口数。如本人闻赈归来，即可予以查验补赈。[④]

第五，抽查检验。

查赈之时，该管上司应亲自巡行稽查，并选干员密委抽查。如果发现冒滥遗漏等弊，立即将原办之委员，按其情罪据实揭参，书役冒户也一并严究。如果发现重大弊端，除委员参处外，地方官亦应一并

① （清）汪志伊辑：《荒政辑要》，《中国荒政全书》第二辑第二卷，第575页。
② （清）王凤生：《荒政备览》，《中国荒政全书》第二辑第三卷，第611页。
③ （清）汪志伊辑：《荒政辑要》，《中国荒政全书》第二辑第二卷，第575页。
④ （清）汪志伊辑：《荒政辑要》，《中国荒政全书》第二辑第二卷，第575页。

查参[①]。

查赈过程中，查赈人员的素质起着至关重要的作用。清朝政府一再强调，查赈委员应当亲力亲为："查报饥口，例应查灾之员随庄带查"，"查赈一事，须当极力拯救，务使灾黎不致流离失所，方为称职也"[②]。乾隆七年（1742），上谕即斥责"查赈有司，每寄耳目于绅衿，绅衿因得遂其徇私偏袒，或多报花名，或散给不均，致灾民不得普沾实惠。应令督抚会同钦差大臣，严饬办赈官一切实力奉行，无滥无遗"[③]。

（四）散赈

查赈之后进行散赈，散赈，即将赈济米粮发放到灾民手中，是救灾过程中最为关键的一步，所以必须有相应的法规来保障其顺利实施："村民当领赈时，急于得饱，非立法大为之防，则诸患生焉。道里不均，有往返之劳，场宇不宽，有拥挤之虑，时日不定，有守候之苦，称较有低昂，量概有盈缩，荐盖少而米虞蒸湿，校贯差而钱或短少，外出户口之遗漏重冒者，保邻亲属之扶同捏饰者，皆为患所宜防。"[④] 根据不同时期各地的散赈章程和条规，散赈时应注意规范以下一些事项：

1. 多张告示，以杜弊混

灾民赈粮，应该由州县亲身散给。若州县官不能兼顾，督抚应该派遣委员协同办理。[⑤] 散赈前数日，地方官即应将各厂附近村庄，按道里远近、人口多少，均匀配定，分为几日支放，多张告示，注明某村某庄于某日赴某处厂所领赈，并命令各乡约、地保遍传，使灾民依期而赴，不得遗漏。赈毕，再将已赈户口银粮各数复行通谕，这样做的目的是避免乡保胥吏上下欺瞒，从中擅权。嘉庆十五年（1810），陕甘总督那彦成有感"向来散赈州县，惟张挂告示，将应赈户口银粮各数笼统开列，仅凭册落细数，愚民无从深悉底里，侵渔影射之弊由此即生"，在所定

① （清）汪志伊辑：《荒政辑要》，《中国荒政全书》第二辑第二卷，第575页。
② 《高宗纯皇帝实录》（一），卷四十七，乾隆二年七月下，第821页。
③ 《高宗纯皇帝实录》（三），卷一百七十六，乾隆七年十月上，第262页。
④ （清）方观承辑：《赈纪》，《中国荒政全书》第二辑第一卷，第532页。
⑤ 江南省泗州卫饥军由该卫自行散给。乾隆《钦定户部则例》，卷一百一十，蠲恤。

办理灾赈章程中规定，散赈各州县除照旧出示晓谕外，另行置备木牌，开明某村户口若干、应赈银粮若干，逐细排列村堡、地名、人名，填注数目，悬挂各村庄适中处所，以使民间家喻户晓，照牌给领。倘书役乡保人等仍敢侵渔影射，以及藏匿木牌不挂者，民人可以指名禀控，以使经手之人无从弊混。同时，责令道府亲查牌内所开与原报数目是否相符，据实禀报，统俟查过后方许撤收，再派员前往，将该员等所挂木牌照抄，存在总督藩司衙门，以便与报册核对，这样即能消除弊病①。

2. 多分厂所，使民安妥

除州县本城设厂外，被灾附近村庄应在数十里范围内设立一赈厂，其距离大致一日可以往返。倘若一乡一厂相距甚远，地方官当勿拘成例，应多设一二厂，务必要使妇女老弱能够晨出晚归，毋致“寒天竭蹶，露宿单行”②。赈厂应该设在适中宽地，或者寺院，或者搭篷，每厂须设立两个门，以便一出一入。赈厂每处委佐杂教职一员驻厂监赈，专司稽查约束之事，监赈官须前夕就厂住宿，及早开放，不得任情自便，致累守候③。

3. 赈粮与赈银的足数发放

发放赈粮，州县应当约略估计现存仓库共有若干、尚需若干，当即禀请筹拨，并将该县地方水路可通何处、道里若干禀明，以便酌核派运。发放给灾民的赈粮，应用干洁米谷，不得将存仓气头廒底及滥收别县潮湿米谷，混行散给灾民。受拨州县一经奉文，即赶紧选雇坚固船只，给足水脚运费，遴差妥当丁役，分押各船，星速趱运。如有船户押役沿途偷卖、掺水和沙、霉烂缺少等弊，立即拿究追赔。受拨州县如果应于水次接收转运入厂者，也应迅速预觅舟车，押赴交卸处所，等到运粮一到，照依制斛，即为验明斛收，出给印照。如有缺少，即按数移追。如果接收之后，又有掺和缺少之弊，“惟接受之员役是问”。运粮员役例无盘费，不准报销。④ 发放折赈，如奉旨有加增米价者，应照所

① （清）那彦成编：《赈记》，《中国荒政全书》第二辑第二卷，第697页。
② （清）方观承辑：《赈纪》，《中国荒政全书》第二辑第一卷，第535页。
③ （清）方观承辑：《赈纪》，《中国荒政全书》第二辑第一卷，第535页。
④ （清）汪志伊辑：《荒政辑要》，《中国荒政全书》第二辑第二卷，第576页。

加之数增给。州县官务必预先将各厂应放村庄户口逐一查明，每村庄共该大几口、小几口者，各若干户，照一月折赈之数，逐户剪封停当。"俟届放期，开单同原查赈册银封，点交监厂委员带往，按户唱放，戳销原册。"如有不到人户，即将原银收存，俟其续到，验明补给。如系已故迁除之户，应于册内注明截止月份，原银归款。如若有捏混冒销者，查参追究。各厂委员仍于每厂每届放完之后，即将经放月份饥口银米各数，具折通报查考。另外，剪封折耗、火工饭食，例不准销帑项，如有以银易钱散放，应当按时价计算足钱，通报核给。需用串绳、运费，因无准销定例，均应印官设法捐办①。

4. 散赈当日的防范措施

散赈当日，也要有相应的程序和防范措施。乾隆八年（1743），方观承所订立的散赈条规规定，赈厂的厂门左右十丈外，要界以长绳，令乡地带领赈户人众，各按村庄排立，以道路远近为给放次第。一村庄之内，要先女后男，先老弱后少壮，也可以按村各书一旗，立在村外空旷地方，令饥民各聚集旗下，逐村随旗赴厂，以次散之。如果天晚，则责成乡地集合一村庄之人同行，不许先后涣散，因为荒年暮夜，背负银米孤行田野，恐有不测。放置银米地方，要拦以大木，守以役壮。银米应当分置两处。贫民呈票领米时，给竹筹一枝，缴筹领银，不复验票。普赈大赈，按所赈月份制小戳记，印在票上。

另外，外出之户在各村已查之后陆续返回者，应在本户到县之日，询明所住村庄，核对草册外字号内姓名口数相符，并其牌约地邻姓名，填给一纸执照，谕令其在赈厂呈投，换给赈票，添入红册，一例领赈。对于离厂稍远之村庄有孤寡老弱病废不能赴领者，准许本村亲信之人带票代领，册内注明代领姓名，以防窃票冒支之弊。由于灾民众多，即使防范再严，也可能情伪百出。比如，有于领赈之后复携家口外出者，这些人多系希望去他处诡名重领，也有携家口住在他乡，放赈时则单身回籍领粮者，这些情况应令乡保、地邻据实举报，于赈册内删除。如果地

① （清）汪志伊辑：《荒政辑要》，《中国荒政全书》第二辑第二卷，第577页。

邻扶同隐匿，察出之后究处。如有首告者，赏给口米一份。[①]

5. 赈后的稽核

正赈、加赈完毕之后，州县官应查造报销简明册、花户细册二册。简明册应将被灾分数列于册首，将正赈、加赈按照月份大小，分晰灾分、极次、大小口数，逐赈开造。如有物故迁移各户，也应逐月扣除，然后进行汇总，列明动用银米各数。简明册应造四套，造定之日，先行具结分送司府道加结核转。花户细册，应将前项简明总数开列于前，再将被灾区图村庄逐区、逐图、逐村、逐庄挨次造报。如甲区被几分灾，极、次贫若干户，大小口若干，其中某户大口若干、小口若干，南乡归南，北乡归北，不得颠倒错乱。至于无田贫民及卫军兵属，也应在各区图村庄册后附造。花户细册应造六套，随后送司汇转。另外，贫生饥口册也应另照式造送简细二项册结，并取学结同送。此外，随赈报销诸事，如运赈水脚、查灾办赈委员书役盘费、坍房修费、借给籽种、借给口粮，均须逐项造具简细各册结，分案详送，以便核明汇转。[②]

州县散赈时，该管道府应进行监察，如州县办理有不实不力之事，应揭报督抚，以不职题参。协办赈务的正佐官如果扶同捏结，与本管官一例处分。若道府不亲往督查，只据州县印结加结申报，由督抚指名题参。州县官还应严防书役在赈济过程中扣克冒领。乾隆四年（1739），国子监司业李光墺奏准，若州县对此漫无觉察，应照书役侵欺钱粮不行查出例，降二级调用。[③] 如若地方官宣示本无不实，赈济亦无遗滥，而“奸民藉端要挟请赈者，依律究拟”[④]。

清代根据灾情的具体情形，区别极贫、次贫及灾民受灾程度不同情况，确定不同赈济方式的期限及标准。清代的赈济方式多元灵活，包括摘赈、普赈、续赈、大赈、展赈、抽赈、补赈等，贯穿救灾的整个阶段，颇能反映清代救灾制度的周密完整。具体情形可见下章。

---

① （清）方观承辑：《赈纪》，《中国荒政全书》第二辑第一卷，第533—534页。

② （清）汪志伊辑：《荒政辑要》，《中国荒政全书》第二辑第二卷，第579页。

③ 《高宗纯皇帝实录》（二），卷九十三，乾隆四年五月下，第431页。

④ 乾隆《钦定户部则例》，卷一百一十，蠲恤。

（五）灾蠲与缓征

1. 灾蠲

灾蠲，即自然灾害发生时，减免灾民的赋税课征。① 清代蠲免种类繁多："凡蠲免，有皇恩特行蠲恤者，有因水旱蝗蝻等灾者，有因冰雹、飓风、霜灾、地震者，膏泽屡沛，款目繁多。"② 根据蠲免特点，清代蠲免分为恩蠲、全蠲、普蠲、灾蠲四种形式。恩蠲指因战争、国家庆典、皇帝巡幸等原因，由皇帝特恩所给予的蠲免，乾隆时称为赐复；全蠲即免除全省部分或全部钱粮，主要为康雍乾时期为休养生息或重赋、灾歉及贫瘠原因，或因国家庆典、军行差务繁重等而蠲免，是比恩蠲范围更广的一种蠲免形式，普蠲即免除全国百姓交纳一年钱粮、漕粮或多年积欠。③ 明代灾蠲数量并无定制："歉岁蠲免之数往往多寡不同者，则时势赢绌为之，出于不得已也。"④ 如洪武年间，凡水旱地方，税粮即与蠲免，成化时凡被灾之地，以十分为率，减免三分，弘治时全荒者免七分，九分者免六分，以是递减至被荒四分免一分而止⑤。清朝则将灾蠲分数及种类逐步形成定例。

清代灾蠲实行很早。顺治元年（1644），即因"宣镇寇乱，加以冰雹，应征额赋被灾轻者半免，重者全豁"⑥。顺治二年（1645）八月，蠲免直隶真定、顺德、广平、大名四府"本年分水灾额赋"⑦，十月，免山西太原等处"灾荒额赋"⑧。顺治三年（1645），又将延镇所属冰雹

---

① 相关研究主要有李汾阳《清代蠲卹制度之研究》，文海出版社 2006 年版；付庆芬《清代蠲免制度研究》，博士学位论文，北京大学，2004 年；杨振姣《皇权政治与康雍乾时期蠲免政策》，《辽宁大学学报》2006 年第 2 期；张杰《清代康熙朝蠲免政策浅析》，《古今农业》1999 年第 1 期；李光伟：《清代田赋灾蠲制度之演变》，《中国高校社会科学》2019 年第 2 期；李光伟：《清中后期山东田赋蠲缓与财政治理》，《山东社会科学》2023 年第 6 期。

② （清）伊桑阿等纂：《大清会典》（康熙朝），第 1 卷，第 228 页。

③ 付庆芬：《清代蠲免制度研究》，博士学位论文，北京大学，2004 年，第 57—91 页。

④ （清）杨景仁编：《筹济编》，《中国荒政全书》第二辑第四卷，第 218 页。

⑤ （清）杨景仁编：《筹济编》，《中国荒政全书》第二辑第四卷，第 218 页。

⑥ （清）伊桑阿等纂：《大清会典》（康熙朝），第 1 卷，第 228 页。

⑦ 《世祖章皇帝实录》卷二十，顺治二年八月，第 176 页。

⑧ 《世祖章皇帝实录》卷二十，顺治二年十月，第 184 页。

蝗蝻被灾田亩，免本年额赋之半[①]。“蠲之分数，仍按灾之轻重以为差。”[②]

清初蠲免数量并无定制：“顺治初年，凡被荒之地，或全免，或免半，或免十分之三，以被灾之轻重，定额数之多寡。”[③] 顺治十年（1653），因江南、浙江等地旱灾，将全部额赋分作十分，按田亩受灾分数酌减：“被灾八九十分者免十分之三，五六七分者免十分之二，四分者免十分之一。”[④] 对江浙等省的这一灾蠲分数成为此后成为顺治朝的法定灾蠲分数。康熙初年继续沿用。康熙十七年（1678），对灾蠲分数做了调整，将原定四五分灾所免之数取消：“歉收地方，除五分以下不成灾外，六分者免十分之一，七分八分者免十分之二，九分十分者免十分之三。”[⑤] 此后数十年未做变更，雍正帝曾解释其原因曰：“数十年来，虽定三分之例，然圣祖仁皇帝深仁厚泽，爱养斯民，或因偶有水旱而全蠲本地之租，亦且并无荒歉而轮免天下之赋，浩荡之恩，不可胜举，而特未曾更改旧例者，盖恐国家经费或有不敷，故仍存成法，而加恩于常格之外耳。”[⑥] 雍正六年（1728），随着国家财政日益充足，进一步增加了灾蠲比例：“数年之中，库帑渐见充裕，以是观之，治赋若得其人，则经费无不敷之事。用沛特恩，将蠲免之例加增分数，以惠烝黎。其被灾十分者着免七分，九分者着免六分，八分者着免四分，七分者着免二分，六分者着免一分。”[⑦] 乾隆三年（1738），又令“将被灾五分之处亦准报灾，地方官查勘明确，蠲免钱粮十分之一，永着为例”[⑧]。

---

① （清）伊桑阿等纂：《大清会典》（康熙朝），第1卷，第228页。

② （清）杨景仁编：《筹济编》，《中国荒政全书》第二辑第四卷，第206页。

③ 光绪《清会典事例》（九），刑部，卷七百五十四，刑部三二，户律田宅一，检踏灾伤田粮，第320页。

④ 光绪《清会典事例》（四），户部三，卷二百八十八，户部一三七，蠲恤二三，灾伤之等，第369页。

⑤ 光绪《清会典事例》（四），户部三，卷二百八十八，户部一三七，蠲恤二三，灾伤之等，第369页。

⑥ 光绪《清会典事例》（九），刑部，卷七百五十四，刑部三二，户律田宅一，检踏灾伤田粮，第321页。

⑦ 光绪《清会典事例》（四），户部三，卷二百八十八，户部一三七，蠲恤二三，灾伤之等，第369页。

⑧ 《高宗纯皇帝实录》（二），卷六十八，乾隆三年五月上，第102页。

此后，这一灾蠲分数成为清代遵循的定例。

根据不同的赋税，清代确定了不同的灾蠲数量和规定：（1）灾蠲地丁。凡水旱成灾，地方官将灾户原纳地丁正赋，作为十分，按灾请蠲。被灾十分者，蠲正赋十分之七。被灾九分者，蠲正赋十分之六。被灾八分者，蠲正赋十分之四。被灾七分者，蠲正赋十分之二。被灾六分、五分者，蠲正赋十分之一。山西省未经摊征之丁银，及无地灾户丁银，统随地粮应蠲分数一律请蠲，于蠲免册内分款造报。奉天省被灾丁银，按成灾分数，分年带征。（2）灾蠲耗羡。凡灾蠲地丁正赋之年，其随正耗羡银两，按照被灾分数，一律验蠲。如乾隆二年（1737），因春夏雨少，蠲免直隶通省钱粮，所有随征耗羡亦准一并蠲免。[①]（3）被灾蠲缓漕项。民田内应征漕粮及漕项银米，被灾之年，或应分年带征，或与地丁正耗钱粮一律蠲免，该督抚确核具题，请旨定夺。乾隆四年（1739）九月，因江南连年水旱，将地丁钱粮按确查分数蠲免，又将被水成灾之州县是年应纳漕粮及从前缓征折漕之米均缓至明年带征。[②] 十二月，浙江安吉、乌程、长兴、孝丰被旱、被虫成灾，上谕一改漕粮银米从无蠲免之例，准将此四州县漕粮银米一体蠲免[③]。（4）灾蠲官租。入官旗地被灾，该管官将灾户原纳租银作为十分，按灾请蠲。被灾十分者，蠲原租十分之五。被灾九分者，蠲原租十分之四。被灾八分者，蠲原租十分之二。被灾七分者，蠲原租十分之一。被灾六分以下，不作成灾分数，其原纳租银概缓至来年麦熟后启征。江苏省吴县公田一万二千五百余亩，额征余租米石，如遇歉收之年，准其照民田之例，勘明灾分，同该县正赋一律蠲缓。[④]

2. 缓征

（1）缓征数额、时限及类别

缓征，“原为小民生计艰难，未能按期输纳，是以量予展缓，俾民

① 《高宗纯皇帝实录》（一），卷五十一，乾隆二年九月下，第865页。

② 《高宗纯皇帝实录》（二），卷一百零一，乾隆四年九月下，第524页。

③ 《高宗纯皇帝实录》（二），卷一百零六，乾隆四年十二月上，第586页。

④ 乾隆《大清会典则例》卷五五，户部，蠲恤，蠲赋，清文渊阁四库全书本。

力得以稍纾”[①]，也就是说，缓征即是将受灾地区应征额赋暂缓征收。从缓征时间来看，有缓至次年麦熟后或秋成后征收者，如康熙六十年(1721)，因黄沁两河水决，直隶省开州、长垣、东明、滑县田禾被淹，准将上述地方新旧钱粮俟明年麦熟后征收。缓征也有分作两年、三年或五年带征者。比如，康熙七年（1668）题准，江南省淮扬二府属被灾九分十分田地漕粮漕项于八九两年带征。又康熙九年（1670）覆准，山东省金乡等县九年分漕粮于后三年带征[②]。康熙十八年（1679）题准，江南省邳、宿、徐、萧、砀山五州县灾荒以前逋欠，分作五年带征[③]。缓征之限甚至有宽至八年者。雍正三年（1725），因河南、山东春雨未足，上谕令将河南康熙五十九年（1720）至六十一年（1722）带征钱粮及雍正元年（1723）未完民欠并从雍正二年（1724）起限，宽作五年带征，因山东康熙五十八年（1719）至雍正元年（1723）带征钱粮为数更多，着从雍正二年（1724）起限，宽作八年带征。[④] 乾隆元年（1736），定按灾情轻重确定缓征时限：“各省缓征钱粮，例于下年带征以完国课，朕思年谷荒歉，有分数多寡不同，若本年被灾尚轻，次年幸值丰收，则带征尚不致竭力，若本年被灾较重，则民间元气已亏，次年即遇丰收，小民既完本年应输钱粮，又完从前带征之项，必致竭蹶。着勘明被灾不及五分者缓至次年征收，其被灾较重者分作三年带征，被灾稍轻者分作二年带征，以纾民力。”乾隆三年（1738），进一步详细确定按照被灾分数确定缓征时间：“各省偶遇水旱，勘明被灾不及五分缓征者，仍照例分别缓至麦后及秋后征收外，如本年被灾八九十分者，该年缓征钱粮，分作三年带征，其被灾五六七分者，该年缓征钱

---

① 《仁宗睿皇帝实录》(四)，卷二百九十八，嘉庆十九年十月，第1101页。

② 光绪《清会典事例》(四)，户部三，卷二百八十二，户部一三一，蠲恤一七，缓征一，第246页。

③ 光绪《清会典事例》(四)，户部三，卷二百八十二，户部一三一，蠲恤一七，缓征一，第245页。

④ 光绪《清会典事例》(四)，户部三，卷二百八十二，户部一三一，蠲恤一七，缓征一，第247页。

粮，分作二年带征。”[①]

清初所缓之数亦不确定。顺治八年（1651）曾议准：“被灾地方暂停征比，以俟恩命。”[②] 康熙以后，有将额赋停征十分之三者，康熙四年（1665）题准：“遇灾地方，督抚题报，即行令州县停征十分之三”[③]；有全行停征者，如乾隆七年（1742），停征山东济宁、滕县、峄县、金乡、鱼台、邹县、临清等七州县钱粮[④]。也有将积年未完之项一并停征者，康熙十一年（1672），江南连年水旱，即将旧欠钱粮一并停征，并将十一年带征八九两年漕项漕白银米悉暂停征，乾隆八年（1743），因江苏山阳、阜宁、盐城、甘泉、高邮、泰兴、兴化、宝应、淮安、大河、扬州等十一州县卫上年被灾严重，丰县、砀山、赣榆三县灾虽稍轻，但均系连年被水之地，因此将上述十四州县卫乾隆五年以前未完地丁漕项银米一体停缓，并将清河等十二州县卫及山阳等十四州县卫乾隆六年带征地丁漕项银同五年以前未完之项一并停缓。[⑤]

缓征所缓之项，“自地丁钱粮以及漕粮漕项银米，与夫灶地盐课、河租芦课、屯粮刍草之属，皆得缓其输纳。而常平、社仓粮石之借给者，亦许迟完焉”[⑥]。具体包括：（1）缓征地丁。如乾隆二年（1737），山东乐陵、德平水灾，缓征二县乾隆元年分地丁银，并借给谷石，秋后免息还仓[⑦]。（2）缓征漕粮。顺治初年，定灾伤地方应征漕粮及改折漕价，若当年不能完纳者，酌量被灾轻重，或全行缓征，或缓一半，或分作两年三年带征。康熙七年（1668）题准，凡漕粮已经宽期带征，遇带征之年复被灾伤，其上年带征之粮分年压征带补。康熙九年（1670）

---

① 光绪《清会典事例》（四），户部三，卷二百八十二，户部一三一，蠲恤一七，缓征一，第248页。

② 光绪《清会典事例》（四），户部三，卷二百八十二，户部一三一，蠲恤一七，缓征一，第245页。

③ 光绪《清会典事例》（四），户部三，卷二百八十二，户部一三一，蠲恤一七，缓征一，第245页。

④ 《高宗纯皇帝实录》（三），卷一百七十八，乾隆七年十一月上，第292页。

⑤ 光绪《清会典事例》（四），户部三，卷二百八十二，户部一三一，蠲恤一七，缓征一，第249页。

⑥ （清）杨景仁编：《筹济编》，《中国荒政全书》第二辑第四卷，第222页。

⑦ 《高宗纯皇帝实录》（一），卷四十四，乾隆二年六月上，第775页。

题准，漕粮宽期带征，漕项银原无带征之例，如有被灾过重州县，该督抚题请宽缓者，分年带征。① 是年，将山东省金乡等县九年分漕粮于后三年带征，又将淮扬九年分漕粮漕项于次年带征。② 康熙二十三年（1684），将江南、江西、浙江、湖广等地自康熙十三年（1674）至二十二年（1683）逋欠的漕项钱粮，自康熙二十三年（1684）起“每年带征一年”。（3）缓征盐课渔课。康熙四十九年（1710），两浙地区的灶地连续发生水灾，即将康熙四十七、八两年未完盐课自康熙四十九年起，分作三年带征。康熙五十四年（1715），直隶水灾，又将顺天府的宝坻、河间府的任邱等十四州县，以及武清境内芦渔课地“今岁未完钱粮一并缓征”③。（4）缓征仓粮。乾隆二十三年（1758），陕西米脂等八州县上年秋收歉薄，虽然勘不成灾，但闾阎拮据，是年民欠新旧常平仓粮正届征收之期，因此将应征常平仓粮的一半缓至本年秋成后征收。同年，因山西交城等四十州县去秋歉收，也准将所有借出社义二仓谷石分别缓征④。

（2）勘不成灾及毗连灾地之地的缓征

如前所述，被灾五分地区可蠲免钱粮十分之一，五分以下勘不成灾地区所获得的救助即多为缓征而非蠲免。乾隆元年（1736），湖北省汉川、公安等州县被水灾，公安县虽不成灾，因“收成既歉，日用不敷”，即将其本年应完之项一并缓至来岁麦秋征收⑤。再如乾隆八年（1743），河南雨泽不齐，查勘成灾者已照例赈恤，开封府属之陈留、荥阳、汜水，彰德府属之汤阴，卫辉府属之淇县、延津并陕州等七州县虽不成灾，但“高阜之地收成究属歉薄，着将此七州县勘不成灾之地亩

① 光绪《清会典事例》（四），户部二，卷二百，户部四九，漕运七，漕粮蠲缓，第292页。

② （清）伊桑阿等纂：《大清会典》（康熙朝），第1卷，第231页。

③ 光绪《清会典事例》（四），户部三，卷二百八十二，户部一三一，蠲恤一七，缓征一，第245页。

④ 光绪《清会典事例》（四），户部三，卷二百八十二，户部一三一，蠲恤一七，缓征一，第254页。

⑤ 光绪《清会典事例》（四），户部三，卷二百八十二，户部一三一，蠲恤一七，缓征一，第248页。

钱粮缓至明年麦秋征收”[①]。嘉庆二十年（1815）议准，“五分以下不成灾地亩钱粮，有奉旨缓征及督抚题明缓征者，缓至次年青熟以后，其次年青熟钱粮递行缓至秋成。若被灾之年，深冬方得雨雪，或积水方退者，须另疏题明，将缓至麦熟以后钱粮再缓至秋成以后，新旧并纳”。道光二十七年（1847），又议定成灾五分以上者仍照例缓征，五分以下、勘不成灾者，“其中偶有一二村庄实应请缓者，该督抚务必另折声叙，并将何区何图及村庄名目明晰开列，毋得笼统”[②]。

此外，除被灾地区外，清代政府对与灾地毗连之地也予以缓征。雍正四年（1726），直隶被水，先将被水州县钱粮蠲免，额赋又复停征。因一省之中“既有七十余州县收成歉薄，则邻封隔县必有谋生觅食之人，着将雍正四年通省额赋一并停其征收”[③]。乾隆三十七年（1772），因直隶上年滨河州县间被偏灾，“灾歉州县既在五分以上，其不成灾村庄，虽属有收，而左右前后，闾阎缓急相通，事所必有，若照例征输，情形未免拮据”，因此将宛平等二十四州县勘不成灾各户应纳钱粮亦予缓至来年麦熟后启征[④]。乾隆四十七年（1782），将山东各州县中成灾在五分以上者，其成熟之乡村也概缓至次年秋季征收，以纾民力，并且规定“各省办理灾赈事务，例应确查实在被水乡庄，给予赈恤，毋致冒滥。但一州一邑之中，其未经被水乡庄究与灾地不远，亦应加意休养，使得分其有余以济不足”，“嗣后各省遇有灾赈事务，将成灾五分以上州县之成熟乡庄，俱着照例一体缓征，着为令”[⑤]。自此以后，毗连灾地之民亦得“免催科之苦”[⑥]。

---

① 光绪《清会典事例》户部三，卷二百八十二，户部一三一，蠲恤一七，缓征一，第250页。

② 光绪《清会典事例》（四），户部三，卷二百八十八，户部一三七，蠲恤二三，灾伤之等，第371页。

③ 光绪《清会典事例》（四），户部三，卷二百八十二，户部一三一，蠲恤一七，缓征一，第247页。

④ 光绪《清会典事例》（四），户部三，卷二百八十二，户部一三一，蠲恤一七，缓征一，第257页。

⑤ 光绪《清会典事例》（四），户部三，卷二百八十二，户部一三一，蠲恤一七，缓征一，第259页。

⑥ （清）杨景仁编：《筹济编》，《中国荒政全书》第二辑第四卷，第224—225页。

（六）灾后恢复生产

清代非常重视灾后生产的恢复，善后的制度主要有借贷和安辑等。

1. 借贷

借贷主要针对灾民生活和灾后农业生产的恢复而进行，清代借贷的物资有钱粮、籽种、耕牛、农具等："以谷贷民，多取给常平、社仓，平时春贷秋还，年荒大资接济，亦有筹款借给，用银折色者。或贷口粮，或贷籽种，或贷麦种，或贷牛具，大抵赈恤之余波，而耕耘之早计也"①。

（1）借贷米粮的方式

清代借贷米粮的方式主要有以下四种：

其一，借贷与灾地相邻的州县米粮。如康熙三十年（1691），山西平阳府岳阳等八州县发生旱蝗灾害，即将五台、崞县储米借给灾民，太原、大同二府属买存的捐米借给平阳府闻喜等十五县灾民，作为度荒的口粮②。

其二，借贷本地之米。如康熙三十一年（1692），将山东省存储的二十八万九千余石捐谷借给穷民"接济春耕"。康熙三十五年（1696），直隶宝坻等州县被水，因是年钱粮业已免征，无可蠲恤，即令地方官确查实系穷民者借支仓米。雍正三年（1725），山东曹县、鱼台二县被水，贷灾民本地常平仓谷。雍正八年（1730），陕西省西安府及直隶省蔚州被旱被雹，居民乏食，也动用存仓社谷，蔚州并动用存储晋省兵米酌量借给③。

其三，平粜与借贷并行。如康熙四十一年（1702），山东省海丰等州县被水，将积储粜三存七米谷借粜并行，以济穷民。康熙四十五年（1706），因近京州县米价渐昂，将常平仓米谷动十分之三减粜，有实

① （清）杨景仁编：《筹济编》，《中国荒政全书》第二辑第四卷，第187页。

② 光绪《清会典事例》（四），户部三，卷二百七十六，户部一二五，蠲恤一二，贷粟一，第175页。

③ 光绪《清会典事例》（四），户部三，卷二百七十六，户部一二五，蠲恤一二，贷粟一，第175页。

在穷民无力买米者，亦于三分之中酌量借给①。

其四，借贷与截漕并行。康熙六十年（1721），直隶大名府长垣等四州县因黄沁水溢，秋禾被淹，贫民乏食，令各该州县将存仓米谷借给，如有不敷，于截留漕米内动支②。

（2）借谷还仓方式

借贷必然涉及归还。为了帮助灾民灾后生产的加速恢复，乾隆二年（1737），因“各省出借仓谷，于秋后还仓时有每石加息谷一斗之例”，规定此后“如地方本非歉岁，循例出陈易新，则应照例加息，若值歉收之年，国家方赈恤之不遑，非平时贷谷者可比，至还仓时止应完纳正谷，不应令其加息。将此永着为例”③。此后，各省归还谷石的加息规定虽然各自不同，但灾歉时皆统一实行免息原则：“福建省出借谷石，向不收息；广东省止收耗谷三升；河南、山东丰年加息，歉年免息；浙江常平仓谷春间出借，秋后照数收完，其社仓谷石例应加息征还；直隶常平仓谷借作籽种者不加息，余亦加一收息，各处办理不同。惟歉收之岁出借贫民，各省一概免息。”④ 歉岁贷谷征还免息，这一规定在以后又逐渐得以细化。乾隆三年（1738）题准，广东省各属民借社仓米谷概行停止加息，丰收之年，每石加耗三升，如遇收成稍歉，即将应加耗谷一并免其交仓。乾隆四年（1739），清政府修改了还仓收息的规定，出借米谷除被灾州县毋庸收息外，如收成九分十分及收成八分者仍照旧每石收息谷一斗，其收成五分六分七分者，免其加息。乾隆五年（1740），进一步扩大了免息还仓的范围：“各省夏月间或有得雨稍迟、布种较晚、必需接济者，酌借籽种口粮，秋后免息还仓。”⑤

① 光绪《清会典事例》（四），户部三，卷二百七十六，户部一二五，蠲恤一二，贷粟一，第176页。

② 光绪《清会典事例》（四），户部三，卷二百七十六，户部一二五，蠲恤一二，贷粟一，第176页。

③ 光绪《清会典事例》（四），户部三，卷二百七十六，户部一二五，蠲恤一二，贷粟一，第176页。

④ （清）万维翰辑：《荒政琐言》，《中国荒政全书》第二辑第一卷，第465页。

⑤ 光绪《清会典事例》（四），户部三，卷二百七十六，户部一二五，蠲恤一二，货粟一，第175—177页。

在借谷还仓的时间方面，清初实行“春借秋还”，雍正三年（1725）议准：“出借米谷，务令各州县官按名面给，秋熟之后按户缴还，若胥吏蒙混捏名虚领，追欠无着，将捏领之胥吏从重治罪。其所欠米谷即于该州县官名下追还，并照失察例治罪。”乾隆五年（1740），放宽了还谷时间，规定如本年收成五分者，缓至来年秋后征还；收成六分者，本年先还一半，次年征还一半；收成七分者，本年秋后免息征还，收成八分九分十分者，本年秋后加息还仓。乾隆十七年（1752），又定按照夏灾及秋灾确定将谷还仓的期限：“各省被灾贫民，借给籽种口粮，夏灾借给者，于秋后免息还仓，秋灾借给者，于次年麦熟后免息还仓。均扣限一年，自十七年为始，扣限造报，以昭画一。”在明确和放宽借谷还仓时间的同时，清代强调要依限还仓。乾隆二十三年（1758），上谕指出：“各省仓储，向例春借秋还，贫民既得资其接济，而秋收后即照数征收谷石，可以出陈易新，至次年又可查核待借贫户，再行借给。若不如期催领完纳，而以旧欠作新领，则出借之项年复一年，不肖胥役从中影射，日久遂致无着，大非慎重储积赈恤困乏之意。嗣后各督抚务当实力奉行，除缓征州县外，所有民欠仓谷令依限还仓。”[①] 当然，上谕也有破例将借贷米谷竟行免征者。比如，乾隆五十九年（1794），山东馆陶等县被水，因“现在水势渐涸，正可赶种。无力贫民买种无资，口食维艰”，上谕将“所有山东馆陶等县借给麦本银两，及河南延津等县供给口粮，俱着一体赏给，毋庸征还”，是年，直隶正定等处被水，上谕也将“所有贫民借领籽种，俱加恩赏给”[②]。

（3）针对驻防兵丁的借贷方式

除农民之外，驻防各地的兵丁一般依靠政府发放的饷银和岁米度日，灾害的发生，常会导致粮食价格上涨，使得兵丁的生活也受到很大影响。雍正三年（1725），因此定直省州县遇借给民粮之时，有贫乏兵丁需借米谷者，“该管官详报督抚，一面报部，一面批行该州县查验得

① 光绪《清会典事例》（四），户部三，卷二百七十六，户部一二五，蠲恤一二，贷粟一，第176—179页。

② （清）杨景仁编：《筹济编》，《中国荒政全书》第二辑第四卷，第198页。

实，取具该管官弁印领借给”。除了米谷外，兵丁还可借支饷银。乾隆八年（1743），因江南淮扬、徐、凤、颍、泗等五府一州上年水灾甚重，兵丁食用艰难，准在司库借支一季饷银，于是年分作四季扣还。因各省粮价渐增，若再扣还借项，则兵丁食用更苦，上谕因此着将前借一季饷银缓至本年秋成后散给冬饷时扣起，作四季扣还。米谷与饷银也可同时借贷。乾隆十六年（1751），因浙江省被旱成灾，米粮昂贵，上谕将浙省被灾各标协营绿旗兵丁每名借给米二石，俟各省协济米运到及截有漕米之日，由该督抚分次借给，于十七十八两年内扣饷归款。随后，又因浙江旱灾严重，将浙江通省兵丁每名借给一季饷银，于司库内动项借给，俟次年夏季后分作四季扣还①。

（4）借贷耕牛

耕牛对于传统农业社会的重要性是不言而喻的。清代中央政府鼓励民间灾荒时期保护耕牛。乾隆七年（1742），乾隆帝谕令江南被灾后，有司劝谕灾民爱护耕牛，官府借给草价以资牧养。如果灾区耕牛甚少，地方官还应该负责采买耕牛后发放给农民。乾隆十年（1745），直隶省庆云县地瘠民贫，被灾之后耕牛甚少，上谕即命给银三千两，令天津府知府委官前赴张家口采买耕牛，送交庆云县散给无力贫民，田多者每户给予一牛，田少者两三户共给一牛。乾隆十三年（1748），山东莱州府属高密、平度、胶州、昌邑、即墨五州县积歉之后复被水灾，民间耕牛不敷耕种，“若不豫为筹划，更恐坐误春耕”，因此照乾隆十年（1745）直隶庆云等县之例，于山东省库贮本年赈济用剩银内动拨购买耕牛，使小民力作有资。② 灾民借贷牛只，可以用谷抵还。嘉庆十六年（1811），陕西榆林、延安两府属沿边各州县连年歉收，所有农具牛只，率多售卖，陕甘总督董教增奏准照成案动用地丁钱粮，借给出口种地贫民缺乏农具牛只之家，其中每牛一具借银四两，自本年秋收后起，分作两年征

① 光绪《清会典事例》（四），户部三，卷二百七十六，户部一二五，蠲恤一二，货粟一，第176—178页。

② 光绪《清会典事例》（四），户部三，卷二百七十六，户部一二五，蠲恤一二，货粟一，第177—178页。

谷还仓，每谷一石，抵银七钱四分，免其征息，以纾民力。[①]

2. 留养与资遣流民[②]

清朝极为重视对灾民的安辑，主要办法即为留养和资遣。留养即对外来饥民收留安置，赈给口粮饭食，搭棚置屋供其栖身。为了保证灾民能进行春耕，开春之后，当由地方官员组织将外地流民资遣回籍。乾隆五年（1740），规定资送流民的路费，每大口每天给制钱二十文，小口减半。

灾荒来临，无以为生的灾民纷纷外出求生。大量流民既对灾后生产的重建不利，而且灾民聚集一端，容易造成事端。清朝政府极为重视对外出谋食的灾民的防范和安置。“流民者，饥民也。与其辑之于既流之后，不若抚之于未流之先。然饥馑频仍，本乡无可觅食，有不得不转徙他方者，琐尾叹其流离，困踣嗟其狼狈，不早为之所，弱者阽于危亡，强者转为盗贼，可虑也！”[③] 对流民的防范，主要表现为地方官对灾民的及时劝导和赈济。乾隆八年（1743），直隶旱灾，御史周祖荣奏称：“入秋以来，灾民待食孔亟，不顾荡析离居，将来散赈届期，伊等本身不在，故土反致未沾恩泽，况邻境有司，或视为无关痛痒，听其转于沟壑，岂不更致失所？是今日之急务在安民心，而安民心之法，必须地方官单车简从，亲历乡村，切实开导，俾知迁流异地益蹙其生。其鳏寡孤独废疾不能自存者，定为极贫，速动存公银两，或拨仓米先行拯救，庶老弱望泽之心为之一慰，而壮者自不欲挈家轻出矣。”[④] 灾民领赈之后，更要防止其外出。方观承即令各州县严查此种情况：“各属被灾户口普赈已竣，将届加赈之期，自当各安本业，按月领赈，不应复有外出之

---

① 光绪《清会典事例》（四），户部三，卷二百七十六，户部一二五，蠲恤一二，货粟一，第187页。

② 相关研究主要有王林《论清代对灾后流民的防范和安置》（《山东师范大学学报》2009年第1期）；［澳］邓海伦《试论留养资送制度在乾隆朝的一时废除》（李文海、夏明方主编：《天有凶年：清代灾荒与中国社会》，生活·读书·新知三联书店2007年版）；陈丽萍《近代两湖地区灾荒流民问题的政府调控》（《湘潭师范学院学报》2006年第5期）；张凤鸣《救济与控制：清代乾隆朝“留养资送”制度研究》（硕士学位论文，浙江大学，2008年）；彭南生《晚清无业游民与政府救助行为》（《史学月刊》2000年第4期）等。

③ （清）杨景仁编：《筹济编》，《中国荒政全书》第二辑第四卷，第238页。

④ （清）方观承辑：《赈纪》，《中国荒政全书》第二辑第一卷，第568—569页。

事”，灾民外出的程度应当与乡保的奖惩关联起来，“各州县即于所属每一村庄内，不拘乡地约正选，派明白可用者一二人，明立赏罚，指示规条，令其逐户宣说，如领赈后复有外出者，即全户革赈”，“各州县每一村庄，选乡地可用者一二人，明示赏罚，责令宣布条约，稽查劝谕。其村庄内如果冬春无全户外出之人，加以奖赏。倘有游手无赖之徒，诱惑乡愚，成群出走，势难阻止者，即防明伊等去路报官，查明为首号召之人，重处枷示，扶同不报，一例究治。或其人实因漏赈而出，禀明地方官立即补给，毋许回护，致有向隅。即以冬春有无外出之户口，定各牧令考成之优劣”①。

在流民外出之后，主要的安置办法即为留养和资遣。留养即对外来饥民收留安置，赈给口粮饭食，搭棚置屋供其栖身。康熙四十三年（1704），山东流民入京城，即命大臣官员设饭厂数十处，分行煮赈②。雍正八年（1730），规定凡外出穷民，有应冬月留养者，谕令动用常平仓谷，大口日给一升，小口五合，按日动支③。乾隆七年（1742），因上下两江发生严重水灾，饥民四出觅食者甚多，令江南及河南、山东、江西、湖广等省地方官，凡遇江南灾民所到之地，即随地安顿留养，或借寺庙，或盖棚厂，使有栖止之所，并动用该处常平仓谷，计口授粮，据实报销。除了官府出钱外，还劝谕绅士富户收养：“各直省设立恤嫠会、育婴堂、救生会、留养所等处，或由地方官捐廉，或由众绅士劝募，原以惠穷黎而敦任恤。”④

留养的具体办法，根据乾隆九年（1744）奏准的通行邻省安置流民之法：“或栖寺庙，或设席棚，或劝谕殷实之家，随力周给，或该地方有旷土可耕，工程可作，随宜处置，务遂其生。”⑤ 道光六年（1826），两江总督陶澍制定的八项留养流民办法更加详细。其内容分别为：第一择栖止以资安集，“饬令该地方官于城外多觅宽大庙宇，搭

① （清）方观承辑：《赈纪》，《中国荒政全书》第二辑第一卷，第571、5690—570页。
② （清）杨景仁编：《筹济编》，《中国荒政全书》第二辑第四卷，第238页。
③ （清）杨景仁编：《筹济编》，《中国荒政全书》第二辑第四卷，第239页。
④ 《宣宗成皇帝实录》（五），卷三百二十一，道光十九年四月，第1038页。
⑤ （清）姚碧辑：《荒政辑要》，《中国荒政全书》第二辑第一卷，第806页。

篷设厂，分别停住，以免露宿”。第二设签册以便稽查，“仍照保甲之法，每厂设立一册，登载户名、籍贯、男妇、大小口数，俟资送回籍时，并册移知原籍；查办赈务，亦可借相核对”。第三散给口粮，以资养赡，“或煮粥，或散米，或发钱，地方情形互异，各视所宜，不能一例。惟须各属同时举行，以免羼集一处，偏受人满之患”。第四分别男女，以重廉耻，“凡有眷属同行者，听其一处，不得分置。其有妇人携带幼孤，无长男同行者，即另开居住，不许混杂男众之内，用昭区别”。第五施医药以拯疾病，第六施棉衣以御寒冷，第七禁贩卖以杜拐掠，第八设巡卡以防匪类①。道光十一年（1831），陶澍等奏定的安插流亡之法也颇为系统，与前述八项留养办法内容大致相同：“宜择城外高燥宽阔地方，广圈篱栅，多搭窝棚，排列东西，编连字号。凡流民之有眷口亲属者，同置一棚，其零丁人口，分棚隔别男女，均匀安插，篱栅外设一总门，派员弹压。早晚查点人口，司其启闭，并慎选一二诚实乡耆，逐日散给口粮，令壮丁出外采樵，老幼妇女在内炊爨，轮流执役，病者为之医治，殁者为之埋葬，俟其本境可归，再行资送回籍。”②

为了保证灾民能进行春耕，开春之后，当由地方官员组织将外地流民资遣回籍。康熙三十一年（1692），命在襄阳等地的陕西流民有情愿运送潼关米石者，给价令其运送，一方面方便转输，另一方面也便于流民回籍③。康熙四十三年（1704），山东流民入京城，命大臣官员设饭厂数十处，分行煮赈，此后直隶河间等府百姓也纷纷入京，前赴赈厂，康熙帝因此令将山东、直隶流民遣官领送回籍，仍捐给籽粒，使其能够耕种田亩，不致再外出流离④。雍正元年（1723），初定资遣流民标准。是年直隶、山东、河南等省皆有流民就食京师，不能回籍，上谕令五城御史查询口数，量给盘费，送回本籍，定每口每程给银六分，其间有老病不能行走者，每口每程加给三分，作为脚力之费，同时还行文直隶、山东、河南巡抚，饬令地方官逐程出具收结，转送至原籍。若有中途患

---

① （清）陶澍：《陶澍集》上册，岳麓书社 1998 年版，第 130—131 页。

② 《宣宗成皇帝实录》（三），卷一百九十六，道光十一年九月上，第 1092 页。

③ （清）杨景仁编：《筹济编》，《中国荒政全书》第二辑第四卷，第 238 页。

④ （清）杨景仁编：《筹济编》，《中国荒政全书》第二辑第四卷，第 238 页。

病者，令地方官留养医治，俟病痊之日再行转送，毋致失所。[①] 乾隆五年（1740），因每口每程给银六分之例系以程计，一程约计百里，事实上，流民徒步，一天根本走不到一程，如果以所过州县为程，相去不过六七十里或四五十里，流民过一州县即给银六分，又不分大口小口，以致其一日所得甚至是赈给之数的数倍，“且较民间营趁朝夕为活者，更多余裕”，因此江苏布政徐士琳奏准，嗣后资送流民路费，每大口日给制钱二十文，小口减半，老病者照例给脚力三分，水程照大小口应给之数减半，给予船价。[②]

留养资遣流民有助于灾后农业生产的恢复和建设，但是实施过程中却发现积弊重重。比如，由于大量无业流民冒充灾后流民领取资送和留养费用，再加上有些灾民回原籍后仍会复出，就导致这一政策的效果大打折扣。乾隆帝即指出：“盖自留养资送之例行，各省刁民，有于秋收后将粮食器具寄顿亲族，挈家外出，冒称流民者。又有灾地流民，领得赈票，转卖得钱，流移外出者。又有一半在家领赈，一半充作流民者。各省流民出境，本地无从查考，邻省更莫辨其是否灾民，不得已见人即留，以符定例。且恐聚集人众，或致别生事端，虽不应留，亦勉强奉行，此留养之弊也。但奏限既满，正值东作方兴，邻省惟欲资送早归，即遵例分起发行，而中途风雨阻滞，每至数起合为一起，千百成群，肆行需索，甚至抢夺铺店，诟詈解役，干犯官长，百端刁赖。及至一入本境，惟恐有司查核，则又一哄而散，二三解役，不能阻止。散后仍复出境流移，往来资送，辗转不已，竟恃此为资生长策。其实在安插复业者，百无一二。此资送之弊也。”[③] 有鉴于此，乾隆十三年（1748），定资遣流民应视具体情况进行，如果是灾轻之地，“不可令其抛弃失业，自当照例资送”，“倘遇积歉之年，本处无以糊口，转徙他乡，或倚托亲旧以济其乏，或佣工种佃以食其力，且其中极无倚赖者，国家复有留养之例”，也就是说，对于灾重之区，地方官应当善为安辑，使其有所

① 光绪《清会典事例》户部三，卷二百八十八，户部一三七，蠲恤二三，抚流亡，第362—363页。

② （清）杨景仁编：《筹济编》，《中国荒政全书》第二辑第四卷，第239页。

③ （清）姚碧辑：《荒政辑要》，《中国荒政全书》第二辑第一卷，第805—806页。

依归。[1] 总之，地方官应当酌量情形办理，不必拘泥成例，“不得徒慕留养资送之美名，反启民间浇薄之习”[2]。同年，广西道监察御史黄登贤奏准，嗣后地方猝被水旱，贫民不能等待查赈放给，出外谋生，如果查明实系老幼妇女废疾及非赈不能存活者，应按照赈例、酌行收养，但是流民中年力壮盛、可以自为觅食或者有亲族可依者，则不得滥行留养。到春天应当遣归之时，凡应当留养之老幼男女废疾之人，查核其程途远近，酌给口粮，听其回籍，毋庸资送[3]。乾隆十八年（1753），因为留养资送流民易使灾民轻去其乡，又使奸民在本地乘机混冒，及资送时则聚众强抢，去而复返，日不暇给，因此停止留养资遣之例。[4] 乾隆二十八年（1763），乾隆帝再次重申资送贫民回籍之弊称：“流民中远出谋生者，悉系故土并无田庐依倚之人，而必押令复还，即还其故乡，仍一无业之人耳，且无论一领路资，潜移别处，去而复来，有何查验？即责地方有司实力奉行，则必押解滥及无辜，亦非政体也。”[5]

关于乾隆朝废除留养资遣制度的作用，澳大利亚学者邓海伦（Helen Dunstan）指出，乾隆废除这一制度，于国家对农民的继续控制是有利的，同时，也有利于劳工增进流动性[6]。嘉庆以后，对于留养资遣的讨论仍然时有讨论。如嘉庆六年（1801）永定河水灾中，在资遣灾民回籍的问题上，嘉庆帝君臣意见并不一致。先是御史胡钧璜奏请令在京王公、大臣、官员及各庙宇铺户等分养灾民，御史和静则奏请京师限定赈期，晓谕灾民早回乡里。九卿等议驳认为，令被灾男妇入庙居住，必致男女混淆。若责令王公、大臣、官员等分拨豢养，视如雇工，灾民必不乐从，难保无别滋事端。以后，御史永祚又奏称，永定门外食赈难民

① 光绪《清会典事例》户部三，卷二百八十八，户部一三七，蠲恤二三，抚流亡，第363页。

② （清）姚碧辑：《荒政辑要》，《中国荒政全书》第二辑第一卷，第806页。

③ （清）姚碧辑：《荒政辑要》，《中国荒政全书》第二辑第一卷，第807页。

④ 光绪《清会典事例》户部三，卷二百八十八，户部一三七，蠲恤二三，抚流亡，第363页。

⑤ 光绪《清会典事例》户部三，卷二百八十八，户部一三七，蠲恤二三，抚流亡，第364页。

⑥ ［澳］邓海伦：《试论留养资送制度在乾隆朝的一时废除》，《天有凶年：清代灾荒与中国社会》，第112—145页。

多系畿辅难民，离乡甚远者不过二三百里，因此请令查明难民名数、籍隶各县住址，每名给盘费银三四钱，由顺天府府尹或经历给予印票，令其各归本县。嘉庆帝认为上述办法固为周济灾民起见，但若一一资送归籍，灾民访察难周，势难遍及，“且旋去旋来，已给资者未必回籍，又希冀重复得资，亦无从稽核。况官给印票，不免耽延守候，书役等或转藉此刁难，于灾民毫无裨益”。嘉庆七年（1802）三月底，台费荫等奏请按照领赈贫民名口，酌给钱文，以资回籍，嘉庆帝也以为“此事断不可行”。因为各饭厂领赈贫民人数繁多，其附近居民及外来就食之人不能详细区别，若散给钱文，“必有今日领钱，明日又诡捏他处籍贯，变易姓名，重来支领者”。嘉庆帝认为，灾民等或情愿回里，或情愿佣工，应该听其自便。七年四月底，因雨量沾足，农田可以耕作，粥厂将撤，上谕才令“有可自谋生业者，日内不妨先行散归”[①]。

不过，虽然存在着诸多积弊，但留养资遣到嘉庆以后仍然是救灾中常见的安辑流民办法。如同王林所言，乾隆朝以后，各地对流民的资送和留养并未真正停止[②]。嘉庆十九年（1814），御史胡承珙奏称，安徽省地方官对他处趁食饥民不加收恤，致令转徙于道，饥民因离乡既远，即使原籍有田可耕，但无力量归里，因此请求资遣还乡。嘉庆帝指出：“流民携家远出，荡析离居，地方官极当资遣还乡，俾安井里”，且流民回籍之后，还需一律补赈[③]。大批灾民四处流散，所到之处对社会秩序造成的破坏是可想而知的。道光二十七年（1847），因此议准因灾民出境或过境对州县官的惩处：州县所辖灾民结伴出境，为邻属送回者，记过一次；甫经送回，未能安抚，仍成群出境者，每起记大过二次；外来灾民过境、未及查出截留者，每起记过一次；本境匪徒冒灾远出滋事者，每起记大过一次；邻省邻属冒灾匪徒，在境未能拿办者，每起记过一次；护送灾民人少，中途失散者，每起记过一次，灾民数多，不按定

① （清）庆桂等辑：《钦定辛酉工赈纪事》，《中国荒政全书》第二辑第二卷，第506页。
② 王林：《论清代对灾后流民的防范和安置》，《山东师范大学学报》2009年第1期。
③ 《仁宗睿皇帝实录》（四），卷三百零一，嘉庆十九年十二月下，第1136—1137页。

三十名为一起咨送，致令逃散者，每起记大过一次，记过至八次以上，记大过至五次以上，均另行严参。① 咸丰三年（1853），因太平天国战事兴起，大量难民北上，令所过之地督抚等“设法抚绥，早为资遣”，上谕并令“嗣后外省流民一入直隶省交界，即着该督饬令地方官随时资遣，令回本籍。其现在京城内外流民，着步军统领顺天府五城一体稽察，妥为安插，或设法遣归，不得互相推诿，听其流徙”②。继此以后，资遣仍系救灾中常见的安辑流民办法。如光绪二年（1876），江苏北部发生严重旱灾，江北饥民纷纷南下就食，山东、安徽灾民也大批流至苏南，据两江总督沈葆桢称，是年南京、苏州、上海等地留养灾民即达十多万人③。光绪四年（1878），因华北发生严重旱灾，大量饥民聚集京师，为了资遣饥民回籍，先定籍贯为保定、河间、正定三府及深冀两直隶州的灾民，由顺天府添给护照，委员送出境外，其中大口日给京制钱二百文，小口减半。以后又奏准，凡直隶、山东两省灾民，不论大小名口，各加银一两，山西、河南、陕西三省灾民，各加银四两，作为回籍资本。④

二　清代救灾责任的法律化

清朝重视将救灾成效与吏治相结合，将官员的救灾责任法律化，对官员办赈的行政处分主要体现在《钦定吏部处分则例》、《钦定六部处分则例》等法律规范中。其中，对报灾、勘灾、蠲免、缓征、平粜、捕蝗、救火等救灾环节和活动中官员的失责行为，均设有详细的惩处条文。这些条文为救灾体系的有序运作提供了强大的保障。

---

① 光绪《清会典事例》户部三，卷二百八十八，户部一三七，蠲恤二三，抚流亡，第365页。

② 《文宗显皇帝实录》（二），卷八十八，咸丰三年三月中，第180页。

③ 中国第一历史档案馆藏：军机处录副奏折，赈济类，03－107－5579－69。

④ 光绪《清会典事例》户部三，卷二百八十八，户部一三七，蠲恤二三，抚流亡，第366页。

(一）对救灾官员的行政奖惩

1. 对办赈官员的行政惩处

清代对官员赈灾的行政处分分为罚俸、降级、革职三种类别。如对报灾迟延的地方官，《清会典事例》规定："如州县官迟报，逾限半月以内者罚俸六月，逾限一月以内者罚俸一年，逾限一月以外者降一级调用，逾限两月以外者降二级调用，逾限三月以外、怠缓已甚者革职。"①

其中，罚俸，即扣罚俸饷，主要分一个月、二个月、三个月、六个月、九个月、一年、二年七等。比如，对失火官员的惩处，乾隆十年(1745)，定村庄失火，延烧民房十间以下，即行扑灭，该管之州县、佐杂等官免其议处；延烧十一间以上至百间者，州县、佐杂等官照城内失火延烧境内十一间以上至三十间例，罚俸九月；延烧百间以上，照城内延烧三十一间以上例，罚俸一年；延烧五百间以上者，照城内延烧三百间以上例，降一级调用。乾隆三十七年（1772），又定如失火地方有驻扎佐杂，将佐杂官照该管州县官例分别议处，州县照武职兼辖官例，延烧十一间以上者罚俸六月；一百间以上者罚俸九月；五百间以上者降一级留任②。

降级，有降级留任、降级调用两种。降级留任是就其现任之级递降，照所降之级食俸，仍留任，分为降一级留任、降二级留任、降三级留任三等。比如，如果邻省歉收告籴，州县官禁止米粮出境者，降一级留任。若州县发现蝗灾，上司接据禀报而不速催扑捕者，道员府州俱降二级留任，督抚降一级留任。降级调用是"视现任之级实降调任"，以级之差分为降一级到降五级五等。

凡降调而级不足者，则议革职。如从八品官降三级，正九品官降二级，从九品官降一级调任者，皆属无级可降，则议革职。革职又以责任

① 光绪《清会典事例》(二)，吏部二，卷一百一十，吏部九四，处分例三三，报灾逾限，第415页。

② 光绪《清会典事例》（二)，吏部二，卷一百一十，吏部九四，处分例三三，失火，第422—423页。

大小、情罪轻重而有革职留任、革职、革职永不叙用三种。康熙三十四年（1695），山西平阳发生八级地震，山西巡抚噶尔图虽“目击灾伤，不候赈济大臣会同详加筹划，亲行赈济、竟遽尔回省，殊属溺职”，上谕将其革职。[①] 革职的惩处中，革职永不叙用是最严厉的行政处分。“凡官以计参革职及犯赃污等罪者，皆永不叙用。”如报灾方面，地方遇有灾伤，州县官讳匿不报者，革职，永不叙用[②]。另外，州县地方被灾，倘州县官与会勘之员有将成灾田亩报作不成灾者，俱革职、永不叙用，若增减分数，致有枉征枉免者，俱革职。[③] 蠲免方面，康熙十八年（1679）覆准，蠲免钱粮，州县官有借民肥己，使民不沾实惠等弊，“或被旁人出首，或受累之人具告，或科道查出纠参，将州县照贪官例革职拿问，其督抚、布政使、道府等官不行稽查，令州县任意侵蚀者皆革职”[④]。

清代官吏处罚有“公罪”“私罪”之区别。公罪系指因公事获罪，及虽私事获罪而出于无心者。如地方设立粥厂、饭厂、米厂，该管官务必令男女鱼贯而入，挨次散给，如有任其拥挤，不加约束，以致伤毙人命者，该管官即系公罪，应降一级调用，兼管官也属公罪，应罚俸一年。私罪系指因私事获罪，及虽公事获罪而出于有心者。如州县官将蠲免银两增多减少，造入册内者，即属私罪，应降二级调用。扑捕蝗蝻时，邻封协捕官推诿迁延，或到境而不实力协捕，以致蝗灾延蔓过境者，属私罪，当革职。区别公罪与私罪的关键要看其是否主观故意。比如，同一个救灾程序中，州县官及其他官员勘灾时有将成灾田亩报成不成灾者，即为私罪，当处以革职永不叙用，枉征枉免者，私罪，革职；非有意增减止于分数不实，田在二十亩以上者，公罪，降三级留任；再如，查勘灾赈之时，地方倘若有胥役里保舞弊蠹民，州县官失于觉察

---

① 《圣祖仁皇帝实录》（二），卷一百六十七，康熙三十四年五月，第812页。

② 光绪《钦定吏部处分则例》卷二十四，灾赈，光绪二年刻本。

③ 光绪《清会典事例》（二），吏部二，卷一百一十，吏部九四，处分例三三，报灾逾限，第415页。

④ 光绪《清会典事例》（二），吏部二，卷一百一十，吏部九四，处分例三三，蠲缓，第416页。

者，系公罪，降二级调用，但若故意容隐者即为私罪，应予以革职[①]。一般而言，犯“公罪”者处罚较犯“私罪”为轻。如“公罪”罚俸者、降级者可以用“加级纪录”抵销；“私罪”则相反，“私罪罚俸者皆实罚，降级调用者皆实降”，“虽有加级纪录，不准抵销”[②]。

2. 官吏灾赈的连带责任追究制度

清代的灾赈法规中体现了官吏因他人过失而被问责和惩处的制度，即连带责任追究制度。作为直接犯过官员的上级官员，尤其应负连带责任而受到相应处罚。以扑捕蝗蝻为例，康熙四十八年（1709），定州县卫所官员遇蝗蝻生发，不亲身力行扑捕，借口邻境飞来希图卸罪者，革职拿问，该管道府不速催扑捕者降三级留任，布政使不行查访速催扑捕者，降二级留任，督抚不行查访严饬催捕者，降一级留任。协捕官不实力协捕，以致养成羽翼、为害禾稼者，将所委协捕各官革职。该管州县地方遇有蝗蝻生发，不申报上司者，革职，道府不详报上司，降二级调用，布政使司不详报上司，降一级调用，布政使司详报督抚，督抚不行题参，降一级留任[③]。再如，灾蠲过程中，州县官将蠲免钱粮登记造册时，所填数目有增多或减少之事，州县官降二级调用。司道府州罚俸一年，督抚罚俸六个月，如果未经题免之先，报册内即填入蠲免者，州县官罚俸一年，上司罚俸六个月。督抚司道在灾赈中所负的连带责任多为公罪，但若有心袒护下司者，即为公罪。如地方遇有蝗蝻，州县官有心讳饰不报者为私罪，革职拿问，该管知府、直隶州知州不行查揭者，司道督抚不行查参者俱为私罪，前者革职，后者降三级调用[④]。再如，州县在赈灾中侵冒，督抚不将其奏参拿问者，系私罪，降三级调用；如果因为督抚、布政使、道员、知府等上级官员不行稽查，导致州县官任意侵蚀者，督抚等也犯私罪，更要受到革职的严惩[⑤]。

---

① 光绪《钦定吏部处分则例》卷二十四，灾赈。

② （清）托津等纂：《大清会典》（嘉庆朝），第111页。

③ 光绪《清会典事例》（二），吏部二，卷一百一十，吏部九四，处分例三三，捕蝗，第418页。

④ 光绪《钦定六部处分则例》卷二十四，光绪十八年上海图书集成印书局。

⑤ 光绪《钦定吏部处分则例》卷二十四，灾赈。

3. 奖励议叙

清代官员议叙之法有二。其一为纪录，分纪录一次、纪录二次、纪录三次；其二为加级，分加一级、加二级、加三级三等。纪录同时也可以加级，所以二者合起来有十二种议叙的等级。加级与降级可以相抵。如嘉庆六年（1801），因为失察所属匿蝗不报，直隶署东路同知事务、保定府同知方其畇，通永道阿永照例降三级留任；布政使同兴照例降二级留任；兼管顺天府府尹事务、兵部尚书汪承霈，顺天府府尹阎泰和，均照例降一级留任。因方其畇有加三级，应销去加三级；汪承霈、阎泰和俱有加一级，应各销去加一级。均免其降级。[①]

清朝鼓励地方官实心办赈，所谓“荒祲出于天灾，补救则全资人力”，救灾过程中“地方官果能尽心民事，实属可嘉，应量加录叙，以示鼓励”。康熙三十四年（1695），因为官员自天津两次运送盛京米石，“所到日期甚速，大有裨益”，上谕命将“两次运米官员捐输官员人等俱着议叙”，后议定郎中、同知、通判、州同及八品笔帖式等官，各加一级，捐输脚价官员一次者纪录一次，二次者纪录二次[②]。嘉庆七年（1802），永定河水灾赈济活动结束之后，上谕即令直隶总督熊枚详查办赈得力之员，根据官员在赈济中的不同表现，据实保奏。其中，“实心抚恤、舆情爱戴并能捐资惠及穷黎者为最；其于赈务经理得宜、灾民受实惠者次之；其循分办理并无贻误者又次之”。[③] 根据《大清会典事例·吏部·处分例》载，乾隆十六年（1751）覆准，凡有蝗蝻地方，文武官弁合力扑捕，应时扑灭者，“应行文该督确实查明，果系实时扑灭，俟具题到日，准其纪录一次”[④]。道光三年（1823）又议准，文武员弁扑捕蝗蝻，有能应时扑灭者，督抚查实具题，各给予加一级[⑤]。此

---

① （清）庆桂等辑：《钦定辛酉工赈纪事》，《中国荒政全书》第二辑第二卷，第382页。

② 《大清会典》（雍正朝），卷三十七，户部，蠲恤三，赈济，雍正十年武英殿刻本。

③ 光绪《清会典事例》（二），吏部二，卷一百一十，吏部九四，处分例三三，赈恤，第418页。

④ 光绪《清会典事例》（二），吏部二，卷一百一十，吏部九四，处分例三三，捕蝗，第419页。

⑤ 光绪《清会典事例》（二），吏部二，卷一百十，吏部九四，处分例三三，捕蝗，第422页。

条并载入《钦定吏部处分则例》中。[①] 另外，救灾过程中，各级官员有自愿捐赈者应行议叙。应行议叙之员，由督抚核实具题，并饬令地方官出具并无胥吏侵渔浮冒印结，一并咨户部核实确查后，会同吏部分别议叙。因赈捐而议叙的方法历朝区别较大。光绪朝《清会典事例》载，康熙七年（1668），覆准满洲蒙古汉军并现任汉文武官绅捐输赈灾银一千两，或米二千石，加一级，银五百两或米一千石，纪录二次，银二百五十两或米五百石，纪录一次；进士、举人、贡生捐银及额，出仕时照现任官例议叙。道光二十三年（1843）奏定，士民核其实际赈捐银数在数十两以上，由地方官奖以花红匾额；一百两以上，该省督抚奖以匾额，俱由该督抚自行核办。其捐数较多者，逐一造具清册，核实具题，由吏部分别议叙。士民二百两以上者给予九品顶戴；三四百两以上者给予八品顶戴；一千两以上给予盐知事职衔；二千两以上给予县丞职衔；三千两以上给予州判职衔；四千两以上给予按经历职衔；五千两以上给予布经历职衔；六千两以上给予通判职衔；八千两以上给予盐提举职衔；一万两以上给予同知职衔；一万五千两以上给予运同职衔；三万两以上给予道员职衔。现任各级官员俱按其所捐银数，给予加级纪录：三品以上大员捐银至一千五百两者，议予加一级，三百五十两以上者议以纪录一次；其四品等官捐银一千二百两，五品等官捐银一千两，六品等官并七品之知县捐银九百两，其余七品等官捐银八百两，八品等官捐银七百两，九品未入等官捐银六百两，均议予加一级。银数较多者仍准以此核计，递予加级，但不得过五级，以示限制。其不及加级银数者，四品等官三百两以上，五品等官二百五十两以上，六品以下各项官员二百两以上，均议予纪录一次。其不及二百两者仍听该督抚自行办理。[②]《钦定大清会典事例·礼部·风教》也设“旌表乐善好施”条，其中规定，士民人等有助赈荒歉，其捐银至千两以上，或田粟准值银千两以上者，均请旨建坊，遵照钦定乐善好施字样，由地方官给银三十两，听本

① 光绪《钦定吏部处分则例》卷二十四，灾赈。

② 光绪《清会典事例》（二），吏部一，卷七十七，吏部六一，除授六，好善乐施议叙，第996页。

家自行建坊。若所捐不及千两者，请旨交地方官给扁旌赏，仍给予乐善好施字样。如有应行旌表而情愿议叙者，由吏部给予顶戴，礼部毋庸题请。①

（二）关于各级官员救灾不力的具体责惩

清代法律对救灾程序中官员的救灾责任和相应处罚予以具体规定。依托行政体制，清代建立了层层相互制衡、职责明确的地方救灾体系。将官员救灾责任法律化，为监督官员办赈、提高救灾效率提供了强大的保障。以下仅就报灾、勘灾、蠲免、缓征、平粜、捕蝗等几个救灾环节中的相关处罚内容略作介绍。

1. 对匿灾与捏灾的惩处

报灾过程中，常有匿灾、捏灾行为发生。匿灾，也即讳灾，指地方官故意隐瞒或拒绝实报灾情。地方官匿灾的原因，一方面是担心因报灾逾限而受到惩处，“地方官每虑愆期，匿灾不报”②，另一方面，则是担心自己的私利受到损失。康熙帝曾言：“朕曾以地方官匿灾不报之故，询之于民，据云民一罹灾，朝廷即蠲岁赋，赋一蠲则火耗无征。故地方官隐而不报也。”③ 对于匿灾的行为，历代帝王皆予以严厉谴责，认为应当严禁。康熙帝认为，“自古弊端，匿灾为甚”④，有的地方官故意讳灾不报，实则亏空塞责，一遇歉薄，莫知所措，“视民命如草芥，何以为民父母”⑤。雍正帝指出，督抚“于奏报秋成或有溢美之词，于奏报歉收或有讳灾之意，则事天为不诚，事君为不忠”⑥。乾隆帝也强调匿灾对灾民的危害：“倘实属灾荒而讳匿不报，以致小民流离失所，弱者转乎沟壑，强者流为盗贼，其为害甚大。”⑦ 他告诫地方官：“若汝等视

① 光绪《清会典事例》（五），礼部三，卷四百零三，礼部一一四，风教七，旌表乐善好施，第498页。

② 《圣祖仁皇帝实录》（一），卷三十三，康熙九年七月，第452页。

③ 《圣祖仁皇帝实录》（三），卷二百十九，康熙四十四年二月，第212页。

④ 《圣祖仁皇帝实录》（三），卷二百十九，康熙四十四年二月，第212页。

⑤ 《圣祖仁皇帝实录》（三），卷二百一十，康熙四十一年十一月，第133页。

⑥ 《世宗宪皇帝实录》（二），卷八十一，雍正七年五月，第63页。

⑦ 《高宗纯皇帝实录》（二），卷一百五十三，乾隆六年十月下，第1187—1188页。

灾为常，或匿而不报，或报而不实，与夫赈恤不尽其力，则朕之责汝等不可辞矣。”[①] 清代对匿灾官员轻则罚俸，重则革职，永不叙用。康熙十五年（1676）议准，地方有异灾而不申报者，皆罚俸一年。若止报巡抚，不报总督，及报灾之时未缴印结，册内不分析明白者，罚俸六个月。督抚亦照此例处分。[②] 康熙十八年（1679）又议准，州县官不将民生苦情详报上司，使民无处可诉，其事发觉，将州县官革职，永不叙用。若州县官已经详报，而上司不题达者，将上司亦革职。[③] 同年复准，如地方官隐漏灾伤，“许小民赴登闻鼓声明”[④]。雍正五年（1727），议准黄河沿河州县遇有被淹之处，由地方官会同河员亲历确勘被淹情由，据实通报。如有隐匿民灾者，照报灾怠玩例议处，查报不实者，照溺职例议处。[⑤] 乾隆三十年（1765），规定州县遇有报潦之处，令地方官亲历确勘被潦根由，据实通报，如有隐瞒不报及将成灾报作不成灾者，俱题参革职，永不叙用[⑥]。

从资料来看，官员匿灾也多遇严参革职。乾隆十八年（1753），武清县知县朱馥因“讳匿蝗蝻，欺蔽狡饰”，乾隆帝谕令将朱馥“着革职，仍留该处，押令随同署员亲身扑捕”[⑦]。再以乾隆二十二年（1757）河南匿灾案为例。乾隆二十一年（1756）夏，河南夏邑等州县因为雨水过多，被水成灾。次年二月，河南巡抚图勒炳阿奏称，夏邑被灾高粱收成很好，只有谷、豆等有所减收，灾情并不严重。乾隆帝令对夏邑及与之相邻的商邱、永城、虞城四县给发赈粮一月。三月，准河南布政使刘慥奏准将夏邑等四县旧欠钱粮缓至麦熟后再征收。到了四月，先后有民人张钦、刘元德拦路控告夏邑水灾十分严重，但是地方官报灾不实，

---

① 《高宗纯皇帝实录》（一），卷十一，乾隆元年正月下，第357页。

② （清）伊桑阿等纂：《大清会典》（康熙朝），第1卷，第228页。

③ 光绪《清会典事例》（二），吏部二，卷一百一十，吏部，处分例，报灾逾限，第415页。

④ （清）伊桑阿等纂：《大清会典》（康熙朝），第1卷，第228页。

⑤ 光绪《清会典事例》（二），吏部二，卷一百三十七，吏部一二一，处分例，河工，第760页。

⑥ 光绪《清会典事例》（二），吏部二，卷一百一十，吏部，处分例，报灾逾限，第415页。

⑦ 《高宗纯皇帝实录》（六），卷四百四十一，乾隆十八年六月下，第737页。

以多报少，并且散赈多有不实之事。乾隆帝密派步军统领衙门员外观音保前往河南微服访查，结果发现夏邑等四县连岁未登，积歉已久，灾民生活凄惨，卖儿鬻女现象严重，灾区买两个男童仅用钱四五百文。另外，巡抚图勒炳阿散赈多有不实，“所有实在极贫户口有造报遗漏者，有任意删除者，有胥吏因缘为奸，侵蚀肥己，种种办理不善”①，由于河南省各级官员报灾不实、办赈不力，乾隆将图勒炳阿革职，发往乌里雅苏台军营，自备资斧效力赎罪，“以为地方讳灾者之戒”。布政使是一省的主要办赈官员，“查办灾赈，是其专责”，河南布政使刘慥没有将灾情据实入告，未能尽力救灾，“于一切赈恤事务又不能董率属员实心经理，遗漏者多”，交吏部严加察议。② 此后，又以匿灾不恤，将夏邑县知县孙默、永城县知县张铨革职，解刑部治罪。之所以予以严惩，上谕指出：“河南归德府所属之夏邑、永城等县，连被水灾，而该地方官玩视民瘼，有心讳匿，及降旨赈恤，仍不实心经理，一任灾黎流离失所，殊负牧民之任，向所以姑留原任者，以该地有不法莠民设法告讦该管官，其风实不可长。今刁顽者既已除去，则良懦者其实可悯。该县官匿灾不恤，有顾仇其民之心，仅予罢斥，不足蔽辜。”③ 嘉道以后，虽然各位帝王一再强调对匿灾讳灾行为的严惩，但相关现象更不鲜见。如嘉庆朝因匿灾而革职的重要官员即有嘉庆五年（1800）于抱母恩耕等井被水冲淹、讳灾不报的云南巡抚江兰④，嘉庆七年（1802）对飞蝗入境一事讳匿不报的山东巡抚和宁⑤，嘉庆十六年（1811）对奉天岫岩等处被灾歉收讳灾不报的盛京将军观明、盛京侍郎博庆额、继善等⑥。

与匿灾相对应，捏灾则是把无灾捏为有灾，把小灾捏成大灾。乾隆三年（1738），安徽怀宁、潜山、东流等三县续报旱灾，经查系地方官捏报，妄图借此获得蠲赈⑦。乾隆三十九年（1774）开始的甘肃布政使

① 《高宗纯皇帝实录》（七），卷五百三十七，乾隆二十二年四月下，第 779 页。
② 《高宗纯皇帝实录》（七），卷五百三十七，乾隆二十二年四月下，第 777 页。
③ 《高宗纯皇帝实录》（七），卷五百四十，乾隆二十二年六月上，第 832 页。
④ 《仁宗睿皇帝实录》（一），卷五十八，嘉庆五年正月下，第 765—767 页。
⑤ 《仁宗睿皇帝实录》（二），卷一百零二，嘉庆七年八月，第 374—375 页。
⑥ 《仁宗睿皇帝实录》（四），卷二百五十一，嘉庆十六年十二月上，第 392—393 页。
⑦ 《高宗纯皇帝实录》（二），卷八十一，乾隆三年十一月下，第 283 页。

王亶望捏灾冒赈案，即以常向朝廷虚报旱灾，将其控制全省捐监所得银两私吞，而后谎报已用于赈灾，“竟视报灾为常例，藉词虚捏，以便侵渔”[①]。甘肃地方大员甚至伙同捏灾。比如，乾隆四十年（1775）七月初八日，陕甘总督勒尔谨奏称，“五月中旬以来，省城以西各属得雨，未能一律沾足，而皋兰等十四处已有受旱情形，现在设坛祈祷”，随后王亶望又奏称，“六月二十六七等日，省城及附近地方得雨，而为时较迟，皋兰等处俱成偏灾，七月中旬后各属得雨一二寸至深透不等。图桑阿奏，六月下旬，兰州等处始经得雨，各属不免旱灾，七月望后陆续俱已得雨”[②]。乾隆四十六年（1781）六月，钦差大臣大学士阿桂奏报甘肃天气状况：“本月初六日，大雨竟夜，势甚霶霈”，乾隆帝对比甘肃向年俱奏报雨少被旱，岁需赈恤，不禁恍然大悟：“今阿桂屡奏称雨势连绵霶霈，且至数日之久，是从前所云常旱之言全系谎捏，该省地方官竟以折收监粮一事，年年假报旱灾冒赈，作弊已属显然。勒尔谨久任总督，王廷赞亦久任道府藩司，何以从前俱以雨少被旱为词，岂有今年甘省雨独多之理?”[③] 乾隆四十年（1775）至乾隆四十五年（1780）间，在甘肃任内的道府州县各官，假捏结报之道府及直隶州各官共53员，捐监报灾之州县各官共112员，只办捐监而未办灾赈之州县官有46员。全案涉案官员二百余人，处置一百七十余人。因通省参革官员过多，使甘省“本年计典不能照例举行”[④]。

清朝中央政府为了监督和防止地方官捏灾冒赈，也制定了种种措施

---

① 《高宗纯皇帝实录》（十五），卷一千一百四十一，乾隆四十六年九月下，第289页。又，学术界对于乾隆朝甘肃冒赈案的研究成果较多，主要包括卢经《乾隆朝甘肃捐监冒赈众贪案》（《历史档案》2001年第3期）；屈春海《乾隆朝甘肃冒赈案惩处官员一览表》（《历史档案》1996年第2期）；姜洪源《乾隆四十六年甘肃冒赈案》（《档案》2000年第2期）；岳维宗《乾隆间甘肃“监粮冒赈”贪污案》（《兰州学刊》1981年第4期）；王雄军《从甘肃捐监冒赈案反思清朝乾隆时期的吏治腐败成因》（《巢湖学院学报》2004年第5期）；苗培育《以史为鉴——清朝甘肃全省官员集体贪污冒赈银两案》（《发展》1999年第8期）等。

② 《高宗纯皇帝实录》（十三），卷九百八十六，乾隆四十年七月上，第164—165页。

③ 《高宗纯皇帝实录》（十五），卷一千一百三十五，乾隆四十六年六月下，第160—161页。

④ 卢经：《乾隆朝甘肃捐监冒赈众贪案》，《历史档案》2001年第3期。

和法规。如康熙十五年（1676）议准，官员妄报饥荒者，罚俸一年。[①]乾隆三十六年（1771），署陕甘总督文绶奏定，州县侵冒赈务，本管道府难免回护，必须委派邻封道府大员往来抽查，互相纠举。[②]不过，嘉道以后，捏灾现象更为普遍。道光十三年（1833）上谕即哀叹称，“近来江苏、安徽、山东、河南、江西、湖北等省，虽丰歉有时，几于无岁不缓，无年不赈”，“惟国家经费有常，岂容以展缓旷典，年复一年，视为相沿成例”，其原因就在于“不肖之州县、不堪之胥吏希图沾润，于勘不成灾者而报灾，即于例不给赈者而捏赈，视灾区为利薮，藉民瘼为身图，任意侵吞，以完作欠，而该督抚等又不肯为国任怨，不以国计为亟，是国家徒有加惠之名，而百姓无受惠之实，无非官吏私充囊橐，大吏博取声誉，尚复成何事体”[③]。光绪四年（1878），御史田翰墀奏请将侵赈各员严定罪名。刑部议准嗣后如有官员藉灾冒赈，侵吞入己，数在一千两以上者，仍照侵盗钱粮例拟斩监候；其数逾巨万，实在情罪重大者，仍照定例斩监候问拟，由该督抚临时酌量具奏，请旨定夺；其入己之数虽未至千两以上，而巧立名目，任意克扣，及有吏胥串弊绅董分肥情事，即照侵盗钱粮例，计赃应得徒流等罪上酌加一等分别办理。虽逢恩赦，不准援免。[④]

2. 勘灾不实及其惩处

清朝对勘灾期限有明确规定。勘灾过程中，严禁地方官有任何隐漏不实的行为。“灾分轻重，必察其实。勘之不审，目前赈数之多寡既淆，日后蠲缓之等差亦紊。滥则奸民得以幸其泽，而帑项虚縻；隘则穷黎无以赡其生，而变端易酿，不可不慎之又慎也。”[⑤]清代对勘灾不实及勘灾中可能出现的舞弊行为制定了严格的惩处措施。乾隆八年（1743）奏准，州县官查勘灾赈等事，凡一切饭食纸张杂费俱动用存公银两，不

---

① （清）伊桑阿等纂：《大清会典》（康熙朝），第1卷，第228页。

② 《高宗纯皇帝实录》（十一），卷八百八十七，乾隆三十六年六月下，第878页。

③ 《宣宗成皇帝实录》（四），卷二百四十四，道光十三年十月，第663页。

④ 光绪《清会典事例》（九），刑部，卷七百五十四，刑部三二，户律田宅一，检踏灾伤田粮，第324—325页。

⑤ （清）杨景仁编：《筹济编》，《中国荒政全书》第二辑第四卷，第72页。

许丝毫派累地方。倘有胥役里保舞弊蠹民，州县官失于觉察者，降三级调用，虽系公罪，不准抵销，故为容隐者革职。倘于失察后尚未别经发觉之先能自行查出检举究办者，降二级调用。① 乾隆三十年（1765）又定例："沿河州县报潦，令地方官会同河员确勘，如有查勘不实及隐瞒民灾等弊，将河员一并题参，照地方官例分别议处。"② 若委员协勘灾务，不据实勘报，扶同具结者，与本管官一例处分。其勘灾道府大员，不亲往踏勘，只据印委各官印结，率行加结转报者，该督抚题参。对于督抚勘灾违例的惩处，乾隆朝《户部则例》规定：遇灾伤异常之地，责成该督抚轻骑简从，亲往踏勘，将应行赈恤事宜，一面奏闻。如滥委属员，贻误滋弊，及听从不肖有司违例供应者，严加议处。乾隆二十三年（1758）上谕又称："向来外省督抚大吏遇有地方水旱等事，每委属员查赈，并不亲往，经朕屡次训饬，数年来颇知奋勉，但省会重地，督抚既经公出，而藩臬等又多相随而行，无一大员坐镇；殊非慎重地方之道。嗣后凡督抚同城省分，可公同酌量，分留一人在彼坐镇，即系巡抚专驻之省，亦当留藩臬大员弹压。"③ 此外，地方报灾之后，该管官若将所报灾地，目为指荒地亩，不令赶种，留待勘报分数，致误农时者，上司属员，一例严加议处。④

对于粮庄、银庄勘灾中出现的不实情节，清代政府也制定了相应的惩处措施。雍正二年（1724）奏准，银庄勘灾，纳银庄头投充人等呈报旱涝，委官查勘确实，若系庄头，按地每亩免征银一钱一分一厘，若投充人，按地每亩免征银三分，草一束，如捏报五顷以下者，鞭八十；十顷以下者，鞭一百；二十顷以下者，鞭八十、枷一月；全行捏报者，鞭一百、枷两月。⑤ 雍正三年（1725）奏准，查勘关内庄头灾地，将成

---

① 光绪《清会典事例》（四），户部三，卷二百八十八，户部一三七，蠲恤二三，灾伤之等，第371页。

② 光绪《清会典事例》（二），吏部二，卷一百一十，吏部九四，处分例三三，报灾逾限，第415页。

③ （清）杨景仁编：《筹济编》，《中国荒政全书》第二辑第四卷，第73页。

④ 乾隆《钦定户部则例》，卷一百一十，蠲恤。

⑤ 光绪《清会典事例》（一二），内务府，卷一千一百九十七，内务府二八，屯庄二，粮庄勘灾，第920页。

灾分数按分蠲免，仍于额纳粮内按人给予口粮以资养赡。如有捏报五顷以上，鞭八十，十顷以上鞭一百，所报全虚者，枷两月、鞭一百。至查勘时报灾不到之庄头，鞭一百，革退庄头。关外庄地遇灾，按分数蠲免。其捏报者按捏报分数治罪，一如关内之例。[①]

3. 蠲免不实的责惩

蠲免，即自然灾害发生时，减免灾民的赋税课征。蠲免过程中，若发生蠲免不实的情况，相关官员即应受到相应处罚。蠲免不实的情况包括以下几种：

（1）不给免单，或给而不实

顺治六年（1649），复准直省灾伤，一经勘明，奉旨蠲免，若有司借口无项可免，使小民不沾实惠者，该管上司及科道官指参。[②] 顺治十年（1653），准地方灾伤题蠲后，各州县以应免数目刊刻免单颁发，有已征在官者，准抵本名次年正额。若官胥不给单票者，以悖旨计赃议罪。[③] 康熙十五年（1676），重申州县官奉蠲之后，应当遵照出示晓谕，刊刻免单，按户付执，若不给免单，或给而不实，该官吏均以违旨计赃论罪。同年，又奏准官员将蠲免钱粮增减造册者，州县官降二级调用，该管司道府官罚俸一年，督抚罚俸六月，如被灾未经题免之先报册内填入蠲免者，州县官罚俸一年，该管上司皆罚俸六月[④]。康熙十八年（1679）议准的惩处规定更为详细：州县于接奉蠲免之后，即应出示晓谕，刊刻免单，按户付执。若不给免单，或给单而不填蠲免实数者革职，系失察胥役蒙混隐匿及藉端需索者，降二级调用，知情纵容者革职[⑤]。

（2）灾蠲迟延

康熙十五年（1676），定蠲免钱粮数目于具题请赈之日起再扣两个

---

① 光绪《清会典事例》（一二），内务府，卷一千一百九十七，内务府二八，屯庄二，粮庄勘灾，第920页。

② （清）伊桑阿等纂：《大清会典》（康熙朝），第1卷，第228页。

③ （清）伊桑阿等纂：《大清会典》（康熙朝），第1卷，第229页。

④ 光绪《清会典事例》（二），吏部二，卷一百一十，吏部九四，处分例三三，蠲缓，第416页。

⑤ 光绪《清会典事例》（二），吏部二，卷一百一十，吏部九四，处分例三三，蠲缓，第416页。

月造报题达，如有迟延，照造报各项文册违限例分别议处。嘉庆十六年(1811)，因不肖官吏于部文未到之前，催比钱粮，私图肥己，且有奸猾书役藉名垫纳、加倍索偿等事，上谕令嗣后各州县遇恩旨颁到之日，即将奉旨日期遍行晓谕，并刊刷实征额册串票等，注载明晰，以使小民得知蠲免分数，官吏无从欺隐。[①] 此外，清代政府一再重申，蠲免钱粮以奉旨之日为始，其奉旨以后、文到以前已输在官者，准流抵次年应完正赋。如若官吏蒙混隐匿，照侵盗钱粮律治罪。康熙六年（1667）即题准，蠲灾流抵，如本年蠲免者填明次年由单之首，如流抵次年者，填明第三年由单之首。州县卫所，不开载确数者议处。[②]

（3）借灾蠲中饱私囊

地方官借灾蠲中饱私囊者，均应受到严厉处罚。失察各上司，俱分别查议。康熙十八年（1679）覆准，蠲免钱粮，州县官有借民肥己，使民不沾实惠等弊，或被旁人出首，或受累之人具告，或科道查出纠参，将州县照贪官例革职拿问，督抚、布政使、道府等官不行稽查，令州县任意侵蚀者，皆革职。又督抚不将侵冒之员照例参请拿问者，降三级调用[③]。乾隆五年（1740）修订的《大清律例》“检踏灾伤田粮”规定：“赈济被灾饥民以及蠲免钱粮，州县官有侵蚀肥己等弊，致民不沾实惠者，照贪官例革职拿问，督抚布政司道府等官不行稽察者俱革职”，嘉庆十六年（1811），又于“革职拿问下”增加“照侵盗钱粮例治罪”句[④]。州县官还应对蠲免中书役的行为有监察之责。乾隆四年（1739），复准倘有不肖书役于蠲免赈贫之时暗中扣克，诡名冒领，该州县漫无觉察者，降二级调用。如胥役人等有前项等弊，州县官既已觉察而故为容隐者，将该州县官革职。[⑤]

---

① 《仁宗睿皇帝实录》（四），卷二百四十八，嘉庆十六年九月，第351页。

② （清）伊桑阿等纂：《大清会典》（康熙朝），第1卷，第230页。

③ 光绪《清会典事例》（二），吏部二，卷一百十，吏部九四，处分例三三，赈恤，第416页。

④ 光绪《清会典事例》（九），刑部，卷七百五十四，刑部三二，户律田宅一，检踏灾伤田粮，第318页。

⑤ 光绪《清会典事例》（二），吏部二，卷一百十，吏部九四，处分例三三，赈恤，第417页。

4. 缓征弊端及相应惩处

奏报缓征的期限，晚清以前并无明确日期。咸丰四年（1854），定“遇有灾歉缓征，务当详晰分数，于十月内奏到，以符定限”①。缓征在实施过程中，弊窦颇多，清代政府也制定了相应的惩处规定。康熙四年（1665），定如州县故意将告示迟延，不即通行晓谕者，以违旨侵欺从重议罪，道府降三级调用，抚司降一级调用②。另外，《清会典事例》吏部处分例规定：“若地方偶遇偏灾，奉旨赈恤蠲缓，地方官接到誊黄，不即宣示，十日以上者降一级调用，二十日以上者降二级调用，一月以上者革职。”③ 嘉庆十九年（1814），因缓征积弊重重：“督抚藩司不能仰体德意，任令地方官辗转延压，催征挪用，迨届应征之期，又复多方掩饰，捏称民欠。是官侵吏蚀，恣饱欲壑，使朝廷泽不下究”，上谕因此再次强调“嗣后各省遇有被灾缓征处所，该督抚一经接奉恩旨，即饬知藩司勒限行知该州县誊黄晓示，俾小民及早周知，该藩司仍密行查访，勿任不肖官吏得闲舞弊，倘有任意延搁、私自催征者，立即严参究办。至漕米令民赴仓完纳，钱粮令民自封投匮，本系定例，务各实力奉行，将里书粮班等蠹吏严行禁革，以除积弊。”④ 但是，随着吏治败坏，缓征多被贪官污吏视为利薮。光绪四年（1878），御史孔宪彀奏称河南吏治积弊之深说：“豫省官吏向染河工习气，竞尚奢靡，所办公事率多粉饰欺蒙，毫无实际，其于民瘼略不关心，地丁正赋任意亏空，平时豫行捏灾请缓，将已征钱粮私饱囊橐，交代不结，掩延岁时，如遇恩诏，竟敢私改征册，捏官征为民欠，照例请免，其或历任年久，亏空愈深，上司亦虑吏议分赔，转隐忍而不举发。”⑤ 光绪十年（1884），据御史张廷燎奏称，河南州县借缓征侵蚀钱粮竟至已成一种常态：“豫省各州县于每年下忙前后，必捏报灾区，禀请缓征，将所报灾区已完钱粮，归入

---

① 光绪《清会典事例》（四），户部三，卷二百八十八，户部一三七，蠲恤二三，奏报之限，第368页。

② （清）伊桑阿等纂：《大清会典》（康熙朝），第1卷，第231页。

③ 光绪《清会典事例》（二），吏部二，卷一百十一，吏部九五，处分例三四，延阁誊黄，第436页。

④ 《仁宗睿皇帝实录》（四），卷二百九十八，嘉庆十九年十月，第1101页。

⑤ （清）朱寿朋编：《光绪朝东华录》，中华书局1958年版，第604页。

私囊，甚至句通书差，改换征册，结交藩署书吏，无弊分肥”①。其中，河南息县被灾之松乡等十九里民欠钱粮奉旨缓至光绪十年麦后启征，但该县知县武勷于是年正月初间即出大票催传花户徐麟书等带县讯追，并张贴告示，正月十八日开征，限十日埽数完纳，派书役王鼎若、王树田等带领差役数十人蜂拥各里，新旧并征②。

5. 严禁遏籴与强籴

清中央把平粜看作是赈济贫民的“第一要务”，所谓“各省地方每遇歉收，米价昂贵，国家动发仓储，减价平粜，乃养民之切务”③。平粜的目的是平抑粮价，接济民食：“贵谷乃人主重农之心，而谷贵非人主养民之意。谷贵由于岁祲，势有固然，爰设平粜之法。”④ 作为一种“上不病官，下不困民，能救生民于万死之中”的救荒措施，平粜被视为“最善而易行”之事。⑤ 但是，平粜过程中也应严防和严惩各种舞弊行为。比如，州县官有将平粜米谷杂以灰沙者，一经查出，或百姓首告，该督抚即指名题参，从重治罪。⑥ 乾隆四年（1739），还定地方官对平粜中书役的监察之职：“至平粜借谷，原因地方收成歉薄，米价腾贵，藉以惠济小民，如地方州县官不实力稽察，以致书役包买渔利、抑勒出入者，将该地方官降一级调用。如胥役人等有前项等弊，州县官既已觉察而故为容隐者，将该州县官革职。”⑦ 平粜中尤其应防止奸商将官谷贱籴贵粜，图利囤积。雍正四年（1726）议准，平粜之时，如有奸商势豪居积射利者，实时访拿，按律治罪。州县官不严行查禁，由督

① 《德宗景皇帝实录》（三），卷一百九十八，光绪十年十一月十六日，第809页。

② 中国第一历史档案馆藏：上谕档第1376册（三），第59—60页。

③ 光绪《清会典事例》（四），户部三，卷二百七十五，户部一二四，蠲恤一一，平粜，第164、165页。

④ （清）杨景仁编：《筹济编》，《中国荒政全书》第二辑第四卷，第135页。

⑤ （清）陆曾禹：《钦定康济录》，《中国荒政全书》第二辑第一卷，第313、310页。

⑥ 光绪《清会典事例》（四），户部三，卷二百七十五，户部一二四，蠲恤一一，平粜，第162页。

⑦ 光绪《清会典事例》（二），吏部二，卷一百一十，吏部九四，处分例三三，赈恤，第417页。

抚题参，交部议处。[①] 乾隆七年（1742）又重申，奸徒市侩私贩囤积，州县官必须严行查拿，倘若或有疏漏隐匿等情节，该督抚即刻严参，从重治罪。[②]

平粜中尤其严禁地方官的任何遏籴行为。顺治十二年（1655），即议准若饥荒地方人民有往丰收去处籴买米粮者，不许恃强之徒遏闭拦截，犯者拿问，情重参处。[③] 乾隆二年（1737），浙江布政使张若震上疏称，各省地方偶遇歉收，全资邻省米粮接济，但是因米谷出境，会导致本地价值稍昂，遂有将本处转运及外来客贩留滞者，又有胥役舞弊、勒索拦阻者，以致被灾地方艰于采买，贫民必至乏食，因此请准定遏籴处分为：如遇邻省歉收告籴，本地方官禁止米粮出境者，将州县官降一级留任，不行揭参之该管上司罚俸一年，不行题参之督抚罚俸六个月。[④] 乾隆二十年（1755），署理河道事务富勒赫禁止从安徽贩运粮食，即被上谕斥责其"殊属胡涂，不知政体，着交部严察议奏"[⑤]。乾隆五十一年（1786），江西巡抚何裕城奏，江西省市粮价值日渐昂贵，系由江楚商贩运过多所致，乾隆帝认为，乾隆五十年（1785）江楚等省被旱成灾，收成歉薄，全赖邻省米粮接济，商民均向江西、四川等省贩运粮石，以资口食，而何裕城把该省粮价加增归咎于商民贩运过多，即是意存遏籴，上谕申斥何裕城说："此何言耶？民间遇有灾歉，自应以此省之有余补彼省之不足，为督抚者皆当以民食为心，不分此疆彼界，筹办得宜，俾得均匀接济。"[⑥] 四川总督李世杰因商贩赴川，即碾动常平仓谷应粜，前任江西巡抚舒常对江楚等省商民赴该处贩买米石者，也派官照料，令其迅速运回。乾隆帝认为这二位督抚"皆能无分畛域，办理妥协，是以将该督抚等议叙"，何裕城"甫经到任，何以即有商贩过多

---

① 光绪《清会典事例》(四)，户部三，卷二百七十五，户部一二四，蠲恤一一，平粜，第162页。

② 光绪《清会典事例》(四)，户部三，卷二百七十五，户部一二四，蠲恤一一，平粜，第165页。

③ 《世祖章皇帝实录》卷八十二，顺治十一年三月，第643页。

④ 《高宗纯皇帝实录》(一)，卷四十九，乾隆二年八月下，第832—833页。

⑤ 《高宗纯皇帝实录》(七)，卷五百零三，乾隆二十年十二月下，第342页。

⑥ 《高宗纯皇帝实录》(七)，卷五百零三，乾隆二十年十二月下，第342页。

之虑，甚属非是，何裕城着饬行”①。道光二十年（1840），御史孙日萱奏称各省州县偶遇歉收，邻近丰熟地方理宜缓急相济，而地方官多有违例遏籴之事，地方官动以保留本处民食为名，刁衿劣监纠人禀官出示禁止贩运，“因而胥吏把持，棍徒包揽，遇有往来商贩，抑勒刁难，务遂其盘踞自肥之计，由此粮价日增，有妨民食，上年庐州府属即有此事”，上谕认为违例出示，遏籴病民，“殊于地方大有关系，不可不严行禁止”，因此“着直省各督抚严饬所属州县遇有邻境偏灾，遵照定例，除本处亦未丰收准题明暂行禁止外，其余概不准禁止米粮出境。如查有前项情弊，立即参办，以平粮价而济歉区”②。咸丰七年（1857），御史赵元模奏称江北六合等县米价腾贵，皆因聚米之处闭籴居奇，其远道贩运者，经过地方到处抽厘，以致商贾不通，于民食大有关系。上谕即令江北一带各州县严禁遏籴，暂免抽厘，俟麦熟后再行酌量收税，以平市价而裕民食③。

6. 捕蝗中的连带责任制度

清代捕蝗基本以人力扑捕为主要手段：“捕蝗必用人力，人力胜则蝗不成灾”④，“捕蝗弭灾，全在人事”⑤。王建革认为，清代的捕蝗体制是皇帝监控下的总督、巡抚负责制⑥。蝗灾发生后，由乡民向地方官先行报告。州县官员当亲履陇亩，如确定某处有蝗，即应在短时间内精心组织力量，率民掩捕。⑦ 除了乡保、农长外，州县官可以适当分派下属官员，如佐杂、学职、营弁等，“资其路费，分其地段，注明底册，每年冬春两次，轮委搜查。如猝报蝗起，印官赴捕，或蝗非一处，即相机分委，察其勤惰，分别据实申请上宪，记功记过”，还可以委派贤能绅士，“或各处代官晓谕，或察捕务之勤惰，或司厂局之出入，假以事

① 《高宗纯皇帝实录》（十六），卷一千二百四十七，乾隆五十一年正月下，第756页。

② 《宣宗成皇帝实录》（六），卷三百三十二，道光二十年三月，第39页。

③ 《文宗显皇帝实录》（四），卷二百二十，咸丰七年二月下，第448页。

④ 光绪《清会典事例》（九），刑部，卷七百五十四，刑部三二，户律田宅一，检踏灾伤田粮，第322页。

⑤ 《圣祖仁皇帝实录》（二），卷一百六十三，康熙三十三年四月，第780页。

⑥ 王建革：《清代华北的蝗灾与社会控制》，《清史研究》2000年第2期。

⑦ 《圣祖仁皇帝实录》（二），卷一百六十三，康熙三十三年四月，第780页。

权，待以优礼，俾乡保胥役知所畏惮，不敢欺匿”，甚至委派至亲子侄：“告谕虚文，不如躬亲率作。小民畏祸不前，惟亲率子侄辈至蝗蝻处所，首先捕扑为倡，则愚民自不令而从。惟不可使盗弄威福耳。”① 州县与州县也应互通蝗情：“地方遇有蝗蝻，一面通报上司，一面径移邻封州县星驰协捕。其通报文内，即将有蝗乡村邻近某州县，业经移交协捕之处，逐一声明，仍将邻封官到境日期，续报上司查核。若邻封官推诿迁延，严参议处。”② 由于府县之间有疆界之分，而一场蝗灾往往至少要涉及几个府县，故捕蝗之时应该不分畛域：“邻境生蝗，如与本界相离不远，务亲往查勘，于交界处所，挑筑宽沟防备，并雇集人夫，于沟外代为扑打，即远去数里，亦勿存畛域之见，但使不犯本境，则用力少而成功多，即邻封亦知感德，自问无蝗不入境之善政，正不宜妄存希冀也。”③ 自然，督抚的权力使其在捕蝗管理中处于有利的协调地位。蝗灾发生后，督抚要密切关注飞蝗的动态，除组织、动员和协调地方力量外，还直接委员参与④，否则，就会受到相应惩罚。康熙三十八年（1699），直隶保定等地飞蝗伤稼，直隶巡抚李光地因未预行巡查，扑灭蝗蝻，因此被处以降二级留任。⑤ 嘉庆七年（1802）修订的《户部则例》“督捕蝗蝻”条称：“直省滨临湖河低洼之处，须防蝻子化生。该督抚严饬所属，每年于二三月早为防范，实力搜查，一有蝻种萌动，即多拨兵役人夫及时扑捕。或掘地取种，或于水涸草枯之际，纵火焚烧。各该州县据实禀报，该督抚具奏。倘有心讳饰，不早扑除，以致长翅飞腾者，一经发觉，重治其罪。”⑥ 如果灾情严重，督抚力不能全及，还会派出钦差大臣前往灾区督捕。乾隆十七年（1752）四五月间，直隶境内东光、武清等近四十州县蝗蝻萌生，直隶总督方观承奏参武清县知县沈守敬奉行不力，昏愦无能，当蝻子初生时，既不早报，以致长生翅

① （清）陈僅编述：《捕蝗汇编》，《中国荒政全书》第二辑第四卷，第716—717页。
② 乾隆《钦定户部则例》，卷一百一十，蠲恤。
③ （清）陈僅编述：《捕蝗汇编》，《中国荒政全书》第二辑第四卷，第722页。
④ 王建革：《清代华北的蝗灾与社会控制》，《清史研究》2000年第2期。
⑤ （清）李珍辑：《定例全编》卷九，户部，荒政，康熙五十四年荣锦堂刻本。
⑥ （清）杨景仁编：《筹济编》，《中国荒政全书》第二辑第四卷，第32页。

牙，又不紧扑净尽。乾隆帝则屡次传旨申饬方观承，“似此必俟朕训而后查参，则总督所司何事”，总督于捕蝗之事，“不可不亲临查看，非可专委之地方官，以禀报了事而已”①，并谕令方观承亲往大名一带督率员弁尽力扑除，又派侍郎胡宝瑔以钦差身份前往天津、河间等地督率地方员弁实力扑除，遇地方官有奉行不力者，即行参处。②

对蝗灾的控制和处理，常常成为考虑地方官政绩的主要条件之一。有的学者将法规治蝗看作是明清治蝗的对策之一。的确，《大清会典》、《大清律例》和《户部则例》对官吏治蝗的规定非常详细、明确、严厉③。无论是在督报蝗情，还是在扑捕蝗蝻方面，督抚、道府与州县官之间均有着密切的连带责任。康熙四十八年（1709）覆准，州县卫所官员遇蝗蝻生发，不亲身力行扑捕，借口邻境飞来，希图卸罪者，革职拿问；该管道府不速催扑捕者降三级留任，布政使不行查访速催扑捕者降二级留任；督抚不行查访严饬催捕者降一级留任，协捕官不实力协捕以致养成羽翼、为害禾稼者，将所委协捕各官革职。该管州县地方遇有蝗蝻生发，不申报上司者，革职；道府不详报上司，降二级调用；布政使司不详报上司，降一级调用；布政使司详报督抚，督抚不行题参，降一级留任。④ 另外，捕蝗不力之武职应照文职处分例降三级留任⑤。乾隆十八年（1753），因“向来督抚往往以该道府前经节次督催，现在揭报情由，于本内声叙，遂得邀免处分，以致道府玩视民瘼，并不留心督察”，定“嗣后州县捕蝗不力、应拿问者，皆应将道府一并题参，交部议处，该督抚等不得有心姑息，于本内滥为声叙，以为宽贷之地”。乾隆三十年（1765），再次奏定州县官遇有蝗蝻不早扑除，以致长翅飞腾、贻害田稼者，均革职拿问。该管知府、直隶州知州不查报者亦革职，司道、督抚不行查参，降三级调用。若不速催扑捕者，道府降三级

① 《高宗纯皇帝实录》（六），卷四百十四，乾隆十七年五月上，第421页。

② 《高宗纯皇帝实录》（六），卷四百十五，乾隆十七年五月下，第434页。

③ 马万明：《明清时期防治蝗灾的对策》，《南京农业大学学报》（社会科学版）2002年第2期。

④ 光绪《清会典事例》（二），吏部二，卷一百一十，吏部九四，处分例三三，捕蝗，第418—419页。

⑤ 《圣祖仁皇帝实录》（三），卷二百三十八，康熙四十八年六月，第376页。

留任，布政使降二级留任，督抚降一级留任。协捕官不实力协捕，以致养成羽翼、为害禾稼者，将所委协捕各官革职。此外，清代强调办理捕蝗之事只应就现有蝗蝻处所，视地方官之用力不用力以定功罪，不必更问起自何方："蝗蝻自初生以至跳跃，俱有踪迹可寻，纵使长翅飞腾，究不离旁近地面，安能远越百余里外，成群停集，即或疆壤毗连，偶然飞入，地方官亦当上紧集夫扑灭，保卫农田，若意存畛域，借口邻封，以致耽延日久，其与本境滋长者何异。飞蝗所起之处，遗蝻必不能尽绝。原难掩人耳目"，乾隆三十五年（1770），因此规定"嗣后捕蝗不力之地方官，并就现有飞蝗之处予以处分，毋庸查究来踪，致生推诿。着为令"①。

嘉庆九年（1804），因京城广渠门外及通州等处间有飞蝗，嘉庆帝一面派人前往查勘，一面谕令直隶总督颜检将直隶地方有无蝗蝻滋长之处，"详悉查明具奏"。据颜检奏称，"均已扑除净尽，并称飞蝗止食青草，不伤禾稼"。六月二十九日（8月4日），嘉庆帝斋戒进宫，披览章奏之际，发现一飞蝗集于御案，当令扑捕，续经太监等捕获十数个，因此不禁生疑，"因思宫禁既有飞入者，则郊原田野，不知更有几何"，嘉庆旋即派出卿员四路查勘，并将御制《见蝗叹》及宫内捕得蝗虫发交颜检阅看，谕令其赶紧饬查。

据颜检奏称，宛平县属之水屯八角二村，有田七八十亩之广，谷粟被伤均有三四亩，大兴、宛平、通州、武清、新城、遵化、任邱、容城、涞水、固安、保定、满城等州县禀报，所属村庄均有蝻子，"现在上紧捕除"。嘉庆帝不禁诘问，"可见如许州县，均有蝗蝻，若非特派卿员驰勘，经朕再四严饬，颜检仍未必据实直陈，前此所奏，实不免于粉饰"。嘉庆帝声称，"朕勤求治理，以家给人足、时和岁丰为上瑞，至于前史所奏景星庆云之祥，犹皆鄙斥不言，惟于地方水旱虫伤等事，刻深萦廑，宵旰不遑，勤加咨访。祖考付朕天下，惟期丰年为瑞，岂好言灾祲，实以民瘼所关至重。朕早得闻知一日，即可立时办理，俾民早

① 光绪《清会典事例》（二），吏部二，卷一百一十，吏部九四，处分例三三，捕蝗，第420页。

得一日安全。督抚等狃于积习，必不肯据实陈奏，是诚何心。若以隐匿不奏，藉此可纾宵旰焦劳，殊不知酿成大患，宵旰焦劳更甚。彼时朕一人承当，隐匿不奏者，转得置身事外，言及此实深畏惧”。这类的粉饰就是匿灾，“总之粉饰之习一开，则督抚等惟事敷陈吉语，而属员意存迎合，日久相蒙，必致一切国计民生之事，概不以实上陈”。是年直隶麦收，颜检早经奏报十分，嘉庆帝认为，“十分乃系上稔，岂可多得，彼时麦田尚未收割，而奏牍已豫为铺张，实未免措词过当”，“此次蝗蝻萌孽，又不先行入告，直待朕节次垂询，始一一奏闻，计所开村庄有三十余处之多，其中断非尽系降旨查讯后具报者”。作为封疆大吏，“若事事务求粉饰，其流弊必至于欺罔而后已”。颜检应交部严加议处，“本属咎所应得，姑念该督平素办事尚属认真，著加恩改为交部议处。嗣后惟当痛改前非，实心任事，遇有地方灾歉事务，尤当一面查办，一面据实陈奏，俾闾阎疾苦，不致壅于上闻，方为不负委任，若再有讳匿迟延，经朕查出，必当将该督严行惩处，不能曲为宽贷矣”①。

对于能够将蝗虫迅速扑灭者，也制订有相应的奖励规定。乾隆十六年（1751）覆准，凡有蝗蝻地方，文武官弁合力扑捕、应时扑灭者，应行文督抚确实查明，果系实时扑灭，俟具题到日，准其纪录一次。②道光三年（1823），又定文武员弁扑捕蝗蝻，有能应时扑灭者，该督抚查实具题，各给予加一级③。

三　清代救灾制度的发展脉络与阶段性变化

清代救灾制度的发展脉络与王朝兴衰同步，存在较为明显的阶段性变化。总体来说，清代救灾制度远迈前朝，社会效果显著。明代洪武朝是赈济施行较好年代，“三十余年，赐予布钞数百万，米百余万”，这

① 《仁宗睿皇帝实录》（二），卷一百三十一，嘉庆九年七月乙未，第778—779页。

② 光绪《清会典事例》（二），吏部二，卷一百一十，吏部九四，处分例三三，捕蝗，第418页。

③ 光绪《清会典事例》（二），吏部二，卷一百一十，吏部九四，处分例三三，捕蝗，第422页。

一力度，远难与清代常年耗费银数百万两赈灾相比，此前的各个朝代更是难望其项背。从清代救灾制度的发展脉络来看，其与王朝的兴衰同步进行，阶段性特征十分明显。

顺康雍时期，由于长期战乱，国家初建，为了稳定统治秩序，清政府极其重视农业生产的恢复和发展，并以救灾作为施政重点，随着清政权的日益稳固，救灾制度逐步恢复并确立，然因中央财力匮乏，库藏空虚，救灾力度尚不够大。乾隆时期，国家政治日渐稳定，国力日渐强盛，救灾制度亦在不断地调整中趋于完善。这一时期，因物资充裕，蠲赈数额不断加大，次数也逐渐增多，直隶总督方观承曾称颂乾隆朝赈灾规模可谓“自古及今，得未尝有”①。乾隆帝晚年也宣称其称帝六十年来，“地方偶遇偏灾，随时赈济，及保护民生，如河工海塘等项，无不颁发帑金，所用何啻亿万万，从不稍存靳惜”②。

然而，乾隆中叶以后，官场日趋腐败，捏灾冒赈之案不断出现。如前所述，乾隆四十六年（1781），发生了震惊朝野的甘肃捏灾冒赈案。灾荒中不断发生的群体性事件，也反映了政府救灾能力的下降。

比如，乾隆五十年（1785），湖北等地因旱成灾。次年二月，孝感县县民刘务孝、刘金立、乌老幺等，因上年歉收乏食，各携器皿向村民借贷粮食不遂，即将谷麦等物搬抢。生员梅调元此时虽未遭抢，但虑及被累，与其子梅应奇邀同杨维智及各村居民刘成烈等，先捉获刘大幺等四人，捆至僧寺拷问，逼令各报同伙姓名，随即派多人分途捉获张又咏等 19 人。是年三月初十日，梅调元父子起意商同刘成烈等，将两次捉获的刘大幺、张又咏等 23 人，活埋于查家山地内，并将刘金立等房屋烧毁。此事经巡检袁学澄禀报，而孝感县知县秦朴并不查拿，亦不通报。乾隆震怒，认为“此事大奇，殊出情理之外”。因为上年湖北省被旱成灾，朝廷蠲赈兼施，发帑银五百余万两，由于湖广总督等地方官“查办尚属认真”，还曾交吏部议叙，“乃督抚以及布按不能实心督率各属妥协料理，俾灾氓均沾实惠，以致有贫民乏食、抢夺米粮之事，其被

① （清）方观承辑：《赈纪》，《中国荒政全书》第二辑第一卷，第 544 页。

② 《高宗纯皇帝实录》（十九），卷一千四百九十八，嘉庆三年三月，第 1058 页。

抢居民理应呈报，官为办理，乃该处劣衿竟敢纠众逞凶，活埋生命至二十三人之多，似此凶残不法，何事不可为？”更让乾隆气愤的是，知县秦朴经巡检禀报，既不严速查拿，也不通行详禀，有心讳匿，该管道、府及藩、臬、督抚等，“亦俱置若罔闻，竟同聋瞶，是该省吏治阘冗，废弛已极”。梅调元埋毙多命之后，虑及官司查究，令刘金立捏造书写白布名单，名单上有75人，“有同心竭力、誓同生死字样，并滴洒豚血，诬死者以歃血订盟之据，其居心更属狡险”。如此凶徒竟然漏网，“地方大小官员所司何事，此而不严加惩创，督抚等无所敬畏，因循怠玩”，除湖北巡抚吴垣已经病故外，湖广总督特成额着革职拿问，交刑部治罪。永庆、王廷燮于此等重案不行查办，亦难胜藩臬之任，俱着革职拿问，交刑部治罪。署孝感县事汉川县知县秦朴着革职，拿交刑部治罪。该管道府交新任湖广总督李侍尧查明，系何人任内之事，一并革职拿交刑部治罪。

透过此案，乾隆帝也反思：“近年各省督抚遇有交部议处降革之案，朕因一时乏人，多有从宽留任者，伊等习以为常，不知敬畏。”① 随后，乾隆继续诘问，梅调元父子竟敢纠众逞凶，活埋多命，“此必该督、抚、司、道，并不认真查办，一任贪官污吏，浮冒侵渔，以致朕恩不得下逮闾阎，乃有饥民乏食，抢夺滋事”。酿成重案之后，大小官员恐从此究出弊端，因而通同讳匿，联为一气，“吏治如此，实出情理之外”。此外，籍隶湖北的御史等并无一人奏及，“科道为朝廷耳目之官，各省闾阎疾苦，及官吏侵贪、讳匿命盗各事，理应据实直陈，方为不负言职”。现在湖北省有此不法重案，对于本省舆论，本省之官必有风闻，然而科道缄默不言，只是摭拾浮词，毛举细故，因此，将前任给事中梁景阳、御史许兆椿交部议处。②

乾隆帝进而对湖北救灾中有否贪腐行为提出质疑和追查。对于湖北旱灾，朝廷发帑至五百余万，为赈济饥民之用，“即有所不足，再请亦所勿靳也”，之所以出现如此惨烈的灾民抢粮事件，“必系该省办

---

① 《高宗纯皇帝实录》（十六），卷一千二百六十六，乾隆五十一年十月上，第1066—1067页。

② 《高宗纯皇帝实录》（十六），卷一千二百六十六，乾隆五十一年十月上，第1067页。

理灾赈事务，有不肖官吏，从中侵冒情弊，使恩不下逮”，因此降旨令李侍尧等严查具奏。经查奏，黄安县上年放赈，该县经承王炳、王言纶，勾串知县陈玉之子，虚开户口，侵冒赈项，又兴国州已革知州温有光，于上年承办抚恤加赈，领银易钱，查对所放数目，竟有易多散少、侵渔入己情弊。上谕认为：“该省不肖州县，竟有浮开户口、冒赈侵渔之事，此皆由特成额在湖广总督任内，诸事废弛，而藩司永庆、臬司王廷燮，亦俱因循怠玩，于赈恤要务全不认真查办，一任不肖州县分渔舞弊，以致灾民不能均沾实惠。”特成额、永庆、王廷燮“前此之身获重谴，解京治罪，实属天理彰着，昭昭不爽，可为封疆大吏废弛不职者炯戒。除令军机大臣存记，俟特成额等解至，逐款讯究外”，黄安县知县陈玉着革职，同已革兴国州知州温有光一并拿问，交李侍尧等提集应讯人证，严切根究，一经审讯质证得实，即将该州县及陈玉之子，并经承王炳、王言纶等，一并解交刑部审讯，按律定拟，以示惩儆。[①] 梅调元活埋多命，绝人父子，伤残骨肉，“凶恶不法已极”，凌迟处死。[②]

嘉道以降，救灾制度整体变化不大，只是在府或州县一级的地方性赈灾实践中根据需要进行了适当的变通及调整。嘉庆朝开始，即逢白莲教起事长达九年多，清政府不得不将财政收入主要用于庞大的军费支出。由于人口的增加，耕地等农业资源更为有限，自然灾害对人口和社会带来的危机也日渐加大。嘉庆初年，浙江巡抚阮元曾言：“夫水旱之事，不能必无，国家休养之恩，百数十年矣，昔之八口食十亩者，今数十口食之矣，今之六分灾，敌昔之十分灾也。”[③] 由于财政紧张，国家拨款赈济日渐减少，救灾制度表现为缓征多而蠲免少，及以煮赈充放赈等。嘉道以后，捏灾现象更为常见。道光十三年（1833）上谕即称：“近来江苏、安徽、山东、河南、江西、湖北等省，虽丰歉有时，几于

---

① 《高宗纯皇帝实录》（十六），卷一千二百六十七，乾隆五十一年十月下，第1094页。

② 《高宗纯皇帝实录》（十六），卷一千二百六十六，乾隆五十一年十月上，第1068页。

③ （清）阮元：《硖川赍赈图后跋》，（清）贺长龄辑：《皇朝经世文编》，卷四十二，户政十七，荒政二，上海广百宋斋光绪十七年校印，第17页。

无岁不缓，无年不赈”，其原因就在于“为大吏者遇有灾歉，匿不以闻，诚非为民父母之义。惟国家经费有常，岂容以展缓旷典，年复一年，视为相沿成例。此必不肖之州县、不堪之胥吏希图沾润，于勘不成灾者而报灾，即于例不给赈者而捏赈，视灾区为利薮，藉民瘼为身图，任意侵吞，以完作欠，而该督抚等又不肯为国任怨，不以国计为亟，是国家徒有加惠之名，而百姓无受惠之实，无非官吏私充囊橐，大吏博取声誉，尚复成何事体”。上谕只有再次重申：“嗣后遇有水旱偏灾，该抚等务须遴派结实可靠道府大员确查，并责成藩司认真稽核，断不可讳灾，亦断不准捏报，倘以展缓殊恩，视为奉行故事，一经科道参奏，或经朕别有访闻，惟该抚等是问，懔之慎之”①。吏治积弊重重，使得救灾制度渐趋衰落，赈灾效果大打折扣。嘉庆帝曾痛心疾首地谈到吏治之坏对救灾制度的影响：“国家办赈章程，良法具在。如果各州县实心经理，该督抚认真查察，自能实惠及民。无如地方不肖之员昧良丧心，视同利薮，而派往查赈之委员等贤不肖亦复回殊，间或有持正之人，而嗜利者多，转深憎恶”②。

咸丰朝以后，中央财政愈加匮乏，赈捐成为赈灾款项的主要来源。救灾制度整体走向衰败，叠床架屋的救灾机制和腐败不堪的吏治，使得救灾效率难以提高。道光二十九年（1849），掌江西道监察御史方允镮称，各省办赈向有“清灾”“浑灾”名目，办“清灾”者“必亲历乡村，遍核户口，府县每惮其烦”，办“浑灾”则“俟领到赈银，酌提若干先肥己橐，其余或归诸绅士，或委之胥吏，任意随意放给，府县并不过问”。胥吏在办赈过程中则有“卖灾”“买灾”“送灾”“吃灾”之说：“若胥吏则更无顾忌，每每私将灾票售卖，名曰‘卖灾’；小民用钱买票，名曰‘买灾’；或推情转给亲友，名曰‘送灾’；或恃强坐分陋规，名曰‘吃灾’。至僻壤愚氓，不特不得领钱，甚至不知朝廷有颁赈恩典。迨大吏委员查勘，举凡一切供应盘费，又率皆取给于赈银，而

① 《宣宗成皇帝实录》（四），卷二百四十四，道光十三年十月，第663页。
② 《仁宗睿皇帝实录》（三），卷二百一十六，嘉庆十四年七月下，第901页。

饥民愈无望矣。"① 咸丰六年（1856），掌湖广道御史曹登庸称："夫荒政甫见则粮价立昂，嗷嗷待哺之民将遍郊野。必俟州县详之道府，道府详之督抚，督抚移会而后拜梳，迩者半月，远者月余，始达宸聪。就令亟沛恩纶，立与蠲赈，孑遗之民亦已道殣相望。况复迟之以行查，俟之以报章，自具题以迄放赈，非数月不可。赈至，而向之嗷嗷待哺者早填沟壑。"② 随着清政权的日益腐败，在具体的救灾实践中，原本严密的官赈制度常常如同具文。光绪二十九年（1903），上谕也指出："近年各省所陈缓征各处，几若视为常例，不肖州县，每多捏报成灾，以完作欠，积习相沿，年年照报，名为例灾，实则民间已经完纳，于是劣绅大户，得以挟制官长，抗不完粮，国家叠下蠲缓之诏，闾阎并无实惠可沾。"③ 伴随着欧风美雨的冲击浸润，传统的救灾制度开始向近代救灾体系转型，在疫灾、火灾的应对中，晚清已初步实现了相关救灾制度的近代转型。同时，随着清政府政治、经济实力的不断衰退，官赈体系日趋式微，民间义赈随之兴起，并在近代救灾中发挥着日益显著的作用。

---

① 中国第一历史档案馆藏：军机处录副奏折，财政类，田赋地丁，档号：03－50－2840－52。

② 中国第一历史档案馆藏：军机处录副奏折，财政类，田赋地丁，03－70－4181－29。

③ （清）朱寿朋编：《光绪朝东华录》，第5133页。

第三章

清代灾赈方式及其特点

清朝集历代荒政之大成，建立了系统完备的救灾制度。自然灾害发生，报灾、勘灾、查赈等救灾程序依次进行，在确定受灾程度、划分灾民等差的同时，赈济活动也随之展开。清代灾赈方式名目繁多，包括正赈、抚恤、加赈、摘赈、续赈、补赈、展赈、抽赈等，每种赈名都有各自的赈灾时限和赈济对象。关于清代荒政的研究成果可谓宏富，但是对于清代灾赈方式名目、特点及变化的专门探讨还较少①，已有研究成果中，对上述灾赈名目的解释也有分歧。实际上，根据成灾情形，清朝区别灾民受灾程度，在赈灾同时致力于农业生产的恢复，详细确定了赈济的不同方式及实施标准。清代灾赈方式及标准的确定，体现了清代荒政制度的系统性，也反映了其因地制宜的理念和思想。晚清以降，随着中央筹赈能力的降低，灾赈方式及内容在实践中也发生了变化。对清代灾赈方式名目予以辨析和阐释，有助于更为细致、深入地考察清代荒政的内容及变化特点。

一　题定条例：清代灾赈方式的法规化

作为清代行政类法规，《户部则例》对灾赈制度做了相应规定。乾隆朝《户部则例》卷一〇九、卷一一〇在蠲恤项下分设灾蠲和赈济两

---

① 相关研究主要有李向军《清代荒政研究》，第 32—33 页；张祥稳、余林媛《乾隆朝灾赈类型考论》，《南京农业大学学报》（社会科学版）2012 年第 4 期；岑大利《清代的救灾政策述论》，《中共中央党校学报》2020 年第 3 期等。

类，同治朝《户部则例》卷八十四蠲恤项下设恩蠲灾蠲事例、查勘灾赈事例、稽查灾民事例、抚恤冲淹事例、督捕蝗蝻事例，从条目编排来看，较乾隆朝《户部则例》变化颇大，更加系统，但就所载灾赈方式名目而言，变化不大，主要确立了正赈、加赈和抚恤三种灾赈方式的实行时间和标准。

（一）正赈

正赈，又称为普赈、急赈或先赈①。同治朝《户部则例》规定："民田秋月水旱成灾，该督抚一面题报情形，一面饬属发仓，将乏食贫民，不论成灾分数，均先行正赈一个月。"② 正赈在突发性灾害及灾情损失严重的情况下进行。如发生严重的水灾后，"大水淹漫，室庐荡然，被灾最为惨烈，自应急赈"③。再如旱灾，"普赈者，因旱灾以渐而成，高下同一无收，故不分极、次之贫，以救其急。故又曰急赈，亦曰先赈"④。正赈一般发生于夏末秋初的八月份，赈济期限一个月，按一个月三十天的标准给予钱粮。大口给米五合，小口二合五勺，谷则加倍。正赈进行时，监赈官应制定普赈月份图记，普赈事毕，在票上用"普赈一月讫"图记。⑤ 但是，具体赈济实践中，也有先于八月而举行者。乾隆十年七月，直隶许多州县缺雨亢旱，缺雨州县是否成灾，在八月初才可确定，总理事务王大臣等因此议准，对旱象已成者，"自不可泥秋灾不出九月之例，办理稽迟"，地方官可根据实际情况分别对待：对乏食贫民，"不得泥急赈之期，即为酌给米石"，如果一州县内只有数村被旱，对灾重地方应急赈加赈，灾轻之处则"无庸急赈，仍查明分数口数，按月给赈"⑥。从赈济程序看，正赈可以与勘灾查赈同时进行，也可以在确定成灾分数后进行，在具体实施的进程中更是突出因灾制宜

① （清）吴元炜：《赈略》，《中国荒政全书》第二辑第一卷，第676页。
② 同治《钦定户部则例》卷八十四，蠲恤，同治十三年校刊本，第12页。
③ （清）万维翰辑：《荒政琐言》，《中国荒政全书》第二辑第一卷，第472页。
④ （清）吴元炜：《赈略》，《中国荒政全书》第二辑第一卷，第676页。
⑤ （清）方观承辑：《赈纪》，《中国荒政全书》第二辑第一卷，第532页。
⑥ 《高宗纯皇帝实录》（四），卷二四五，乾隆十年七月，第166页。

的灵活性特点。正赈不分极次，对被灾地方成灾分数的要求不尽相同。以乾隆朝为例。乾隆三十五年（1770），顺天府属武清等六县河水泛溢，将被灾旗民自六分以上至十分者，不分极贫、次贫，于八月内先行普赈一月。[①] 乾隆三十六年，直隶秋雨过多，宛平等十八州县被水较重，上谕准将成灾在八分以上者，“于八月内先行急赈一月，以资接济”[②]。乾隆五十七年（1792）七月，因河间、景州等处被旱较重，直隶总督梁肯堂奏准，将成灾六、七、八分之贫民先急赈一月口粮。[③]

（二）加赈

正赈之后进行的赈济为加赈，也称大赈。“大赈者，即普赈后照例加赈。”[④] 加赈一般自十一月份起，按照成灾分数，分极贫、次贫确定赈济期限。乾隆五年（1740）前，加赈的具体标准并无定例，“各省有加赈三四月者，即有加赈六七月者，亦不画一”。当年，户部议准将加赈定例：“地方如遇水旱，即行抚恤，先赈一月，再行查明户口，成灾六分者，极贫加赈一个月；成灾七八分者，极贫加赈两个月，次贫加赈一个月；成灾九分者，极贫加赈三个月，次贫加赈两个月；成灾十分者，极贫加赈四个月，次贫加赈三个月。”[⑤] 另外，“秋月被灾五分者，来春酌借口粮，毋庸加赈”[⑥]。户部所定加赈标准，此后也受到不断的质疑，经过不断的讨论。如乾隆七年（1742），广东道监察御史李清芬奏称，原办散赈成例，被灾至七分八分者，极贫者赈六个月或五个月，次贫者赈五个月或四个月、三个月，又次贫者赈三个月、两个月、一个月。现在根据户部新例，将赈济时间予以缩短，可以说“与向例大相径庭”。户部解释称，新例中所称“加赈”，是在先行普赈一月

① 《高宗纯皇帝实录》（十一），卷八六五，乾隆三十五年七月，第608页。
② 《高宗纯皇帝实录》（十一），卷八九二，乾隆三十六年九月，第980页。
③ 《高宗纯皇帝实录》（十八），卷一四〇八，乾隆五十七年七月，第930页。
④ （清）吴元炜：《赈略》，《中国荒政全书》第二辑第一卷，第676页。
⑤ 《高宗纯皇帝实录》（二），卷一二六，乾隆五年九月，第848页。
⑥ （清）万维翰辑：《荒政琐言》，《中国荒政全书》第二辑第一卷，第472页。

的情况下进行的，前后通算，赈济月份并未减少。新例中加赈多寡，“均照依缺损之数，按其缺乏量为补较”，青黄不接之时，在赈济之外，还有平粜、借贷牛种等赈济办法，可以补赈济之不及。若以“偶尔偏灾”，加赈至六七个月以上，一方面是会导致灾民“终岁待赈”，不利于其积极参加生产自救，而且加大赈灾经费的负担。另外，按照规定，收成六分以上者不能算作成灾，被灾五分地区也只是在来年春月酌借口粮，“毋庸加赈”。若加赈时间过长，“且使成灾之区较之收成六分者所获转多，于情理亦觉未协”，“前此定例原属持平”。当然，如果地方连年荒歉，“或灾出非常”，则应由督抚因时因地，妥议题明办理，并遵奉谕旨，因时就事，灵活办理。因此，户部强调，定例以来，因灾情不同，各省加赈的具体情况也不尽相同：“除各省偶被偏灾，照例办理外，其有不能照常办理者，或将极贫加赈自五六月至七八月不等，次贫自三四月至五六月不等。”总之，户部负责题定条例，需要额外加赈者还可以向朝廷申请：“按分酌定大概者，部臣权衡之法；随时加增散赈者，圣主浩荡之恩。嗣后各省偶被偏灾，既有户部题定条例便于遵循，倘如须额外加赈之处，即钦遵前奉谕旨，熟筹妥办。”①

乾隆七年（1742），又重申，据灾情不同，加赈期限可随时调整：“至若地方连歉，抑或灾出非常，一切赈恤事宜有难拘常例办理者，督抚遵奉谕旨，因时就事，熟筹妥办，或将极贫加赈自五六月至七八月，次贫加赈自三四月至五六月。”② 灾情严重、继续赈济的地区，常根据具体的情况，将大赈开始的日期提前举行。如乾隆四十一年（1776），直隶霸州等六州县被水灾严重，因灾民糊口无资，将原定十一月定期举行的大赈提前至闰十月开放，“俾得接济无缺”③。

正赈和加赈为清代救灾活动中最为程序化的灾赈方式。下表为嘉庆十五年（1810）甘肃省旱灾赈济中普赈和加赈的情况。

---

① （清）杨西明编：《灾赈全书》，《中国荒政全书》第二辑第三卷，第488页。
② （清）方观承辑：《赈纪》，《中国荒政全书》第二辑第一卷，第545页。
③ 《高宗纯皇帝实录》（十三），卷九九二，乾隆四十年十月，第260页。

表3－1 嘉庆十五年（1810）甘肃省旱灾赈济中普赈加赈户口银粮数目

州县	灾情	户数及人口			普赈银粮	加赈银粮
		户数	大口	小口		
皋兰县	被灾六、七、八、九分	59387	223243	154662	粮四万三千五百八十三石二斗三升	银四万四千四百七两四钱一分七厘五毫
金县	被灾六、七、八分	21389	92173	65946	银一万八千一百四十六两一钱七分	银一万七千一百三十六两四钱七分五厘
沙泥州判	被灾六、七、八分	2244	8819	5058	银一千六百四十五两四钱六分	银二千一百一十五两八分五厘
靖远县	被灾六、七、八、九分	37374	140410	91476	一半本色粮一万三千四百九十五石四斗三合七勺，又一半折色银一万三千四百九十五两四钱三厘七毫	银二万八千六十九两七钱六分二厘五毫
红水县丞	被灾八、九分	6771	20520	14724	银四千四十二两八钱九分	银五千七百九十五两三钱四分二厘五毫
陇西县	被灾五、六、七分	17159	65174	48014	银一万二千九百三十一两二银四分五厘	银一万二千三百七十二两四钱六分五厘
会宁县	被灾七、八分	36788	116474	51705	银二万六百三十七两三钱四分二厘五毫	银二万二千四百七十七两二钱九分二厘五毫
安定县	被灾七、八分	12691	55886	36686	银一万七百六十三两二钱五厘	银一万一千九百七十五两八钱五分七厘五毫
通渭县	被灾六、七、八分	24858	79995	48414	银一万五千一百九两二钱九分	银一万五千六百三十二两三钱
固原州	被灾五、六、七分	72479	170537	15460	银三万二千三百七十三两七钱一分五厘	二万七千五百四十四两七钱一分

续表

州县	灾情	户数及人口			普赈银粮	加赈银粮
		户数	大口	小口		
盐茶厅	被灾七、八、九分	54015	218026	126228	银四万七百六十五两三钱	银四万九千三百六十八两四钱一分
静宁州	被灾七分	38760	151595	11151	银二万九千三百一十四两七钱二分二厘	银三万七百六两五分五厘
隆德县	被灾五、六、七分	18917	75292	51798	银一万四千六百七十二两六钱九分五厘	银一万五千九十九两五钱七分
平番县	被灾五、六、七、八、九分	12666	45670	30638	粮八千八百四十三石四斗五合	银八千六百四十六两八钱四分五厘
灵州	被灾八、九分	23458	85650	64472	粮一万七千九十三石四斗七升	银一万七千八百一十八两六钱八分七厘五毫
中卫县	被灾八、九分	5783	25460	16537	粮四千八百九十石六斗三升二合五勺	粮七千七百一石六斗二升五合
花马池州同	被灾八、九分	13383	57460	12560	九千二百四十二两三钱	银九千六百五十三两四钱四分二厘五毫
灵台县	被灾七、八分	18229	73049	46282	银一万三千九百四十七两五钱五分	银一万四千九百六十一两八钱八分二厘五毫

以上普赈九月一个月，无分极、次贫民，共粮八万七千九百六石一斗四升一合二勺，又银二十三万七千八十七两二钱八分八厘二毫五丝。加赈十月、十一、十二三个月份别极、次贫民，共粮七千七百一石六斗二升五合，又银三十三万三千七百八十一两六钱[1]。

---

① （清）那彦成编：《赈记》，《中国荒政全书》第二辑第二卷，第720—724页。

（三）抚恤

同治朝《户部则例》专设“抚恤冲淹事例”，如果地方猝被水灾，地方官“确查冲坍房屋、淹毙人畜，分别抚恤，用过银两统入田地灾案内报销”。《户部则例》并对各省水冲民房修费银、淹毙人口埋葬银进行了详细规定，如直隶省水冲民房修费银，全冲者瓦房每间一两六钱，土草房每间八钱，尚有木料者瓦房每间一两，土草房每间五钱，稍有坍塌者瓦房每间六钱，土草房每间三钱，如瓦草房全应移建者，每间加地基银五钱，凡验给坍房修费，每户不得过三间之数，又淹毙人口埋葬银，每大口二两，每小口一两。[①] 如此规定细密周详，且具有较强的可操作性。

翻阅文献可见，除了《户部则例》“抚恤冲淹事例”外，清代荒政书中对于“抚恤”的解释更加多元。从灾赈方式上看，有人认为正赈就是抚恤。乾隆年间万维翰辑《荒政琐言》称：“如大水淹漫，田庐漂没，穷民无食无依之时，则有急赈，即所谓抚恤，不分极贫、次贫，总与一月口粮。”[②] 道光初年任职刑部的杨景仁在《筹济编》也称：“功令于地方遇水旱等灾，将贫民普赈一月，不论成灾分数，不分极贫、次贫，是曰抚恤，即为正赈。”[③] 但也有人提出不同见解，如乾隆年间游幕三十多年的吴元炜认为抚恤并非普赈，而是指“被水最重，三面四面水围村庄，拯救阻饥穷民，与急赈一月名色不同”[④]。亦即是说，水灾猝然发生，因为道路受阻，灾民无处觅食，必须予以救助，此时地方官应载米就村，散给贫户，是谓抚恤。“凡遇灾，向有先行抚恤一月之例，原不在正赈之内。”[⑤] 嘉庆时江苏巡抚汪志伊在其编辑的《荒政辑要》卷三专设“抚恤事宜”，他指出，从时间来看，抚恤多在查赈之前，主要针对突发水灾而进行：“被灾之初查赈未定，极次未分，灾民之中，

① 同治《钦定户部则例》卷八十四，蠲恤，第23页。
② （清）万维翰辑：《荒政琐言》，《中国荒政全书》第二辑第一卷，第472页。
③ （清）杨景仁编：《筹济编》，《中国荒政全书》第二辑第四卷，第91页。
④ （清）吴元炜：《赈略》，《中国荒政全书》第二辑第一卷，第675页。
⑤ 佚名辑：《赈案示稿》，《中国荒政全书》第二辑第二卷，第107页。

如系猝被水冲，家资飘散，房舍冲坍，露宿篷栖，现在乏食，势难缓待者，自应不论极次，随查随赈，给以抚恤一月口粮。”抚恤作为一种应急手段，面对被水围困的灾民，“地方官亟应买备饼面，觅船委员散给，以全生命。此系猝被之灾，事非常有，向无另项开销”。是否进行抚恤的原则，汪志伊解释称，对被灾较重，或“连遭歉薄，民情拮据，应行先抚后赈者，即行照例将抚恤一月口粮，先于正赈之前开厂散给汇报”，明确将抚恤置于正赈之前。若是在麦收之后遭遇秋灾，或者民力尚可支持者，则只须加赈，毋庸抚恤。①

二 因灾制宜：清代灾赈方式的灵活性

在常例中规定的正赈、加赈之外，清政府鼓励因灾制宜，灵活制定其他赈济方式，确保正赈和加赈之间平稳过渡，有效接续。乾隆年间，方观承总结了摘赈、续赈、展赈、补赈、抽赈等赈名的具体内容，此后在赈灾实践中得到广泛推广。这些赈济方式的具体标准和时间，清廷没有放进则例中加以标准化和固定化，需要地方官根据赈灾情形，及时逐级上报，经审批后实行：“其有连年积歉及当年灾出非常，须于正赈、加赈之外再加赈恤者，该督抚临时题请。”②

（一）摘赈

摘赈是赈灾过程中首先采取的赈济方式：“勘验户口之时，若遇有老病孤苦、情状危惨、急不能待者，可以由委员验明情形，知会印官，商定具体开赈日期，或米或钱，先行赈济，是谓摘赈。”摘赈的比例大概占灾民的百分之一二，对饥口姓名、住址及委员姓名，应详细记载，以备稽核。③ 摘赈对象多针对极贫户。其举办时间，既可如前述在勘灾时举行，也有在大赈之前举办者。如乾隆四十年（1775）九月，直隶

① （清）汪志伊辑：《荒政辑要》，《中国荒政全书》第二辑第二卷，第571页。
② 同治《钦定户部则例》卷八十四，蠲恤，第12页。
③ （清）方观承辑：《赈纪》，《中国荒政全书》第二辑第一卷，第544—545页。

水灾，因十月为闰月，距离十一月大赈之期尚远，因此，查赈各员“于清查户口时，遇有贫民，先行登记，于九十两月酌量摘赈”①。另外，也有分别情形，针对灾情较轻之地的极贫户而举办摘赈者。乾隆十二年（1747），直隶发生水灾，成灾较重之天津等八州县厅照例先行抚恤一月口粮，成灾较轻之河间、任邱等七州县，因为“毋庸普赈”，但“其中极贫下户，口食维艰，应请一例摘赈”②。

（二）续赈

续赈，又称接赈，多在普赈后举行，时间多在九、十两月。普赈结束之后，灾民所得口粮已经吃完，而正式的大规模的赈济自十一月初一才开始，很多极贫灾户以及老病孤寡、全无依倚之人，生活又陷入绝境之中，对这些“一经停赈，即难存活”者③，应当对其继续进行赈济，使其生活可以延续到大赈开始之时，“茕独老疾之不自存也，按日以给，是名续赈”④。乾隆八年（1743）七月，直隶旱灾，因为“届赈期尚有三月余”，对“极贫内之老弱孤寡羸疾，量加续赈”⑤。查赈之时，即可以为续赈做准备，对极贫户中“久不得食、惟藉野菜草根糠秕为活者，色见恒饥，家无余物，均须注明‘续赈’字样，毋得偶有遗忘”⑥。

（三）展赈

展赈的时间多在加赈之后：“展赈者，因灾重之区，于常例大赈之后，去麦秋尚远，其极贫终难存活，奏蒙恩旨，再行加赈几月之谓也”。加赈结束的时间通常会到次年春季，此时距麦收还有一定时期，灾民生计如果依然艰难，于此“春月青黄不接之时”，需要继续进行赈济，使

---

① 《高宗纯皇帝实录》（十三），卷九百八十八，乾隆四十年七月，第180页。
② 《高宗纯皇帝实录》（四），卷二百九十七，乾隆十二年八月，第890页。
③ （清）吴元炜：《赈略》，《中国荒政全书》第二辑第一卷，第676页。
④ （清）方观承辑：《赈纪》，《中国荒政全书》第二辑第一卷，第532页。
⑤ 《高宗纯皇帝实录》，卷一百九十六，乾隆八年七月，第525页。
⑥ （清）方观承辑：《赈纪》，《中国荒政全书》第二辑第一卷，第545页。

没有依仗的灾黎“均得糊口”①，此时的赈济称为展赈。② 乾隆十二年（1747）三月，河南归德府之永城等五县被水，加以连年歉收，“当此青黄不接之计，农务方殷，小民正资接济”，因此，将五县被灾六分之极贫、七分以上极次贫民，展赈一月，以便食用有资，安心及时耕作。③

展赈期限多根据灾情分别设定，并不一致。乾隆二十五年（1760），甘肃兰州等地春耕在即，因例赈将停，清廷准将金县等十厅州县展赈至麦熟后停止，静宁等三州县展赈四个月，河州等五厅州县展赈三个月。④ 展赈也有针对留养、煮赈而进行者。乾隆二十二年（1757）冬，河南省奏准将省内流民随地留养煮赈，待次年春融时资送回籍。次年正月，因气候寒冷，河南省认为如果“即为资送，恐仍失所”，因此，请准展赈一月，三月初旬再将流民遣回。⑤

（四）补赈

灾荒来临，有些灾民在官府未及勘灾之时就外出逃荒，归来时已经错过普赈，对这些灾民，官府应按照勘灾时另行登记的数额及极贫、次贫等级，补给相应数额的赈济物资。⑥ “流民携家远出，荡析离居，地方官极当资遣还乡，俾安井里，迨既归原籍之后，尤需一律补赈。”⑦ 对于闻赈归来的灾民，要做好相关信息的核查工作：“闻赈归来贫户，地方官应责令地保乡约随时据实举报。若有不实，地保责惩究追，赈户革赈。”⑧ 具体的核查办法，调查流民外出原因和时间是重要的方式之一：“旱在六月，必系六月因旱而出者始为灾民，应赈。如在五六月以

① 光绪《清会典事例》（四），卷二百七十一，蠲恤，赈饥一，第103页。

② （清）杨景仁编：《筹济编》，《中国荒政全书》第二辑第四卷，第91页。

③ 《高宗纯皇帝实录》（四），卷二百八十六，乾隆十二年三月，第733页。

④ 《高宗纯皇帝实录》（八），卷六百零四，乾隆二十五年正月，第780页。

⑤ 《高宗纯皇帝实录》（八），卷五百五十五，乾隆二十三年正月，第33页。

⑥ （清）汪志伊辑：《荒政辑要》，《中国荒政全书》第二辑第二卷，第573页。

⑦ 光绪《清会典事例》（四），户部三，卷二百八十八，户部一三七，蠲恤二三，抚流亡，第364页。

⑧ （清）方观承辑：《赈纪》，《中国荒政全书》第二辑第一卷，第503—504页。

前，则是因他事而出，非转徙之灾民矣。但实是土著而适于凶年言归，此中又须体察。”[①] 也有人提出，为了防止乡保滥行补赈，要认真核对赈册和保甲烟户册，只有原赈册内没有写入、烟户册内确有其人者，才准许补赈。[②]

补赈也是地方官纠正查赈等工作中漏误行为的重要方式。乾隆四年，河南新乡县顾固寨被水，地方失于呈报，未将该村灾民纳入赈册，灾民赴府具控，经府批查后予以补赈。[③]

（五）抽赈

有的学者认为，抽赈也就是摘赈[④]，实则二者有明显区别。抽赈的对象是勘不成灾地区的灾民。按照规定，成灾五分地方，“例惟蠲缓无赈”，即只有蠲免缓征，但是不能享有赈济，而五分灾与六分灾十分相近，如果勘报稍有不确，或者遇到“气凉霜早”之类的气候变化，影响收成，勘灾时是五分灾的也可能会变成六分灾。[⑤] 为了维持地方社会的稳定、恢复农业生产，对五分灾地区，也可酌量抽取无地极贫灾户进行赈济，是为抽赈。[⑥] 方观承也指出：“其不成灾之区有蠲无赈，以其毗连灾村，亦波及之，是名抽赈。”[⑦] 乾隆八年，直隶旱灾，对五分灾内无地极贫户酌量抽赈，照六分成灾定例查办造报，但是有地次贫者则不得违例给予抽赈。[⑧] 考虑到六分灾的灾民也只能是极贫户才能享受一个月的赈济期限，因此抽赈的期限恰好也是一个月。[⑨] 在地方官看来，抽赈是解决五分灾与六分灾之间赈济纠纷的良策：“每至滋生时段，故议抽赈以安之”[⑩]。

---

① （清）方观承辑：《赈纪》，《中国荒政全书》第二辑第一卷，第504页。
② （清）佚名辑：《赈案示稿》，《中国荒政全书》第二辑第二卷，第107页。
③ 《高宗纯皇帝实录》（二），卷一百零一，乾隆四年九月，第533页。
④ 李向军：《清代荒政研究》，第32—33页。
⑤ （清）杨景仁编：《筹济编》，《中国荒政全书》第二辑第四卷，第104页。
⑥ （清）吴元炜：《赈略》，《中国荒政全书》第二辑第一卷，第676页。
⑦ （清）方观承辑：《赈纪》，《中国荒政全书》第二辑第一卷，第544页。
⑧ （清）方观承辑：《赈纪》，《中国荒政全书》第二辑第一卷，第546页。
⑨ （清）方观承辑：《赈纪》，《中国荒政全书》第二辑第一卷，第546—547页。
⑩ （清）方观承辑：《赈纪》，《中国荒政全书》第二辑第一卷，第546页。

有的学者将乾隆朝灾赈类型总结为抚恤口米、抚恤、急赈、大赈和展赈五种，认为续赈、摘赈、抽赈、补赈“仍属于上述五类灾赈范畴，是它们在实施过程中的后续、再现或补充而已，在区分乾隆朝灾赈类型的过程中不应将其单独看待”①。从前述可见，续赈、摘赈、抽赈、补赈、展赈各自开展的时间、面对的赈济对象和成灾地区有着明显区别，这些灾赈方式贯穿在作为常例的正赈和加赈前后，共同构成了清代完备细致的灾赈体系，彼此之间应当并不存在从属关系。

三　从因时就事到改赈为抚：清代灾赈方式的特点及变化

（一）因时变通：清代灾赈方式灵活机动的特点

清代灾赈方式名目繁多，既分布于赈灾的不同时期，又针对不同的灾民类型，展现了清代赈灾系统完备、灵活机动的特点。自然灾害的发生千变万化，情况复杂，法规的稳定性与灾害应对的不确定性之间存在着相当的矛盾。清人认为，“办理赈务，时地不同，原难拘守成例”②。因此，救荒之政“不能执彼省以行此省，不能泥古时以准今时”，“欲立一法以概天下，难矣”③。乾隆帝因此强调，在赈济制度制定的原则方面：“赈济之事最关紧要，固不可不先定条例，以便遵行。”同时，他也指出，赈灾可以在定例的基础上做适当变通：“然临时情形难以预料，虽定例千百条，亦终不能该括，惟在该督抚因时就事，熟筹妥办而已。”如果应行赈济，需要在常例之外“多用帑金，朕亦无所吝惜”④。

另一方面，从赈灾实践来看，完全按照定例赈灾并不容易做到。灾害发生，在紧急状态下，办赈官员突破定例，也属不得已而为之之举。嘉庆七年，新任直隶总督颜检整理上年永定河水灾赈济的报销事宜，他

---

① 张祥稳、余林媛：《乾隆朝灾赈类型考论》，《南京农业大学学报》（社会科学版）2012 年第 4 期。

② （清）姚碧辑：《荒政辑要》，《中国荒政全书》第二辑第一卷，第 754 页。

③ （清）王凤生：《荒政备览》，《中国荒政全书》第二辑第三卷，第 595 页。

④ 《高宗纯皇帝实录》（二），卷一百二十六，乾隆五年九月，第 848 页。

发现，在这次嘉庆帝亲自领导并倍加称赞的赈灾中，“灾赈事宜未能悉符成例”：“臣稽核卷案，如抚恤一项，有每户散给米粮自数升至数斗不等者；有置备面食随处分给者；有放给钱文令其自行买食者；亦有仓储不足，动支库项，就地买米分给者；更有买米煮赈，以期遍及者。又八九两月，摘赈有全散米粮者，有给与钱文者，有照抚恤户口一体摘赈者，亦有专给鳏寡孤独者，多不画一。而抚恤摘赈两款，原放银米数目俱属多寡参差，有违成例。至部定米价，每石银一两四钱，灾赈成例每石折银一两二钱，各州县请以是年市价报销，亦与成例未符。”就地方官看来，“此次灾祲实为数十年未有之事，仓促被水，情形不一”，只能“就仓储之多少，灾分之轻重，随宜办理”①。可见，赈灾标准虽然系统具体，但是，在赈灾实践中，要严格完全按照赈济的既定标准来实行，几乎是不可能的。

（二）以农为本：灾赈方式体现的重农原则

清代灾赈的主要对象是农民，其目的是帮助农业减少损失，尽快恢复生产：“田禾灾而赈恤行，赈所以救农也。”② 清人强调，赈灾不是无原则的遍施恩惠，否则，就会导致不劳而获者也依赖政府，这与赈济的目的是背道而驰的：“不因灾而贫者亦赈，误以赈为博施之举也；不必皆贫而衰老者亦赈，误以赈为养老之典也。乞丐得饱于凶年，将无启其乐祸之心乎？佣人安坐而得食，将无堕其四体之勤乎？夫农饥则四民皆饥，谷贵则百物皆贵。盖推广恩泽而及之耳，非赈政之本意也。”③ 为了保障对农民的赈济，清朝从赈济对象、赈济物资来源方面做了明确的区分。在赈济对象上，“地方住旗庄头、壮丁、家奴并旗户地亩多者，俱不应赈”，“如旗庄、灶户有混入贫民冒领滋事者，行本管究惩”。在赈济物资上，“观于给贫生则用存公余款，给旗庄则用井田官谷，益知灾赈之大发正帑，盖首重救农”，其余“乏食之民”，“未可与农民并论

① 中国第一历史档案馆藏：宫中朱批奏折，内政赈济，档号：04-01-02-0070-013。
② （清）方观承辑：《赈纪》，《中国荒政全书》第二辑第一卷，第504页。
③ （清）方观承辑：《赈纪》，《中国荒政全书》第二辑第一卷，第508页。

也”[①]。灾赈过程中，田亩和生产工具是确定受灾程度的重要因素：“视田亩被灾轻重，复审其居处器用牛具之有无存弃，以别极贫、次贫。”[②]在赈济方式上，清朝从时间和物资上力图覆盖受灾程度不一的灾区和灾民，努力为农民生产重建提供保障，确保次年春耕可以照常进行，保障农民度过青黄不接之时。

（三）救荒贵在得人：灾赈方式对办赈官员能力的高要求

清代灾赈方式灵活多样，常例之外的这些赈济方式，由于会典则例中没有明确的定义，对于地方官来讲，如何掌握其具体做法，向中央及时请赈，是有一定难度的。所谓救荒无奇策。由于赈济诸事繁多而急迫，地方官“公务纷杂，其中猝难措置者，灾赈为尤”[③]。因此，清代许多荒政书中收录救灾规条，并收录地方救灾成案，做了详细注解。此类救荒书，被魏丕信称为是“实用指南类”的荒政著作。[④] 如乾隆十七年（1752），万维翰著《荒政琐言》，就会典、则例中的赈灾规定，从十个方面做了详细分类和解释[⑤]。乾隆三十一年，游幕三十年的吴元炜将方观承《赈纪》中的重要内容进行摘录，编成《赈略》一书，其中专列“赈名”一项，对抚恤、正赈、续赈、摘赈、抽赈、加赈等概念集中进行了解释。[⑥] 不过，如前面提及对“抚恤”的不同解释可见，即使是荒政书的作者，对于赈济形式和标准的把握也不尽一致。同治年间，曾国藩指出，当时的州县官大多“以办灾为难”。他分析州县官办赈之繁难说：“初报灾时，不论灾之轻重，即有先发一月口粮之例，厥后不论贫之极次，又有普赈一月之例，旋又有续赈、摘赈、大赈、加赈之例。蠲免则有七分、六分、四分之别，征缓则有三年、二年、次年之差，皆视其灾之分数以为区别，而分数凭官之一言以为断，岂能恰如其

---

① （清）方观承辑：《赈纪》，《中国荒政全书》第二辑第一卷，第504、509页。

② （清）方观承辑：《赈纪》，《中国荒政全书》第二辑第一卷，第508页。

③ （清）姚碧辑：《荒政辑要》，《中国荒政全书》第二辑第一卷，第739页。

④ ［法］魏丕信：《略论中华帝国晚期的荒政指南》，曹新宇译，《天有凶年：清代灾荒与中国社会》，第102—109页。

⑤ （清）万维翰辑：《荒政琐言》，《中国荒政全书》第二辑第一卷，第461—478页。

⑥ （清）吴元炜：《赈略》，《中国荒政全书》第二辑第一卷，第675—676页。

量，同一县也，或东乡九分而西乡六分；同一乡也，或左村四分而右村五分。百姓起而相争，以为参差之处或涉偏私，即将来之或蠲或缓，多赈少赈，高下悬殊，分数之所辨甚微，而民间之所争甚巨。”因此，曾国藩认为，“州县之不乐办灾，非尽恐免征之后办公无资，亦由赈事繁重，对百姓则易于见怨，难于见德，对上司则易于见过，难于见功耳。”① 地方官在灾赈中发挥着巨大的作用：“做官惟赈是大事，一有错，便是玩视民瘼。”② 然而，复杂的赈济方式对地方官办赈能力提出了很高的要求，也使地方官视灾赈为畏途。

（四）改赈为抚：晚清以后灾赈形式的变化

晚清以降，随着战事连绵，国库日绌，官赈日渐衰微，地方筹赈压力日益加大，灾赈方式也发生了很大变化。由于赈款匮乏，不少地方官认为，救灾已经难以按照既有的正规完整的灾赈方式进行下去。“19 世纪，特别是从道光朝开始，官僚政府的救荒政策逐渐衰落的另一个标志是，文献中极少有‘破例赈济’的提法，后来则几乎完全消失了。这与 18 世纪形成了鲜明对照，当时的记载频繁地提到比循例救济的规模更大的大规模赈济活动——如不分‘极贫’‘次贫’的加赈，对成灾在五分之下的村庄实行救济，无需归还的借贷，这些常常还结合着一些陈述，其中特别说明为什么要采取这些措施，以及这些钱出自何处。”③ 道光二十四年，河南中牟黄河决口，河道总督钟祥奏称，此次黄河赈灾，抚恤、加赈以及展赈口粮，统计约已费帑银二百万两。就豫皖两省而言，赈抚之费，仍须数百万两。现在因为经费紧缺，导致决口未堵，而赈抚先虚掷数百万金，“两相比较，与其蠲赈而聚失业之民，不若河复而收安全之益”④。在赈款难筹的情况下，改赈为抚成为地方官应对

① （清）曾国藩：《遵查畿南灾歉酌拟赈疏》，（清）盛康辑：《皇朝经世文续编》，卷四十五，户政十七，荒政，第 1—2 页，思刊楼光绪二十三年本。

② （清）柳堂：《灾赈日记》，《中国荒政书集成》第 11 册，第 7433 页。

③ ［法］魏丕信：《18 世纪中国的官僚制度与荒政》，第 257 页。

④ 中国水利水电科学院水利史研究室编校：《再续行水金鉴》黄河卷，黄河三十六，湖北人民出版社 2004 年版，第 1021 页。

灾害时不得已的选择。同治二年（1863），直隶总督刘长佑奏称，直隶开州等三州县境内黄河决口，因经费难筹，将拨给银三万两改赈为抚。次年，又将拨给的赈银三万两，对开州、东明、长垣三州县各先拨八成，共银二万四千两，作以工代赈用。其余二成，共银六千两，暂存开州，用于抚恤老弱鳏寡无依、不能工作者[①]。同治九年，开州等三县依然黄水泛滥成灾，如果按照成案，成灾八九分者普赈一月口粮，成灾七分者普赈半月口粮，但是李鸿章认为，“司库动垫一空，各营兵饷积欠累累，实难筹此巨款”，因此，请准将开州、长垣二县灾民“改赈为抚”，他指出，“赈与抚名异实同，且抚可择人而放”，具体办法，是查明“实在茕独无依户口，务使实惠及民，帑不虚靡”[②]。可见，改赈为抚，即是突破成例，“择人而放”，缩小赈灾规模。此后，开州等地水灾，李鸿章也多有改赈为抚之举。[③] 同治十年（1871）秋，直隶通州等九十五州县遭遇严重水灾，据李鸿章奏陈，虽然灾民例应普赈，“按照例定月分，或须散放两三月口粮”，但是因为筹赈极为艰难，因此不得不斟酌变通，改赈为抚：“部库现值空虚，未敢再请动帑，而司库连年灾歉之后异常竭蹶，巨款难筹，处此时艰，不得不变通定章，一律改赈为抚，仍即以抚为赈。”[④] 另据李明珠分析，光绪十八年（1892），李鸿章在主持直隶水灾的赈济中，对“大赈”“急赈”“普赈”这些术语均很少使用，取而代之的是诸如“赈抚”“春抚”之类的新名词，这说明“政府已经默认自己根本没有能力从农户的层面为灾民提供名副其实的救济”[⑤]。

赈济是救灾活动中的关键环节，清朝对灾赈方式的实行期限和标准予以详细规定，将正赈、加赈、抚恤等灾赈方式写入《户部则例》中，用题定条例的方式确保灾赈方式有例可循，另一方面，对“一切赈恤事

---

① 《再续行水金鉴》黄河卷，黄河四十四，第1276页。

② 《查明开州东明长垣等州县被灾请分别蠲缓赈抚折》，顾廷龙、戴逸主编：《李鸿章全集》，奏议四，安徽教育出版社2008年版，第116—117页。

③ 《查明本年秋禾灾歉各州县折》，《李鸿章全集》，奏议四，第241页；《查明开州东明长垣被水灾歉分别蠲缓带征改赈为抚折》，《李鸿章全集》，奏议四，第443页。

④ 《查明秋禾被灾极重州县专案恳恩赈济折》，《李鸿章全集》，奏议四，第439页。

⑤ ［美］李明珠：《华北的饥荒：国家、市场与环境退化（1690—1949）》，第378页。

宜有难拘常例办理者”，清中央鼓励地方官因时就事，因灾制宜，并将乾隆年间方观承总结的摘赈、续赈、抽赈、补赈、展赈等灾赈名称及内容予以肯定和推广。传统荒政常称“救荒无奇策”，清人魏禧解释称：“古称救荒无奇策，要凡天下之策未有奇者，因时制事，世人不能行而独行之，则谓之奇耳。”① 杨景仁也认为：“昔人谓救荒无奇策，窃以为合古今群策，而参乎时势，揆乎土俗，度乎人情，善用之而各协其宜，俾灾黎饥而不害，则常策而即奇策矣。”② 有清一代既系统严密、又灵活多变的灾赈方式，体现了清政府在规章的稳定性与灾害应对的不确定性之间寻求解决之道的努力。清代的灾赈方式面向不同的赈济对象，覆盖赈灾的各个时期，有利于对灾赈钱粮的合理分布和管控，也反映了以农为本的灾赈目的，以及将赈灾和农业生产恢复紧密关联起来的特点。清代帝王一再告诫臣工不能“遇奇灾而泥常例”，地方官“若惟常例是拘，即是奉行不善”③，因此，各级官员需要根据具体灾情，灵活变通，“或斟酌于定例之中，或变通于成例之外”④。所谓“救荒无奇策，惟在督抚大吏及有司亲民之官皆以全副精神赴之，方克有济”⑤。但是，由于灾赈方式名目繁多而不易把握，对地方官办赈能力提出了较高的要求，增加了赈灾的繁难程度。此外，系统完备的灾赈体系的实施，必须依赖于中央政府强大的筹赈能力和财政基础。晚清以降，在筹赈艰难的情势下，地方官改赈为抚，对传统的灾赈方式进行了迫不得已的缩减和变通，这些也说明，清政府主导的官赈系统已经日渐走向衰落。

---

① （清）魏禧撰：《救荒策》，《中国荒政全书》第二辑第一卷，第 18 页。

② （清）杨景仁编：《筹济编》，《中国荒政全书》第二辑第四卷，第 51 页。

③ （清）方观承辑：《赈纪》，《中国荒政全书》第二辑第一卷，第 545 页。

④ （清）杨西明编：《灾赈全书》，《中国荒政全书》第二辑第三卷，第 488 页。

⑤ （清）顾光旭：《请除赈灾通弊疏》，（清）罗振玉辑，张小也、苏亦工等点校：《皇清奏议》下，凤凰出版社 2018 年版，第 1117 页。

第四章

清代粮食安全政策及其实践

粮食问题关乎国家安全和社会稳定。清代人口发展迅速，由此产生的人地矛盾给清政权造成了空前的压力，清代政府在发展粮食生产、建设粮食储备系统、稳定粮食价格、降低粮食危机等方面形成一系列政策，努力保障粮食安全。①

一　积贮养民与粮食储备系统的建设

在传统的农业社会中，所谓“洪范八政，食为政首”，历朝历代都把粮食问题摆在治国安邦的重要位置。其中，粮食储备体系是国家粮食安全的重要支撑。沿袭历代重储重农之风，清代统治者高度重视仓储制度的建设，将粮食仓储视为“生民之大命”，认为“从来养民之道，首重积贮”。清代仓储规模之大、制度之严、影响之广，皆达到了历代社会的顶峰。

（一）天庾无缺：漕政支撑下的国家仓储体系

清代建立了从中央到地方的多层次的仓储体系，“京师及各直省皆

---

① 清代粮食安全政策的主要相关研究包括：王志明：《雍正朝粮食安全政策与措施探析》，《社会科学》2017 年第 8 期；龚浩、王文素：《清代粮食储备体系及其问题的现实启示》，《中央财经大学学报》2019 年第 5 期；赵晓华：《清代粮食安全政策及其实践》，《人民论坛》2020 年第 10 期；周全霞：《清代康雍乾时期的民食安全研究》，博士学位论文，江南大学，2009 年；彭建：《粮食与边疆安全——清代云南粮食供需研究（1736—1856）》，博士学位论文，云南大学，2020 年，等。

有仓库”[①]。属于国家专项粮食储备的有京仓、通州仓、水次仓、旗仓、营仓等。京仓、通州仓主要储藏漕粮。清中央向江苏、浙江、江西、安徽、湖南、湖北、河南、山东八省征收漕粮，每年额定400万石，除去改征折色及截留他用的部分，实际运抵300多万石。作为“天庾正供”的漕粮，是宫廷及王公贵族、文武百官、京师八旗兵丁的主要粮食来源，对政治安全有着极大影响，被称为“京师之命”[②]，清代因此有“京师民食专资漕运”之谚。清代北京城设有禄米仓、南新仓、旧太仓、海运仓、北新仓、富新仓、兴平仓、太平仓、万安仓、本裕仓、裕丰仓、储济仓、丰益仓，合称京师十三仓，另外户部及内务府分别掌管内仓和恩丰仓，合称京师十五仓。另外，在通州设立西仓和中仓。京仓、通州仓是国家最高级别的储备粮仓，皇帝与户部可以直接调用。清朝历代统治者对京师粮食储备都异常重视，反复强调“仓场米石乃国家第一要务，关系最为重大”[③]。乾隆十年（1745），京仓所储粮食充足，号称可供十年“官俸兵粮”。清代对京仓、通州仓建立了严格的管理制度，每岁漕粮抵京，起卸归仓，力求收贮谨严，按时支放，并特设仓场侍郎一职总司其事。除了确保京城粮食供应，京仓、通州仓在平稳粮价、稳定市场、救济灾荒方面也发挥重要作用。康熙三十四年（1695），清廷确定以后直隶遇灾，可以发京仓、通州仓米或截留漕米，以备赈济。乾隆二年（1737），京城米价稍涨，上谕命在五城设立十厂，发通州仓米以减价平粜。[④]

清朝也高度重视对漕粮运输的管理，通过制定完善系统的漕政，确保漕粮质量及起运交仓粮食足额。为确保漕运无虞，清代在运河沿岸设有七处水次仓，其中德州、临清、淮安、徐州、江宁各设一处，凤阳设永泰、广储二仓。水次仓负责漕运所需的粮食储备，给负责漕运的官兵提供月粮，并为驻防过往官兵提供粮饷之需。水次仓在地方赈灾中也发挥了重要作用。康熙九年（1670），淮扬水灾，即以凤阳仓米麦及捐输

① 赵尔巽等撰：《清史稿》，卷九十六，食货二，中华书局1976年版，第3553页。
② （清）陆燿辑：《切问斋文钞》，卷十七，乾隆四十年刻本。
③ 《台规》，巡仓卷，乾隆都察院刻补修本。
④ 《清通志》卷八十六，食货略八，平粜，清文渊阁四库全书本。

等各项米谷尽数赈济灾民①。

清代国家专项的粮食储备还包括旗仓、营仓等。旗仓主要建立在东北，其建设目的在于“以固根本”，即保证旗人及驻军八旗的粮食需求。旗仓的粮食主要来自东北旗地和部分民地的额征赋粮。旗仓在赈恤本地旗民、借粮给兵丁、协济外省等事项中扮演着不可替代的角色。每遇荒年或青黄不接之时，旗仓粮食可无息出借官兵，准令旗民粜买，或借给旗人接济，秋后再买补还仓。② 乾隆十二年（1747）九月，山东不少州县被水严重，上谕从海城、锦州、宁远旗民仓内各拨米一万石，义州旗民仓内拨米3000石，统计33000石，运往山东接济③。乾隆六十年（1795）九月，盛京所属金州、熊岳、锦州三城亢旱，地方官请准就近动支旗民各仓米石，先行借给灾民一月口粮。④

解决士兵粮食问题的营仓建于军营。清代在直省提镇驻扎之地，及沿边沿海与离省遥远地方，皆设营仓储谷，营仓距离兵营更近，因而更方便军士借粜。营仓的运行，每年秋收后，由驻防军营动用生息银、捐银、公粮银等，派委营员，按照时价采买米谷贮仓，次年三月内借给兵丁，秋收以后，再采买存贮，以备次春出借。如乾隆元年，广东省左翼镇逼近边海，人稠谷少，一旦谷价稍昂，兵丁就难于买食，因此将营中空闲房屋改造，建设仓廒，动用镇标所存公粮银一千一百余两，买谷三千石，设仓存储，青黄不接之时，“均借兵丁，秋收买补”⑤。

（二）积贮备荒：清代的三仓体系

在京仓、通州仓、水次仓、旗仓、营仓等专项的国家储备系统外，以积贮备荒为目的，清朝建立了包括常平仓、社仓、义仓在内的三仓体

① 乾隆《大清会典则例》卷五十四，户部，蠲恤二，清文渊阁四库全书本。

② 《高宗纯皇帝实录》（四），卷二百九十七，乾隆十二年八月，第886页。

③ 中国第一历史档案馆藏：宫中朱批奏折，内政赈济，朝年赈济，档号：01-01-0145-044。

④ 中国第一历史档案馆藏：宫中朱批奏折，内政赈济，朝年赈济，档号：04-01-01-0465-002。

⑤ 光绪《钦定大清会典事例》（三），卷一百九十三　户部四一，积储，营仓积储，第218页。

系。三仓在分布上有所不同：常平仓为官办之仓，设于各直省府、厅、州、县官署所在，社仓、义仓皆为主要以民力而创建的民仓，社仓设于乡村，义仓设于市镇。这三者构成一个互为补充的仓储网络。

常平仓是清代最为重要和普遍的官仓，也是储备粮食救灾的主体："常平仓谷，乃民命所关，实地方之第一要务。"常平仓在储备粮食种类上，"凡米、麦、谷、豆、高粱咸储"，其基本运作模式为"岁歉赈借平粜，年丰出陈易新"。清代的常平仓制度，从修建仓廒、筹备仓本，到仓储耗折、买补还仓、买补运费等日常管理，均予以详细规定。在常平谷本的筹设上，清初农业生产处于恢复时期，朝廷鼓励乡绅富民捐输，以充谷本。顺治十三年（1656）议准，为积谷赈济，令各地修葺仓廒，印烙仓斛，选择仓书，籴粜平价，并且不许地方其他事项动支常平仓谷。康熙十八年（1679），颁布常平仓捐输议叙事例，此后仅康熙一朝，针对仓储开捐的较大事例即有十余次。康熙三十四年（1695）议准，令直省督抚饬各州县卫官劝谕乡绅士民，每岁收获时，量力捐输积储，遇谷贵之时，将米麦贷予乏谷之人，俟收获照原领米麦之数交还。如不肖有司有抑勒多收情弊，照私派钱粮例处分。[①] 康熙中期以后，国力渐增，常平仓本的筹措主要以截漕、政府拨款采买为主。如康熙五十九年（1720），清廷命从河南截留漕米内拨十万石，运至西安存储。[②] 再如，雍正三年（1725），因湖北、湖南作为产谷之乡，且交通转运近便，雍正帝命地方官动支库银十余万两，采买谷粮，收贮在省仓及府州县应贮之处。上谕并称："此时只宜陆续办理，不可因有官价，一时采买，致令谷价腾贵。设若民间谷价稍昂，即便停止，俟明年再行采买。"[③] 雍正九年（1731），江苏省十二府州备储仓粮，奏准动支藩库银，派人赴产米地方陆续采买。对于财力不足采买的省份，朝廷予以跨省调拨。乾隆元年（1736），因甘肃平凉、庆阳二府食粮不敷，清廷即命从陕西拨粮八万石接济。[④] 乾隆时期，常平仓设置和储量达到巅峰。

① 光绪《钦定大清会典事例》（三），卷一百八十九，户部三八，积储，常平谷本，第148页。

② 乾隆《大清会典则例》，卷四十，积贮。

③ 《世宗宪皇帝实录》（一），卷三十九，雍正三年十二月，第574—575页。

④ 嘉庆《清会典事例》，卷一百五十九，嘉庆二十三年刻本，第8页。

乾隆五十六年（1791），全国常平仓谷本额达45752581石，为清代储量最高时期[①]。

社仓、义仓皆为民仓，体现了清朝在仓储备荒方面对社会力量的高度重视和积极吸纳。康熙年间，即令各省要为常平仓赈济提供有力补充，鼓励在各村庄设立社仓。康熙四十二年（1703），康熙帝谕称，直隶各省州县，虽设有常平仓收贮米谷，遇饥荒之年，不敷赈济，亦未可定，因此，应在各村庄设立社仓收贮米谷。直隶有旗下庄头，可合数村立一社仓。社仓管理事宜方面，令庄头内有"情愿经管者"，交与收贮；百姓村庄，公设社仓，百姓有情愿经管者，交与收贮，以备饥荒。如设立社仓"果有益于民生"，各省亦可照例于各村庄设立社仓，收贮米谷。随后议定，设立社仓，于本乡捐出，即储本乡，令本乡诚实之人经管。社仓的功能集收贮、平粜、赈济于一体："上岁加谨收储，中岁粜借易新，下岁量口赈济。"[②] 雍正帝认为"民间积贮，莫善于社仓"，"社仓一事，甚属美政"，雍正二年（1724），上谕称："社仓之设，原以备荒歉不时之需，用意良厚，然往往行之不善，致滋烦扰，官民皆受其累。朕以为奉行之道，宜缓不宜急，劝谕百姓，听民便自为之，而不当以官法绳之也。近时各省渐行社仓之法，贮蓄于丰年，取资于俭岁，俾民食有赖，而荒歉无忧，朕心深为嘉悦，但因地制宜，须从民便，是在有司善为倡导于前，留心照应于后，使地方有社仓之益，而无社仓之扰，督抚当加意体察。"[③] 是年十一月，户部等议准，将河南巡抚石文焯、山东巡抚陈世倌条奏内酌议办理六条推广："一、民间积贮，莫善于社仓。积贮之法，务须旌劝有方，不得苛派滋扰。其收贮米石，暂于公所寺院收存。俟息米已多，建廒收贮。设簿记明，以便稽考。有捐至三四百石者，请给八品顶戴。一、社长有正有副，务择端方立品、家道殷实之人以司出纳，著有成效，按年给奖，十年无过亦请给以八品顶戴。一、支给后，每石将息二斗，遇小歉之年减息一半，大歉全免其

① 《高宗纯皇帝实录》（十八），卷一千三百九十三，乾隆五十六年十二月，第722页。
② 光绪《清会典事例》（三），卷一百九十三，户部四一，积储，社仓积储，第207页。
③ 《世宗宪皇帝实录》（一），卷十九，雍正二年闰四月，第308—309页。

息。十年后息倍于本，只收加一之息。一、出入斗斛，官颁定式。每年四月上旬依例给贷，十月下旬收纳，两平交量，不得抑勒。一、收支米石，社长逐日登记簿册，转上本县，县具总数申府。一、凡州县官止许稽查，不许干预出纳。再，各方风土不同，更当随宜立约，为永远可行之计。同时，并令各督抚在一省之中先行数州县，俟二三年后，著有成效，然后广行其法。”① 雍正二年（1724），还议定社仓鼓励之法，“若有奉公乐善，捐至十石以上，给以花红；三十石以上，奖以匾额；五十石以上，递加奖劝；好善不倦，年久数多，捐至三四百石者，由督抚奏闻，给以八品顶戴”②。在朝廷的鼓励下，各省掀起建仓高潮。乾隆帝也称：“国家重农嘉惠，常平、社仓并行”，他鼓励各地因地制宜，自行设定灵活适用的社仓管理条规。乾隆三年（1738）覆准，社仓积谷，将息谷十升，以七升归仓，以三升给社长，作修仓折耗，如有逃亡故绝之户，无可著追者，令社长报明地方官，查明确实，取结通详，于七升息谷项下开销。乾隆六年，题准山西省社仓奖劝之法，捐十石以上至三十石者，照例听地方官给予花红；三十石以上至五十石者，地方官给匾；捐至百石者，府州给匾；二百石者，本管道给匾；三百石者，布政使给匾；四百石者，巡抚给匾；捐至五百石以上者，具题给以八品顶戴荣身。其连年捐输者，仍许积算捐数，照现定等次分别奖劝。地方官劝输有方，大州县每年劝输至千五百石以上，中州县至千石以上，小州县五百石以上者，均于计典内据实开明，分别考核③。乾隆二十一年（1756），湖南巡抚陈宏谋定社仓条规二十一条，详细规定了劝捐、出借、社长选任、度量规制、收息办法、官员监管职责等项事宜，内容丰富详晰，被称为集社仓办法之大成。乾隆三十一年（1766），朝廷调查各省仓储，共有十九省奏报社仓实贮数额，说明社仓之设几遍全国，储量亦颇为可观。其中，贮谷最多的四川省达到九十余万石。

就义仓而言，清朝义仓建设也远超前代。义仓的特点是积极发挥民

① 《世宗宪皇帝实录》（一），卷二十六，雍正二年十一月，第400页。

② 乾隆《大清会典则例》卷四十，户部，积贮。

③ 光绪《清会典事例》（三），卷一百九十三，户部四一，积储，社仓积储，第210页。

间救助的作用，与社仓相比，进一步实现民间自管、自收、自支，政府不需干预。在运营模式上，社仓主要以借贷为主，春借秋还，还仓时一般要收取息粮。义仓以无偿赈济为主，一般不用于出借。康熙十八年（1679）题准，地方官劝谕官绅士民捐输米谷，乡村立社仓，市镇立义仓，照例议叙。雍正四年（1726），清政府以两淮盐商捐银等三十万两在江南买贮米谷，盖造仓廒，所盖仓廒命名为盐义仓，着两淮巡盐御史交与商人经理，每年于青黄不接之时，照存七粜三之例，出陈易新，或于米贵之时开仓平粜，总至秋成籴补。“倘地方有赈济之用，该抚一面具题，一面动支，管理之商人，每年将出易籴补动支之数，呈报巡盐御史核实奏报，其出陈易新平粜平籴之内，或有赢余，增买米谷。”此后各地开始仿效办理。乾隆十二年（1747）覆准，山西省义仓，士民捐谷，分别奖励，照直省社仓之例，其所收杂粮，按照米谷时价，折算奖赏。其州县能捐俸急公，首先倡率捐五十石者，记功一次；百石者，记功二次；百五十石者，记功三次；三百石以上者，别行注册。乾隆十八年（1753）覆准，直隶士民，捐输义仓积谷及数，应予奖赏者，照例具题。其捐谷数目，每年一次专折具奏。凡上年报捐及出借动用之数，于次年二月内奏明存案，以备稽查。义仓建设者一时期成效显著。比如在义仓建设进展较好的直隶，乾隆十八年，该省共设义仓 1005 处，贮谷 28 万余石，时任直隶总督方观承在对全省村落进行调查基础上，结合地形地貌，辑成《畿辅义仓图》进呈乾隆，乾隆称赞其“诸凡周详妥当”。嘉道时期，因积弊重重及战火等原因，常平仓及社仓多有衰颓，大半空虚，清政府鼓励民间多加发展义仓，义仓的作用与常平、社仓成鼎足之势。嘉庆六年（1801）议准，各省社、义二仓粮石，俱系民间捐储，以备借放。现在社仓既已奉旨归民经理，所有义仓即照社仓之案一律办理。又议准，近京五百里以内，旗民捐输义仓谷石，奖励与民人相同。道光五年（1825），陶澍奏陈劝设义仓章程，道光帝表示认可：“前年安徽偶遇荒歉，赈抚兼施，该抚请设立义仓，为未雨绸缪之计。所议章程，如州县中每乡村公设一仓，秋后听民捐输，岁歉酌量散给，出纳悉由民间经手，不假官吏，防侵蚀以禁骚扰，矜贫寡而杜争端各条，著即移交新任巡抚照议妥为经理，仍督饬各州县实心实力，劝导有成，总期经久无弊，不必另立仓名。”道光十五年（1835），两江总督陶澍、江苏巡抚林则徐在江宁、苏州等地创办丰备义仓。苏州长元丰备义仓不仅救济灾民，还大规模救济失业机户，协济粥厂，保障失学儿童的就学，对无业贫民进行就业培训等，反映了义仓保障范围的扩大，传统备荒仓储逐渐演变为具备近代色彩的社会保障机构。[①]

清代中期以前，完备的仓储体系和充足的储粮为国家粮食安全提供了充分的物质保障。晚清因为战争和军需的原因，许多旧有仓储消耗殆尽。同治六年（1867）、光绪初年“丁戊奇荒”之后以及甲午战争之后，清廷先后发起三次全国性积谷运动，谕令各省督抚鼓励绅民量力捐谷，官府负责财政支持与组织动员，提倡民捐民办，不许胥吏经手。积谷仓在仓本筹措、经管办法上颇具三仓合一之势。光绪五年（1879），直隶布政使任道镕制定章程，札饬各属按邑治大小，大治派谷一万石，中治派谷六千石，小治派谷二千石，分存城乡仓廒。[②] 四川总督丁宝桢大力提倡积谷，效果显著。光绪七年（1881）十一月，四川共收仓斗谷553200余石，另有5万余石陆续收纳中[③]。光绪二十四年（1898）十一月，陕西巡抚魏光焘从厘金项下每年酌提两成，分拨各属就地买粮存储，共存京斗粮759000余石。[④] 由国家主导转向官民合力共建的晚清积谷运动，显示了清政府振兴仓政的努力，在应对近代自然灾害方面，也起了一定的积极作用。

（三）因时而制：张弛有度的仓政管理

除了积极建仓，清朝高度重视对粮仓的管理和制度建设，力求因地制宜，因时而变。其中，合理的粮食仓储规模对粮食安全至关重要。因为粮食储备规模太小，则不能确保粮食减产、战争等突发情况下的粮食

---

① 参见黄鸿山、王卫平《传统仓储制度社会保障功能的近代发展——以晚清苏州府长元吴丰备义仓为例》，《中国农史》2005年第2期。

② 中国第一历史档案馆藏：军机处录副奏折，内政类，档号：03－137－6678－34。

③ （清）丁宝桢：《筹拨盐厘办理川北积谷片》，光绪七年十一月初五日，罗文彬编：《丁文诚公遗集·奏稿》卷二十一，文海出版社1967年影印本。

④ 中国第一历史档案馆藏：军机处录副奏折，内政类，档号：03－137－6678－27。

安全，仓储规模过大，则不利于粮食市场的流通，还会增大粮食仓储的设施和管理投入成本。清朝高度关注逐步确定各地常平仓储量定额，要求地方官须按照定额储备粮食，对国家粮食储备总量规模实行动态调整。康熙四十三年（1704）议准，各省府州县积储米谷，大州县存1万石，中州县8千石，小州县6千石。不过各省也多有因地制宜者。如山东省储额，大州县贮谷2万石，中州县16000石，小州县12000石，恰好为全国标准的一倍①。乾隆十三年（1748），因各省米价日见加增，清廷认为，“常平积贮，所以备不虞，而众论颇以为采买过多，致米价益贵，因思生谷止有此数，聚之官者太多，则留之民者必少，固亦理势之自然”，因此，调整降低各省仓谷数额，通计直省共应积谷33792330石，较乾隆十三年（1748）以前应储48110680石定额，计减少积谷14318350石。同时，考虑到地域的差异，清廷认为福建环山带海，商贩不通，广东岭海交错，产谷无几，贵州跬步皆山，不通舟楫，这三省仓储均不能降低，应按照现在米谷额数，确保充裕。乾隆帝还命令各省督抚也要充分考量本省的实际情况，视府州县大小均匀存储，“其间有转运难、出产少、地方冲要以及提镇驻扎、各省犬牙相错之处，彼此可以协济，均应分别加储”②。

在粮食仓储的运营方面，清朝也定立了细密系统的规制。如因为仓粮储存不能太久，必须出陈易新，清代确定了存粜数额及程序。乾隆七年（1742），规定各省常平仓谷，每年存七粜三，寻常无事之际，可以循例办理，如遇岁歉米贵之年，则不能拘泥成例，应由督抚命地方官交出仓粮，减价平粜，以济民食。③ 考虑到各地气候湿度不同，清政府也提出各省要因地制宜，根据具体情况来确定常平仓谷存粜之数。平粜仓粮的目的是平抑粮价，接济民食，清人视平粜为赈济贫民的“第一要务”，地方每遇歉收，米价昂贵，国家即动发仓储，减价平粜，以之为

① 光绪《清会典事例》（三），卷一百九十，户部三九，积储，常平谷数，第158页。
② 光绪《清会典事例》（三），卷一百九十，户部三九，积储，常平谷数，第159页。
③ 嘉庆《清会典事例》，卷一百五十九，第23页。

"养民之切务"①。如遇丰年或粮价下跌时，政府以平价买谷还仓，充实仓廪同时，避免谷贱伤农。丰年备储，灾年放粮赈济平粜，通过仓粮的籴粜制度，清政府从而可以协调粮食供求关系，达到稳定粮价的目的。

在仓谷的管理上，清代中央加强对地方各级政府的监管。州县每年须将仓粮情况详细造册上报，经各省审核汇总，上交户部，确保仓粮的数量与质量。清朝严定常平仓盘查追赔之制。如官员将存仓米谷亏空霉烂者，经督抚题参，革职留任，限一年赔补，赔完准复原职。如逾限不完，解任，再限一年赔完。如二年外不赔完者，照定例拟罪，著落家产追赔。另外，清朝严防仓粮亏空，认为亏空仓粮的危害大于亏空钱粮，因为亏空钱粮，尚可以勒限追还，无损国帑，而亏空仓粮，事关民瘼，严重影响备荒防灾，"是亏空仓谷之罪。较亏空钱粮为甚。自宜严加处分"。雍正三年（1725），上谕称："积贮仓谷，关系民生，最为紧要"，雍正屡降谕旨，令督抚严饬州县及时买补昔年亏空之数，"无如苟且迟延，奉行不力"。原任直隶总督李维钧曾奏称各属仓谷已补足七八分，"及今冬发仓赈济，亏空甚多，若非截留漕米并发给通仓之米，穷民几至失所矣"。因此，命直省地方俱着定限三年，将"一应仓谷务期买补完足，不得颗粒亏欠。三年之后，朕必特差官员，前往盘查，如有缺项，定行重治其罪，倘有不能补足情由，着该督抚题奏"②。清代规定，亏空仓谷，系侵盗入己者，千石以上，拟斩监候秋后处决，不准赦免。如系挪移仓谷者，数量在一万石至二万石，发边卫充军，二万石以上者，照侵盗例拟斩。亏空之谷，官府动正项银买补，并于各犯名下勒限一年追赔。③

依托严整完备的仓政体系，清代仓储规模及影响之广，远超前代，达到了历代社会的顶峰。清代系统规整的仓储制度，能够积极稳定粮食市场，灵活调节粮食供求，也提高了清代中央及地方政府抵御粮食安全风险、应对突发事件的能力，从而有利于缓解社会矛盾、维护社会正常

---

① 光绪《清会典事例》（四），户部三，卷二百七十五，户部一二四，蠲恤一一，平粜，第165页。

② 《世宗宪皇帝实录》（一），卷三十九，雍正三年十二月，第574—575页。

③ 光绪《清会典事例》（三），卷一百九十二，户部四一，积储，盘查仓粮，第202页。

发展。晚清以后，自然灾害严重，战事频繁，以及仓政的积弊重重，使得清代前中期建设起来的三仓制度破败不堪。同光年间，清政府三次发起全国性的积谷运动，官民共举、三仓归一的积谷仓的建设，对晚清社会抵御自然灾害、维护社会稳定，也起了积极的作用。但是，由于晚清国家财政的极度匮乏，以及治理能力的衰颓，辛亥革命前，各省积谷仓粮也实存无几，积谷运动惨淡收场，国家仓政再也无法承担起作为粮食安全“压舱石”的功能。清代仓储体系建设及实施，也是对国家治理能力的具体反映。当然，如前所述，苏州长元丰备义仓社会保障范围的扩大，也说明传统仓储体系走向衰退中的近代转型。

二　粮价奏报制度与荒政信息系统的形成

清代自康熙朝开始，实行雨泽粮价奏报制度。康熙帝对于各地农业收成、降水及粮价情况非常关心，将其作为大臣所上密折中的主要内容：“凡督抚许上折子，原为密知地方情形，四季民生，雨旸如何，米价贵贱，盗案多少等事。”① 康熙二十五年（1686），上谕要求“各省晴雨，不必缮写黄册，特本具奏，可乘奏事之便，细字折子，附于疏内以闻”②。康熙三十二年（1693）七月，苏州织造李煦奏称：“窃惟今夏天时亢旱，各处祈雨，仰赖皇上洪福，于六月十八日已得甘霖，近复沾足。苏州地方傍河田地，原有蓄水可车，竟属无恙，惟山田高壤插时稍迟者，约有五六分收成，目下米价亦平，粗者七钱上下，细白者九钱、一两上下不等。”其中，明确提供了苏州地方的降雨时间、雨量大小、收成分数、粮食价格等信息③。雨雪粮价奏折逐渐成为皇帝掌握各地经济情况的主要来源。雍正元年（1722），规定顺天府尹“察京师粮银价月终而陈之，时雨雪则以分寸闻”④。乾隆元年（1736）五月，乾隆帝

① 中国第一历史档案馆编：《康熙朝汉文朱批奏折汇编》，档案出版社 1984 年版，第 724 页。

② 《圣祖仁皇帝实录》（二），卷一百二十五，康熙二十五年三月，第 324 页。

③ 故宫博物院明清档案部：《李煦奏折》，中华书局 1976 年影印本，第 1 页。

④ 光绪《顺天府志》卷五十四，经政志，中国国家图书馆数字方志数据库，第 17 页。

谕称："各省督抚具折奏事，可将该省米粮时价俱开单，就便奏闻，不必专差人来"①，正式确定将雨泽粮价奏报作为一项全国性的制度。雨泽奏报形式分为经常性报告和临时性报告。经常性报告中，需要州县逐级向上报告得雨情形，详细到起止时刻、入土深度，雨泽是否及时，"曾否透足，有无积水，禾麦杂粮如何相宜，是否仍望再雨，或已沾足不须再雨，或暂不需雨迟雨无碍"，地方督抚将上述情况汇总后上奏中央。收成分数的奏报内容包括夏收分数和秋收分数，各地官员须奏报"约收分数"和"实收分数"，朝廷以此了解粮食生产变动状况。相比之下，粮价奏报更加详细和受到重视。从粮价奏报的基本流程来讲，粮价奏报成为省级官员之专责，粮价单独奏报，自成系统，不与他事混淆；在奏报时间和格式上，定每月一次，以乾隆三年（1738）湖广总督德沛的奏报为标准；在奏报内容上，州县的粮价奏报折式分为旬报和月报，知府在此基础上，整合编制相应清单上报省，各省布政使据此编制通省粮价细册。另外，布政使还将各知府的概括性粮价月报编在一起，形成直接上呈皇帝的粮价清单。

雨泽、收成和粮价奏报制度形成全国性的粮食信息系统和荒政信息收集系统，李伯重认为，"通过不断改进，到18世纪，这个系统成为当时世界上最庞大、最有效和最完备的民生福利信息收集系统。这个系统使得清代国家有能力建立一个巨大而复杂的赈灾机构，从而在广大的范围内影响人民的生活福利。在很长的一段时间内，这个机构运作得相当有效，大大减轻了自然灾害对普通人民的打击"②。清代的雨泽、收成和粮价信息系统，有利于最高统治者及时全面了解全国农业生产和各地粮食市场的状况，准确把握各地粮食供需的差异及原因。乾隆二年（1737）九月，闽浙总督郝玉麟奏报福建是月米价以每石一两四钱为中价，乾隆帝质疑此价格已经很贵，为何却才被定为中价，郝玉麟解释称，福建省山海交错，田少户繁，米的年产量不能足敷民用，如果偶遇

① 中国第一历史档案馆藏：宫中朱批奏折，内政赈济，档号：04－01－24－0001－041。

② 李伯重：《信息收集与国家治理——清代的荒政信息收集系统》，《首都师范大学学报》（社会科学版）2022年第1期。

歉收，每石米价有卖至一两六七钱至一两八九钱不等，此为贵价，因此，目前所开一两四钱尚属中价。在把握全国收成及粮价信息基础上，清中央政府进而可以有的放矢，拓宽粮食筹措渠道，通过调配通仓的粮食储备，或将漕运粮食截留，或命各省互相协济，灵活使用粮食调剂方式，平衡各地粮食供应，使粮食价格的波动局限在有利于生产和消费的幅度之内。乾隆二年（1737），即从浙江截留漕粮十万石，接济福建。乾隆八年（1743），清廷令江苏、安徽、浙江、江西、湖北、湖南等省各截漕粮十万石存贮本省，以备一时缺乏之用。是年又因湖南粮食丰收，而广西收成稍薄，因湖南与广西接壤，命从湖南截留漕米四万石运往广西，以备该省来年春耕粜济。乾隆十八年（1753），江南淮扬、徐州被水，办赈需米，朝廷准将本省漕粮先后截留，又将河南、山东、湖广、浙江、四川、江西等省米拨运协济，共一百数十万石，各处协拨备赈银不下五百万两，"自目前以及明春银米兼放，均属有备"①。

雨泽粮价奏报制度，也有利于朝廷及时监督地方施政效果。② 乾隆三年（1738），直隶总督李卫奏报雨水麦收情形，上谕认为，"其中错谬之处甚多，如奏称连日忽阴忽雨，现在入土尺许、尚未透足等语，天下岂有得雨尺许而尚未透足之理？明系雨泽短少，而为此捏饰之奏"，由此观之，"则从前所报未必尺许者，竟属全无雨泽矣"。又称"麦收已毕，市价平减，诚恐麦贱伤农等语，自古谷贱伤农之说，原指屡丰之后而言，然亦非常理，况直隶地方，旧岁既属歉收，今年麦秋，长短不一，以此日之情形，而为麦贱伤农之说，岂不背谬乎？又伊所开米价单内，保定府稻米每一仓石，价银二两六钱至二两七钱五分，称为价中，大名府稻米每一仓石，价银一两七钱五分至二两一钱四分，称为价贱，岂有如此米价，而尚得为中、尚得为贱乎？""朕念切民依，固不肯以年岁歉薄，诿其咎于督抚，然亦岂可置之不问。盖督抚身膺民社之职，凡遇雨旸年谷，最紧要之事，当倍极周详慎重，庶能上感天和，下纾民

① 《高宗纯皇帝实录》（六），卷四百四十八，乾隆十八年十月上，第 833 页。
② 《高宗纯皇帝实录》（三），卷二百零四，乾隆八年十一月上，第 629—630 页。

困。今陈奏于朕前者尚且如此，则其办理措施岂能妥协，大出朕意料之外”，上谕因此称，“李卫办事，甚属粗率，不似从前”。据李卫奏复，“备陈感悚”。乾隆称，“汝先不是此样人，其所以忽而至此者，朕实不能解其故，慎之勉之”①。乾隆五十年（1785），山东巡抚明兴奏称，山东省夏间二麦歉收，民间盖藏未能充裕。乾隆认为，看来山东只有登莱青三府自三冬以来，所得雨雪尚为沾足，省城及迤西兖州一带各府属得雪情形不如直隶，“屡经降旨询问，该抚覆奏，俱以含糊浮泛之词，敷陈塞责，全未切实查奏”，“且阅该抚所奏粮价单，通省各属，俱开价平，断无是理，登莱青三府雨雪沾透，尚可言粮价平减，至迤西各府属秋收既歉，又未普得春膏，米粮价值自必渐致昂贵，该抚即心存回护，亦止可言价中，乃一律开写价平，岂该抚竟全未寓目耶?”上谕强调，“雨水粮价，民瘼攸关，督抚膺封疆重任，理应仰体朕怀，时刻留心，切实陈奏，该抚于此，尚不能实心体察，安望其能办理地方诸务耶?明兴着传旨严行申饬，乃将该省雨水粮价以及借粜实在情形，据实迅速覆奏”②。

就地方社会而言，根据雨雪粮价变化，地方官和农民也逐渐形成了因地制宜的有效措施，地方官府依据各地不同的气候变化、生产条件及地理特征，合理引导农民调整种植结构，逐步建立了适合当地的农业耕作模式，比如，位于华北的直隶地区，有清一代粮食种植结构不断优化，由于京师的米谷供应主要来自漕粮，采运成本很高，雍正时大力支持直隶举办营田水利，水稻种植得以较快扩展，所收稻谷部分进入京、通各仓，缓解了漕运压力，同时，抗旱耐涝的高粱，高产抗灾的玉米、甘薯，适应性强的豆类等农作物种植不断推广，种植面积的扩大，粮食产量和耕地复种指数的提高，极大保障了直隶地区的粮食安全。

除了粮食调剂外，清政府还适时鼓励商人贩运粮石，发挥市场的有利作用。“各省地方丰歉不齐，全赖商运流通，各就产米赢余之区，源

① 《高宗纯皇帝实录》（二），卷六十九，乾隆三年五月下，第112页。

② 《高宗纯皇帝实录》（十六），卷一千二百二十五，乾隆五十年二月下，第422页。

源接济，则民食尚不致匮乏。”[①] 乾隆元年（1736），一度实行歉岁免粮米过往税的政策，上谕行令各省督抚转饬管理关务各官，凡有米船过关，即询明该商，“如果前往被灾各邑粜卖者，免其纳税，给予印票，责令到境之日，呈送该地方官钤盖印信，以便回空核销。如有免税米船偷运别省，并未到被灾地方，先行粜卖者，将宽免之税加倍追出，仍照违禁例治罪”[②]。乾隆十六年（1751），浙东亢旱严重。清廷令湖北拨米20万石，接运赴浙，随后，又准江南、福建米商贩米运往浙江温州、台州、宁波等地[③]。嘉庆十九年（1814），上谕称，浙省民稠地狭，即遇丰收之年，亦资外来米谷协济，“若因一时米贵，抑勒各铺户减价出粜，又以严查囤户为名，索诈扰累，本地殷户，既不敢多存米石，外省米商，又裹足不前，将来本境之米食尽，明春青黄不接之时，穷黎必致坐困”，着浙江巡抚颜检查明该省的歉收情形，市粮价值，“斟酌盈虚，出示晓谕，务俾商贩米石源源而来，米粮既多，其价自减，方于民食有益，不可胶柱鼓瑟，止取给于目前而不通筹全局也”[④]。光绪三年（1877），福建省被水，因饥民甚多，“全赖运米赈济，现已招商贩运”，奏准将闽省米船经过江苏、浙江各关卡，一概免税，以广招徕。同年，山西省灾歉频仍，河东运城地方商贾辐辏，“现由该处商贩凑集资本，分往河南省南阳府之赊旗镇及安徽省颍州府六安州连界之陈州府周家口等处，采买粮石，请免厘税以济民食”[⑤]。光绪十六年（1890），因京师粮价腾贵，清廷命李鸿章在天津出示招商，贩运米粮来京。

---

① 光绪《清会典事例》（四），户部三，卷二百八十八，户部一三七，蠲恤二三，贩运，第355页。

② 光绪《清会典事例》（四），户部三，卷二百八十八，户部一三七，蠲恤二三，贩运，第353页。

③ 《高宗纯皇帝实录》（六），卷三百九十八，乾隆十六年九月上，第243页。

④ 光绪《清会典事例》（四），户部三，卷二百八十八，户部一三七，蠲恤二三，贩运，第355页。

⑤ 光绪《清会典事例》（四），户部三，卷二百八十八，户部一三七，蠲恤二三，贩运，第355页。

三 重农稳粮与农业再生产能力的提高

清朝将农业作为立国之本，提倡重农固本。康熙帝反复强调“农事实为国之本”，“农务为国家之本，粒食乃兆姓所资”。康熙十年（1671）覆准，“民间农桑，令督抚严饬有司加意督课”。康熙十八年（1679），上谕户部，“民生以食为天，必盖藏素裕而后水旱无虞。自古耕九余三，重农贵粟，所以藏富于民，经久不匮，洵国家之要务也”①。农民是粮食生产的绝对主体，雍正帝登基伊始，即命地方官对于本地勤于耕种、务本力作的农民予以嘉奖。雍正二年（1724）议准，“督抚率州县官劝农，春至劝耕，秋至劝敛。皆考古而垂为令典者也”。是年上谕称：“国家休养生息，数十年来，户口日繁，而土田止有此数，非率天下农民竭力耕耘，兼收倍获，欲家室盈宁，必不可得。《周官》所载巡稼之官不一而足。又有保介田畯日在田间，皆为课农设也。今课农虽无专官，然自督抚以下，孰不兼此任？其各督率所司悉心相劝，并不时咨访疾苦，有丝毫妨于农业者，必为除去。”为了鼓励农事，命在“每乡中择一二老农之勤劳作苦者，优其奖赏以示鼓励”。随后，令州县每年举荐一位“勤劳俭朴、身无过犯”者为“老农”，给以八品顶戴。②雍正七年（1729）正月，上谕重申，“朕令各州县岁举老农，给以顶戴荣身，乃劝民务本力田，还淳返朴之至意，为有司者，自当仰体朕心，恪遵朕旨，择其谨慎勤劳、身无过举者，据实保送，以为万民劝”，但是各直省举荐老农，却出现“州县凭绅士之保举，绅士纳奸民之货财，上下相蒙，苟且塞责，而强有力者，幸邀顶戴之荣，遂成暴横之势，深负朕劝农务本之意”，雍正帝因此着直省督抚确实查明，将冒滥生事之老农悉行革退，另选题补，“从前有举报不公，或因贿嘱情面、营求而得者，准老农本身及保送之官员自行出首，朕从宽免其治罪，但革去老农顶戴。若此时不行自首，各州县官员又不行查出，日后发觉，定从重

① 《圣祖仁皇帝实录》（一），卷八十一，康熙十八年六月，第1037页。

② （清）杨景仁编：《筹济编》，《中国荒政全书》第二辑第四卷，第408页。

治罪，该督抚等一并议处”[①]。清朝将鼓励和督导农事与地方官政绩关联起来。乾隆二年（1737），上谕称：“朕欲驱天下之民使皆尽力南亩，而其责在督抚牧令，必身先化导，毋欲速以不达，毋繁扰而滋事，将使逐末者渐少，奢靡者知戒，蓄积者知劝。督抚以此定牧令之短长，朕即以此课督抚之优劣。至北五省之民，于耕耘之术更为疏略，其应如何劝诫百姓，或延访南人之习农者以教导之。牧令有能劝民垦种，一岁得谷若何，三岁所储若何，视其多寡为激劝。非奇贪异酷，毋轻率劾去，使久于其任，则与民相亲，而劝课有成等因。”乾隆七年（1742），又谕称：“朕惟养民之本，莫要于务农。州县考成，固应用是为殿最等因。”经吏部等议准，地方官劝诫有方，境内地辟民勤，谷丰物阜，督抚于三年后据实题报，交部议叙。“可见考绩之法，必以农事为程，而宽以岁月，俾久于其任，巡行劳来，官民相习，斯休养之效易臻矣！”[②]

为了促进农业生产的恢复和发展，清政府奖励垦荒，鼓励将“闲旷未耕之地”及时开垦。顺治元年（1644），即制定奖励垦荒条例。康熙二年（1663），颁布地方官开垦劝惩之例，将垦荒与地方官政绩联系在一起，规定各省荒地，道府一年内开垦千顷以上者，纪录一次；三千顷以上者加一级；四千顷以上者加一级，纪录一次；六千顷以上者加二级。州县官开垦百顷以上者纪录一次；三百顷以上者加一级；四百顷以上者加一级，纪录一次；六百顷以上者加二级。俟起科时，该督抚取具甘结，具题之日，分别纪叙。如有未经开垦捏报者，督抚、布政使降二级，罚俸一年，道府降四级调用，州县官革职。如垦地后有复荒者，道府、州县官将开垦之加级纪录削去，督抚、布政使罚俸一年，道府降一级住俸，州县官降三级住俸，皆勒限一年，督令开垦。如依限一年内有垦完者，准其开复，如限内不垦完者，督抚、布政使降一级，再罚俸一年，道府降二级，今改为降一级调用，州县官降三级调用。如前官垦过熟地，后任官复荒者，督抚、布政使、道府、州县官照经管开垦官复荒治罪。倘有隐匿熟地称为垦田者，道府、州县官皆照未经开垦捏报例议

① 《世宗宪皇帝实录》（二），卷七十七，雍正七年正月，第7—8页。
② （清）杨景仁编：《筹济编》，《中国荒政全书》第二辑第四卷，第409页。

处。如督抚、布政使未经查出，亦照捏报例议处[①]。康熙二十九年（1690），因四川民少而荒多，对凡愿前往垦荒居住者，“将地亩给为永业”。由于积极招民垦荒，顺治八年（1651）到雍正二年（1724）的73年间，全国耕地面积增加了一倍多。清代政府还积极鼓励对西南、西北边疆地区的开垦，并将关外等禁地对汉族民众解禁，以缓解人口增长所带来的粮食紧张。同治六年（1867），《陕西垦荒章程》也规定，绝产以三年为期，业主逾期不返，即行截止，“客民认垦者，期至六年，租粮及额，即为永业”[②]。

为了减轻农民负担，提升农民农业再生产的积极性，有清一代推行田赋蠲免制度，包含普蠲、灾蠲、蠲免积欠、恩蠲等多种类型。普蠲，是对一省或数省免征全年钱粮，或是在全国普遍蠲免钱粮。如乾隆朝曾普免天下钱粮三次，各省漕粮两次。灾蠲，即自然灾害发生时，减免灾民的赋税课征。雍正六年（1728），确定灾蠲比例：“被灾十分者着免七分，九分者着免六分，八分者着免四分，七分者着免二分，六分者着免一分。”此外，还有蠲免民间历年积欠，以及因国家庆典、皇帝出巡等原因而进行的恩蠲等。从康熙元年（1662）至四十四年（1705），所免钱粮总数共九千余万两，雍正朝至少蠲免正项钱粮一千万两，这对稳定社会秩序，提高农业再生产的积极性是非常重要的。

作为传统农业国家，清代粮食生产一直受到自然灾害的严重威胁。自然灾害造成粮食大幅度减产，粮价昂贵，国家粮食安全因此面临严峻考验。在长期应对自然灾害的过程中，清代政府建立了完备系统的救灾制度，从多个方面筹集赈粮，平抑物价，安抚灾民，提高灾后农业再生产能力。除前述灾蠲制度外，再如平粜制度。平粜的主要目的是平抑粮价，清人视平粜为赈济贫民的“第一要务”，将平粜看成和“动发仓储”一样重要的“养民之切务”。平粜所需米粮主要来自常平仓谷。常平仓谷的出粜标准，雍正十一年（1733）规定，常平仓存贮仓谷在万

---

① 光绪《清会典事例》（二），吏部二，卷九十九，吏部八三，处分例二二，开垦荒地，第275页。

② 光绪《清会典事例》（二），户部一，卷一百六十七，户部一六，田赋九，开垦二，第1127页。

石以外者，准其存七粜三，万石以内者，准其于粜三之外，酌量加增。清代严惩平粜过程中的各种舞弊行为。例如，《清会典事例》规定，州县官有将平粜米谷杂以灰沙者，一经查出，督抚即指名题参，从重治罪。雍正四年（1726）议准，平粜之时，如有奸商贱籴贵粜、居积射利者，实时访拿，按律治罪。州县官不严行查禁，由督抚题参，交部议处。再如，为了促进灾后农业生产的恢复和经济复苏，清朝推行借贷制度。清代借贷的物资有钱粮、籽种、耕牛、农具等。凡受灾民户，不分极贫次贫，只要三分灾以上的地区均可免息借贷，春借秋还，或者秋借春归，各省灾歉时皆统一实行借贷免息原则，也有破例将借贷米谷竟行免征者。借贷制度减轻了灾民的负担，提供了灾民生产自救所需生产资料，有利于提高灾民从事农业再生产的能力和积极性。

总体来看，清代为保障粮食安全而采取的一系列政策是对传统重农重粮思想的体现和实践，也是加强国家力量、保持社会稳定发展的重要策略，对于促进经济发展、强化皇权政治发挥着重要作用。但是，不容忽视的是，其中不少急功近利的措施缺乏可持续性，如垦荒移民政策过激，影响了生态平衡。嘉道以后，由于人口不断增长，拓荒空间变得十分有限，水旱灾害频繁，更加上吏治腐败，康雍乾时期苦心经营的仓储制度弊端重重，道光十五年（1835），各省常平仓统计缺短谷额达1800余万石之多，“几及额贮之半”。清末粮价飞涨，粮食危机日渐严重，清廷粮食安全政策的失控，最终成为导致清王朝覆灭的重要原因。

第五章

清代中央救灾行政机制

皇权至上的清代，皇帝居于国家机器的顶端。凡属国家管理的重大事项，皇帝均拥有直接决策权。通过本章批答、御门听政等方式，皇帝行使对国家大政的最高决策权。皇帝之下，设立六部等中央行政机构。在未设立专门的中央救灾机构的情况下，清代救灾制度主要依托皇帝为中心的强大的中央机构和地方行政而运行。

一　清代帝王的救灾实践

传统荒政的形成过程中，历代统治者发挥着至为关键的作用："圣贤之治天下，岂不欲斯民含哺鼓腹，日游于太和之世哉？无如水旱之灾，尧汤不免，使无良策以处之，致民有饥馁之忧、流离之患，如保之怀，肯恝然乎？于是以不忍人之心，行不忍人之政，荒政从之而出矣。"① 清列位帝王皆把救灾看作国家治理的重要组成部分。所谓"拯灾恤困，乃国家第一要务"②。康熙帝"蠲赋动盈千万，赈恤曾不稽时，水旱先筹，雨旸必达，宽刑肆赦，德洽好生。盛暑则释囹圄，严寒则赈饘粥。兵粮预给，优赏频颁"③；雍正十年（1732），雍正帝称其自登基以来，"蠲免积逋，与夫兴修工程，赈济赏赉，加惠于官弁兵民者所费

① （清）陆曾禹：《钦定康济录》，李文海、夏明方主编：《中国荒政全书》第二辑第一册，北京古籍出版社2003年版，第234页。

② 《高宗纯皇帝实录》（一），卷五十五，乾隆二年十月下，第910页。

③ 《世宗宪皇帝实录》（一），卷一，康熙六十一年十一月，第39页。

不下数千万，曾无吝惜”[①]；乾隆帝宣称自己“爰养黎元，勤求民瘼，各省偶遇地方偏灾，一经禀报，即降旨蠲赈兼施，并屡谕该督抚实心实力，督率各属，妥协办理，不惜千百万帑金，务俾灾黎均沾实惠，此朕五十余年如一日，亦天下臣民所共见共闻者”[②]，总结自己临御六十年来，乾隆认为自己“惠爱黎元，推恩施惠，普免天下地丁钱粮五次，蠲免漕粮三次，并将各省积久概行豁免者，不一而足，而地方偶遇偏灾，随时赈济，及保护民生，如河工海塘等项，无不颁发帑金，所用何啻亿万万，从不稍存靳惜”[③]；嘉庆帝每遇“偏灾偶告，宵旰时廑，赐赈赐蠲，动以亿计，而六旬正庆，普免积逋至二千一百二十九万有奇”[④]；道光帝同样逢“旱涝偏灾，湛恩立霈，蠲赈缓贷，无岁无之，甚且颁内帑以资博济，命大吏巡行以监视之，起沟壑而全活者无虑数千百万”[⑤]。

皇帝对于救灾所应尽的具体职责，宋朝董煟在《救荒活民书》中提出人主救荒当行六事，分别为恐惧修省，减膳彻乐，降诏求言，遣使发廪，省奏章而从谏诤，散积藏以厚黎元。[⑥]《清通志》也称，皇帝“遇直省偏灾，莫不先事周咨蠲赈，备举截漕发帑，动辄数千百万，奏报严其限，展赈宽其期，深仁厚泽，尤逾常格”[⑦]。概而言之，皇帝作为最高决策者，也是清代国家救灾制度制定和实践的最高指挥官。清代帝王在救灾中所应尽的具体职责和从事的具体活动大致可罗列为三个方面。

（一）因灾修省

灾异天谴是清代灾荒观的重要内容。清代帝王皆把修省看作沟通天

① 《世宗宪皇帝实录》（二），卷一百十九，雍正十年闰五月，第577页。

② 《高宗纯皇帝实录》（十六），卷一千二百六十六，乾隆五十一年十月上，第1067页。

③ 《高宗纯皇帝实录》（十九），卷一千四百九十八，嘉庆三年三月，第1058页。

④ 《仁宗睿皇帝实录》（五），卷三百七十四，嘉庆二十五年七月下，第942页。

⑤ 《宣宗成皇帝实录》（一），首卷一，第5页。

⑥ （宋）董煟编著：《救荒活民书》，李文海、夏明方：《中国荒政全书》第一辑，北京古籍出版社2002年版，第87页。

⑦ 《清通志》卷八十六，食货略六，蠲赈上。

人之际、寻求人与自然和谐相处的重要手段。“自昔帝王敬天勤民，凡遇垂象示儆，必實修人事以答天戒。”① 顺治二年（1645），先后三次发布上谕，修省弭灾。先是五月，因自春入夏雨泽不时，又加京师城铺失火，谕称“火灾示警，深惕朕心，大小臣工宜实加修省，共图消弭”②。八月，陕西、山西、直隶及畿辅一带有水旱风雹，户科给事中杜立德奏准“人君为天之子，当修省以迓天休。今天心示儆，不得以岁祲为常，凡开诚布公，懋德敦行，皆敬天事也”③。十二月，又因岁终灾异，上谕又令大小臣工俱当痛加修省，“尽心职业，共图消弭，毋事虚文”④。此后，因灾修省逐渐形成制度。因灾修省包括因灾自谴、因灾恤刑、因灾求言等三个方面。

1. 因灾自谴

修德弭灾，即帝王通过对自己德行的检讨求得天人感应。顺治十年（1653）四月，因春天不雨，入夏亢旱，农民失业，顺治谕内三院，反省“朕躬有缺失欤？祀享有不诚、诏令有不信、政事有未当欤？抑大小臣工怀偏私、重贿赂、不肯实心为国旷废职业，以致膏泽不下逮欤？抑当言不言、不当言而言、沽名钓誉、持禄养交、无济于实事欤？抑民间疾甘无所控诉，地方各官不以实上闻欤？”同时，命大小臣工也“各宜洗心涤虑，洁己奉公，佐朕修省，以符天意”⑤。闰六月，京师霪雨匝月，“积水成渠，房舍颓坏，薪桂米珠，小民艰于居食，妇子嗷嗷，甚者倾压致死”，顺治帝称此因自己“不德所致，朕当一意修省，祇惧天戒”⑥。顺治十一年（1654），因地震屡闻，水旱迭告，下诏大赦天下，称：“地震屡闻，皆朕不德之所致也。朕以藐躬托于王公臣庶之上，政教不修，经纶无术，一夫不获，咎在朕躬。而内外章奏文移，动辄称圣，是重朕之不德也。何以自安？自今以后，朕痛自修省，悉意安民。”

① 光绪《清会典事例》（四），礼部一，卷二百九十七，礼部八，朝会四，元日，第480页。

② 《世祖章皇帝实录》，卷一六，顺治二年五月，第141页。

③ 《世祖章皇帝实录》，卷二十，顺治二年八月，第175页。

④ 《世祖章皇帝实录》卷二十二，顺治二年十二月，第196页。

⑤ 《世祖章皇帝实录》，卷七十四，顺治十年四月，第584页。

⑥ 《世祖章皇帝实录》卷七十六，顺治十年闰六月，第604—605页。

同时，还责令各级官吏对于吏治进行反省："大小臣工各宜洗心改行恪修职业，佐朕挽回灾变，保乂黎元，凡奏章文移，俱不得称圣，以昭朕乾惕至意。"① 顺治十四年（1657），因地震有声，顺治谕礼部，称其"不胜悚惕，因思朕即位十有四年，亲政已历七载，虽夙夜忧勤，勉图治理，但万几至繁，玩日愒月，或至怠荒，政事有乖，民生未遂，以致灾谴见告，用示儆戒"②。康熙二十六年（1687），康熙因天旱颁诏天下。诏曰："朕统御天下，念切民生，夙夜图治，罔敢少懈，迩来岁每不登，民食寡乏，今兹仲夏，久旱多风，农事堪虑，此由布政不均，宽严过当，或土木工兴，或民瘼不达，事机之失，上干天和，阴阳不调，灾孰大焉，朕用是靡宁，减膳撤乐，清理刑狱，求言省过，斋居默祷，虽雨泽薄降，尚未沾足，皆因朕之凉德，不能感天心之仁爱。"③ 乾隆三年（1738）春，近京一带天旱不雨，三月二十一日（5月9日），"大雷不雨，而蓟州以东则透足，此皆朕之不德，惟有思过修省以静俟"④。

如前所述，清代帝王在因灾自谴的同时，也要求臣工反躬自省，"各殚乃忱，共勤实政，以为修弭之道"，并逐渐将因灾修省与吏治紧密联系起来。康熙三十六年（1697），康熙称其"偶遇灾变、则尤悚然靡宁"，此时地震发生，"朕心不胜兢惕"。他指出："方今外寇初平，海宇无事，而灾变示警，不可不加修省"，历代明君多重视因灾修省，"如汉之文景、宋之仁宗、亦有此异因其克修人事、遂获长享太平"，其他政权却因"遇灾不警，视为适然，卒致衰替"。相比自己的高度重视，他批评"每见内外大小官员多图暇逸，怠于职业，能实体朕怀、留心民事者甚少"⑤。雍正帝更将天象示警与地方官吏治不修直接关联起来。雍正三年（1725）五月，上谕认为："大凡地方水旱，沴不虚生，或朕朝政阙遗，或尔等封疆大吏治理纰缪，或小民习尚浇漓之所致。"⑥

---

① 《世祖章皇帝实录》卷八十七，顺治十一年十一月，第684页。

② 《世祖章皇帝实录》，卷一百一十一，顺治十四年九月，第874页。

③ 《圣祖仁皇帝实录》（二），卷一百三十，康熙二十六年五月，第396页。

④ 《高宗纯皇帝实录》（二），卷六十五，乾隆三年三月，第62页。

⑤ 《圣祖仁皇帝实录》（二），卷一百八十六，康熙三十六年十一月，第984页。

⑥ 《世宗宪皇帝实录》（一），卷三十二，雍正三年五月，第483—484页。

雍正具体分析地方政事与天象示警之间的关系："或一方之大吏不能公正宣猷，或郡县守令不能循良敷化，又或一郡一邑之中风俗浇漓，人心险伪，以致阴阳沴戾，灾祲洊臻，所谓人事失于下，则天道变于上也"，君臣一体修省，才能做到"感召天和"："朕一闻各直省雨旸愆期，必深自修省，思改阙失，朝夕乾惕，冀回天意，尔等封疆大吏暨司牧之官，以及居民人等，亦当恐惧修省，交相诫勉，夫人事既尽，自然感召天和，灾祲可消，丰穰可致，此桑林之祷，所以捷于影响也。"雍正认为，恐惧修省于天人感应的作用，远甚于祈祷："盖惟以恐惧修省，诚敬感格为本，至于祈祷鬼神，不过借以达诚心耳，若专恃祈祷以为消弭灾祲之方，而置恐惧修省于不事，是未免浚流而舍其源，执末而遗其本矣"①。雍正五年（1727）七月初一日，雍正帝下旨，将地方水旱定为有司考成。其起因是，是年春月，直隶地方有数处少雨，雍正降旨询问，总督宜兆熊、刘师恕"坦然奏称，今岁闰月，嗣后得雨亦不为迟"。对于此举，雍正下旨切责，责问其"如此存心怠忽，岂能感召天和"，并对比称，雍正二年（1724）春，河南地方少雨，田文镜"具折奏闻，词意恳切，忧民之心露之章句，朕见之皆为心动，竭诚祈祷，乃伊折奏到京之二日，河南即得大雨，朕先曾亦明谕，自此以后三年之内，豫省皆获丰收，连岁谷秀十三穗，麦秀三歧，可见至诚感格，无有不应"。雍正认为，如果封疆大臣都能像田文镜一样，"皆能如此存心，则地方断无不受福之理"。田文镜因此擢加兵部尚书衔，授河南总督。随后，雍正帝决心将水旱灾害与地方考成关联起来："朕意各省地方莫要于水旱之事，当定为地方官之考成"，除直隶玉田、宝坻等处，江南泗州、盱眙等处，湖广江陵、沔阳等处，广东围基等处，"皆滨江近河，素称沮洳之地，似此等地方，难以定议外"，"其余地方官员倘有政治不修，化导不力，以致民气不舒、灾祲见告者，或有自顾己私、匿灾不报者，应作何严加处分之处，着大学士、九卿详议具奏，如此则人人知敬天勤民之道矣"。但是，七月初十，上谕即取消了这一考成制度，原因是"数日以来，阴雨连绵，不见晴霁，朕甚忧畏，虔诚修省，细思近

① 《世宗宪皇帝实录》（一），卷三十四，雍正三年七月，第515页。

日用人行政之处，可以自信，或因前日颁发谕旨，欲将地方水旱定为有司考成之处，其事有所不可，故上天垂象，以示意耶？其以水旱为考成之处不必定例，大学士九卿不必议奏，着将前后所降谕旨汇写一处，仍复通行，并令大小官员各录一道，存贮官署，以自儆省，且使知朕敬天乾惕之至意，期与内外大小臣工共勉之，其余仍照前旨行”①。可见，自然灾害的发生，还成为清代帝王调整其吏治政策的工具或转因。

因灾自谴，常伴随有减膳撤乐、取消或简化庆典活动等行为。乾隆五十九年（1794），因“京师自上年冬初得雪，迄今未霈祥霙，朕盼泽焦劳，虔诚祈祷，尚未得邀渥泽”，乾隆认为，推求其故，“或即此欲准举行庆典之一念，已近于满假，以致不能感召休和，而明正朔望，适有日月亏食之事，不可不弥怀寅畏，亟思修省”，次年乾隆六十年（1795）为乙卯年，乾隆因此决定，“所有乙卯年庆典，着毋庸举行，是年八月，朕仍驻跸热河，不复照五十五年之例，先期回京受贺，庶几改过不吝，若过而不改，则为过滋甚。如内外大臣，尚有未喻朕意，再行奏请者，朕必不加允准，并当治以应得之罪，此不特王大臣等为朕股肱，咸宜善体朕意，即天下臣民亦当共见共闻者。朕现因雪泽未沾，省愆思过，宵旰靡宁，或者恃此一念，可冀天心协应”②。同治八年（1869）六月，武英殿忽被火灾，上谕称“上天示警，正宜儆惕倍深，潜消沴戾，所有宫廷一切工程及应用对象，除必不可缓及例应备办外，其余一概停止”③。同治九年，神武门内敬事房木库起火，谕称“火灾示儆，亟应恐惧修省，寅畏天威，本日延臣筵宴，即着停止”④。

2. 因灾恤刑

清人以为，刑狱不公极易使冤气上达，激起上天愤怒：“冤人吁嗟，感伤和气，和气悖乱，群生疠疫，水旱随之。”⑤ “刑狱为民生休戚所

① 《世宗宪皇帝实录》（一），卷五十九，雍正五年七月，第903—904页。

② 光绪《清会典事例》（四），礼部一，卷二百九十八，礼部九，朝会五，万寿圣节二，第501页。

③ 《穆宗毅皇帝实录》（六），卷二百六十一，同治八年六月，第623页。

④ 《穆宗毅皇帝实录》（六），卷二百七十五，同治九年正月，第811页。

⑤ （清）朱寿朋编：《光绪朝东华录》，第1401页。

关，更为紧要，一有枉抑，天气即为之不舒。”① 有清历朝每逢天灾，都将清狱恤刑看成感召休祥的“第一要务”②。根据笔者统计，从频率来看，乾隆朝每2.1年因灾清理刑狱一次，在历朝中最为频繁。其中，在乾隆朝的前20年中，有12年均因天旱恤刑③。同治朝、嘉庆朝因灾平均清理刑狱的年份分别为2.2年，2.3年，也属因灾恤刑较多的时期。一年中因灾清理刑狱的次数有时不止一次。乾隆七年（1742）三月，因雨泽稀少，上谕命令刑部将在部各案内“有牵连待质者及轻罪内情有可原者，或应省释，或应末减，会同都察院、大理寺悉心详查，妥议具奏”。直隶、山东、江南三省因当时雨旸不均，也照此例举行。乾隆并命令“嗣后各省如遇灾眚之年，着该督抚将清理刑狱之处奏闻请旨”④。为方便各省及时省刑弭灾，“直省雨泽愆期清理刑狱”并作为条例写入《大清律例》名律例“常赦所不原”中。乾隆八年（1743）四月，上谕重申，嗣后凡遇地方雨少时，应清理刑狱者，为了防止因请旨行文而导致不够及时，规定“除徒流等罪外，各案内牵连待质及笞杖案内情有可原者，督抚一面量减，一面奏闻”⑤。另一方面，从因灾恤刑的期限来看，一般不宜太长，尤其不能明示停止日期。乾隆八年（1743）九月，江南总督陈大受因海州等地被灾，奏请将减刑日期延至次年麦熟后停止。乾隆帝以为，赦非善政，“朕从前所降谕旨，原为地方偶有水旱，间修省刑之典，亦感召天和之一端，非谓灾伤之地即应一例赦罪也”，现在海州既已成灾，才开始清刑狱，是为时已迟，还要“明示以麦熟为期，则小民无知，以为此半年之间，可以触法抵禁，肆行无忌，是诱民为非也”，乾隆斥责“陈大受所见甚为卑谬，朕已于伊折内批示训饬，恐各省督抚尚有似此错会朕意者，故特降谕旨”⑥。因灾恤刑制度主要包括：

---

① 《世宗宪皇帝实录》（二），卷一百二十八，雍正十一年二月，第674页。

② 《圣祖仁皇帝实录》（一），卷二十六，康熙七年五月，第360页。

③ 没有因旱减刑的年份为乾隆元年、六年、十一年、十三年、十四年、十六年、十九年、二十年。

④ 《高宗纯皇帝实录》（三），卷一百六十三，乾隆七年三月，第47页。

⑤ 《高宗纯皇帝实录》（三），卷一百八十八，乾隆八年四月，第423页。

⑥ 《高宗纯皇帝实录》（三），卷二百零一，乾隆八年九月，第574—575页。

（1）清理积案重案

康熙朝前三十年中，康熙七年、九年、十年、十四年、十六年、十八年、十九年、二十一年、二十五年、二十六年、二十八年，康熙帝均因天时亢旱派要员会同刑部将监内重犯确审具奏，并将已结大案逐一详审，以求“狱无冤滞，以迓天和”。如康熙七年（1668），因自春徂夏雨泽愆期，准云南道御史黄敬玑疏言，命内外问刑衙门“凡一应刑名早为审结，除狱中重囚、照旧监锢外，其余一切情轻罪薄及牵连等犯，即行保释，务令狱无冤滞，则和气可以致祥”，又因顺直时曾有热审之例，“原虑暑天狱囚易致疫毙，故减等速结，今当此亢旸，尤宜举行”[①]。因灾清理积案，一定程度上有利于提高司法效率。嘉庆二十三年（1818），因地方缺雨，清理庶狱。“直省积案繁多，以山东为最甚。”据山东按察使温承惠奏称，其到任未及两月，接收呈词已有四百余件，还有历任未结之案四千余件，原因在于“州县疲玩，及该管之府州推诿，现在勒限审讯，分别惩处，直隶积案，虽不若山东之多，但因雨泽稀少，也应清理积案”，“以迓祥和”，因此，命直隶、山东督抚“即饬所属大小问刑衙门，各将现审案件迅速审断发落，牵连犯证，概行查明省释，不准藉词延宕，其咨部展限之案，一并清查审拟，如有抗延不结，据实劾参，以儆怠玩”[②]。道光十二年（1832），因京师亢旱，鸿胪寺卿多恒奏称：“致旱之由，滞狱为甚，倘有沉冤莫释，必当立为昭雪，默感天和”，道光帝因此先令刑部及在京问刑各衙门将已未结各案就其中情节可矜者悉心推求，即予平反，毋令淹滞。除京师外，“外省大小控案竟有经时累月，辗转延宕”，其中直隶深州民人田兰馨京控一案，阅三十年之久始行讯明奏结。“他省似此者，亦所不免”，其结果导致“不独案犯久系囹圄，多至瘐毙，且难保无含冤负屈及拖累无辜情事。覆盆莫雪，深可矜悯”，道光帝因此令“各督抚严饬司道府州县，将现在刑狱逐一清厘，有积案久经未结者勒限审详，有一案牵涉多人者速为开释。果能平反冤狱者，承审各官遇有应得处分”，“亦必量予宽免”，

① 《圣祖仁皇帝实录》（一），卷二十六，康熙七年五月，第360页。

② 《仁宗睿皇帝实录》（五），卷三百四十一，嘉庆二十三年四月，第509页。

而“倘奉行不力，即查参示惩，毋稍徇隐”[①]。

（2）因灾赦免

清代赦免罪囚有恩诏、恩旨之别。逢皇帝寿辰及一切庆典而肆赦者谓之恩诏，恩诏条款疏阔，典礼隆重，一般要在天安门颁布，行文各省一律遵行。遇水旱偏灾及罪囚拥滞，由刑部奏明查办减等叫做恩旨。与恩诏的普天同庆不同，恩旨仅及被灾之处，赦免范围止及轻罪并有冤滞罪囚，重罪一般不在其列。雍正八年（1730）四月，因京师雨泽愆期，雍正“推求政事之阙失”，认为自己“原有宽免各官参罚之心，而未曾降旨，或者内外数百人员之中，固有罚当其罪者，亦有限于成例、情属可原者，应即颁谕旨，广沛恩施，咸予以自新迁善之路”，除了“特旨永停俸禄者不行开复外，着将内外满汉文武大小官员一应革职降级留任及罚俸停升之案，悉行宽免，准其开复，倘此降革人员开复之后，将来有犯贪赃、侵蚀、不法重罪者，着于本内声明具奏”[②]。清中期以来，因灾赦免的对象常常扩大到军流重犯。道光朝以后，一般都将可以援减的犯遣军流罪者减为杖一百、徒三年，拟流加徒之犯减为杖一百等。[③]

清代因灾赦免并无定时，清代帝王认为，赦非善政，要防止赦免过频。康熙帝说：“自古不以颁赦为善政，以其便于恶人而无益于善人也。”[④] 雍正帝也认为，“赦罪之款，徒开恶人侥幸之门，于政治甚无裨益”[⑤]。康熙六十年（1721）三月，诸臣请上“圣神文武钦明睿哲大孝弘仁体元寿世至圣皇帝尊号”，应行礼仪，由礼部议奏。上谕称：“本朝受命以来，惟以爱养万民为务，如庆云景星，凤凰麒麟，灵芝甘露，天书月宫诸事，从不以为祥瑞而行庆典，亦无封泰山，禅梁父，改元贻诮之举。”康熙认为，从来上尊号之行为不过历代相沿陋习，徒惹后人非议：“从来所上尊号，不过将字面上下转换，此乃历代相沿陋习，特

① 《宣宗成皇帝实录》（四），卷二百十三，道光十二年六月上，第147页。

② 《世宗宪皇帝实录》（二），卷九十三，雍正八年四月，第251页。

③ （清）祝庆祺、鲍书芸编：《续增刑案汇览》卷一，赦款章程，成文出版社1968年影印本，第3页。

④ 《清朝通典》，卷八十九，刑十，浙江古籍出版社1988年版，第2695页。

⑤ （清）刘锦藻撰：《清朝续文献通考》，卷二百五十六，刑考十五，赦宥，商务印书馆1955年版，第10009页。

以欺诳不学之人主，以为尊称，其实何尊之有，当时为臣下者，劝请举行，以致后人讥议往往有之”，而且现今西北用兵，兼之被灾之处，民多受累，“朕每念及此，惟当修省图治，加惠黎元，有何庆贺”。另一方面，此举还会引起有人寄望于赦宥，导致社会混乱：“微贱无耻之徒，谓举行庆典，必有殊恩，邀望非分，若奸诈辈得邀殊恩，则军前功罪，轻重颠倒，钱谷混乱不明”，更有甚者，“人知六十年庆典，必有殊恩，故杀故犯者不少，值暮春清明时，正风霾黄沙之候，或遇有地震日晦，幸灾乐祸者，将借此为言，煽惑人心，恣行讥议，私相纪载，亦不可知”，因此，谕令“诏赦恩赍等项概行停止，所奏庆贺无益，不准行”[①]。嘉庆十二年（1807）四月，因京师雨泽稀少，嘉庆帝命清理刑狱，但他同时指出，就清理刑狱的范围来说，“向来军流以下人犯，间予减等发落，但积贼窝匪，若概行赦贳释回，该匪等未必革面洗心，仍为地方之害”，因此，“积贼人犯不必查办”[②]。道光十二年（1832），因天时亢旱，御史耆纲因“近年以来，获咎降革官员虽经肆赦，未能普沾恩泽”，奏请饬交吏兵二部查办，对降革人员“恳予恩施，免致废弃”。道光帝申斥其想法称：“宽宥之典，恩出自上，岂容臣下建言，售其沽名市恩之计”，“若该御史所奏，因亢旱而加恩废员，从来弭灾之术，有如是之曲徇人情者乎，求得此等之言，何益政事，何能感召？”耆纲身列言官，却“一味徇私乞恩，意存见好于人，以是为摅诚应诏，令人慨叹而已，该御史所奏，实属纰缪不可行”[③]。

（3）因灾缓刑

对灾荒期间灾民迫于饥寒哄抢窃盗者，量刑时应视其情形予以宽缓：“盖民迫于饥寒，不幸有过失，缓其刑罚，所以哀矜之也。”[④] 因灾缓刑还对轻重囚犯采取恤囚措施。狱政中多有逢暑热于狱囚减锁释枷。灾荒之时，更是三令五申释放罪干牵连的轻罪待质人犯，严禁受贿私刑。此外，纳赎也被视为因灾恤囚的重要方式。为了扩大赈粮来源，减

① 《圣祖仁皇帝实录》（三），卷二百九十一，康熙六十年三月，第831—832页。
② 《仁宗睿皇帝实录》（三），卷一百七十八，嘉庆十二年四月下，第337页。
③ 《宣宗成皇帝实录》（四），卷二百一十三，道光十二年六月上，第143页。
④ （清）姚碧辑：《荒政辑要》，《中国荒政全书》第二辑第一卷，第824页。

轻狱政压力，凡有罪犯“情理可原”者，准其以谷赎罪。① 康熙四十二年（1703），因山东饥荒，即将降级革职人等有情愿赎罪者，准其赎罪②，并遣发在京旗民中愿赎罪人一百名，前往山东灾区赈济灾民③。

（4）停止词讼

即停止民事诉讼的受理和审判。顺治十一年（1654），直隶发生水灾，谕令地方官除强盗人命外，其余户婚田土等一切词讼暂停受理，违者参奏。④ 雍正七年（1729）三月，上谕称，上年直隶通省地方收成丰稔，惟有宣化、怀来、保安三州县独愆雨泽，“朕心即疑地方官民恐有招致之由”，据口北道王棠折奏，宣化、怀来、保安等处，“去年夏秋亢旱，今春他处皆得瑞雪，而此地独少，二月间，臣因公出境，勘得鸡鸣驿新保安之间，有古惠民渠一道，灌田数百余顷，旗民互讼，历三十余年，未曾结案，臣详勘渠道，先剖曲直，继将上年所奉上谕，再四宣布，劝使回心，一时旗民人等顶颂皇仁，实时感悟，分渠共溉，永息争端”，因为平息了这场旷日持久的讼端，“果于三月初一二等日，连降瑞雪，平地尺余，春耕有赖，万民称庆等语”。雍正认为，王棠此奏，“不过敷陈其事，而实乃天人感应之至理”，他阐述构讼与灾祲之间的关系说：“盖人之所以为心，即天之所以为心，倘一方之中，彼此猜嫌，构争起讼，人怀不平之气，斯天地之气亦湮塞于一方，不能和畅宽舒，有不雨旸失序者乎？”⑤ 雍正九年（1731）夏，华北亢旱，雍正帝严令地方官恪守停讼停征成例，若有“妄滋扰累”者，一律从重议处。⑥ 京师每逢祈禳及严重干旱，一般要停止死刑犯的审理复核，刑部也不能向皇帝具奏立决本章。

此外，清代帝王还因灾整顿刑部及办案官员。康熙七年（1668）五月，因“天气亢旸，祷雨未应，风霾日作，禾苗枯槁，倘仍不雨，秋

① （清）邵之棠辑：《皇朝经世文统编》，卷四十一，内政部，救荒，光绪二十七年上海宝善斋石印本。

② 《圣祖仁皇帝实录》（三），卷二百一十一，康熙四十二年二月，第141页。

③ 《圣祖仁皇帝实录》（三），卷二百一十一，康熙四十二年二月，第141页。

④ 《世祖章皇帝实录》卷八十二，顺治十一年三月，第644页。

⑤ 《世宗宪皇帝实录》（二），卷七十九，雍正七年三月戊午，第37—38页。

⑥ 《世宗宪皇帝实录》（二），卷一百零七，雍正九年六月，第414页。

成无望，民生何赖”，亲政不久的康熙帝认为，灾害的原因皆由内院、六部、都察院大臣，不能“公忠体国，政事舛错，及一切事务应完结者驳察耽延，则例繁多，任意轻重，以致属员胥吏、乘机作弊者甚多，”他命对上述官员“指名参奏，从重治罪，其才庸不能办事者亦著参奏黜革，勿得徇情姑留，如经朕知，或被旁人纠参，将该管官治罪不贷”。康熙尤其指出，刑部督捕等衙门狱讼牵连，日久不结，“令无辜沉冤狱底，而拟罪引律，偏用重条，严刑酷罚，以苛察为明，深求为能，积怨既深，上干天和，垂示灾异，宜加修省、以为消弭之计”①。雍正十一年（1733），因上年京师无雪，是年春天雨泽又少，雍正分析原因，认为各部院中“惟刑部声名不好，司员作弊，胥吏逞奸，道路之间，人言啧啧。海寿身为尚书，乃一部之表率，伊先怀挟私心，何能使所属之人奉公守法乎？王国栋受朕深恩，膺封疆之重寄，乃伊在湖南、浙江等任非水即旱，或遇虫灾，历历可数，及回刑部办事，而天时又有亢旱之象，何其前后一辙如此。伊心尚不知敬畏，视为泛常”，刑部官职责任十分重大，而海寿、王国栋之居心行事若此，“一任司官胥吏作奸犯科，舞文弄法，岂有不上干天和之理”，他因此责令海寿、王国栋等愧悔悛改，倘若仍然执迷不悟，“惟有执国法以正其罪，非第革职降罚而已”②。雍正还批评另一任职刑部的官员窦启瑛，称皇帝谒陵寝途中，见沿途地方安设水缸甚多，询问时任按察使的窦启瑛，据奏“系动支钱粮预备者”，上谕予以申饬，称“地方官职司民牧，当以利济闾阎、休养百姓为务，乃只以洒道清尘，为迎合朕心之举，错谬已极。銮舆所过，即略有尘土，亦复何碍？尔等于此等处过于用心，冀朕欢悦，转被朕之谴责，何不以此心用之于民生吏治，重受朕之嘉奖耶？”窦启瑛因此被交部议处。雍正认为，“今观畿辅之地雨雪亦未均调，窦启瑛为职掌刑名之大员，而识见庸陋如此，则听断谳鞫之际，必有不得其当者，安得不加儆惧？”刑部固为刑名总汇，其实各部事务与刑名相关涉者也有很多，“如户部钱粮之亏欠，工部工程之查核，吏部兵部员弁之考成，皆

① 《圣祖仁皇帝实录》（一），卷二十六，康熙七年五月，第359页。
② 《世宗宪皇帝实录》（二），卷一百二十八，雍正十一年二月，第674—675页。

有处分及交送刑部之件。诸大臣俱应慎重周详，小心敬谨，以凛天戒”[①]。

3. 因灾求言中的政治博弈

因灾求言也是帝王因灾修省的内容。以言路不通、民隐弗达会引起上天不悦，致生灾害，故“欲消变异，必修政事缺失，欲知政事缺失，必求谏诤直言”[②]。在“灾异天谴说”的传统灾荒观的影响下，自然灾害与政治在清代社会有着非常密切的因果联系。相信天象示警的清代帝王认为，政治不够清明是致灾的重要原因。因为言路不通、民隐弗达即会引起上天的不悦，如果“言路通而苛政除，犹夫茅塞去而蹊径豁，人情决于下，天道有勿和于上哉？”[③] 因此，因灾求言就成为清代帝王期望消灾弥害、求得天人感应的重要政治措施。在清人看来，因灾求言可以通过君臣之间的沟通，找寻政治中的阙失，从而及时调整统治政策：“拯灾之方，便民为上，苟非虚衷下问，实心采访，纵有爱民之意，难施利济之谋，是以咨询周广，惟恐百姓不为上告，民情不得上申。”[④] 学界以往对汉代、唐代因灾求言已经有所论及，但对清代的相关情况则鲜少论述[⑤]。以下对清代因灾求言的大概情况、内容及效果做些简要分析，期待能够借此加深对清代救灾与政治关系的研究。从因灾求言这一视角，希望可以观察清代政治禳灾的具体操作过程，也可加深对清代政治生活的了解。

（1）清代因灾求言概况

有清一代，水旱灾害、地震、风灾、蝗灾、疾疫的发生都曾引发皇帝颁发因灾求言诏书。根据对《清实录》《清史稿》的统计，清代因灾而“求直言”“开言路”的次数至少38次（见下表）：

---

① 《世宗宪皇帝实录》（二），卷一百二十八，雍正十一年二月，第674—675页。

② 《世祖章皇帝实录》卷一百一十二，顺治十四年十月，第877页。

③ （清）陆曾禹：《钦定康济录》，《中国荒政全书》第二辑第一卷，第300页。

④ （清）陆曾禹：《钦定康济录》，《中国荒政全书》第二辑第一卷，第301页。

⑤ 相关成果主要有段伟《禳灾与减灾：秦汉社会自然灾害应对制度的形成》（复旦大学出版社2008年版）；阎守诚《危机与应对：自然灾害与唐代社会》（人民出版社2008年版）。另外，梁娟娟、油伏霞《天人感应的灾异谴告说与谏议——以顺治朝为例》（《唐都学刊》2009年第1期）、李文海《顺治帝“下诏求言”为什么失败》（《光明日报》2004年11月30日）介绍了顺治朝因灾求言的大概情况。

表 5 – 1　　清代因灾求言次数

序号	时间	灾情	资料来源
1	顺治十年四月	亢旱	《世祖章皇帝实录》卷七十四，顺治十年四月，第 584 页
2	顺治十二年正月	水旱相仍	《世祖章皇帝实录》卷八十八，顺治十二年正月，第 693 页
3	顺治十四年十月	地震	《世祖章皇帝实录》卷一百一十二，顺治十四年十月，第 877 页
4	顺治十六年五月	亢旱疠疫	《清史稿》，卷 5 纪 5 世祖本纪二
5	顺治十七年六月	亢旱为灾	《世祖章皇帝实录》卷一百三十六，顺治十七年六月上，第 1052 页
6	康熙四年	地震	《清史稿》，列传五十
7	康熙六年	畿辅旱	《清史稿》，列传三十一
8	康熙十八年七月	地震	《圣祖仁皇帝实录》卷八十二，康熙十八年七月庚申，第 1050 页
9	康熙十九年五月	旱魃为灾	《圣祖仁皇帝实录》卷九十，康熙十九年五月，第 1136 页
10	康熙二十六年五月	久旱多风	《圣祖仁皇帝实录》卷一百三十，康熙二十六年五月，第 396 页
11	康熙五十九年五月	以旱求言	《清史稿》，卷 8 纪 8 圣祖本纪三
12	雍正元年五月	天时亢旱	《世宗宪皇帝实录》卷七，雍正元年五月，第 145 页
13	乾隆三年四月	雨泽愆期	《高宗纯皇帝实录》卷六十六，乾隆三年四月上，第 66—67 页
14	乾隆四年四月	雨泽愆期	《高宗纯皇帝实录》卷九十，乾隆四年四月上，第 392 页
15	乾隆五年四月	旱	《清史稿》，卷 10 纪 10 高宗本纪一
16	乾隆七年三月	旱	《清史稿》，卷 10 纪 10 高宗本纪一
17	乾隆八年六月	天气亢旱	《高宗纯皇帝实录》卷一百九十四，乾隆八年六月上，第 490 页

续表

序号	时间	灾情	资料来源
18	乾隆十一年八月	地震	《高宗纯皇帝实录》卷二百七十二，乾隆十一年八月上，第552页
19	乾隆十五年五月	雨泽未能沾足	《高宗纯皇帝实录》卷三百六十四，乾隆十五年五月上，第1016页
20	乾隆二十四年五月	雨泽愆期	《高宗纯皇帝实录》卷五八七，乾隆二十四年五月下，第515页
21	乾隆五十七年闰四月	旱	《清史稿》，卷15纪15高宗本纪六
22	嘉庆二十二年七月	雨泽稀少	《仁宗睿皇帝实录》卷三百三十二，嘉庆二十二年七月，第378页
23	嘉庆二十三年四月	暴风	《仁宗睿皇帝实录》卷三百四十一，嘉庆二十三年四月，第501页
24	道光十二年六月	京师亢旱	《宣宗成皇帝实录》卷二百十三，道光十二年六月上，第143页
25	咸丰二年三月	丰北河工漫口、畿辅少雨	《文宗显皇帝实录》卷五十七，咸丰二年三月下，第750页
26	咸丰九年三月	旱	《清史稿》，卷20纪20文宗本纪
27	同治元年三月	旱	《清史稿》，卷21纪21穆宗本纪一
28	同治元年七月	京师疫气盛行	《穆宗毅皇帝实录》卷三十五，同治元年七月下，第943页
29	同治五年五月	雨泽愆期	中国第一历史档案馆藏：上谕档1789（五）册，第147页
30	同治六年五月	天时亢旱	《穆宗毅皇帝实录》卷二百四，同治六年五月下，第640页
31	同治九年十月	水旱迭见	《穆宗毅皇帝实录》卷二百九十三，同治九年十月下，第1055页
32	同治十年八月	久雨为灾	《穆宗毅皇帝实录》卷三百十七，同治十年八月上，第189页
33	同治十二年二月	黄河运河决口	《清史稿》，卷22纪22穆宗本纪二
34	光绪二年三月	雨泽愆期	《德宗景皇帝实录》卷二十八，光绪二年三月下，第417页

续表

序号	时间	灾情	资料来源
35	光绪三年九月	水旱蝗灾	《德宗景皇帝实录》卷五十七，光绪三年九月上，第790页
36	光绪四年二月	山西河南旱灾	《德宗景皇帝实录》卷六十八，光绪四年二月下，第43页
37	光绪五年七月	甘肃地震	《德宗景皇帝实录》卷九十八，光绪五年七月，第460页
38	光绪二十五年九月	旱灾	《清史稿》，卷24纪24德宗本纪二

从上表可见，雨泽愆期、久旱不雨是因灾求言的重要原因。根据上述不完全的统计，乾隆朝至少有9次因灾求言，其中，8次皆因久旱不雨引起。同治朝至少有7次因灾求言，其中4次为因旱求言。究其原因，一方面是因为与水灾、地震的发生相比，旱灾发生速度较慢，在其早期可以通过天人感应而减缓旱象，另一方面，在“农务为国家之本”的农业社会中，春夏久旱对农作物的生长隐忧很大，所谓“旱一片，涝一线”。就统治者而言，从天人感应的角度看，农事方殷之时天气亢旱，其警示显然更具典型性，“天行之愆，人事之失也”①。除了旱灾外，地震也是导致因灾求言的重要因素。顺治十四年（1657）京师地震，康熙十八年（1679）直隶三河、平谷地震，乾隆十一年（1746）京师地震，光绪五年（1879）甘肃大震等，朝廷皆因此而发布谕旨，广开言路。另外，因风灾、疾疫的发生也有开言路者。康熙二十六年（1687）、嘉庆二十三年（1818）皆因暴风为灾，广开言路。同治元年因京师内外时疫，上谕亦命各级官员“于朝廷政治得失之大且要者悉矢忠赤，谠言无隐，亦毋徒以毛举细故，摭袭陈言，为虚承故事”②。

在传统灾荒观的影响之下，各种灾害象征的警示意义在清人眼中也不相同。所谓地震乃是“地失其常，挽回天地之变，首在率循人事之常”，乾隆十一年（1746）京师地震，浙江道监察御史曹秀先奏称：

① 《圣祖仁皇帝实录》（二），卷一百零三，康熙二十一年六月，第38页。
② 《穆宗毅皇帝实录》（一），卷三十五，同治元年七月，第943页。

“地体属阴，宜静不宜动。今日之动，度亦卑下不循分义所致，或缘疆宇辽远，人性难齐，文告不修，而教化未广也”，“夫所谓教化者，非仅城设一学，村设一塾，以课凡民之俊秀也，其在乔野小民，所易晓者，莫若文告之词”，“今直省布贴劝民告示，多向通都大衢，以饰耳目”，“穷乡僻壤者且不得一见”。曹秀先以为，加强教化的办法，守土官吏，各有教民之责，“应令各直省督抚，将有关于忠信孝弟、礼义廉耻、扶尊抑卑、正名定分等事，择其明白浅近者，刊刷告示，每年分发所属府州县卫，于大小乡村遍贴，朔望宣读圣谕后，以方言谚语，为愚民讲说，行之日久，则感发天良，戾气消而和气聚矣”①。至于风灾，“风为蒙之象”，风灾系皇帝“办事不明、用人不当之故”②。嘉庆二十三年（1818）四月初八，京师“有暴风自东南来，俄顷之间，尘霾四塞，室中燃烛始能辨色，其象甚异”。嘉庆帝认为，风灾正因其用人不当，“或意存怠忽，不能力勤，或有下情不能上达者，其政事阙失，无所匡正欤？抑小民冤苦，壅遏莫闻欤？或内外大臣有奸佞倾邪，而朕不及觉欤？”因此，他命“有言事之责者，体朕遇灾而惧之心，其各屏除私意，献纳忠言，如朝廷所行之事，有似前代秕政、应行改革者，即剀切论列，无有所隐，下民横被冤抑、有覆盆莫白者，亦据事直陈，代为昭雪，其奸邪之病国虐民者，或模棱巧宦、旅进旅退者，即列款纠参，指其实迹，登之弹章，如此则言者出于为国之公心，朕听之即为应天之实政”。当然，若言官“怀挟私意，祇图便一身之谋，又或造作无稽，以报夙嫌而泄私忿，则颠倒黑白，淆乱是非，不特负朕求言之意，更足以增晦蒙之象矣”。另外，嘉庆认为，风灾与匿名讦告之案迭出、刑狱不清也有关联：“且如近日人心险恶，匿名讦告之案，接踵而出，良民受其拖累，以致荡产亡身，皆足以召灾沴，又风从东南而来，或东南一带，逋逃逆恶相聚潜藏，地方官不能觉察，以致上干天和”③。最为常见的旱灾之形成也与政事的关系密不可分：“独阳为旱，独阴为水，君

① 《高宗纯皇帝实录（四），卷二百七十二，乾隆十一年八月，第552页。
② 《仁宗睿皇帝实录》（五），卷三百四十一，嘉庆二十三年四月，第501页。
③ 《仁宗睿皇帝实录》（五），卷三百四十一，嘉庆二十三年四月，第501页。

阳臣阴，有君无臣，是以久旱。”也就是说，君王太操劳、臣子太安逸是致旱的重要原因，如果只有“皇上宵衣旰食，焦劳于法宫之中，而王公大臣拱手备位，曾不闻出一谋，献一画”，“是君劳于上，臣逸于下，天道下济，而地道不能上行，其于致旱，理或宜然”①。因此，皇帝如果做到“一切用人行政不改鉴空衡平之体，又于一二纯诚忧国之大臣，时赐召对，清晏之余，资其辅益，必能时雨时风，销殄旱灾矣”②。

从因灾求言较为集中的年份来看，顺治朝于顺治十年、十二年、十四年、十六年、十七年，乾隆朝于乾隆三年、四年、五年、七年、八年、十一年、十五年，同治朝于同治元年、五年、六年、九年、十年，光绪朝于光绪二年、三年、四年、五年均因灾广开言路，求言纳谏。究其原因，一方面是因为灾情严重，比如光绪初年华北发生惨绝人寰的“丁戊奇荒”，光绪五年甘肃发生破坏力极强的八级大地震。另一方面，因灾求言也是统治者应对政治形势、稳定社会秩序的现实需求。顺治时满人刚刚入主中原，政治统治不够稳定，国力疲弱，加以自然灾害频繁发生，民生困苦，皇帝自然需要通过广开言路，纠正自己失政行为，应对潜在或显现的社会危机。乾隆、同治、光绪朝的因灾求言比较集中地发生在新皇登基的最初几年，也反映了新皇帝希望借此体现自己勤求治理、广纳忠言、励精图治之意。

（2）因灾求言的具体内容

清代因灾求言的内容非常丰富，进言者可以分析时局，批评朝政得失，弹劾百官，褒贬吏治，提出具体的救灾主张，甚至直接臧否皇帝的德行和为政能力。以下从三个方面略作分析：

其一，对帝王个人政绩德行的批评。

皇帝因灾害自谴修省，往往也要求官员对君王的行政言行等进行评价，以体现自己虚心求言的决心。顺治十年（1653），因雨潦为患，顺治帝命三品以上及科道官各抒所見，“凡有关朕躬及天下大利大害、应

① （清）储麐趾：《亢旱应诏言事疏》，《皇朝经世文编》卷九，治体三，政本上，第11页。

② （清）储麐趾：《亢旱应诏言事疏》，《皇朝经世文编》卷九，治体三，政本上，第11页。

兴应革者，悉心条奏，毋含糊两可，毋借端影射，若所言合理，切中过失，朕不惮改”[①]。闰六月二十五日（8月17日），户科给事中周曾发奏请节财用、惜民力，他指出，“数月以来，灾祲迭见，前者雷毁先农坛门，警戒甚大，近又霪雨连绵，没民田禾，坏民庐舍，露处哀号，惨伤满目，此实数十年来未有之变也”，天象示警的原因，与肇建乾清宫有关：“考五行之数，土不能制水则水滥，水滥则土陷而木浮，皇上方有事于土木，而天心之示警者匪一端”，周曾发因此提出缓建乾清宫，顺治帝以次年不宜兴工为由，坚持继续兴建[②]。七月初四日（8月26日），都察院左都御史屠赖等以灾害频繁、民间疾苦深重，再次奏称应暂停乾清宫工程，以此项钱粮给养军民：“今修造乾清宫、设立司礼监等衙门二事，虽屡经奉旨，臣等窃有管见，盖军民饥苦，尚未休息，边境盗贼大兵征剿，尚未扫除，所需钱粮不赀，京中养给官兵、未有余积，去岁南方亢旱、北地水涝，今年六月，大雨连绵，房舍倾颓，田禾淹没，民间疾苦，昭然可见，宜暂停乾清宫工，以此项钱粮给养军民，俟盗息民安，修造未为晚也。”顺治继续坚持认为，乾清宫“乃朕所居处，工价物料，俱经备办，择吉兴工，已有前旨”，也就是说，修造乾清宫的物料早已备齐，且前已有旨择吉兴工，因此不能骤停[③]。次日，即七月初五（8月27日），和硕郑亲王济尔哈朗联合诸王、贝勒、贝子、内大臣、固山额真、内院大学士、六部都察院堂官等，以雨涝异常，又次奏请“暂停宫殿工程，以钱粮赈济军民”。诸臣的连续进谏，使顺治帝最终下诏，称“王等所奏甚是，宫殿以及各项工程俱令停止，以休养军民”，“各处田地着速行踏勘赈济事宜，勿得延缓，自诸王以至各官，凡祭祀饮食概宜从俭，朕亦自图节省”[④]。

乾隆三年（1738），天旱不雨，乾隆帝令君臣恐惧修省，“凡朕用人行政之间，岂能一一悉当？如有缺失，即当据实指陈，不但政事之形于外者，即朕躬朕心，偶有几微过误，俱当直陈无隐”，他尤其鼓励科

① 《世祖章皇帝实录》卷七十四，顺治十年四月，第584页。
② 《世祖章皇帝实录》卷七十六，顺治十年闰六月，第605页。
③ 《世祖章皇帝实录》卷七十七，顺治十年闰六月，第606页。
④ 《世祖章皇帝实录》卷七十七，顺治十年闰六月，第607—608页。

道官，不要揣摩圣意，要敢于进言：“至于朕令科道条陈事件，原许伊等各陈所见，以裨政治，虽所陈奏不能尽合机宜，且往往有揣摩朕意，有心迎合者，此等固不足采，但伊等职司言路，条陈既多，其中岂无可行之事。”① 大臣敢于进谏，也是沟通朝野上下的重要环节：“假若闻朕之政治稍有阙失，即直言陈奏，不必隐讳。如此则官与民联为一体，臣与君又联为一体。”② 乾隆四年（1739）三月，又逢“弥月不雨，炎风屡作，麦根虽幸无恙，而麦苗已将萎矣。若十日不雨，则无麦”。四月，乾隆帝传谕礼部即速虔诚祈祷雨泽，同时他反躬自省称：“朕时常召见九卿，询问政事利弊，诸臣率多以目今无甚弊政陈奏者，审如是，何以水旱频仍，以致上苍屡示警耶？抑政务之小者，原未见有过，而朕躬之阙失，陷于不自知者，诸臣不肯言之耶？或所用之大臣，不洽众望，而诸臣以为朕信任之，不肯攻其过耶？”有以上任何一种情况，都会导致天灾降临，“用是剖晰肺腑，广开言路，大学士可询问九卿科道等官，俾各直陈无隐”③。稍后，九卿科道等覆奏，称“雨泽偶尔愆期，圣躬实无阙事，臣等奉职无状，嗣后当益励恪勤”。乾隆下旨认为，“览卿等所奏，谓近日政务，实无阙失可以指陈”，他自认即位四年以来，朝乾夕惕，“无非以爱养民生为念，凡有利民之政，无不兴举，害民之事，靡不革除，瘝瘝焦劳，惟恐一夫不获其所”，即使如此，“今尔等以为事事合乎天理，当乎人心，在朕心犹不敢自信，即尔等所奏，虽皆引咎自责，亦属空言，无补时政”④。乾隆五年（1740）四月，因为又逢春旱，雨泽愆期，乾隆帝一面宣称，“朕于用人行政之间，返躬自省，仰承上天眷顾之隆，皇考付托之重，兢兢业业，不敢有负，此朕心可以自信者”，另一方面，“一日万几，不敢信为一无阙失也”，就是大学士等诸臣“随朕办事，又岂能保其一无过愆”，他叮嘱诸臣对于政事缺失应该据实直陈：“人若不自知，见人之过易，见己之过难，如镜之能照物

---

① 《高宗纯皇帝实录》（二），卷六十六，乾隆三年四月上，第66页。

② 光绪《清会典事例》（四），礼部二，卷三百一十三，礼部二四，耕耤，耕耤册礼，第695页。

③ 《高宗纯皇帝实录》（二），卷九十，乾隆四年四月上，第392页。

④ 《高宗纯皇帝实录》（二），卷九十，乾隆四年四月上，第394页。

而不能自照也，尔等现居九卿之列，皆为朕之股肱，倘政事或有失于宽纵，及失于严刻之处，尔等宜平心细想，有应入告者，或连衔具奏，或各抒所见，据实直陈，务期于国计民生，实有裨益”，如果只是摭拾虚词，“以用人行政为无可置议，或搜索琐事，苟且塞责，皆非朕所谆谆期望于尔等者，夫朋友之间，尚有规劝之义”，何况“我君臣谊关一体者乎”[①]？再如，道光二十三年（1843），因黄河多次决口，御史苏廷魁奏请皇帝下诏罪己，开言纳谏[②]。同治八年（1869）六月，武英殿遭火灾，倭仁、徐桐、翁同龢等也奏请将所有宫廷一切工程及应用对象除必不可缓及例应备办外，其余一概停止。[③]

其二，弹劾各级官吏徇私贿赂、损公肥私之事，或者“当言不言、不当言而言”等不作为的行为。康熙十年（1671），因天旱求言，翰林院编修陈志纪弹劾皇上忧勤惕厉之际，在京师的督抚大员“方营第宅，蓄倡优，近在辇毂下，不守法度，何以责远方大吏廉节”，并具体疏举在京治父丧的两广总督周有德等人，经吏部严察，周有德坐实“居丧营造”，并曾嘱托陈志纪上疏时“毋及其名”，因此遭“夺官，追缴诰命”[④]。光绪四年（1878），山西、河南、直隶等地被旱灾严重，翰林院侍讲廖寿恒奏请“上下交修、并训责疆臣以弭天变”，他弹劾直隶总督李鸿章，称河间等地被旱较重，地方州县确捏报收成有六七分，布政使孙观并未查驳，等到编修何金寿疏陈直境荒旱，李鸿章责问孙观，“始行改详，据以覆奏”。因此李鸿章未能先行察觉，“难辞其责”，又因其办理赈务不善，导致直省流民纷纷进入京师。此外，还有“招商之弊，物议滋多，开矿之举，亦无把握，皆于国计民生，大有关系。属吏逢迎献谀，该督隐受其欺蔽而不觉”。对于廖寿恒的弹劾，上谕并未予李鸿章以实际的处分，只是劝勉“李鸿章身膺畿疆重寄，倚任尤专，自应将被灾地方应办赈务，悉心筹画，认真办理，俾穷黎不致流离失所。至招商开矿等事有无流弊，亦宜详慎筹办，方不致虚糜帑项。属吏贤否，尤

① 《高宗纯皇帝实录》（二），卷一百一十五，乾隆五年四月，第686页。
② 《宣宗成皇帝实录》（六），卷三百九十，道光二十三年三月，第1000页。
③ 《穆宗毅皇帝实录》（六），卷二百六十一，同治八年六月，第623页。
④ 《清史稿》卷二百五十六，列传四十三，第9798—9799页。

应秉公考察，分别劝惩，不得稍有瞻徇。该督当仰体朝廷宵旰焦劳之意，力戒因循，用副委任”[①]。同年，翰林院编修何金寿奏请训责枢臣，称“此次饥馑荐臻，疮痍满目，天降奇灾，皆由政令阙失所致”，此时皇帝年幼，“军机大臣赞画枢要，实有献替之责，若谓灾诿诸天，过诿诸上，谅必有所不敢，惟当此灾广且久，朝廷宵旰焦劳，无时或释，而该王大臣等目击时艰，毫无补救，咎实难辞”，恭亲王着交宗人府严加议处，宝鋆、沈桂芬、景廉、王文韶均着交吏部、都察院严加议处，本应革职处分，后改为革职留任[②]。

其三，对国计民生提出相关建议。同治九年（1870），因水旱灾害频繁，翰林院编修黄彭年奏陈时事维艰，针对积弊，朝廷应当黜奢崇俭，大臣当力戒因循推诿、奔竞夤缘等行为，上谕称赞：“兹览黄彭年所陈懋圣学、戒臣工、节财用、广言路各条，于修省之道大有裨益，惟当孜孜求治，重道亲师，慎侍御仆从之选，屏耳目玩好之娱，期与天下共臻上理”，并令此后“内务府大臣于一切用款，务当查照旧章，力求撙节，不得任意加增，凡百臣工尤当懔遵法制，毋尚浮华。言路通塞实为治理所关，在廷诸臣，于政事得失、人才贤否如确有所见，总当直言无隐，以副朝廷广开言路之意”[③]。光绪四年（1878），华北大旱，翰林院侍讲张佩纶奏称，各省讼狱繁多、吏治废弛，当时震动朝野的四川东乡案，统兵大员残害无辜，此种冤狱是致灾的重要原因。上谕因此命四川总督丁宝桢将此案重新复核，“务求平允，毋稍回护”[④]。詹事府左庶子黄体芳奏称，灾深患迫宜筹拯民应天之方，包括三个方面：筹款赈灾为救急，格天祈雨为治本，戢京师为预防。救急之道，包括借洋款、停烧锅、招商运、资流亡、广聪明等。比如借洋款，原因是“自去年以来，中外诸臣筹措之术已穷矣，捐劝募已成弩末，其余非琐碎无济，即迂缓难行，再以辗转迁延，死者已死，乱者已乱矣，欲筹巨款，止有速向洋商借银五六百万，即以此款购买洋米，由上海速发电信，通知外

① 《德宗景皇帝实录》（二），卷六十八，光绪四年二月下，第63页。
② 《德宗景皇帝实录》（二），卷六十八，光绪四年二月下，第55页。
③ 《穆宗毅皇帝实录》（六），卷二百九十三，同治九年十月，第1055页。
④ （清）朱寿朋编：《光绪朝东华录》，第535页。

国，嘱其购到，不拘何项，米粮设局运津，不过两月，必可云集，分赈山西、河南、直隶三省”①。不过，上谕认为，借洋款一条，并不可行，“无论借款须给息银，徒亏帑项，且辗转筹商，必非一时所能集事，以灾区垂毙之民，专待不能克期之款，仍属缓不济急”，“所请着毋庸议”②。

清历代皆强调，大臣进言应当做到极言无隐：“凡事关朕躬者，何令不信，何政未修，诸王贝勒、办事诸臣旷职之愆、丛弊之处及内外各司何害未除，何利未兴，各据见闻，极言无隐，须详明切实，庶便览观。”③ 为了求得好的效果，因灾开言路时，历代帝王均会采取种种鼓励政策，扩大上言路的对象。清代对有言事之责的官员有明确规定：“国家定例，内而九卿科道，外而督抚藩臬，皆有言事之责。”④ 因灾开言路时，往往会给没有言责的官员上书言事的权力：所谓“有言责者封章入告，无言责者可呈都察院，或交呈各部院堂官转呈”⑤。顺治朝曾将开言路的范围扩大到道员、知府一级。顺治十二年（1655）正月，因水旱相仍，谕令广开言路，称“今广开言路，博询化理，凡事关朕躬者，何令不信，何政未修，诸王贝勒、办事诸臣旷职之愆、丛弊之处及内外各司何害未除，何利未兴，各据见闻，极言无隐，须详明切实，庶便览观”⑥。为鼓励诸臣直言进谏，表示“一切启迪朕躬，匡弼国政者，所言果是，即与采用，如有未当，必不加罪”⑦，令文官自督抚以下、知府以上，武官自提督总兵官以下、副将以上，就“管辖之内职掌事宜”直陈无隐，司道、知府、副将也命各陈奏一次。⑧ 不过，一般情况下，因灾上书言事的官员品阶多在三品以上。比如，康熙十八年

① （清）朱寿朋编：《光绪朝东华录》，第559—560页。

② 《德宗景皇帝实录》（二），卷六十八，光绪四年二月下，第60—61页。

③ 《世祖章皇帝实录》卷八十八，顺治十二年正月，第693页。

④ （清）曾国藩：《应诏陈言疏》，（清）饶玉成编：《皇朝经世文续编》卷十三，同治十二年刊，光绪八年补刻续编，江右饶氏双峰书屋刊本，第28页。

⑤ 《德宗景皇帝实录》（二），卷六十八，光绪四年二月下，第43页。

⑥ 《世祖章皇帝实录》卷八十八，顺治十二年正月，第692页。

⑦ 《世祖章皇帝实录》卷八十八，顺治十二年正月，第692页。

⑧ 《世祖章皇帝实录》卷八十八，顺治十二年正月，第692页。

（1679），直隶三河、平谷发生八级地震。康熙帝令部院三品以上官及科道、在外各督抚将应行应革事宜明白条奏，直言无隐①。

清历代鼓励直言，由此采取了种种措施。为了鼓励诸臣大胆直言，开言路期间，即使所言不当，也多不治罪："一切启迪朕躬，匡弼国政者，所言果是，即与采用，如有未当，必不加罪。"② 有时还会宽恕以往因言获罪者：顺治十四年（1657），因天旱命开言路，大学士管吏部尚书事王永吉上书指出，大臣直言者甚少，为了减少大臣瞻顾忌讳之根，建议皇帝将从前因言获罪诸臣中敢于指陈政治得失者予以宽恕，甚至表彰一二，如此必然会使"士气激昂，必有直言敢谏以副皇上求言弭变之盛心者矣"③。雍正元年（1723），为勉励诸臣大胆直言，还谕满汉九卿、詹事、科道等以密折奏事："凡朕所行之事，或有过失，务尽言无隐，即所行无过，或更有应行事宜，亦各据己见陈奏，使朕有则改之，无则加勉，方得古大臣责难于君之义"，"至用人一途，或有未当，尔等务必据实指陈，勿避嫌怨，即朕亲信重臣，亦不妨指出"。雍正帝还把能否直言看作是衡量大臣人品的标准："尔等若能披肝露胆，极言直谏，即所奏未尽合宜，朕亦重其人品；倘仍瞻徇依违，浮词塞责，朕亦薄其为人。"④

清代帝王均一再表达和强调，"应天以实不以文"，君主皆因忧劳敬畏而实心求言，绝非欲博下诏求言之名，因此遇灾求言不能只注重形式，徒饰虚文，更应讲求实际效果。雍正帝即宣称："朕欲在廷诸臣直言得失，犹恐视为具文"，若诸臣"以谀词颂扬，负朕实心求言之意"⑤。乾隆四年（1739），上谕也称："科道职居言路，尤宜一秉虚公，遇事直言，如果有当言之事，自应随时入告，何待朕言，倘实无可建白，虽经朕训饬，亦不必勉强塞责。"但是，数月以来，"敷奏寥寥，及朕明降谕旨，始有陆续条陈者，核其所言，又皆不切政务，率多摭拾

① 《圣祖仁皇帝实录》（一），卷八十二，康熙十八年七月，第 1050 页。
② 《世祖章皇帝实录》卷八十八，顺治十二年正月，第 693 页。
③ 《世祖章皇帝实录》卷一百一十二，顺治十四年十月，第 877 页。
④ 《世宗宪皇帝实录》（一），卷七，雍正元年五月，第 145 页。
⑤ 《世宗宪皇帝实录》（一），卷七，雍正元年五月，第 145 页。

浮词，假公济私，居言职者，顾当如是乎”。其他若翰林郎中参领等官，“朕皆令其条奏，原欲兼听并观，有裨庶政，乃举行至今，鲜有关系国计民生、实可见诸施行者”，更有甚者，以皇帝“加恩之事，谓为己所陈请，邀誉于人，或留中未发，又以为嘉谟硕画，惜未施行，是以朝廷耳目之寄，而为伊等擅窃威福之资”，面对这样的状况，上谕也不禁感慨：“是不开言路不可，而开言路又转滋弊端，将如之何而后可耶！”① 另一方面，因灾求言虽然是清朝寻求天人感应的重要手段，但是，清朝历代都强调，言路不可多开。康熙帝即吸取明朝的教训指出，明朝国事全为言官所坏，进言者往往喜欢揣摩、迎合皇帝意思，“云某为上所喜，某为上所恶”，因此，言路“不可不开，亦不可太杂”②。乾隆帝也认为，“与其托诸空言，孰若施诸实政”③。如前所述，道光二十三年（1843），因黄河多次决口，御史苏廷魁奏请皇帝开言纳谏，但道光皇帝认为，“至求言纳谏，系朕本心，近来科道建言，凡有裨于实政者，无不立见施行”，他举例说，就如翰林院编修吴嘉宾，户部郎中汤鹏，主事丁守存等这些“以本无言责之人，条陈事件，亦未尝不虚怀听纳，是言路并无壅塞”，所谓“应天以实不以文，正不必特诏求言，反似虚应故事”，他告诫“嗣后大小臣工，务各力矢公忠，屏除私见，遇有用人行政阙失，尽言无隐，朕非饰非文过之君，诸臣不必存畏罪取容之见，但必拨诸时势，实在可行，方可登之奏牍，倘泥古不化，徒托空言，仍于国计民生，毫无裨益，则大非朕虚已听言之本意也”④。

（3）因灾求言的效果

康熙十八年（1679），因旱求直言。当时的律例规定，获流罪者徙乌喇地方。詹事府詹事沈荃认为乌喇离蒙古三四千里，地极寒，人畜多冻死。“今罪不至死者，乃遣流，而更驱之死地，宜如旧例便”，并坚称：“此议行，三日不雨者，甘服欺罔罪。”康熙帝纳其言。“越二日，

① 《高宗纯皇帝实录》（二），卷九十，乾隆四年四月，第395页。
② 《圣祖仁皇帝实录》（三），卷二百五十六，康熙五十二年九月，第532页。
③ 《高宗纯皇帝实录》（十九），卷一四六六，乾隆五十九年十二月上，第581页。
④ 《宣宗成皇帝实录》（六），卷三百九十，道光二十三年三月，第1000页。

天竟雨。”[①] 这段史料记载了帝王广开言路、善于纳谏所导致的天人感应的良好效果。的确，灾害发生之后，帝王主动反躬自省，下诏求言，为加强君臣间的沟通提供了良好的平台。“凡有关国计民生者，无不随时采择，立见施行。”开言路期间，官员可以较充分和自由地阐释政治见解，相对来说，风险最小。皇帝一般都会承诺：“所言果是，即与采用，如有未当，必不加罪。”[②] 同治六年（1867），因天时亢旱，诏求直言。候选直隶州知州杨廷熙经都察院代奏，请撤销同文馆以弭天变。上谕虽然认为杨廷熙“草莽无知”，此奏“甚属荒谬”，但“当此求言之际，朝廷宽大，姑不深责”[③]。

因灾求言的过程中，有的官员因为进言及时，能够切中时弊，还会得到朝廷的奖励，这些也能够调动官员参与政事的积极性。顺治十四年（1657），陕西连发火灾，左都御史魏裔介奏请除内殿以外，不论大小，暂停其他土木之工，以养兵恤民，又请详理冤狱、存恤鳏寡、增加五品以下官员俸禄等，受到皇帝嘉奖，所请“立即允行”[④]。开言纳谏的过程本身也有助于皇帝观察吏治状况，提高行政效率。乾隆五年（1740），京师亢旱严重，联想到自登基五年以来，畿辅地区春天一直干旱少雨，乾隆帝检讨其用人行政得失，认为自己十分注意将科道视为朝廷耳目之官，广开言路，奖励多方，但是，数年之中条奏虽多，“非猥琐陋见，即剿袭陈言，求其见诸施行，能收实效者为何事乎，近日即科道官敷奏，亦属寥寥，即间有条陈，多无可采”，能见诸施行、能收实效者甚少。有的条奏“有意苛求，皆属空中楼阁，毫无实据，朕不准行，降旨申饬，如此等者，谓之不开言路可乎？”另外，乾隆还指出，部院奏事近来亦属简少，究其原因，“或因朕躬欠安之后，尚须调养，有意减省迟延耶？虽现在事务，未至贻误，然如此存心，乃妇寺之忠爱，非人臣事君之大义也，若因朕此旨，又复陈奏一二无关紧要之事，以见供职之勤，此又毫无识见者矣”。乾隆帝认为，各部司官冗员太多，

---

① 《清史稿》卷二百六十六，列传五十三，第 9945 页。
② 《世祖章皇帝实录》卷八十八，顺治十二年正月，第 693 页。
③ 《穆宗毅皇帝实录》（五），卷二百零四，同治六年五月下，第 640 页。
④ 徐世昌撰：《大清畿辅先哲传》上，北京古籍出版社 1993 年版，第 27 页。

效率低下，其中，颇有年力老迈不能办事之员，“该堂官多以无甚过失，姑为优容，不知此辈久占员缺，凡行取知县及额外候补人员内才具可用者，转致壅滞，无缺可补”，为了提高办事效率，他命将各部司官中年力老迈、不能办事之员甄别沙汰，令其休致，“此等素餐之人，仍得原品回籍，亦非过刻之举，此即各部所应办之一事也”，如此以使候补人员内才具可用者不致因冗员壅滞而无缺可补①。这种“以实心行实事”之举自然有助于澄清吏治，提高行政效率。

虽然因灾求言对改善君臣关系、整顿吏治等起到了一定的积极效应，但有清一代，总体来看，因灾求言的效果不甚理想。其中最突出的一个表现即是空言太多。翻检史料也可发现，列朝皇帝均对开言纳谏却收效甚微的情况多有感慨。顺治十七年（1660），因亢旱求言，结果发现“入告章疏多摭拾浮泛，修饰繁辞，开列款数，沽名塞责”②。极言直谏者鲜见，进言诸臣不是毛举细故，虚文塞责，就是粉饰太平，歌功颂德，雍正帝称其不愿意“专下求言之诏者，亦惟恐诸臣因此或有颂扬之语也”③。乾隆初年，登基不久的乾隆帝也抱怨他“求言之诏屡下，而司谏之臣从未闻有忠言谠论、可藉以为启沃之助者。计其封章条奏，不过摭拾细事、苟且塞责而已”④。另一方面，臣子之间也有借开言路打击报复异己者。乾隆八年（1743）六月，福建道御史陈仁奏称，“近见皇上御极以来，臣工条奏，莫不嘉纳，即抵触忌讳，亦不肯轻罪一人，言路可谓开矣”，他认为，广开言路同时，要严防趁机党同伐异、惑乱上听者：“然恐臣下有厌人言者，或谓其党同伐异，或谓其卖直沽名，或谓其存心刻薄，好讦阴私，或谓此辈务要迁官，所以多言，如此惑乱上听者，须防其渐，伏愿容纳直言，执此之心，坚如金石，行此之政，信如四时，成此之功，无间于天地，此亦豫弭灾害之一大端也。”⑤嘉庆二十二年（1817）七月，京师入夏以来，雨泽稀少，嘉庆帝因此

① 《高宗纯皇帝实录》（二），卷一百一十五，乾隆五年四月，第686页。
② 《世祖章皇帝实录》卷一百三十六，顺治十七年六月上，第1052页
③ 《世宗宪皇帝实录》（一），卷四十五，雍正四年六月，第666页。
④ 《高宗纯皇帝实录》（一），卷二十七，乾隆元年九月，第584页。
⑤ 《高宗纯皇帝实录》（三），卷一百九十五，乾隆八年六月下，第511页。

"省咎思愆，恐政事或有阙失，及内外臣工怠玩不职，以致昊苍垂象示警，又或因逆匪潜伏近畿，致沴气所结，上干天和"，因此降旨，"令在廷诸臣各矢忠诚，谠言入告，并令职司缉捕各衙门严缉逆匪，摘发伏匿，原冀诸臣仰体朕怀，有言责者剀切敷陈，司捕务者认真访缉，庶可除否塞而成交泰，消氛戾而召祥和"，但是，"上以诚求，下仍虚应，自降旨以来，科道等纷纷陈奏，并无经国远猷，或纠一事，或改一例，大率皆与吏部铨法相关，其余五部俱无论及者，揆其意向，不过各私亲故，改一条例，为一二人早得除授地步，不思法令数更，最乖政体，铨法遵行已久，若朝夕改易，人将何所适从"，上谕认为，如果吏部事务丛脞，英和、戴均元等或有贪黩废法及实不称职者，该科道确有证据，不妨指名参奏，若只是借机"旁敲侧击，毛举细故，轻改旧章，遂其私意，岂朕求言之意耶"？步军统领衙门及五城顺天府，近日虽然屡奏获犯，只是事关看香治病、拜庙诵经及逃遣偷窃各种小事，并未缉获逆匪一名，"此不过因降旨日饬责，藉此以见其认真访缉，掩饰目前"，嘉庆认为，"朕以诚心待诸臣，诸臣不以忠悃事上，惟思苟且塞责，此上天所以昭示旱象，未能兆成康阜也"①。因为开言纳谏效果不大，禳灾时皇帝也并不把其作为必需的策略之一。道光二十三年（1843），有人因灾荒频仍，奏请求言纳谏，道光帝即认为"应天以实不以文，正不必特诏求言，反似虚应故事"②。

"摭拾浮泛"之言甚多，当然与官员规避风险直接关联。虽然皇帝承诺开言路期间，言语不当者也不责罚，但事实上，因进言而遭罚的官员并不在少数。顺治十五年（1658），四川道监察御史李森先奏称，皇上发布求言之诏已经两月，但是大小臣工仍然迟回观望，不肯进言，其原因就在于"从前言事诸臣一经惩创，则流徙永锢，遂相率以言为戒耳"。李森先提出"欲开言路，宜先宽言臣之罚"，他请求将因言事而流徙的李呈祥、季开生等予以宽宥。上谕则责备李森先"不思实心报恩，进言有益之事"，借故为罪臣代求赦免，实际无异市恩徇情，因此

① 《仁宗睿皇帝实录》（五），卷三百三十二，嘉庆二十二年七月，第378页。
② 《宣宗成皇帝实录》（六），卷三百九十，道光二十三年三月，第1000页。

命吏部将其从重议处[①]。乾隆四年（1739），御史张湄奏称，皇上虽广开言路，但诸大臣却塞言路于下，对奉旨交议事件不仔细斟酌，“总以毋庸议三字驳倒为快”。乾隆帝称张湄此奏“实属太过”，为“狂瞽之奏”，不过是熏染方苞“造言生事、欺世盗名之恶习”[②]。乾隆十三年（1748），山东大旱，御史王显绪奏请令殷实之家具呈自行养赡灾民，交部议叙。乾隆帝认为，“其所言散赈诸弊，向来所不免，其言是也，而救弊之道非也，此如医者论症虽是，而所用之药则非也”，所谓“富民之养赡，优于官吏之散赈者，所谓知其一、不知其二者也”，山东此次被灾极重，乾隆称他“日夜焦劳，发帑金，拨邻米，筹运脚，多方为之区画，且恐地方官办理尚有未周，特遣大臣科道会同该抚悉心经理，已屡颁谕旨，令其上紧督率委员，分地散给，此时正在查办，自当听其展布，以图实济”，地方官“如果有应行事宜，自必详悉奏请”，如果言官此时“各据一己所见，纷纷陈奏，则承办之员，将议覆条奏之不暇，何暇专心办理赈务耶？古来救荒善政，如富弼之在青，赵抃之在越，具载史册，然一州一郡，其力易周，今连数郡千里之地，且当频年积歉，实非常之灾，凡居言路者，当思于事实有所济，而后入告，不当于现在查办之时，逞其臆见，以惑观听，而在本省绅士，尤不当矢口高论，轻易立说”，王显绪“身为东省乡宦，岂不知现在查办情形，而顾为此奏耶？”何况乐善好施，题请议叙，属于现行之例，富民愿出家财，或施粥饭，或散银米，本就可以据实议叙，如若再定一例，以地方灾民责令富民养赡，这无异于“将灾民未得所而借端挟制，富户已不胜其扰矣”，因此，乾隆认为，王显绪“所奏断不可行”[③]。

帝王惩治进言诸臣的原因当然不尽一致，但根本来讲，是厌恶和恐惧进言者借题发挥，相互勾结，危及君主“从来生杀予夺之权操之至上”的专制权力。嘉庆二十三年（1818），因风灾求言，有三名御史奏称风霾之异与因阻止盛京谒陵大典而遭降谪的松筠有关，请求将松筠官

① 《世祖章皇帝实录》卷一百一十七，顺治十五年五月，第909页。

② 《高宗纯皇帝实录》（二），卷九十八，乾隆四年八月上，第482页。

③ 《高宗纯皇帝实录》（五），卷三百一十三，乾隆十三年四月，第122—123页。

复原职，此举被上谕指称“实属莠言乱政”，上谕指出：“上年松筠陈奏，阻止盛京谒陵大典，朕钦遵皇考高宗纯皇帝圣训，宣示其罪，犹念其陈奏尚在未经明降谕旨以前，曲从宽典，仅革去大学士，降为二品顶戴，仍授以察哈尔都统一品职任，此朕准情示罚不得已之苦衷，曾令松筠跪读圣训，松筠亦惶悚知罪，并无几微负屈之意，朕以松筠多年旧臣，岁时赏赉无缺，意欲俟一二年后仍复召用，乃该京堂御史等妄将此事牵引论列，以应风霾之异，其言太觉支离荒谬矣。”此外，松筠谪降系上年六月之事，“彼时何以不见有眚灾告警，且言者果以松筠为屈抑，又何以去年不交章谏诤，坐待今日乃为此无稽之论，风霾之象专为松筠，必无是理”，上谕一再强调，降革之臣“复召与否，其权在上，岂小臣所得干与耶？是言者只意图邀名市惠，而并不计及政体所关。国家进退大臣，功罪较然，岂容逞臆妄言，挠朕黜陟之大柄，此风断不可长”，“特明白宣谕言事诸臣，务各屏除偏见，毋徇私好私恶，以淆公是公非，负朕虚怀纳谏之诚也”[①]。

因灾求言虽然必要，但必须绝对服膺于帝王统治权力之下。换言之，因灾求言在一定程度上成为清代帝王的政治道具。道光十二年(1832)，因京师亢旱，降旨求言，御史耆纲奏请将降革人员予以宽赦，上谕怒斥耆纲所奏“实属纰缪不可行”，并强调“宽宥之典，恩出自上，岂容臣下建言，售其沽名市恩之计”，求言纳谏固然有助于感召天和，但是，“从来弭灾之术，有如是之曲徇人情者乎？求得此等之言，何益政事？何能感召？”[②] 同治六年（1867）五月，因天时亢旱，诏求直言，据都察院代奏，候选直隶州知州杨廷熙奏请撤销同文馆以弭天变，上谕痛斥其“呶呶数千言，甚属荒谬”。同文馆本年增习天文算学，但历经御史张盛藻、大学士倭仁先后请罢，“因其见识拘迂”，“该知州所陈十条，不过摭拾陈言，希图自炫，原可置之不论，惟有关于风俗人心者甚大，不得不再行明示”，杨廷熙因同文馆之设，“并诋及各部院大臣，试思杨廷熙以知州微员，痛诋在京王大臣，是何居心。”杨

① 《仁宗睿皇帝实录》（五），卷三百四十一，嘉庆二十三年四月，第508—509页。

② 《宣宗成皇帝实录》（四），卷二百十三，道光十二年六月上，第143页。

廷熙认为，天文算学，“疆臣行之则可，皇上行之则不可”。上谕驳斥，“普天之下，孰非朝廷号令所及，岂有疆臣可行而朝廷不可行之理”。杨廷熙又“恳请将翰林进士科甲有职事官员撤销”，上谕斥其“尤属谬妄，国家设立科目，原以登进人才，以备任使”，曾国藩、李鸿章均系翰林出身，于奉旨交办中外交涉事件从无推诿，“岂翰林之职，专在词赋，其国家政务，概可置之不问乎?”杨廷熙所称“西教本不行于中国，而总理衙门请皇上导之使行，及专擅挟持、启皇上以拒谏饰非之渐等语，更为肆口诋诬，情尤可恶”。杨廷熙此举，推原其故，“总由倭仁自派总理各国事务衙门行走后种种推托所致”。杨廷熙此折如系倭仁授意，“殊失大臣之体，其心固不可问，即未与闻，而党援门户之风，从此而开于世道人心大有关系”。上谕命令倭仁，“该大学士与国家休戚相关，不应坚执己见，着于假满后即到总理各国事务衙门之任，会同该管王大臣等和衷商酌，共济时艰，毋蹈处士虚声，有负朝廷恩遇”。杨廷熙“草莽无知，当此求言之际，朝廷宽大，姑不深责”。另外，恭亲王宝鋆请将杨廷熙所奏十条派大臣核议，“并请将该王大臣及现任各大臣均暂开总理衙门差使，听候查办，自系为杨廷熙折内有专擅挟持等语，当此时事多艰，该王大臣等当不避嫌怨，力任其难，岂可顾恤浮言，稍涉推诿，所请着毋庸议”①。

此外，因灾开言路时虽然处分稍轻，但是即使是广开言路，能够有资格进直言的官员也只是少数。如前所述，清朝对言责限定綦严。康熙十年（1671）前，曾允许京官上书条陈。康熙十年（1671），规定“凡非言官而建言，为越职言事，例当降调处分”。也就是说，三品以下的大多数官员根本没有直言权力，其对于政事只好“顾忌畏缩，不能冒例纠劾”②。光绪十年（1884）十二月，都察院代递山西试用从九品李昌振陈奏刘锦棠、金顺、张曜、明春等漠视边疆、侵蚀军饷、习气骄奢一折。上谕指出：“览奏殊堪诧异，刘锦棠等如果似此辜恩溺职，自难逃朝廷洞鉴，李昌振以山西试用人员，潜赴新疆投效，又复胪列各款，呈

① 《穆宗毅皇帝实录》（五），卷二百零四，同治六年五月下，第640页。
② （清）潘耒：《遵谕陈言疏》，《皇朝经世文编》卷十三，治体七，用人，第13页。

由都察院代递，显有所欲不遂，挟嫌攻讦情事”，上谕并引嘉庆帝的圣训，“国家求言之意，原冀各抒谠论，然必定以官阶，予以限制，嗣后不应言事之人，不得妄行封奏，违者按律治罪等因，于广开言路之中，严防淆乱观听之弊”，李昌振以“微末人员，辄敢将疆臣优劣封章入奏，实属胆大妄为，着即行革职，递回原籍，交该地方官严加管束，不准出外滋事”，“嗣后不应具折人员，有怀欲白，着懔遵咸丰三年二月十一日谕旨，由该员具呈各该堂官酌定，再行代奏，不准自行具折，以符体制”①。另一方面，仅凭借灾害时的求直言并不能彻底解决平时言路不通的问题。咸丰初年，曾国藩奏称，暂时开通言路很难达到理想效果：“如主德之隆替，大臣之过失，非皇上再三迫之使言，谁肯轻冒不韪，如藩臬之奏事，道员之具折，虽有定例，久不遵行，非皇上再三縢之使言，又谁肯立异以犯督抚之怒哉？”他建议将开言路的制度常态化，并将之作为考核官员的一种重要方式，这样可以弥补以往考察官吏的弊病：“考科道之贤否，但凭三年之京察，考司道之贤否，但凭督抚之考语，若使人人建言，参互质证，岂不更为核实乎？”②

（4）因灾求言中的政治博弈

“从来治天下者，将欲求君民一体，必先由君臣一体，乃疏通一体之脉，则莫如言路。”③ 开言路作为清王朝应对灾害的一种措施，能够促成帝王对吏治、法制的整顿和改革，也有助于形成君臣间的良性互动，安抚灾民情绪。在天人感应观的影响下，清代帝王会自觉或不自觉地用灾异示警来反省为政得失，在一定程度上约束自己的言行。另一方面，因灾求言也成为清代君臣政治博弈的重要方式，成为臣子们借助上天这把无形之剑来规谏君王行为、获取政治资源的重要手段。但与前朝相比，清代的因灾求言更加形式化。如在唐朝，根据相关学者的研究，九品以上的常参官、京畿县令等中外群官皆有进言资格，清代则限制为三品以上。有的官员借开言路之机曾奏请除越职言事之禁，认为“俾大

① 《德宗景皇帝实录》（三），卷一百九十九，光绪十年十二月上，第829页。

② （清）曾国藩：《应诏陈言疏》，《皇朝经世文续编》卷十三，第28页。

③ （清）赵开心：《恳勤召对疏》，《皇朝经世文编》卷九，治体三，政本上，第9页。

小臣工各得献替，进言之途广，则罔上行私之徒不能人人而把持之结纳之，庶乎有所忌而不敢为，于此辈甚不便，于国家甚便也”，如果大小官员都可进言，“地方灾荒，督抚不肯题报者，州县官径得上闻，如此则民间疾苦无所不通”①。从清代帝王的层面而言，诏谕中对“直言无隐”的极力鼓吹并非就是对帝王复杂的内心世界的实际反映。顺治帝回顾他下诏求言的效果和真实心态说：“前此屡有引咎省躬诏谕，自今追思，皆属具文，虚邀名誉，于政事未有实益。且十二、十三年间，时有过举，经言官指陈，有即加处分者，有优容宽宥，而此心介介尚未全释者。事有错误，犹可改图，居心未净，政事之流弊必多。”② 由此，皇帝下诏求言在很大程度上变成表面文章，不过是一种政治秀。为了防止诸臣借端言事，清中央下令严惩以灾异妄言政事、附会灾祥者：“倘于事后挟私臆测，附会灾祥，除原奏不准行外，定必加以惩处。”③ 光绪十二年（1886）八月，御史朱一新因各省大水，指称此事与太监李莲英办差违制有关，上谕指称，李莲英与随行府中太监等所乘系常船数只，“其伙食船只系李鸿章出资豫备派令随行。并无沿途地方办差之人。亦无误认之事。是该御史风闻不实。确无疑义”，上谕斥责朱一新此举不过借机附会水灾，“我朝优待谏臣，广开言路，凡前代秕政，悉就蠲除，朱一新所奏、如仅止李连英一人之事，无论如何诬枉，断不因宫监而加罪言官，惟该御史既料及内侍随行，系深宫体恤之意，何以又目为朝廷过举，且当时并不陈奏，迨事过数月，忽牵引水灾砌词妄渎”，其对于“应如何补救民艰，亦无建白，徒以虚诞之辞，希图耸听，一加诘问，自知词穷辄以书生迂拘，强为解免，是其才识执谬，实不足胜献替之任”，朱一新因此“以主事降补，其前次片奏留中两次摺件，均着掷还”，从前张佩纶奏称朝廷因慰留涉及云南报销案的王文韶，是日即致地震发生，“彼时从宽未加责饬，以致相习成风，至今未已，殊于整饬纪纲，实事求是之意，大相剌谬”，此后各省偶遇偏灾，“朝廷或有阙

① （清）潘耒：《遵谕陈言疏》，《皇朝经世文编》卷十三，治体七，用人，第16页。
② 《世祖章皇帝实录》卷一百三十六，顺治十七年五月，第1045页。
③ 《德宗景皇帝实录》（四），卷二百三十一，光绪十二年八月，第125页。

遗，及臣工确有过失，均着就本事立时论奏，倘于事后挟私臆测，附会灾祥，除原奏不准行外，定必加以惩处，以为妄言者戒”[①]。这些因灾进言者被斥责为“藉端立说”、附会灾祥之事，清代因言获罪者并不在少数，这些也极大地打击了大臣进言的积极性。胡德迈指出：“岂拘以处分之例，犹望其直言无隐乎？”[②] 总体来说，有清一代，专制皇权发展到顶峰，科道官员的谏诤权力逐渐被弱化，臣子对于君王的制约力量显得十分无力。在这种情况下，因灾求言对制约君主权力发挥着一定的作用，当然这种作用又是极其有限的。

除因灾修省外，因灾祈禳也是清代帝王因灾修省、求得天人感应的重要内容。本书将在第六章设专章，探讨清代禳灾制度与清代国家治理之间的关联。

（二）组织赈济

皇帝对各省灾赈之事虽不可能事必躬亲，但对灾区蠲缓分数及发帑、截漕数量的确定，都需要以皇帝的名义发布谕旨。比如顺治十一年（1654），因直隶上年水灾颇重，饥民困苦异常，二三月间，顺治帝先后发布几道谕旨，在发帑遣官赴灾区放赈的同时，倡行奖励捐输，命地方官停止民事案件审理，集中精力救灾：先是二月二十五日（4 月 12 日），上谕特命户、礼、兵、工四部察发库贮银十六万两，皇太后发宫中节省费用并各项器皿共银四万两，顺治帝又发御前节省银四万两，共计二十四万两，差满汉大臣十六员分赴八府地方赈济，督同府州县卫所各官，量口给散。[③] 三月初六（4 月 22 日），因近京地方米价腾贵，谕令殷实之家有能捐谷麦或减价出粜以济饥民者，先给好义匾额及羊酒币帛，以示旌表。饥民内年七十以上者，由州县官增给布一匹，被遗弃的子女由官府设法收养，若民间有能收养四五口以至二十口者，亦酌给羊酒币帛、好义匾额，并令地方官随时掩埋饥殍尸躯。与此同时，令地方

① 《德宗景皇帝实录》（四），卷二百三十一，光绪十二年八月，第 125 页。
② （清）胡德迈：《请开言路疏》，《皇朝经世文编》卷九，治体三，政本上，第 7 页。
③ 《世祖章皇帝实录》卷八十一，顺治十一年二月，第 638 页。

官暂停受理除强盗人命外的一切民事案件，违者参奏。饥民有去他处籴买米粮者，“不许恃强之徒遏闭拦截，犯者拿问”[①]。此外，皇帝有时也会直接参与、指挥赈济。如康熙二十三年（1684）三月，正阳门外被火，康熙帝先遣人数次巡视，发现该城及司坊巡捕营等官并无一人在，康熙帝遂亲自登城指挥，火势方得扑灭[②]。以下以康熙十八年（1679）京师地震、嘉庆六年（1801）永定河水灾为例，借以观察清代帝王的具体赈灾实践。

1. 康熙十八年（1679）京师地震赈济

七月二十八日（9月2日），直隶三河、平谷发生八级地震。关于此次地震，已经有不少学者予以分析。如王晓葵从康熙皇帝、大臣、地方官、文人以及帝国的行政系统的反应，以及留存的历史记录，阐释了这次地震的记忆框架[③]。刘志刚探讨了地震发生后由中央到地方各级政府的反映及效果[④]。地震发生同日，康熙帝下诏罪己，称地震皆因“朕躬不德，政治未协，大小臣工，弗能恪共职业，以致阴阳不和，灾异示警，深思愆咎，悚息靡宁”[⑤]。随后，又谕吏部等衙门，重申“地震之变，谴告非常，反覆思维，深切悚惕，盖由朕躬不德，敷治未均，用人行政，多未允符，内外臣工，不能精白乃心，恪尽职掌，或罔上行私，或贪纵无忌，或因循推诿，或恣肆虐民，是非颠倒，措置乖方，大臣不法，小臣不廉，上干天和，召兹灾眚，若不洗心涤虑，痛除积习，无以昭感格而致嘉祥”，因此命广开言路，令部院三品以上官及科道、在外各督抚将目今应行应革事宜明白条奏，直言无隐[⑥]。地震发生的次日，即七月二十九日（9月3日），康熙命满汉大学士以下、副都御史以上

① 《世祖章皇帝实录》卷八十二，顺治十一年三月，第643页。

② 《圣祖仁皇帝实录》（二），卷一百一十四，康熙二十三年三月，第185页。

③ 王晓葵：《灾害记忆图式与社会变迁—谁的唐山大地震》，《新史学》第8卷，中华书局2014年版，第119—143页。

④ 刘志刚：《康熙十八年京师大地震与政府反应》，《历史教学》（高校版）2008年第20期。相关研究还有汪波《康熙十八年京畿大地震的应急机制》，《光明日报》2009年2月3日；王娟等《康熙十八年北京大地震》，《唐山师范学院学报》2005年第4期；李文海《一场地震引发的政治反思》，《光明日报》2007年2月9日等。

⑤ 《圣祖仁皇帝实录》（一），卷八十二，康熙十八年七月，第1050页。

⑥ 《圣祖仁皇帝实录》（一），卷八十二，康熙十八年七月，第1050页。

各官集左翼门，口传谕旨，称“顷者地震示警、实因一切政事、不协天心、故召此灾变。在朕固宜受谴、尔诸臣亦无所辞责。然朕不敢诿过臣下、唯有力图修省、以冀消弭”，此次他提出六个方面的问题，请诸臣详议。其一是“民生困苦已极，大臣长吏之家日益富饶”，由于地方官吏“谄媚上官，苛派百姓”，“民间易尽之脂膏，尽归贪吏私橐”，使“小民愁怨之气上干天和，以致召水旱、日食、星变、地震、泉涸之异”；其二是“大臣朋比徇私者甚多”，“每遇会推选用时，皆举其平素往来交好之人，但云办事有能、并不问其操守清正。如此而谓不上干天和者、未之有也”；其三是用兵之时，志在肥己，“将良民庐舍焚毁，子女俘获，财物攘取，名虽救民于水火、实则陷民于水火之中”；其四是地方官“于民生疾苦，不使上闻，朝廷一切为民诏旨，亦不使下达”，遇到水旱灾荒，对蠲免、赈济诸事，“苟且侵渔，捏报虚数，以致百姓不沾实惠，是使穷民而益穷也”；其五是刑狱不公，积案不办，“使良民久羁囹圄。改造口供，草率定案，证据无凭，枉坐人罪”，其间又有“衙门蠹役，恐吓索诈，致一事而破数家之产”；其六是王公大臣之家人奴仆，“侵占小民生理”，“干预词讼，肆行非法”，“有司不敢犯其锋、反行财贿。甚且身为奴仆，而鲜衣良马、远胜仕宦之人。如此则贵贱倒置。所关匪细”。康熙要求九卿詹事科道“会同详议以闻”，对如何解决这六个问题提出具体办法。他特别强调，督抚等高级官员在革除弊政方面要率先垂范，因为“大臣廉，则总督、巡抚有所畏惮，不敢枉法以行私，总督、巡抚清正，则属下官吏操守自洁，虽有一二不肖有司，亦必改心易虑，不致大为民害”①。有学者认为，康熙所颁谕旨实际取自左都御史魏象枢密奏的内容，“但康熙却以自己的名义下发，以免自己权威受损，这充分地显示出康熙高度的政治敏锐性与快速的应变能力，也是康熙朝行政系统能有条不紊的应对各类突发性危机的根本保证”②。关于魏象枢的奏本，康熙帝以后曾多次提到，魏象枢希望重

① 《圣祖仁皇帝实录》（一），卷八十二，康熙十八年七月，第1052页。

② 刘志刚：《康熙十八年京师大地震与政府反应》，《历史教学》（高校版）2008年第20期。

处党争的中心索额图、明珠，以平息天怒："康熙十八年（1679）地震，魏象枢有密本，因独留面奏，言此非常之变，惟重处索额图、明珠，可以弭此灾矣。朕谓此朕身之过，与伊等何予？朕断不以己之过移之他人也。魏象枢惶遽不能对。"①

八月十一日（9月15日），在地震发生的十余天后，九卿即根据康熙帝的旨意，拟出革除六种弊政的具体办法，比如，"凡州县官将民生疾苦不详报上司者，革职，永不叙用。或州县已报、上司不为题达者，将上司俱革职。至发仓赈饥及蠲免钱粮，州县官侵蚀肥己者，革职拿问，上司官不行稽察，俱行革职"，再如，"凡刑狱不速结者，无故将平人久禁者，承审官皆革职，因而致死及故勘致死者，俱照例处分，若改造口供、故行出入者，革职，误拟死罪，已决者抵死"②。其他诸条，对责任者也予以从"革职拿问""永不叙用"到按律"正法"的严厉处罚措施，康熙帝批准了这个处分办法。弊政的革除，有利于稳定社会秩序，推进吏治的清明。

八月十五日（9月19日），以地震遣官告祭天坛③。九月十八日（10月22日），因余震不止，康熙帝又率诸王文武官员诣天坛祈祷。④面对地震的发生，康熙多次反躬自省，广开言路，革除弊政，禳灾祈祷，体现了其对天象示警、天人感应灾荒观的践行。李文海认为："这样的灾荒观，当然是不科学的，未能揭示出自然灾害发生的真正原因。但是，这种灾荒观又并非只具有消极的意义。事实上，这种灾荒观，由于强调的方面不同，可以产生两种不同的社会效果。过于突出上天的作用，容易引导人们走向迷信，一味乞求老天的佑护，忽略和放松了抗灾救灾的实际努力，这是消极的一面。着眼于检讨和改进社会生活特别是政治统治中的问题，以此感动上苍，'挽回天意'，这虽然也不是对灾荒的科学认识，但在现实生活中却显然有着积极的意义。"⑤ 陈志武认

① （清）王先谦编：《十一朝东华录·康熙》卷七七，第4页，光绪刊本。
② 《圣祖仁皇帝实录》（一），卷八十三，康熙十八年八月，第1057页。
③ 《圣祖仁皇帝实录》（一），卷八十三，康熙十八年八月，第1060页。
④ 《圣祖仁皇帝实录》（一），卷八十四，康熙十八年九月，第1073页。
⑤ 李文海：《一场地震引发的政治反思》，《光明日报》2007年2月9日。

为，“迷信是康熙帝灾政的核心理念”，康熙帝这种“基于迷信的灾政逻辑”，是现代民主制度出现以前国家秩序得以维系的基础性法理，折射出王朝的合法性来源和治理方式：“在迷信的‘非理性’背后，存在宏大的‘工具理性’，因为如果没有这种虚构故事做支撑，传统的文明秩序就难以建立。”①

此次地震，损失甚众，地震发生之后，在康熙帝的指挥下，从中央到地方行政系统给予了较为迅速的反应，救灾工作随即展开。地震发生次日，户部、工部议复，将地震倾倒房屋、无力修葺者，旗下人房屋每间给银四两，民间房屋每间给银二两，压倒人口、不能棺殓者每名给银二两。上谕称“所议尚少，着发内帑银十万两，酌量给发”②。八月初一（9月5日）以后，陆续派遣侍郎萨穆哈、户部主事沙世、工部主事常德、笔帖式武宁塔等三批官员，先后赴震中三河县指挥赈灾。其中，萨穆哈到县后，散赈城厢灾民五百二十九户；户部主事沙世散赈乡村穷民九百四十一户，每户各发银一两；工部主事常德、笔帖式武宁塔“散给压死民人旗人男妇大小，共二千四百七十四名口，又无主不知姓名人二百三名口”，又将压死男妇一千一百六十八名口，人给棺殓银二两五钱。③除了赈济灾民、抚恤死亡人口外，救灾工作还包括修葺房屋、掩埋尸体诸事。如八月初二（9月6日），官员兵丁房屋墙垣塌毁甚多，一时不能修葺，将四品官员以下现食半俸仍行全给，护军拨什库、披甲当差人役钱粮着即支与两月，令其修理。④以后，又因通州、三河等处压伤人口无人收瘗，“殊为可悯，着户部遣司官四员带帑银前往验视，有主收殓者即给银两，无主收殓者埋瘗”⑤。十一月十四日（12月16日），准直隶巡抚金世德上疏，因是年地震，通州、三河、平谷被灾最重，将本年地丁钱粮尽行蠲免。香河、武清、永清、宝坻等县被灾稍次

① 陈志武：《文明的逻辑：人类与风险的博弈》，中信出版集团2023年版，第134—136页。

② 《圣祖仁皇帝实录》（一），卷八十二，康熙十八年七月，第1051页。

③ 刘景练：《清朝地震灾害及康熙年间的赈灾对策》，赫治清主编：《中国古代灾害史研究》，第353页。

④ 《圣祖仁皇帝实录》（一），卷八十三，康熙十八年八月，第1055页。

⑤ 《圣祖仁皇帝实录》（一），卷八十三，康熙十八年八月，第1060页。

者，蠲免额赋十分之三，蓟州、固安县被灾又次者免十分之二。[①]

2. 嘉庆六年（1801）永定河水灾赈济

嘉庆六年（1801），六月初一（7月11日）起，京畿一带暴雨连绵："自六月朔日，大雨五昼夜，宫门水深数尺，屋宇倾圮者不可以计数。此犹小害。桑干河决漫口四处，京师西南隅几成泽国，村落荡然，转于沟壑。闻者痛心，见者惨目。"[②] 此次降雨持续一个月，永定河发生大面积决口，受灾地区包括大兴、宛平、昌平、密云等在内的一百二十八个州县。此次赈济，嘉庆帝非常重视，他亲自组织，部署救灾。为了迅速准确了解各地灾情，嘉庆帝"自朝至昃，诏书频仍"[③]。"灾害给渴望展现自己能力的嘉庆皇帝带来了新的挑战，他利用这个机会全面推进河务和救荒活动，以达到重新加强朝廷对地方官僚机构控制的目的。"[④]

此次赈灾，嘉庆帝十分重视加强对赈灾官员的派设和监督，并注重"核其功过，明示惩劝"。他先后派出多位侍郎、内阁学士、侍卫等官员勘报灾情。初七日（7月17日），派兵部侍郎那彦宝、乾清门侍卫庆长等前往卢沟桥一带查看冲塌堤岸情形。同日，又派出四路查勘大臣，其中大理寺卿窝星额、通政司副使广兴前往西路，内阁学士台费荫、通政使陈霞蔚前往南路，内阁学士阿隆阿、顺天府丞张端城前往东路，副都御史恩普、鸿胪寺卿范鏊前往北路，带同地方官悉心查勘被水情形。[⑤] 四路卿员内，办理情形各自不一。其中，办赈最佳的是南路的台费荫、陈霞蔚，"伊二人本在霸州、文安分路给赈，闻保定县被灾较重，即驰赴该处，督率该县银米兼放，急为抚恤，俾灾黎等得以立时果腹"。北路因地势较高，居民等未经被水，无需开仓给赈。查勘西路的窝星额、广兴，仅查至涿州，即行回京，"不过开写户口清单具奏，并未将

① 《圣祖仁皇帝实录》（一），卷八十六，康熙十八年十一月，第1093页。

② （清）庆桂等辑：《钦定辛酉工赈纪事》，《中国荒政全书》第二辑第二卷，第189页。

③ （清）庆桂等辑：《钦定辛酉工赈纪事》，《中国荒政全书》第二辑第二卷，第529页。

④ ［美］李明珠：《华北的饥荒：国家、市场与环境退化（1690—1949）》，第337页。

⑤ （清）庆桂等辑：《钦定辛酉工赈纪事》，《中国荒政全书》第二辑第二卷，第190、188页。

如何赈济之处悉心经理”。派往东路的阿隆阿、张端城，既目击武清、宁河、宝坻被灾最重，宁河村庄被水围浸，“又曾接到续降之旨，并不督同地方官立时开仓赈济。经朕面询，转称民间藉有新麦，暂资糊口，此时不必赈济。大属非是”。嘉庆命对各路大臣赏罚分明：“台费荫、陈霞蔚，著交部议叙；窝星额、广兴，著交部议处；阿隆阿、张端城，著交部严加议处，仍令伊二人赴天津查勘该处被水情形，不准归家，亦不准驰驿前往。”[①] 初九日（7月19日），派刑部侍郎熊枚暂署直隶总督，抵任后派委妥员，将被水各处详细查明，开单速奏。与此同时，又以报灾延迟及报灾不实，将直隶总督姜晟革职。直隶总督对于拱卫京师、治理灾害职责甚重，而自水灾发生，姜晟所举显系失职：“自初一日至初八日，地方大吏杳无音信，殊出情理之外。保定距京甚近，值此大雨盛涨，即邻近地方百姓尚应随处留心体察，岂有京师帝居所在，为臣子者漠不关心，视同膜外，有如此之封疆大吏乎？若云被水阻隔，则朕近日派往之大员、侍卫等尚能策马淌渡接递军报，姜晟即不亲自前来，独不当差人赍折，自陈悚惧不安之意耶？及本日姜晟奏到一折，只据河道禀报内称，本年永定河河流未断汛前，节次长水，实为嘉兆。又称大雨叠沛，查明田禾尚无妨碍。真如在梦中矣！”直隶总督担负永定河治理之责，“向来永定河至伏汛时，该督豫行赴工防汛”，上年河水未经泛涨，前任总督胡季堂“尚往来工次，冒雨触热，以致积劳成疾”，而“姜晟折内犹称，一面预备，如应赴工，即起程前往督防。可谓全无人心！”嘉庆认为，“畿辅距京咫尺，地方大员已玩愒乃尔！若远省督抚相率效尤，岂复尚成治体”，“姜晟辜恩尸位，昏愦瞀乱，伊若出之有意，即属丧尽天良；若云全无闻见，则是形同木偶”，因此以革职论处。永定河道王念孙及南岸同知翟嵪云、北岸同知陈煜亦革职拿问，一并解京归案审办。[②] 八月，陈大文接任署直隶总督，嘉庆帝同时又派熊枚为钦差大臣，“周历直隶办赈各地方详细查勘”。到十一月，

---

① （清）庆桂等辑：《钦定辛酉工赈纪事》，《中国荒政全书》第二辑第二卷，第262—263页。

② （清）庆桂等辑：《钦定辛酉工赈纪事》，《中国荒政全书》第二辑第二卷，第196页。

熊枚亲自查勘地区已有四十余州县。对办赈成绩卓著的官员，嘉庆也予以相应奖叙。永定河工合龙后，上谕称，“那彦宝、巴宁阿在工经理妥协，著与永定河道陈凤翔一并加恩交部议叙”①。另准熊枚所请，对办赈出力的基层官员，对知府朱应荣，同知蒋耀祖、吴辉祖、方其昀、李宗蕃、吴之勷，知州顾宾臣，知县胡永湛、陈祖彝、张力勤、钱复、胡逊、庄允治、顾翼、林煜堂，县丞张进忠，巡检徐会云，典史陈维、张凤岐 19 人，“俱著加恩交部分别议叙”②。

在因灾祈禳方面，六月初八日（7 月 18 日），嘉庆帝谕内阁，反思自己五年以来竭力剿办白莲教，“近日连擒首逆，略有头绪。意谓今秋或可蒇事，即此一念，稍涉自满，致干天和”，今大雨成灾，“小民何辜，皆予之罪”。考虑到秋天准备进行的木兰行围，“大营所用车辆及除道成梁等事，皆需民力。此次大水所淹，岂止数十州县，秋禾已无望矣，若重费民力，予心不忍”，因此决定“今秋停止巡幸，庶息民力而省己过尔”③。六月十一日（7 月 21 日），命刑部清理庶狱④。嘉庆认为，以往偶遇雨泽愆期，清理庶狱，以冀感召和甘，“旱潦同一灾祲”，“此次雨水连绵，居民屋宇多有淹浸，而囹圄之中，蒸湿尤甚，殊堪悯恻。著刑部查明各省军流以下各案，无论已结、未结，在配、在途，概行分别减等发落。其因事牵涉拘系候质各犯，亦速行讯明省释。至寻常案件，并著即行完结，毋得稽滞”⑤。六月二十二日（7 月 31 日），嘉庆帝由圆明园进宫斋戒祈晴，四天之后又亲诣社稷坛祈晴，“二十七日至二十九日孟秋时享斋戒。次日、初一日，朕诣太庙行礼后，仍于宫内斋戒”。七月初二日（8 月 10 日），亲赴社稷坛谢晴。因会典中只有祈雨之礼，祈晴未有明文，上谕各衙门将此次祈晴、谢晴典礼仪注一并载入会典。⑥

① （清）庆桂等辑：《钦定辛酉工赈纪事》，《中国荒政全书》第二辑第二卷，第 527 页。
② （清）庆桂等辑：《钦定辛酉工赈纪事》，《中国荒政全书》第二辑第二卷，第 516 页。
③ （清）庆桂等辑：《钦定辛酉工赈纪事》，《中国荒政全书》第二辑第二卷，第 189 页。
④ 《仁睿皇帝宗实录》（二），卷八十四，嘉庆六年六月，第 96 页。
⑤ （清）庆桂等辑：《钦定辛酉工赈纪事》，《中国荒政全书》第二辑第二卷，第 201 页。
⑥ （清）庆桂等辑：《钦定辛酉工赈纪事》，《中国荒政全书》第二辑第二卷，第 254 页。

赈银的筹集方面，此时清政府因为镇压白莲教起义等原因，已属“经费不敷”，所有“赈恤银两，皆经朕设法筹画，始克足数”①。赈银主要来自于国帑和赈捐。六月初，上谕拨库银十万两，交熊枚等酌量分拨急赈，后来又于部库内拨银五十万两，内务府广储司库内拨银五十万两，交那彦宝等采办物料，办理工赈事宜之用②。另外，针对永定门、右安门一带受灾较为严重的情形，传谕“于户工二部内领出制钱二千串”，随后又“于广储司库内发银二千两”，交汪承霈等散赈被灾民人。此外，为了筹集赈款，开永定河工赈捐例，共计收得捐纳银七百五十九万余两。此次大赈、工赈所需款项主要即依赖于此。其中，直隶需用大赈银两一百五十万两，主要来源于两淮解京商捐银内拨给一百万两、浙商捐备赈银三十万两，南河投效人员捐项存银十五万五千余两，准许直隶总督动支十五万，前后共拨给银一百四十五万两③。米粮方面，六月十七日（7月27日），着仓场总督截留漕米六十万石，交署总督熊枚，就近分拨应用。二十四日（8月3日），因永定门、右安门外关厢一带，饥民领取赈粮者拥挤不堪，拨京仓米二千四百石，交汪承霈等用于急赈。七月十六日（8月24日），再拨京仓米二百四十石，用于右安门外散赈。

蠲缓钱粮方面，六月二十四日（8月3日），将勘明被灾较重之香河等三十八州县本年应征钱粮全行蠲免，被灾较轻之密云等十九州县将本年应征钱粮蠲免十分之五。④ 七月二十一日（8月29日），又将续行查明被灾较重之宁河等十八州县本年应征钱粮全行蠲免，被灾稍轻之青县等九州县，将本年应征钱粮蠲免十分之五。昌平等十州县前经降旨蠲免十分之五，此次因查明续又被淹情形较重，也将其本年应征钱粮全行蠲免。蓟州境内因蝗蝻萌生，禾稼不无伤损，又将其明年应征钱粮蠲免十分之三。⑤ 嘉庆七年三月二十九日（1802年4月30日），因直隶受灾

① （清）庆桂等辑：《钦定辛酉工赈纪事》，《中国荒政全书》第二辑第二卷，第340页。
② （清）庆桂等辑：《钦定辛酉工赈纪事》，《中国荒政全书》第二辑第二卷，第298页。
③ （清）庆桂等辑：《钦定辛酉工赈纪事》，《中国荒政全书》第二辑第二卷，第350页。
④ 《仁宗睿皇帝实录》（二），卷八十四，嘉庆六年六月，第106页。
⑤ （清）庆桂等辑：《钦定辛酉工赈纪事》，《中国荒政全书》第二辑第二卷，第319页。

较重地区积水未消，上谕令将昌平等四十三州县嘉庆七年应征新旧地粮及各项旗租等款，俱缓至秋收后启征。①

就具体赈济过程来看，六月间，钦差大臣熊枚进入安肃县城北及城南各村庄，发现该地被灾甚重，经布政使同兴发银，饬交该府朱应荣等驰往急赈。类似安肃县这样在六七月间加以急赈的地方包括六十州县②。另外，因永定、右安二门外居民猝被水灾，嗷嗷待哺，自六月至八月内，顺天府尹汪承霈等也节次散放银米，办理急赈。八、九两月，对九分、十分灾内之极贫并鳏寡孤独老幼残废者实行摘赈。随后，因灾情严重，将十一月大赈之期提早一月，即于十月内即行开赈。其中，十分灾极贫之户应赈四个月，自十月开赈起，可领至次年正月。六、七、八、九分灾之极、次贫民，应领三个月、二个月、一个月赈粮者，也可支持至岁暮。因地方官办赈情形诸弊丛出，"不但放赈之时层层朘削，即清查户口等事，皆有向贫民勒索册费，以多报少，以少报多，极贫、次贫意为高下，甚至有贫民待赈孔殷，转因册费无出，愿甘舍赈不领者。其余捏造户口，肆意侵吞"，嘉庆因此命陈大文，大赈时"惟当严访密查，如有前项不法之徒，立即查拿，从重治罪，以儆其余。务令所拨帑金、粟米，丝毫颗粒实惠皆及小民，方为不负委任"③。在赈济机构方面，京师五城，每年冬月有赈厂各一所，以次年二月为限。嘉庆又"特命于郊外增设五所，并展赈至次年五月乃罢"④。十二月初，上谕准陈大文奏，从嘉庆七年（1802）正月起至四月麦收时止，对大兴等六十七州县设厂展赈，每县自二三厂至十五六厂，共计设粥厂二百六十五处。对涞水、易州等受灾较轻、原不在煮赈范围之内的州县，亦拨给银两，一体设厂接济。各属每日每厂自二三千人至六七千人不等，"纷至沓来，有增无减。各厂夫役昼夜炊煮，水火不绝"。所需经费，动拨旗租银二十一万六千七百余两。在监督煮赈方面，据陈大文称："道府分路往查，臣与两司复不时委员密访厂地人数，共见共闻，无可欺隐，办

① （清）庆桂等辑：《钦定辛酉工赈纪事》，《中国荒政全书》第二辑第二卷，第492页。
② （清）庆桂等辑：《钦定辛酉工赈纪事》，《中国荒政全书》第二辑第二卷，第240页。
③ （清）庆桂等辑：《钦定辛酉工赈纪事》，《中国荒政全书》第二辑第二卷，第340页。
④ （清）庆桂等辑：《钦定辛酉工赈纪事》，《中国荒政全书》第二辑第二卷，第528页。

理亦均安静。”①

此次赈灾，还广泛推行以工代赈。六月大雨之后，嘉庆帝派兵部侍郎那彦宝、工部侍郎莫瞻菉、户部侍郎高杞、武备院卿巴宁阿等前往查勘永定河水势，七月初十日（8月18日），上谕称：“救荒之策，莫善于以工代赈。”具体办法，除永定河漫口淤沙赶紧筑浚，任其佣工外，附近城河等处久未挑浚，多有淤滞，以致骤雨不能消涸，嘉庆命侍郎高杞、莫瞻菉等将护城河及旱河等处通行查勘，“将应行疏浚之处，即雇集附近穷民兴工挑挖，既可畅消积水，亦可安抚灾黎，于工、赈两有裨益”②。此后，嘉庆多次重申在大赈之前，“以工代赈，最为救荒良法”，但是，对于工赈中容易出现的问题，应该预先防范：“惟向来办理工程，俱有工头承揽一切。雇集人夫，照料收管，皆系工头总司其事。诚恐伊等只招雇向日做工熟识之人，未必令灾民佣工力作，则赴工之人既误领赈，又不得佣资，两无所获。是以工代赈之举，仍属有名无实。”嘉庆帝因此命令，那彦宝、巴宁阿等会同直隶地方官及五城御史、顺天府，对所有挑筑永定河及护城河疏浚工程悉心筹画，务令灾民得以藉工糊口，“不使工头从中垄断之处，酌定章程，妥议具奏”③。

永定河工赈分为两个时期。嘉庆六年七月十九日（1801年8月27日）至二十四日（9月1日），永宁河开工，九月底，经历了两个多月的时间，永定河“各漫口全行合龙，河复故道”。嘉庆七年二月初十日（1802年3月13日），永定河再次兴工，主要是对原有堤坝的加高培厚。五月初八（6月7日），“永定河大工告竣”。此次工赈，总计用银九十七万一千三百二十两，吸收了近八万的青壮年劳动力，其中，参加嘉庆六年堵筑永定河漫口、修筑石土各堤及挑挖淤沙等工程的约有五万余人，为数最多，使得“远近灾民于大赈以前，均得藉资糊口，以工代赈诚有实效”④。老弱病残因此也可以保证能够直接领取赈粮。当然，

---

① （清）庆桂等辑：《钦定辛酉工赈纪事》，《中国荒政全书》第二辑第二卷，第460—461页。

② （清）庆桂等辑：《钦定辛酉工赈纪事》，《中国荒政全书》第二辑第二卷，第292页。

③ （清）庆桂等辑：《钦定辛酉工赈纪事》，《中国荒政全书》第二辑第二卷，第321页。

④ （清）庆桂等辑：《钦定辛酉工赈纪事》，《中国荒政全书》第二辑第二卷，第456页。

永定河大工告竣本身也非常有利于当地农耕条件的改善和灾后社会经济的恢复和发展。

此次赈济进行中，嘉庆帝即组织编纂《钦定辛酉工赈纪事》。嘉庆六年（1801）八月，上谕总结此次赈灾经验，称："地方间遇灾祲，若能及早筹办，实力抚绥，即可为补救之方，前因暑潦成灾，宵旰靡宁，曾作河决叹一首，用抒忧勤惕励之怀，刻石颁示内外大臣，并非尚词藻摛毫，徒资传诵，实欲臣工等共喻朕诚求保赤之深衷，留心民瘼，或地方偶值偏灾，亟为拯救，以绥黎庶而迓庥和"，因此，嘉庆命将是年办理工赈事宜编辑成书，派军机大臣庆桂、董诰、成德、戴衢亨，会同南书房朱圭、彭元瑞，以及曾经查办水灾的丰绅济伦、明安，"检查六月初旬以后节次所降谕旨，并诸臣关涉灾务各奏章，逐日编集，汇为辛酉赈灾纪事，于冬底缮写进呈刊布，以示朕遇灾兢惕、子惠元元之至意"①。嘉庆七年（1802）五月，《钦定辛酉工赈纪事》编成，嘉庆御制序文，称上年永定河水灾，"诚从来未有之大灾患，此工之所由兴，而赈之所由起也"，面对"此未见之奇变"，"若诿之气数，是遇灾不知惧，益获天谴矣"，"若稍不实力救民，获咎滋甚"。嘉庆认为，此次水灾赈济，经自己一力领导部署，"办理尚为迅速，全活者众"，但是也承认"仓猝之间，转于沟壑者已不知凡几矣"。嘉庆再次重申他编纂此书的目的说："工赈毕，爰命内廷诸臣，编述节次所降谕旨及内外诸臣折奏，纂集成书，颁示直省，俾令知予赎咎之本意，设遇水旱偏灾，皆应实力拯救，庶几挽回天意，转歉为丰，尤不可稍存讳饰。"② 庆桂等在该书跋中也称，该书"将以颁示中外，使牧民之吏恭读是编，仰见皇上遇灾而惧之心，共知拯济斯民之道"③。嘉庆六年（1801）的永定河水灾赈济，反映了在整个王朝政治、经济实力转衰的时期，由皇帝亲自领导的水灾赈济效果。但是，其成功的治理经验在当时是不可复制的。如为嘉庆帝一再推广的以工代赈，必须具备充足的前提条件，如工赈的

① 《仁宗睿皇帝实录》（二），卷八十六，嘉庆六年八月乙卯。
② 《仁宗睿皇帝实录》（二），卷九十八，嘉庆七年五月戊戌。
③ （清）庆桂等辑：《钦定辛酉工赈纪事》，《中国荒政全书》第二辑第二卷，第528页。

经费、工料、雇募人员等。嘉庆六七年抢修水定河工总计用银近百万两，而永定河每年抢修银向来定额仅二万九千两有余，可见此次所用银两是以前的数十倍。如此巨额的经费支出，对嘉道以后日形见绌的中央财政而言，当属不易之事。

（三）制定、推广救灾制度和救灾经验

皇帝作为最高法官，还将相关的救灾规章制度化，法律化。救灾法律的制订和完善，有助于各级官员在救灾过程中有章可循，奖惩分明，有益于提高救灾效率。如同杨景仁在《筹济编》中所言："我朝陈纪立纲，重熙累洽，显谟承烈，覆育万方。皇上寅绍丕基，勤有民隐，办理灾赈，渥泽覃敷，虽临几自有化裁，要不外监于成宪，通其变而使民宜之也。"① 清人认为，清代救灾法律制度规划细密完善，可谓法严意美："夫荒政关系民生，而令典布在方策，规画极纤悉，运量遍寰区"，"揭数千百年恤灾之道，有伦有要，郁郁乎焕哉！蠲恤一门，详见《大清会典》，若网在纲，轻重同得。《户部则例》具列济荒之政，《大清律例》有'检踏灾伤钱粮'条，著在户律，系以条例。观其会通，较若画一。大指政在养民，去一分弊，斯受一分惠，杜渐防微，法至严而意至美也。"②

清代帝王还亲自撰写、支持编纂和刊刻一些救荒著作，将救灾经验予以合法化、政策化的传播和推广。比如，康熙帝十分重视治蝗，他亲自编写《御制捕蝗说》，认为捕蝗之事虽然由来已久，"但自古有治人，无治法，惟视力行何如耳。苟奉行不力，虽小灾亦大为民患"。康熙在治蝗方面积累了较为丰富的经验："朕区画于衷，务弭其害。每岁命地方官吏督率农夫，于冬则掘蝻蝗之种，毋俾遗育于土中。或时而为灾，则参用古法，多方以扑灭之计。其所捕多寡，给钱以示劝赏。"③ 根据蝗虫生活每一阶段的不同特点，康熙提出了相应的捕灭方法，推广和传

① （清）杨景仁编：《筹济编》，《中国荒政全书》第二辑第四卷，第 15 页。
② （清）杨景仁编：《筹济编》，《中国荒政全书》第二辑第四卷，第 15 页。
③ （清）陈僅编述：《捕蝗汇编》，《中国荒政全书》第二辑第四卷，第 705 页。

授他所总结的治蝗经验，称“古人欲弭其灾，爰有捕蝗之法。朕轸念民食，宵旰不忘。每于岁冬即布令民间，令于陇亩之际，先掘蝗种。盖是物也，除之于遗种之时，则易除之；于生息之后，则难除之；于跳跃之时，则易除之；于飞扬之后，则难除之；于稚弱之时，则易除之；于长壮之后则难。当冬而预掘蝗种，所谓去恶务绝其本也。至不能尽除而出土，其初未能远飞，厥名曰蝻。是当掘坑举火，以聚而驱之，歼之”①。

浙江钱塘县监生陆曾禹著《救饥谱》一书，生前“未经刊刻”，乾隆四年（1739），陆曾禹同乡、吏科给事中倪国琏看到此书“其书每条前列经史，后加论说，与今所进经史之体无异”，录其大要，以四卷本进呈朝廷。该书引起了乾隆帝的极大关注。乾隆四年十月二十日（1739年11月20日），上谕称：“吏科给事中倪国琏奏进《救饥谱》四卷，犹有郑侠绘图入告之遗意，甚属可嘉。著南书房翰林详加校对，略为删润，命名曰《康济录》，交与武英殿刊刻颁发。倪国琏着赏赐表里各二匹，以示奖予。”乾隆帝命以和硕和亲王弘昼为“监理”，大学士鄂尔泰、张廷玉、徐本为“总阅”，组织力量进行校对删润，列名的还有南书房校对蒋溥等10人、武英殿校对张照等12人、校刊费应泰等10人、监造雅尔岱等10人②。经过一年多的修订，该书以四卷本刊刻颁行。因为乾隆帝的推行，《康济录》此后影响甚大，传播甚广。据时任福建巡抚的王恕称，该书乾隆五年（1740）冬颁发到闽，因感“闽所辖十府二州之地，督抚身驻会城，与民势远而分，日孳孳以宣德意、求民瘼为念，而外郡旁县乡曲之民，何能户户而拊，人人而煦也？古者欲使民无太息愁恨之声，倚良令长州县为亲民之官，而守牧有董率之责”，王恕因此将此书“恭为校刊，分发郡县”③。现今《康济录》的版本中，流传较广的有日本纪藩含章堂藏刻本。日本宽政时期，《康济录》流传到日本，见者称其编纂精良，“汇辑历代济民之嘉言善政，附以己见，详明的实，使人展卷，犁然指诸掌，可举而行焉。厚于天下后世，可谓至

① （清）陈僅编述：《捕蝗汇编》，《中国荒政全书》第二辑第四卷，第705—706页。
② （清）陆曾禹：《钦定康济录》，《中国荒政全书》第二辑第一卷，第231页。
③ （清）陆曾禹：《钦定康济录》，《中国荒政全书》第二辑第一卷，第455—456页。

矣”，治名草郡的小田景福览是书“而好之，誊写藏于家”，其“治郡之略，得于《康济录》者多”。为了“不秘诸帐中而欲公之海内，与有志于济民者共之”，小田景福“因自点校而命剞劂氏，如字有漫灭者，无别本可雠校，姑阙之以俟后日”，他期待《康济录》发挥更大的影响：“夫陆氏著之日入之邦，而景福用之日出之邦，小用之而小有效，安知天下无继景福大用之而大有效者乎！”[①]《康济录》此后也被朝廷颁行，用于救荒实际。如道光元年（1821）夏，顺天府属及直隶天津、山东近河近海地方间有蝻孽萌生，道光帝指出：“捕蝗一事，先应禁止扰累，若地方官按亩派夫，胥吏复藉端索费，践踏禾苗，则蝗孽未除，而小民已先受其害。”为指导地方官治蝗，准礼部左侍郎王引之请，颁发《康济录》捕蝗十宜，交地方官仿照施行。上谕指出：“《康济录》内所载捕蝗十宜，设厂收买，以钱米易蝗，立法最为简易，著将《康济录》各发去一部，交该府尹及该督抚分饬所属，迅速筹办，务使闾阎不扰，将蝗蝻搜除净尽，以保禾稼而康田功。”[②] 另一方面，清廷对于推广荒政书，并非没有限制。乾隆三十二年（1767），御史刘天成奏请将已经刊布之《康济录》“令各省学臣另刻，发生童肄习”，乾隆称刘天成“所见甚属猥琐，于实事毫无裨益”。他进一步指出，一方面，《康济录》已经得准刊行，“从前给事中倪国琏所进《康济录》原本，业经官刻流传，士民并不艰于购觅”，另一方面，救荒不能只拘泥于书本经验，贵在因时制宜，也并非在学书生职责所在：“况恤贫振乏，为地方官有司职业所系，而随宜措置，要在实心实力行之，方能有济，否则古法具存，而措施未善，于闾阎亦复何补，至诸生等家居肄业，凡经史所垂，何一不可增广学识，若谓墨守此书，即可身膺民社，尤为不通之论。”此外，刘天成奏称将每部书定价三钱，“令教官发给生童缴价”，乾隆认为，此举只会导致“学舍生徒，势必徒滋纷扰，更属不成政体”。他批评这种空谈的行为说：“明季台谏积习，每以文具空言，纷纷建白，其实无益于治，朕办理庶政，务求实济，此等纸上空谈，深所

① （清）陆曾禹：《钦定康济录》，《中国荒政全书》第二辑第一卷，第229—230页。
② 《宣宗成皇帝实录》（一），卷十九，道光元年六月，第349—350页。

不取，刘天成所奏不准行。”①

另外，如前所述，嘉庆六年至七年，嘉庆帝组织编纂《钦定辛酉工赈纪事》。该书对于地方官员救灾也起到了重要的指导作用。嘉庆年间，浙江巡抚阮元即称，其在浙江办灾煮赈，办法即仿效该书：“余抚浙无德，屡致灾。嘉庆九年夏，浙西大水，已行平粜、赈济、借籽种诸政矣，十年春，蚕麦又失收，民益困，乃遵钦定工赈纪事粥赈之法，奏设粥厂于十五州县，凡三十四厂。”② 清代帝王对汪志伊《荒政辑要》、杨景仁《筹济编》等也允准刊刻，用于指导地方官救灾。道光二十七年(1847)，河南发生严重水灾。八月，给事中福珠隆阿进呈《荒政辑要》一编，“请发交河南巡抚，饬属遵办”。上谕称，河南被灾甚广，除发帑速筹赈恤外，“惟救荒之策，务期简易可行，小民均沾实惠，不可空谈无补，且时势各异，亦应体察变通”，因此，准将《荒政辑要》一书发交河南巡抚鄂顺安，“率同司道等加意讲求，择而行之，以副朕望”③。光绪五年（1879），经历大灾之后的山西省奏准，在太原府开设浚文书局，将《荒政辑要》《牧令全书》等“雠校刊刻刷印，以广流传”④。光绪四年（1878），杨景仁之孙杨恩海也进呈其祖父杨景仁所辑《筹济编》一书，上谕先后谕军机处和内阁，称经交南书房翰林阅看，“是书于荒政事宜极为详备，实为有用之书”，因该书当时正在本籍开雕，将次竣事，命两江总督沈葆桢等俟“板片刊竣，酌量刷印若干分”，所有刷印纸张工价由官给发，印毕咨送各直省督抚，“用裨荒政”⑤。

经过清代诸帝的颁行和推广，这些救荒著作在当时社会产生了深远的影响，几乎成为言荒政者必读之书目。在皇帝的统一驾驭下，从中央机关到地方州县，皆确立了相应的救灾职能和监督机制，清代救灾制

---

① 《高宗纯皇帝实录》（十），卷七百九十八，乾隆三十二年十月甲辰。

② （清）阮元：《硖川赍赈图后跋》，《皇朝经世文编》，卷四十二，户政十七，荒政二，第17页。

③ 《宣宗成皇帝实录》（七），卷四百四十五，道光二十七年八月乙卯。

④ 光绪《清会典事例》（五），礼部九十九，卷三百八十八，学校，颁行书籍，第317页。

⑤ 《德宗景皇帝实录》（二），卷七十九，光绪四年十月，第213—214页。

度，也正是依托强大的行政体系而得以运行的。

二　中央机关救灾职能

由于没有专门设立的救灾机构，中央各主要常设机构皆担负有相应的救灾职能。这些救灾职能既有明确的条文规定，在具体的运作中又交叉在一起。以下对中央主要机关的救灾职能做一简单介绍。

（一）六部救灾职掌

1. 户部的救灾职掌

有清一代，户部“掌天下之地政与其版籍，以赞上养万民”，户部的职掌，“凡赋税征课之则，俸饷颁给之制，仓库出纳之数，川陆转运之宜，百司以达于部，尚书、侍郎率其属，以定议。大事上至，小事则行，以足邦用”①。户部在国家救灾中所担负的职责主要有如下几个方面：

其一，户部是救灾制度的主要制定者和管理者。各省及大臣所上的赈济章程、方案应由户部核议，确定其是否具有可行性。皇帝也常将一些具体赈济事宜交户部议定，当然最终决定权在皇帝手中。顺治十八年（1661），因汉人节妇曾经赈给米粮，上谕即令户部议定满洲汉军节妇应否给与。户部认为满洲汉军节妇已经给银建坊，应停止再动用常平仓米赈给。上谕最后则否决了户部的建议，认为满汉节妇“俱准一体给米”②。康熙七年（1668），上谕户部，顺天等府遭受水灾，“田禾淹没，卢舍倾圮颇多。除被灾田亩，俟该督抚亲勘轻重分数，具题酌免。但被灾之民，无以资生，必致流离失所”。应作何赈恤，命户部“速议以闻”。户部议复，发常平仓粮赈济，如不足，计数报部。近畿之地从通仓法给，较远地方令附近省分协济。上谕“从之”③。康熙十年

① （清）托津等纂：《大清会典》（嘉庆朝），第1册，卷十，第129页。
② 《圣祖仁皇帝实录》（一），卷四，顺治十八年闰七月，第82页。
③ 《圣祖仁皇帝实录》（一），卷二十六，康熙七年八月，第369页。

(1671)，上谕户部，淮扬等处地方水患未消，灾民饥馑流移，“前虽行赈济，今无以糊口，困穷至极。闻此情形，深切悯恻。民为邦本，如斯困苦，岂可不速行拯救。今应即行差官，前往赈济”，“或就近截留漕米，或动支何项银两、粜米给散饥民”，户部“作速议奏”①。

其二，户部对救灾程序的运转和实施予以组织和调控。就报勘灾情而言，地方省份报灾、勘灾皆应送交户部，由户部核查后确定赈济内容，题奏皇帝批准后，再转由地方具体实施：“凡地方有灾者必速以闻，遂定其灾分而题焉。”② 户部还主要负责灾区赈济粮银的发放和筹备，包括库银的核拨，物料的筹购、赈粮的采买平粜等。清代实行因赈捐纳制度，户部设捐纳房，专门办理具体事宜。捐纳人员可依例赴捐纳房，以所交之款换得相应官衔。

其三，户部官员直接参与和监督地方的赈灾活动。康熙四年(1665)二月，山西巡抚杨熙疏报，康熙三年(1664)，太原府属代、崞等十二州县，三关、镇西等各卫所，及大同府属应朔等八州县、阳高等七卫所旱灾，俱十分全荒。户部议覆，三年分钱粮既已征收，不及蠲免，应准其流免四年分钱粮，仍准发仓赈济。上谕以地方官察报迟延，有失抚恤之道，下旨切责，并遣户部贤能官往赈③。康熙七年(1668)，西宁发生严重饥荒，上谕命户部派两名官员前往，会同地方官速行赈灾。④ 康熙十九年(1680)二月，上谕户部尚书伊桑阿，宣府等处“岁值大祲，贫民乏食，鬻卖妻子以自求活”，因此，命遣户部郎中明额礼驰驿速往，会同地方官赈济⑤。三月，护理直隶巡抚事守道董秉忠疏言，请发积谷赈济霸州等八十二州县卫饥民。上谕户部遣堂官一员，速往察明，动支正项钱粮赈济⑥。康熙三十六年(1697)，定直隶被灾地方，着差户部贤能司官一员，会同督抚等逐一亲行确勘具奏。⑦ 康熙三

① 《圣祖仁皇帝实录》(一)，卷三十五，康熙十年三月，第477—478页。
② 《光绪会典》，文海出版社1967年版，第102页。
③ 《圣祖仁皇帝实录》(一)，卷十四，康熙四年二月，第213页。
④ 《圣祖仁皇帝实录》(一)，卷二十五，康熙七年三月，第352页。
⑤ 《圣祖仁皇帝实录》(一)，卷八十八，康熙十九年二月，第1120页。
⑥ 《圣祖仁皇帝实录》(一)，卷八十九，康熙十九年三月，第1123页。
⑦ 《大清会典》(雍正朝)，卷三十五，户部，蠲恤一。

十七年（1698）初，因山东济南、青州等地连岁灾荒，百姓乏食，山东巡抚李炜并未奏闻，上谕即令户部保举司官两名，前往山东督促该巡抚赈济。[①] 乾隆二十六年（1761），黄河在河南祥符境内漫溢成灾，乾隆帝着户部预备查赈各员，由钦差大臣刘统勋等拣选，带往豫省祥符等处办赈。[②]

其四，户部管理漕粮积储及京通十三仓监督等事。“裕天下之积贮，令各省所在皆设仓。视其人民之所聚与其地之燥湿，以定其额贮，权岁之丰歉，而出纳之。”每年仲冬，各省各城督抚、府尹、将军，“将所属民屯户口增减、仓谷存用实数详查具奏，造册随奏咨部，户部于次年年底，汇缮黄册具题”。如嘉庆十七年（1812）册报，各省各城民屯丁口 361691231，存仓米谷为 33588575 石。[③] 每年各省丰歉分数也需统一报户部。嘉庆朝《大清会典》载：“凡岁收，八分以上为丰，六分以上为平，五分以下为歉，皆核其实以闻。每年各省二麦、早禾、晚禾收成丰歉分数，督抚随时确奏，仍汇齐通省分数，分别夏收、秋收两疏题报，次年二月到齐，户部于三月汇奏。”[④]

光绪三十二年（1906），出使各国考察政治大臣戴鸿慈等上《奏请改定全国官制以为立宪预备折》，其中指出：“户部掌财务行政，为旧制所固有，然以户名其部者，盖缘旧日财政以户田为其专务，今征诸各国所掌，则自国税、关税至货币、国债、银行，其事甚繁，户田一端实不足以尽之。”[⑤] 因户部的职掌与社会经济的发展已经不相适应，此后，户部改称度支部。度支部新设十司，其中田赋掌土田财赋，稽核八旗内府庄田地亩；漕仓掌漕运核销，仓谷委积，各省兵米谷数，合其籍账以闻；筦榷掌盐法杂课，凡盘查道运，各库振敛，土药统税，并校其实；库藏掌国库储藏，典守颜料，缎匹两库，等。户部所负责的救灾职能，

---

① 《圣祖仁皇帝实录》（二），卷一百八十七，康熙三十七年二月，第 993 页。

② 中国第一历史档案馆藏：上谕档，第 587（1）册，第 99 页。

③ （清）托津等纂：《大清会典》（嘉庆朝），第 1 册，卷十三，第 199 页。

④ （清）托津等纂：《大清会典》（嘉庆朝），第 1 册，卷十四，第 219 页。

⑤ 故宫博物馆明清档案部编：《清末筹备立宪档案史料》，上册，中华书局 1979 年版，第 371 页。

此后也由度支部主要负责管理。

2. 吏部救灾职掌

吏部主掌官员的奖惩，其中对各级官员在相关救灾程序，如报灾、蠲缓、赈恤、捕蝗、失火等中的过失行为制定了严密的惩处措施。另外，有关救荒中官员失职舞弊的案件，也需要由吏部主持或参与进行审查。顺治年间，浙江杭州、嘉兴等府县亢旱，地方官造报迟延，户部尚书车克即题请由吏部议罚怠缓者。[①] 嘉庆十六年（1811），河道总督陈凤翔不能先事预防，以致王营减坝堤塌，吏部奏准将其革职留任[②]。道光七年（1827），湖广总督嵩孚盘查，湖北省额存仓谷共亏缺 22974 石，其中除了盘折谷石已据州县缴存价银、尚未买补外，“其气头廒底霉变谷石，显系该州县经理不慎所致”。上谕着令嵩孚查明各该州县霉缺多寡，开送职名，交吏部分别议处，并勒限追赔价银[③]。光绪十三年（1887），河南荒旱，有人奏巡抚李庆翱玩视民瘼、演戏祝寿，上谕也令吏部右侍郎查明具奏。吏部还负责选拔和引荐办赈官员[④]。乾隆七年（1742），因上下两江办赈人员不敷，乾隆帝即令九卿从候补官员内各举所知，交吏部带领引见[⑤]。

此外，吏部对自愿捐输助赈、乐善好施的绅衿士民予以核实议叙。各省遇有收成歉薄及修城、筑堤、义学、社仓等项公事，绅衿士民有乐于捐输者，按其捐数多寡，应行议叙之员由督抚核实具题，并饬令地方官出具并无胥吏侵渔浮冒印结，一并咨吏部，同时将捐助动用数目逐一造册具题，系赈济报户部，系工程报工部核实确查。如果相符，户部或工部会同吏部分别议叙。[⑥] 比如，康熙五十四年（1715）议准，直省社仓劝输，绅衿若能捐谷四十石，令州县给匾，捐谷六十石，令知府给

① 中国第一历史档案馆藏：内阁题本，02－29－1971－9。

② 中国第一历史档案馆藏：上谕档，第 857（2）册，第 159 页。

③ 光绪《清会典事例》（三），卷一百九十二，户部四一，积储，盘查仓粮，第 204—205 页。

④ 中国第一历史档案馆藏：上谕档，第 1346（2）册，第 99 页。

⑤ 中国第一历史档案馆藏：上谕档,第 556 册，第 321 页。

⑥ 光绪《清会典事例》（一），吏部一，卷七十七，吏部六一，除授六，好善乐施议叙，第 993—994 页。

匾，捐谷八十石，令本管道给匾，捐谷二百石者，督抚给匾，其富民好义，比绅衿多捐二十石者，亦照绅衿例次第给匾，捐至二百五十石者，咨明吏部给予义民顶戴，照未入流品服荣身。凡给匾民家，永免差役。[①] 康熙六十年（1721），覆准山陕被灾地方，绅士富户并内外现任官员愿捐米者，计官职之大小、捐米之多寡具呈，该地方官照数收捐，出给实收，随收随报，督抚题明，转咨吏部，遇缺即升，富户题明破格旌奖。[②] 乾隆二十六年（1761），吏部议准，现任地方官捐资修城五十两者，记功一次，一百两者记功二次，一百五十两者记功三次，俱听该督抚自行查办。二百两以上者纪录一次，三百两以上者纪录二次[③]。道光十八年（1838），吏部又奏定，凡捐输军饷、河工、办赈、修城、重大事务者，京外现任人员九品至未入流等官捐输人员，千两以上加八品衔；八品等官，二千两以上加七品衔；七品等官，三千两以上加六品衔；六品等官，四千两以上加五品衔；五品等官，六千两以上加运同衔知县，五千两以上加知州衔、同知直隶州知州万两以上加知府衔，知府一万五千两以上加道衔。候选人员，郎中、员外郎、直隶州知州，捐输二万两以上，五品等官捐输万五千两以上，主事、知县捐输万两以上，六七品等官捐输八千两以上，八品至未入流等官捐输四千两以上，均准其保奏本班尽先选用。各省试用人员，直隶州知州万两以上。其余五品等官八千两以上，知县六千两以上，六七品等官四千两以上，八品等官三千两以上，九品至未入流二千两以上，均准其各就本班到班时，照分缺闲用之例，先用正班一人，次用捐输出力一人[④]。

3. 礼部救灾职掌

礼部负责旌表捐输助赈的士民人等。“凡士民人等，或养恤孤寡，或捐资赡族，助赈荒歉，或捐修公所，及桥梁道路，或收瘗尸骨，实与

---

① 《大清会典》（雍正朝），卷三十七，户部，蠲恤三，赈济。

② 《大清会典》（雍正朝），卷三十九，户部，蠲恤五，积贮（平粜附）。

③ 光绪《清会典事例》（一），吏部一，卷七十七，吏部六一，除授六，好善乐施议叙，第994页。

④ 光绪《清会典事例》（一），吏部一，卷七十七，吏部六一，除授六，好善乐施议叙，第994页。

地方有裨益者，八旗由该都统具奏，直省由该督抚具题，均造册送部。”捐银至千两以上或田粟准值银千两以上者，均由礼部请旨建坊，照钦定的“乐善好施”字样，由地方官给银三十两，听由本家自行建坊。若所捐不及千两者，请旨交地方官给匾旌赏，仍给予“乐善好施”字样。如有应行旌表而情愿议叙者由吏部给予顶戴，礼部毋庸题请。光绪六年（1880），旌表捐输助赈的制度又有所变化，嗣后凡遇士民人等捐资助赈以及赡族养孤等事，核其银数已至千两以上，“实系不敢仰邀议叙者”，由督抚照例具题，并造具事实清册送礼部，由礼部题请旌表。如情愿议叙，即由督抚奏交吏户等部办理，“不得再请建坊，以杜纷歧”①。

礼部还是因灾祈禳仪式的制定和主持的主要机构。这一职能将放在下一章中予以说明。

4. 兵部救灾职掌

兵部规定了卫所报灾日期及蠲缓方法，对卫所官员报灾逾限及将被灾田地题定蠲缓分数故意迟延，或将蠲免钱粮藉名肥己者予以相应处分。② 卫所被灾田亩，由该管官随时详报，夏灾不逾六月，秋灾不逾九月。如报灾迟延，半月以内者，罚俸六月，一月以内，罚俸一年，一月以外，降一级调用，二月以外，降二级调用，三月以外者革职。被灾分数，于题报情形之后，卫所官限四十日内查明造册详报，如不依限详报，亦照报灾逾限例议处。如有妄报被灾及有灾不报者，皆罚俸一年。如果报灾之时不送印结及册内不分析详明，或止报巡抚、不报总督者，皆罚俸六月。在救火捕蝗方面，对救火不力、藉名救火乘机抢掠、失火烧毁河工料物的各级官兵，予以相应严惩。乾隆二年（1737）又议准，卫所地方被灾，若距省窎远，详报被灾情形分数，均扣算程途日期，如详报到省在限外，而扣算程途日期尚未逾限者，免其揭参，扣算已至逾限者，各按迟延月日议处。嘉庆十二年（1807），议定凡遇灾荒之年，

① 光绪《清会典事例》（五），礼部三，卷四百零三，礼部一一四，风教七，旌表乐善好施，第498—499页。

② 光绪《清会典事例》（七），兵部一，卷六百二十，兵部七九，绿营处分例七，卫田，第1020页。

卫所官员并不详报及将成灾报作不成灾者，均革职永不叙用。如不实心确勘，少报分数者革职。道光三年（1823）奏定，卫所田地被灾奉蠲钱粮，有已征在官不留抵次年钱粮，有未征在官不与扣除蠲免，一概混征，以图侵蚀，或于督抚具题之时，先行停征十分之三，及部覆之后，题定蠲免分数，故将告示迟延，不即通行晓谕者，或称止蠲起运不蠲存留，使小民仅沾其半，或将赈济灾民及蠲免钱粮藉名肥己者，卫所官俱革职提问。若将蠲免银两增多减少，造入册内者，卫所官降二级调用，或被灾之处，未经题免之先，误报册内填入蠲免者，卫所官罚俸一年。①

在对捕蝗的追责方面，若武职各官遇有蝗蝻生发，其不及合力扑捕以致长翅飞腾者，分级别予以革职、降职等处分，反之，蝗蝻生发之处，武职能统率兵夫立时扑灭净尽者，将该员纪录一次。乾隆三十六年（1771）议准，武职各官遇有蝗蝻生发，其不及早合力扑捕，以致长翅飞腾者，专汛官照例革职，该管上司不速催扑捕者，兼辖官降二级留任，统辖官降一级留任，提镇罚俸一年。至武职兼统提镇各官，有不行查报及不移会督抚题参者，兼辖官革职，统辖提镇各官，降三级调用。嘉庆六年（1801）奏准，武职员弁专汛地方遇有蝗蝻生发，其不及早合力协捕，以致长翅飞腾贻害田稼者，专汛官降二级调用，该管上司仍照例分别议处，若兼统各官不行查明申报提督总兵者，降三级调用，提督总兵不移会总督巡抚题参者，降二级调用。②

再如救火，“武职各官所管地方失火，延烧文卷仓廒者，专汛官罚俸一年。如将钱粮文卷擅藏私家以致焚毁者，将该员降一级调用”③。因抢险救灾而遇难的士兵的抚恤事宜，捐赈官兵的选用等事，亦属兵部管理。比如，道光二十一年（1841），河南巡抚牛鉴奏请将抢险淹毙兵

① 光绪《清会典事例》（七），兵部一，卷六百二十，兵部七九，绿营处分例七，卫田，第1020—1022页。

② 光绪《清会典事例》（七），兵部一，卷六百二十，兵部七九，绿营处分例七，捕蝗，第1026—1027页。

③ 光绪《清会典事例》（七），兵部一，卷六百三十六，兵部九五，绿营处分例二三，救火，第1241页。

目照阵亡例赐恤，上谕即着兵部议奏。[①] 助赈捐输的守御卫所千总者，除由户部汇造总册外，还应造册咨送兵部，掣定名次，先后挨次选用。[②] 此外，兵部亦掌驿递之事，规定遇展赈借种等事，准酌量轻重缓急由几百里驰递[③]。由于灾赈公文均关紧要，应该在封套上加盖灾赈公文红戳，或者用排单，由驿站马上飞递。[④]

5. 工部救灾职掌

直省城垣修葺移建、以工代赈诸事属工部管理。乾隆二年（1737），规定各省将需要修理城垣的情况预做估计后造册送工部，以备以后若有水旱，欲行工赈时，可以按册迅速办理。[⑤] 因雨水或地震倒塌的房屋的修葺，也由工部定制："旧城适遇山水骤发、江湖涨溢以及雨水连绵，冲卸坍损，费在三百两以上及千两上下者，地方官据实详报，由布政司亲往勘估，详请动项兴修。开工后责成道府来往察查，工竣由督抚亲自验收。如需费在三百两以内，故意浮估，希图动项，察出严行参究，着落赔修。"[⑥] 工程浩大者，工部还负责出资或监督实行。工部还负责工赈款项的发放、组织一些具体的工赈事项。如嘉庆六年（1801）永定河水灾中，针对京师灾民组织的工赈，即由工部招募灾民对京师部分城河进行疏浚，每名每天给工食银八分，此项工赈进行了三个月才告结束，统计工食银九万八千三百四十六两一分。道光二十七年（1847），河南省祥符等十州县城垣护堤被水冲塌，急需修葺，亦由工部动用拨备工程赈济银两，实行以工代赈[⑦]。光绪二十一年（1895），

---

① 中国第一历史档案馆藏：上谕档 1053－2，第 11 页。

② 光绪《清会典事例》（七），兵部一，卷五百七十三，兵部三二，职制一六，单月，守备选法，第 432 页；光绪《清会典事例》（七），兵部一，卷五百七十四，兵部三三，职制一七，守御卫所千总选法，第 445 页。

③ 光绪《清会典事例》（八），兵部二，卷七百零二，兵部一六一，邮政四八，邮递，第 745 页。

④ （清）汪志伊辑：《荒政辑要》，《中国荒政全书》第二辑第二卷，第 570 页。

⑤ 光绪《清会典事例》（一〇），工部，卷八百六十七，工部六，城垣一，直省城垣修葺移建。第 70 页。

⑥ （清）杨西明编：《灾赈全书》，《中国荒政全书》第二辑第三卷，第 507 页。

⑦ 光绪《清会典事例》（一〇），工部，卷八百六十七，工部六，城垣一，直省城垣修葺移建一，第 71 页。

直隶武清等堤埝漫决，上谕也令工部认真赈抚，体察灾情，以工代赈①。

另外，工部都水清吏司负责河工海塘的防修之事。防堵潮水，分桃汛、伏汛、秋汛三汛，其中自清明节起阅后二十日为桃汛，自桃汛后至立秋前为伏汛，自立秋至霜降节为秋汛②。工部将河工分岁修、抢修，岁修在冬季水落后兴工，次年桃汛后完工，抢修则无定时。乾隆三年（1738），工部议定山东省内黄河每岁修拨银二千两，抢修七千两，河南省黄沁两河岁修、抢修工程每年豫拨银七万两，“永为定额”③。此外，工部还负责用于积谷赈济的各省仓廒的建制、修葺等。

6. 刑部救灾职掌

清代帝王把清理刑狱看成和祈禳一样重要的减灾救灾手段，而清理刑狱的主要工作就是由刑部来完成的。其内容主要包括减免犯人罪刑、清理积案要案等。如乾隆四年（1739），因京师天时亢旱，上谕刑部堂官等将徒杖以下等罪查明情节，或应释放，或应减等，请旨完结，其寻常案件亦速为办理④。乾隆七年（1742），亦因亢旱严重，着刑部将在部各案内有牵连待质者及轻罪内情有可原者，或应省释，或应末减，会同都察院大理寺悉心详查⑤。

刑部还对在检踏灾伤钱粮方面不为用心、甚或瞒官害民、通同作弊的官吏制定了刑事处罚标准，并对冒告灾伤者给予相应量刑。涉及捏灾冒赈的大案要案以及京控案件也由刑部审理。如乾隆四十六年（1781）九月，甘肃王亶望冒赈案各犯即解京交刑部审理⑥，后又派刑部侍郎阿扬阿驰赴甘肃将此案内拟斩决者俟旨监刑，王亶望幼子亦收刑部监禁，

---

① 中国第一历史档案馆藏：上谕档，第1425（4）册，第3页。

② 光绪《清会典事例》（一〇），工部，卷九百一十三，工部五二，河工一三，汛候，第519页。

③ 光绪《清会典事例》（一〇），工部，卷九百零四，工部四三，河工四，河工经费岁修抢修一，第438页。

④ 《高宗纯皇帝实录》（二），卷九十，乾隆四年四月上，第394页。

⑤ 《高宗纯皇帝实录》（三），卷一百六十三，乾隆七年三月下，第47页。

⑥ 中国第一历史档案馆藏：上谕档，第681册，第157页。

遇恩不赦[①]。另外，灾荒时期纳米赎罪也是一项重要的筹集赈粮赈银的手段，纳赎具体事宜也由刑部管理。顺治十二年（1655）覆准，犯人赎罪，照时价籴谷存仓，年底将收纳罪银并籴谷数目汇造清册，报户部、刑部查核[②]。乾隆十七年（1752），议准在京笞杖人犯赎罪者令刑部查办，按季汇题，银两咨付户部查收[③]。根据光绪《大清会典事例·刑部》"赎刑"条，例应杖笞的决人犯，情有可赎者，以杖、笞分别规定了纳赎标准。笞杖人犯因系轻罪，在京令刑部查办，按季汇题，银两咨付户部查收。外省笞杖赎罪人犯，令各地方官将犯罪情节并可原应赎缘由详报督抚核办，限一月之内，银谷缴储仓库，准其免罪。"若事由外结，咨报户刑二部，由部造册，按季汇题。"[④]

（二）理藩院救灾职掌

乾隆时期，理藩院的职能不断完善，机构不断扩大。乾隆《大清会典》中，王会清吏司下提到："凡赈恤，各部落偶遇岁荒，札萨克设法养赡不足，告盟长协济，再不足，会报到院，奏请发帑，并预支王以下次年俸金，以济其乏"[⑤]，说明理藩院负责蒙古各部落的赈济事务。光绪朝《清会典事例》"理藩院"进一步规定了蒙古等地赈济程序："蒙古如遇灾荒，先由各盟内人等共出牛羊，协济养赡，并将协济被灾人口数目造册送理藩院。倘若连遇饥馑，该盟内力乏不能养济，则由盟长会同该札萨克等一同具报到院，由理藩院请旨，遣官查勘，发帑赈济"[⑥]。蒙古王公等请求赈济之事也应由理藩院代为向朝廷转奏并核查。嘉庆年间，阿拉善扎萨克亲王玛哈巴拉因该旗被灾，呈请借粮二千石，即由理

---

① 中国第一历史档案馆藏：上谕档，第681册，第239页。

② 光绪《清会典事例》（九），刑部，卷七百二十四，刑部二，名例律二，赎刑，第14页。

③ 光绪《清会典事例》（九），刑部，卷七百二十四，刑部二，名例律二，赎刑，第17页。

④ 光绪《清会典事例》（九），刑部，卷七百二十四，刑部二，名例律二，赎刑，第17页。

⑤ （清）允裪等纂：《大清会典》（乾隆朝），第431页。

⑥ 光绪《清会典事例》（一〇），理藩院，卷九百九十一，理藩院二九，优恤，赈济，第1229页。

藩院代为请准，并行知陕甘总督转饬宁夏道就近各县仓贮内拨粮赈济，同时通知户部在亲王玛哈巴拉等俸银中扣除赈粮估价。[①] 光绪三十一年（1905），阿拉善扎萨克一带亢旱成灾，亦由理藩院将灾情代为转奏，请求朝廷赈济。[②] 蒙古流民的安集，也需要报理藩院。乾隆元年（1736）覆准，蒙古人流移口外大通地方者，稽查明白，分析安插，系有原管之札萨克者，仍交与收管，其别无管辖者，交附近各部落安插，将户口细册送理藩院。[③]

理藩院的官员还经常直接参与少数民族地区的赈灾。比如，康熙十年（1671）六月，因苏尼特等八旗被灾，牲畜俱死，难以存活，康熙帝令理藩院会同礼部将礼部所管之牛羊酌量派出，分给被灾之人[④]。康熙二十八年（1689）八月，因旱灾严重，理藩院官员也前往喜峰口、古北口、杀虎口、张家口、独石口相近之处放赈[⑤]。雍正十一年（1733），喀喇沁王伊达木扎卜等旗分田谷歉收，上谕着理藩院派侍卫、司官各一员前往查勘，对实在贫人按名赈给。同年，贝勒僧滚扎卜等旗分地亩虽称五六分以上收成不等，但其中亦有乏食不能糊口者，因此着理藩院派员一并查出，酌量赈济。[⑥]

理藩院还负责监管蒙古各旗救济贫人、仓储备荒事宜。康熙三十年（1691），清廷遣官五路分察蒙古各旗佐领内贫人，理藩院等并议准，蒙古王、贝勒以下，耆老什长以上，嗣后均择水草佳处游牧，轻役减税，察明贫乏之户，着本旗札萨克及富户喇嘛等抚养，如有不足，则由各旗公助拨牛羊。每贫台吉给牛三头，羊十五只。每贫人给牛二头，羊十只，“令其孳育，永作生理，勿为盗贼，亦不致流亡，取具众旗承领养赡贫人数目印结一并送院，注籍存案。倘日后有以贫穷告者，照籍将

---

① 中国第一历史档案馆藏：军机处录副奏折，财政田赋地丁类，03－29－1626－14。

② 中国第一历史档案馆藏：军机处录副奏折，赈济类，03－107－5068－17。

③ 光绪《清会典事例》（二），户部一，卷一百五十八，户部七，户口五，安集流民，第1010页。

④ 《圣祖仁皇帝实录》（一），卷三十六，康熙十年六月，第484页。

⑤ 《圣祖仁皇帝实录》（二），卷一百四十一，康熙二十八年八月，第555页。

⑥ 《世宗宪皇帝实录》（二）；卷一百三十四，雍正十一年八月，第731页。

该管札萨克议处，有告赈不实者，仍治以罪”[1]。乾隆二十七年（1762）议准，哲里木、昭乌达、卓索图三盟所属游牧尚有可耕之地，因此，康熙年间议令三盟长各札萨克等，每旗各设一仓，每年秋收后，各佐领下壮丁每丁输粮一斗存仓，以为歉收赈济之用。其收放数目，此前并未定有奏销之例，嗣后三盟长各札萨克，于每年秋收后，将收纳支放实数，各造具印册报院，年终汇奏[2]。

（三）内务府救灾职能

乾隆《大清会典》“会计司”明确了内务府勘灾的职能：“凡勘灾，畿辅各庄偶遇旱涝即报府，由地方官屡勘具册结于总督，转达于府。如与原报相符，给口粮议蠲免。捏报者，庄长治罪。盛京及关外、口外各庄同，由总管将军、都统、副都统达府。”[3] 光绪《清会典事例》“内务府”下“屯庄”设“粮庄勘灾”、“钱庄勘灾”条，对内务府救灾职能的沿革予以详细记载。内务府救灾职能主要有以下几点：第一，管理粮庄和纳银庄的勘灾、赈济事宜。康熙九年（1670）奏准，关内粮庄，呈报旱涝，即委司官一人、内管领一人往验，分别被灾轻重，造册结报本府，纳粮时按验册结，开除粮额。雍正元年（1723），规定山海关外粮庄如遇旱涝报灾，由锦州副都统郎中等官查勘分数呈报。雍正三年（1725），确定查勘关内庄头灾地，将成灾分数按分蠲免，仍在额纳粮内按人给予口粮，以资养赡。并定对捏报灾情者的惩处：如有捏报，五顷以上，鞭八十，十顷以上，鞭一百，所报全虚者，枷两月鞭一百。至查勘时报灾不到之庄头，鞭一百，革退庄头。又奏准，关外庄地遇灾，按分数蠲免，其捏报者，按捏报分数治罪，一如关内之例。雍正十一年（1733）议准，各粮庄遇有旱涝，庄头等应先呈报地方官亲自所勘成灾分数，再申报总督，并将原册封送户部，转送到内务府，由内务府委托官员会同地方官履亩覆勘，若与原册相符者，取具地方官印结，分析蠲

---

① 《理藩院则例》，赈恤，乾隆朝内府抄本，全国图书馆文献缩微复制中心出版。

② 光绪《清会典事例》（一〇），理藩院，卷九百九十一，理藩院二九，优恤，赈济，第1231页。

③ （清）允祹等纂：《大清会典》（乾隆朝），第491页。

免具奏。[1] 盛京粮庄如遇旱涝，据掌关防佐领呈报，由盛京内务府总管分别奏请，亦按被灾分数蠲免。[2] 在银庄勘灾方面，乾隆十一年（1746）奏准，庄头人等逢旱涝，将被灾地亩坐落顷亩数目一面呈内务府存案，一面呈报该地方官，详报附近大员委托邻近州县监同履亩查勘，按被灾分数详报总督，然后再取具地方官及委官并无隐漏捏报印甘各结咨内务府，内务府与原报数目详加核对，如果相符，其应免差务、应给口粮即照例办理，统俟该督咨到汇齐具题。倘有捏报及与原册不符，则照例治罪。如果地方官或有隐漏虚报，附近大员揭报，该总督题参。[3]

第二，发放赈灾内帑银。内务府下设广储司，广储司库所存银两常被皇帝调集用于赈灾。如嘉庆六年（1801）永定河水灾中，嘉庆帝即从广储司库内拨银五十万两，交兵部侍郎那彦宝等采办物料，办理工赈事宜之用。随后，因永定门、右安门一带受灾较为严重，上谕又“于广储司库内发银二千两”，交顺天府尹等散赈被灾民人。晚清以来，由于国家库藏日蹙，内帑银成为赈济灾区的重要赈银来源，而内帑银的拨放即是由内务府来负责的。如光绪十三年（1887）河南境内黄河水灾，慈禧太后拨内帑银十万两赈济灾民，此十万两即由内务府发出，解交户部。[4] 宣统三年（1911），因各省水灾甚多，清政府对直隶、吉林、江苏、安徽等灾重省份每省发内帑银三万两，也由内务府发交各省督抚，核实散放，以赈灾民。[5]

第三，发放京师贫民棉衣及实银。《户部则例》规定：京师五城每岁折给贫民棉衣之费，由内务府将应用制备棉衣生息银三千六百两全数咨交巡视五城御史，后者严饬司坊官详查人数，将所领银两照时价易

---

① 光绪《清会典事例》（一二），内务府，卷一千一百九十七，内务府二八，屯庄二，粮庄勘灾，第920页。

② 光绪《清会典事例》（一二），内务府，卷一千一百九十七，内务府二八，屯庄二，粮庄勘灾，第921页。

③ 光绪《清会典事例》（一二），内务府，卷一千一百九十八，内务府二九，屯庄三，银庄勘灾，第923页。

④ 中国第一历史档案馆藏：军机处录副奏折，赈济类，档号：03－107－5594－145。

⑤ 中国第一历史档案馆藏：上谕档1533（1），第17页。

钱，分别大小口，小口给钱减大口之半，五城同日散放，按人数核算钱数，均匀摊给，并严定章程，如有官吏克扣短数及查报不实、冒领重领等弊，查出严参治罪，放毕核实奏销①。嘉庆十三年（1808）起，上谕令内务府动用闲款银两，每年制备棉袄一千件，由五城发放京师贫民。② 同治元年（1862），又奏定由内务府即由生息项下发交实银三千六百两，发交五城制作棉衣，散放贫寒老弱之人。③

（四）步军统领衙门和都察院的救灾职掌

负责京师的具体救灾工作的主要包括步军统领衙门和都察院所属之五城察院。清代步军统领统率的军队，包括八旗步兵和京城绿营的马步兵两个部分。都察院所属之五城察院是稽查京师地方的机构，分中、东、西、南、北五城，每城设一衙门，皆称“察院”，其长官称为“巡城御史”。在具体的救灾职能方面，比如，步军统领衙门、五城察院皆掌京师救火之责：“凡官民房舍火起，不分地方，各司坊督领甲捕，均持器具救火。”④ 康熙二十二年（1683）议准，五城所属地方，如有失火延烧房屋至十间以下者，即行扑灭，各官免议，其延烧不能扑灭，十一间以上至三十间者，将该管官罚俸九月，吏目所管地方，以吏目为该管官，副指挥所管地方，以副指挥为该管官，巡城御史罚俸三月；延烧三十间以上者，将该管官罚俸一年，巡城御史罚俸六月；延烧三百间以上者，该管官降一级调用，巡城御史罚俸一年；延烧四百间以上者，该管官降二级调用，巡城御史降一级留任；延烧六百间以上者，该管官降三级调用，巡城御史降一级调用。同年又议准，官员该管地方失火烧毁房屋者罚俸三月，如不能救援，以致延烧文卷、及官仓米粮者，罚俸一年。如将钱粮文册不储公所，妄藏私家，或交衙役，以致被焚者，降一

① 《钦定户部则例》，卷九十，蠲恤八，同治十三年校刊本。

② 光绪《清会典事例》（一二），内务府，卷一千二百十三，内务府四四，恤赏，年例赏给贫民棉袄，第1070页。

③ 中国第一历史档案馆藏：军机处录副奏折，赈济类，档号：03-107-5579-9。

④ 光绪《清会典事例》（一一），都察院，卷一千三十六，都察院三九，五城六，救火，第396页。

级调用[①]。

另外，步军统领衙门、五城察院还管理防疫、抚恤诸事。若遇时疫流行，京师应设药局棺局，分段施放。如道光元年（1821），京城内外时疫传染，贫民多有病毙，上谕着步军统领衙门等慎选良方，广为救治[②]。乾隆三十一年（1766），京城雨大，旗民房屋坍塌，即由步军统领衙门详查给银，以资缮葺[③]。光绪十六年（1890），京师因雨后倒塌房屋，伤毙人口十六名，上谕也令步军统领衙门酌给抚恤[④]。此外，步军统领衙门负责救灾进程中京师的治安，并确保灾赈工作的顺利进行。乾隆十六年（1751），因京师米价昂贵，上谕特拨仓米于城乡分局平粜，以济民食。为了防止奸徒市侩乘机射利、私贩囤积，乾隆帝令步军统领衙门多差巡役，严行查拿，遇有上述人等，从重治罪[⑤]。光绪二十年（1894），因饥民来京就食者甚多，抢劫之案叠发，也令步军统领衙门妥议章程，编查保甲，对防范社会秩序者予以缉拿弹压[⑥]。

五城察院向有煮粥赈贫之责。五城在京师各处设立十处饭厂，其中中城、东城、南城、北城、西城各设饭厂两座。顺治九年（1652）题准，京师贫民隆冬饥寒，五城煮粥赈贫，每年自十一月起，至次年三月中止，每城日发稜米二石，柴薪银一两。[⑦] 每年开赈之初，由户部先期题明，知照都察院暨仓场衙门，届期由巡城御史备具文领，赴仓场衙门请领米石，并赴户部请领薪银。每日散赈时，由巡城御史亲身散给。都察院堂官不时稽察，倘有不肖官吏私易米色、通同侵蚀者，指名题参。每年用过银米，由五城报销。煮赈时间按年景气候也有提前或延长者。如顺治十年（1653），即将五城煮赈增赈一月，加倍给发，每日每城米

---

① 光绪《清会典事例》（二），吏部二，卷一百十，吏部九四，处分例三三，失火，第422页。

② 中国第一历史档案馆藏：上谕档，第913（1）册，第261—262页。

③ 中国第一历史档案馆藏：《清代灾赈档案专题史料》，第75盘，第1002页。

④ 中国第一历史档案馆藏：上谕档，第1410（二）册，第25页。

⑤ 光绪《清会典事例》（四），户部三，卷二百七十五，户部一二四，蠲恤一一，平粜，第166页。

⑥ 中国第一历史档案馆藏：上谕档，第1421（二）册，第151页。

⑦ 光绪《清会典事例》（一一），都察院，卷一千三十五，都察院三八，五城五，饭厂，第384页。

四石，银二两。顺治十二年（1655），将五城煮赈再加一月，至五月十五日止。康熙十九年（1680），又将五城赈饥再展限三个月，至八月终止[①]。乾隆四十年（1775）逢闰十月，经都察院照例具奏于闰十月初一开赈，后奉谕旨提前于十月十五日开赈[②]。另外，五城还管理为京师灾民散放棉衣、发放孤贫银米、捕蝗、救火等事。嘉庆六年（1801）永定河水灾中，清政府曾将数万件棉衣交由五城向灾民发放，此后每年冬间及逢水旱等灾，五城散给灾民、贫民棉衣渐成制度。其发放方式，或者由五城御史派委司坊官员在饭厂门首点验，先发给老病残废及贫寡妇女、茕独小口，或各就附近贫民内择其衰老羸病者，酌量发给[③]。道光二年（1822），给事中王家相因每年冬间五城散赏棉衣额少人多，贫民未能遍及，奏准将是年应用制备棉袄生息银三千六百两由五城巡城科道照市价易钱，按灾民大口小口分别散给[④]。此后发放棉衣也用钱文代替。此外，京师捕蝗，凡五城所辖地方遇有蝗蝻，该司坊官应当率领甲捕，立即扑灭。稽延时日、致蝗害稼者一律治罪。[⑤] 乾隆三十五年（1770），因属北城连界管辖的白家滩蝗蝻长发，巡城御史等未能实力查办，乾隆帝怒斥："岂该御史所司仅以城坊词讼为职掌，而于此等关系民瘼之事竟可置之不理耶?"并令都察院将该巡城御史等查实，交吏部严加议处。[⑥] 都察院对五城赈济诸事有稽查之职。雍正八年（1730）开始，五城赈济诸事各设循环簿，登记所赈数目，一日一换，平粜也设循环簿，五日一换，均由都察院察核。另赈粥所用米粮柴薪及粜米数

---

① （清）伊桑阿等纂：《大清会典》（康熙朝），第1卷，第233页。

② 光绪《清会典事例》（一一），都察院，卷一千三十五，都察院三八，五城五，饭厂，第386页。

③ 光绪《清会典事例》（一一），都察院，卷一千零三十五，都察院三八，五城五，饭厂，第389页。

④ 光绪《清会典事例》（一一），都察院，卷一千三十六，都察院三九，五城六，散放棉衣，第391页。

⑤ 光绪《清会典事例》（一一），都察院，卷一千三十六，都察院三九，五城六，捕蝗，第396页。

⑥ 光绪《清会典事例》（一一），都察院，卷一千三十六，都察院三九，五城六，捕蝗，第396页。

目、栖流所用银，均由都察院确察转送，报明户部核销。[①]

（五）清末民政部的救灾职能

光绪三十年（1904），清政府设立巡警部。光绪三十二年（1906），清廷发布上谕，称“巡警为民政之一端，著改为民政部”。同年公布的《民政部官制清单》中称，民政部由巡警部改设，“并以步军统领衙门所掌事务及户部所兼掌之疆理、户口、保息、拯救，工部所掌之城垣、公廨、仓场、桥道等工程及上项工程报销等事并入焉”[②]。可见，民政部接手了步军统领、户部、礼部及工部等的部分职掌，包括户口、保息、拯救、城建等事项。对于户部划归民政部的保息之政，该官制也予以列举，包括赐复、免科、除役、振穷独、养幼孤、收羁穷、安节孝、恤薄宦、矜罪囚、抚难夷等，所列内容与《大清会典》相同。民政部下设民治、警政、疆里、营缮、卫生五司。其中民治司掌编审户口，兼司保息乡政；警政司掌巡察禁令，分稽行政司法；疆里司掌经界图志，审验官民土地；营缮司掌陵寝工程，修治道路，并保守古迹祠庙；卫生司掌检医防疫，建置病院。

光绪三十一年（1905）七月，管理工巡局事务大臣那桐奏请设立京师习艺所，在神机营胜字队操场旧基新筑监舍、工场，“收取轻罪人犯并酌收贫民，使作工艺”，“重在惩罪囚以工作，教贫窗以技能，俾生悔过迁善之心，皆有执业谋生之路”，内城厅丞朱启钤担任习艺所监督。民政部成立后，于光绪三十二年（1906）五月七日奏定《民政部习艺所试办章程》，进一步明确习艺所“分别酌收贫民，教以谋生之技能，使不至于为非”[③]。收纳贫民分二种，一为自请入所，一为强迫入所。自请入所者，须其本身父兄呈请或有图片铺保。强迫入所者分二类，一为沿街乞食有伤风俗者，二是游手好闲形同匪类者。以上人员均

---

① 光绪《清会典事例》（一一），都察院，卷一千十九，都察院二二，各道三，稽察五城事件，第232页。

② 中国第一历史档案馆藏民政部全宗，档号：21－0275－0006。

③ 田涛、郭成伟整理：《清末北京城市管理法规》，北京燕山出版社1996年版，第421—448页。

须所学有成，可以自谋生计，然后准其出所。宣统二年（1910），民政部又咨令各地设立贫民工厂，收养贫民同时，也可以收到兴工艺的效果："查各省举办慈善事业半多有养无教，除老弱残疾不堪工作而外，其余年力精壮之民，亟须教养兼施。现在饥民遍野不下数百万人，若不设法安插赈恤，亦穷于筹措，应请各省创建贫民大工厂，广收极贫子弟入厂肄习，或劝募绅商合办创办，或将旧有之善堂、善举酌量改进，以宏教养而遏乱萌"①。

督办荒政方面，光绪三十三年（1907），民政部奏请调查各省社仓，"以重民食，而维荒政"，认为各省社仓有"灾赈放尽不复劝积者，亦有因办铁路诸务移作他用者"。调查的具体办法是，府厅州县将本地办理社仓办法呈报至省，再由各省督抚咨报民政部备案。民政部还建议地方官"剀切劝谕，广为存储"，以期"丰年则取其羡余而纳之，荒年则量其疾苦而贷之"②。光绪三十三年（1907）正月，民政部咨行各省，要求各省将被灾情形以及赈恤方法随时报部。宣统二年（1910），民政部又咨行各省，要求"嗣后遇有灾情均应即时电告"，动用库款、劝募绅商等办法，需另行造册详报。③ 民政部也直接组织赈济。宣统三年（1911），江苏通州遭遇严重水灾，张謇致电民政部，称"民生疆理为钧部之权"，希望民政部能同意此前提出的以工代赈之法，与度支部协商，早日会奏。民政部称，"来电均悉，筹款筑楗一案已行度支部核办"④。

中央各机构决非各自为政，独立救灾。比如，如前所述，在对捐输助赈的绅衿士民的核实议叙诸事上，即由吏部会同户部、工部共同管理，祈禳事宜由礼部、太常寺、翰林院等共同负责。另外，步军统领衙门、都察院下属之五城察院共同承担京师救灾之责，因灾纳赎买事宜则

---

① 《民政部咨各省创设贫民大工厂文》，《大清新法令》（1901—1911）点校本，第9卷，商务印书馆2010年版，第90—91页。

② 《民政部奏请饬查各省社仓以重民事而维荒政折》，《东方杂志》1907年第4号。

③ 《民政部咨嗣后遇有灾情即时电告并将动谷用款劝赈情形造报文》，《大清新法令》（1901—1911）点校本，第8卷，商务印书馆2010年版，第231页。

④ 张謇研究中心等编：《张謇全集》第2卷，江苏古籍出版社1994年版，第278页。

由刑部会同户部管理。此外，具体的赈灾实践中，中央各机构常常需要在上谕的统一运筹下发挥各自的救灾职能。比如，顺治十三年（1656），顺天府遭遇严重水灾、蝗灾，民生艰瘁。八月十二日（9月29日），顺治帝一面发宫中节省银三万两赈济灾民，一面令户部派遣廉干官员，前往顺天府所属等处确查被灾贫民，酌量赈给，同时，命令绅衿商民人等有能好义急公、捐输银米、协资周恤者，将所输交各该地方官稽核支散后，造册汇报，由户部察明奖叙。[①] 八月十六日（10月3日），遣兵部尚书梁清标、工部尚书卫周祚、礼部左侍郎邬赫、右侍郎李奭棠、户部右侍郎铿特、刑部右侍郎阿思哈分路赈济顺天府属的二十七个州县。[②] 八月二十二日（10月9日），令户部将顺天府属各州县灾伤分数查勘明白，分别轻重，予以酌量蠲免。

---

① 《世祖章皇帝实录》卷一百零三，顺治十三年八月，第800页。

② 《世祖章皇帝实录》卷一百零三，顺治十三年八月，第800页。

第六章

清代的因灾祈禳机制

一　因灾祈禳制度的内容

清人认为，“祈祷，固救灾所当务也”，“夫灾祲之来，多由人事阙失。在上者克谨天戒，恐惧修省，实行补救之政，而后精白一心，虔祷于神以为民请命，则灾沴消而阜成有庆矣”①。陆曾禹《康济录》载临事之政二十，其一即为“急祈祷以回天意”。他认为：“至治馨香，何事于祷？不知旱涝无常，非神莫佑，祷亦不可少也。况当万民窘迫，四境彷徨之际哉！使弗夙夜祗肃，以上格天心，不但不能救将来之饥馑，且不能慰怅望之民情矣。此《周礼》小祝必有掌祭祀者在也。”② 这里，陆曾禹明确指出了祈禳的两个作用，即“救将来之饥馑”，即“慰怅望之民情”。他还列举历代急祈祷以回天意的例子，认为“岳神降鉴，大臣之敬也，邑令则作文章而自责，投虎骨以扰龙，诚意所通，雨无不得。菜之可以活民，不遇隐士之指点，何由而知？可见有牧民之责者，无时不当积诚以致感通。如不可得，则如苏子瞻迎神受惠，王子融之息壤求恩，皆可法也，安可食天禄而不顾岁时之丰歉哉！《诗》云：天降丧乱，饥馑荐臻。靡神不举，靡爱斯牲。圭璧既卒，宁莫我听？惟圭璧既卒，而后可以冀上天之降鉴。将荒之际，要务尚有过于祈祷者哉？”③

历代帝王皆把救灾看作是自己仁政的重要组成部分。宋仁宗每遇水

① （清）杨景仁编：《筹济编》，《中国荒政全书》第二辑第四卷，第 271 页。

② （清）陆曾禹：《钦定康济录》，《中国荒政全书》第二辑第一卷，第 293 页。

③ （清）陆曾禹：《钦定康济录》，《中国荒政全书》第二辑第一卷，第 293 页。

旱，“必露立仰天，痛自刻责，抑何仁爱斯民之至于斯也”。仁宗庆历七年（1047）三月辛丑，“帝祷雨于西太乙宫。日方炎赫，帝却盖不御。及还，大雨沾足”①。明太祖洪武三年（1370）夏，天久不雨，“上忧之，乃择日躬自祈祷。至日四鼓，上素服草履，徒步出诣山川坛，设藁席露坐，昼暴于日，顷刻弗移，夜卧于地，衣不解带。皇太子捧榼进农家之食，杂麻麦菽粟，凡三日，既而大雨，四郊沾足”。陆曾禹评价其“饥馑之岁，亿兆嗷嗷于下，司牧者忧劳于上，惟恐弗克积诚，感召天和，为民请命于苍昊，矧敢燕闲深宫，置民伤于度外哉！太祖洞悉其理，虔心步祷，几不自爱其发肤。是以君心端而天心亦顺，甘澍滂沱，岁称大有，岂不美欤？”② 清代帝王在救灾中所应尽的具体职责中，通过禳灾，即通过祈禳、开言路、恤刑狱等方式修理政事，求得天人之间的感应，是其中非常重要的方面。“为人君者，因祈祷而念民艰，释冤狱，广平粜，或格神于梦寐，或得雨于躬祈，怀保之仁，不于此而见欤”③？道光帝评价嘉庆帝的功绩，称其“以天地祖宗之心为心者有六焉”，其一即为敬天，“自践阼以来，每岁南郊三大祀必躬亲之。御制南郊北郊二记，理贯天人，克诚克享，定祈谷礼以春后得辛，常雩大祀以立夏后举行，社稷坛遵用上戊，创定祈晴仪礼，编纂乐章。癸酉春夏之交，京师亢旱，亲制祝文，躬诣三坛祈祷，又步祷社稷坛，甘霖立霈，天贶于昭，廑河防，特命御园创建天后惠济神祠，以申祷谢。又定广润祠白龙潭神祠，春秋二祀，此皆为民祈岁，精虔丕应也。亲政后，有司以合璧联珠奏，饬戒臣工，侈言符瑞，应天以实不以文也。壬戌秋，日月薄蚀，诏求谠言，戊寅夏，风霾示儆，下诏求言，恐惧修省，弭变于未形，远迈禹汤罪己也”④。由此可见，祈禳是皇帝日常生活中非常重要的部分。关于对清代因灾祈禳的既有研究，李光伟对康熙天坛祈雨进行了探讨，指出康熙早年虔信精诚格天，五次亲诣天坛祈雨，康熙二十六年（1687）底为孝庄祈寿未果后，对“天道”认知发生显著

---

① （清）陆曾禹：《钦定康济录》，《中国荒政全书》第二辑第一卷，第 291 页。
② （清）陆曾禹：《钦定康济录》，《中国荒政全书》第二辑第一卷，第 292 页。
③ （清）陆曾禹：《钦定康济录》，《中国荒政全书》第二辑第一卷，第 293 页。
④ 《仁宗睿皇帝实录》（一），首卷一，第 2—3 页。

变化，停止亲诣天坛祈雨，在荒政方面更侧重防灾备灾与人事赈救。康熙不言祥瑞，对灾异持务实态度。雍正的灾异观念虽然有助于他加强君主集权，但也造成官僚系统灾情呈报的讳匿风习，对民生吏治与国家治理产生负面影响。[①] 杰弗里·施奈德（Jeffrey Snyder－Reinke）《干旱咒语：中华晚期帝国的祈雨与地方政府》（*Dry Spells*：*State Rainmaking and Local Governance in Late Imperial*）阐释了清代官方祈雨的思想基础，分别描述了皇家与地方官府祈雨的特点，并介绍了19世纪中期官方选用的9种清代学者所著的祈雨书籍。[②] 吴十洲《帝国之雩——18世纪中国的干旱与祈雨》一书，以个案的形式，对乾隆朝祈雨进行了介绍[③]。傅育红依据档案，对清代雩祭礼制的形成、雩祭盛典的内容及历朝皇帝祈雨的活动予以阐释[④]。总体来说，对清代因灾祈禳的综合性研究还较少。清代禳灾分为因灾修省和因灾祈禳两个部分。前文已经对因灾修省做了大致介绍，这里对清代因灾祈禳机制再略做分析。

（一）祈雨仪式

顺治年间，祈雨仪式已经初步具备。顺治初年定，岁遇水旱，遣官于天神坛、地祇坛祇告云雨风雷之神，岳镇海渎、陵山、京畿天下名山大川之祇，祈祷有应则报祭，均奉主于龛，同日致祭[⑤]。顺治十四年（1657）四月，顺治帝因亢旱到圜丘祈雨，祈雨前致斋三日，王以下陪祀各官也皆致斋三日，官民人等皆衣浅淡色服装，禁止屠宰。至祈祷之日，皇帝穿素服，行步祷礼，不设卤簿，不除道，不奏乐，不饮福受胙[⑥]。顺治十七年六月十五日（1660年7月21日），顺治帝于圜丘祷

---

① 李光伟：《康熙天坛祈雨的历史书写与史实考析——兼论康熙雍正灾异观念演变及其影响》，《清史研究》2022年第1期。

② Jeffrey Snyder－Reinke，*Dry Spells*：*State Rainmaking and Local Governance in Late Imperial*，Cambridge，Mass：Harvard University Asia Center，2009.

③ 吴十洲：《帝国之雩——18世纪中国的干旱与祈雨》，紫禁城出版社2010年版。

④ 傅育红：《清代雩祭礼制与皇帝祈雨活动》，《历史档案》2002年第4期。

⑤ 光绪《钦定大清会典事例》（五），礼部三，卷四百四十，礼部，中祀，祈祷三坛，第997页。

⑥ 光绪《清会典事例》（五），礼部三，卷四百二十，礼部一三一，大祀三，雩祀，第706页。

雨，祝文曰："下民赖食以生，必雨旸时若，始可有年。今岁三春无雨，入夏以来，旱干有加，田苗枯槁，饥馑堪虞。臣虔祷甘霖，以协民望，而诚悃未至，雨泽未足用，是昼夜忧惧，不敢宁处。兹复竭诚斋戒，谨备牲帛等物，步行祈祷，伏祈轸念民艰，俯鉴微诚，速降甘霖，以拯黎庶。"是日，"甘霖大霈"①。

康熙十年、十七年、十八年、十九年、二十六年，康熙帝皆因亢旸不雨，五次诣天坛祷祀。其程序均与顺治十四年（1657）同。康熙十八年四月十五日（1679年5月24日），康熙诣天坛祈雨，自西天门步行至祭所，"读祝甫毕，甘霖随降"。祭毕，步行出西天门，始乘马回宫。② 康熙二十六年五月二十日（1687年6月29日），康熙帝素服乘马躬诣天坛祈雨，自西天门步行，至坛致祭毕，仍步行出西天门，乘马回宫。是夜，"雨"③。康熙二十六年（1687）之后，康熙帝不再亲诣天坛祈雨，究其原因，与同年孝庄皇太后去世关系紧密。康熙五十六年（1717）十一月，康熙称京师初夏，每少雨泽，他认为，"天行不齐，多赖人事补救"，因此，其"临御五十七年，约有五十年祈雨"，某年因天旱严重，他于宫中设坛祈祷，"长跪三昼夜，日惟淡食，不御盐酱，至第四日，步诣天坛虔祷，油然忽作大雨如注，步行回宫，衣尽沾湿。后各省人至，始知是日雨遍天下"④。康熙回顾称，自己不再去天坛祈雨的原因，是因"太皇太后不豫，朕以保育恩深，益复虔诚步祷，请减己算，为圣祖母延年"，虽然虔诚祈祷，"讵意竟不可回，朕以此抱痛于心，知天道幽远，难可期必，朕为圣祖母不能祈求永年，而为民请命，即使天心有感，能不负惭于中乎？自此以后，每遇求雨，朕但于宫中斋戒，不复躬亲祈祷。此意从未告人，诸臣所未知者也"⑤。有的学者也分析认为，因孝庄皇太后病重，康熙帝"躬省药饵，寝食捐废"，十二月初一日（1718年1月2日）卯时，康熙率王公大臣等，从乾清

① 《世祖章皇帝实录》，卷一百三十七，顺治十七年六月下，第1055页。
② 《圣祖仁皇帝实录》（一），卷八十，康熙十八年四月，第1026页。
③ 《圣祖仁皇帝实录》（二），卷一百三十，康熙二十六年五月，第400页。
④ 《圣祖仁皇帝实录》（三），卷二百七十五，康熙五十六年十一月，第697页。
⑤ 《圣祖仁皇帝实录》（三），卷二百七十五，康熙五十六年十一月，第697—698页。

宫步诣天坛致祭，这较康熙亲行祈雨时自西天门步诣天坛的距离更远，凸显其对上天的虔信和为孝庄祈寿的诚心与决心。但是，孝庄皇太后仍然在年底去世。“孝庄去世对康熙产生的巨大冲击，以及至孝至诚至哀呼告而不为上天感动的怫郁，扭转了康熙对‘天心’‘天道’的认知。康熙在位61年，虽组织祈雨50余年，但亲祈仅有康熙二十六年之前的5次。”[①] 此后祈雨，康熙多选择遣官代祈，或在宫中斋戒祈雨。此外，康熙还认为，礼部于各寺庙祈雨，所用僧人道士，“但务虚文，殊无实意，大约每月十八、二十、二十二、二十四等日，往往有雨，人多言宜及此数日祈祷，朕以为既知有雨，何乃祷为？若知有雨而后祷，此心便已不诚矣”[②]。

乾隆二年（1737），因天时亢旱，礼部太常寺议定祈雨仪程，依雍正十年（1732）之例，遣官致祭天神、地祇、太岁，再于城外四面洁净处所搭造席棚，遣官望祭四海之神，令钦天监选择吉期，遣官致祭。祭文由翰林院撰拟，香帛祭品交太常寺备办，席棚交顺天府办理。分遣大臣七人，前期斋戒，竭诚致祭。乾隆七年（1742），定行常雩礼和大雩礼。据掌山东道监察御史御史徐以升奏称，雩祭之典，自古有之。“考雩字为吁嗟求雨之义，其制则为坛于南郊之旁，故鲁南门为雩门，是雩坛实有其地矣”。西汉后废除雩礼，“旱则祷祀天地宗庙”。晋穆帝永和年间，“议制雩坛于南郊，梁武帝始移于东郊”，唐太宗雩祀于南郊，宋朝于孟夏雩祀昊天上帝，明朝在泰元门外设立雩坛，“是历代皆雩也”。《大清会典》中载有躬祷之仪，“独于雩祭尚未设有坛壝，似属缺典”，虽然郊祀之祭，“亦有云雨风雷之神，与岳镇海渎之位，而礼必有所专设”。因此，徐以升奏请在京城之内择地建立雩坛，仿古龙见而雩之礼，每年及期择日致祭，“偶遇亢旱愆旸，雨泽稀少，即于此望告岳镇海渎及诸山川能云雨者，以祈求雨泽，毋庸于各宫观处祈祷”，礼部奏准于孟夏择日行常雩礼，“祀皇天上帝于圜丘，以列祖配飨，四

---

① 李光伟：《康熙天坛祈雨的历史书写与史实考析——兼论康熙雍正灾异观念演变及其影响》，《清史研究》2022年第1期。

② 《圣祖仁皇帝实录》（三），卷二百七十五，康熙五十六年十一月，第697—698页。

从坛从祀于下”。具体程序是，前期，礼部奏请皇帝亲诣行礼，或遣亲王行礼，孟夏后旱，则祈天神、地祇、太岁坛，次祈于社稷坛，次祈于太庙，皆七日一祈，不雨或小雨不足，还从各坛祈祷如初。如果旱情甚重，则举行大雩礼，祀皇天上帝于圜丘，“先经祈祷太庙，既已虔告列祖，此次不设配位，仍设四从坛于下，雨足则报祀，或已斋未祈而雨及所曾经祈祷者皆报祀，斋期祭品，俱如常仪”。在仪式上，参考古大雩之礼，用舞童十六人，“衣元衣，为八列，各执羽翳，终献乐止，赞者赞，舞童歌御制《云汉》诗八章，舞童八列按舞而歌，歌毕乃望燎”。《云汉》诗为乾隆帝亲自撰写。舞童令掌仪司“选声音清亮者”演习应用，羽翳照《周礼》皇舞之式制办，舞衣舞羽交内务府成造。其余礼仪与孟夏常雩相同。[①] 另外，确定直省祈祷雨泽，各督抚转饬所属府州县，皆于孟夏择日行常雩礼，行礼之地，即于各处旧设坛壝内致祭，不必另外设立雩坛。承祭各官先期斋戒，其陈设礼仪，均与祭神祇坛礼同。[②] 乾隆九年（1744）春天，因京师及天津等地自冬徂春，雨雪稀少，礼部、顺天府议定于关帝庙、城隍庙设坛，礼部择日同顺天府官率僧道各十二人先一日熏坛，祈祷五日，“王以下各官咸致斋，不理刑名，照常办事”。民间禁止屠宰，九卿轮赴虔祷，并在黑龙潭虔诚祭祷。因五日不雨，又致祭凝和庙云神、时应宫龙神、宣仁庙风神、昭显庙雷神，虔诚祭祷。五日仍不雨，“斋祈如初”，复分祭黑龙潭五所。若得雨，则用牲报谢，如不雨，遇行常雩礼，停祈关帝庙、城隍庙等处。如常雩后不雨，即分祷于天神、地祇、太岁三坛。是年常雩届期，乾隆帝由斋宫步至圜丘行礼，回銮撤乐，仍照七年原议，遣官祈祷于天神、地祇各坛。[③] 乾隆十年（1745），奏定祈雨仪式。前期，皇帝诣斋宫，不设大驾卤簿，不作乐。到祀日，皇帝雨冠素服，陪祀王公大小官员亦用

---

① 光绪《清会典事例》（五），礼部三，卷四百二十，礼部一三一，大祀，雩祀，第710—711页。

② 光绪《清会典事例》（五），礼部三，卷四百四十，礼部一五一，中祀，祈祷三坛，第998页。

③ 光绪《清会典事例》（五），礼部三，卷四百四十，礼部一五一，中祀八，祈祷三坛，第999页。

雨冠素服，午门前迎送各官咸常服①。

关于常雩的仪节，清朝也不断做了一些调整。比如，乾隆三十五年（1770）四月，乾隆帝又于圜丘举行常雩礼，命以后省视笾豆，“应按例专遣臣工莅事，不必更请旨”，赴坛所经道路嗣后应改由广利门入，“于向时祭毕乘辇处降辇”。乾隆三十七年（1772），确定常雩升级次数以及降辇步行之远近。三十九年（1774），乾隆复谕，帝王除非年至六旬，“一切典章，断不可稍减”②。再如，定例常雩时帝王可由御辇出宫，嘉庆十二年（1807），举行常雩，嘉庆帝进宫斋戒，“因思上年冬间，雪泽较少，本年春雨又稀，前已设坛祈祷，得雨两次，仍未沾渥，且近畿以及东豫等省，均尚在望泽，虽未致旱暵太甚，究与往岁情形不同，今当大祀届期，若仍照常御辇诣坛，朕心实有不安”，因此，他从宫中不用御辇、改乘礼轿前诣天坛斋宿，并定嗣后遇雨泽稀少之年，举行常雩祀典，均着照此行。嘉庆十八年（1813），上谕又称，就常雩礼举行的日期来讲，“占星之法，总以节候为准，非以孟夏朔日为断也。比年钦天监所择日期在立夏节，前后不齐，殊于古义未协”，嗣后常雩大祀，着钦天监定于立夏节后数日内“蠲吉行礼”。立夏日如在三月以内，则择于四月初行礼，“着为令”。来年常雩祀期，“着钦天监查明，如原定在立夏节以前，即改择吉日奏准颁行”③。

清初祈雨报雨本无乐章，“天神地祇坛本无专祀，惟祈雨则祇告于坛而不奏乐”，乾隆时对此事曾经有过讨论。乾隆七年（1742），祈雨开始增设乐章。乾隆十七年（1752），因为“因事祇告之礼均不作乐，殊未画一”，定“嗣后各坛告祭，停止作乐”，乾隆十八年（1753），考虑到祈雨与“因事祇告之礼原有不同，仪文自宜周备”，“且乐足以宣

① 光绪《清会典事例》（五），礼部三，卷四百二十，礼部一三一，大祀三，雩祀，第712页。

② 光绪《清会典事例》（五），礼部三，卷四百二十，礼部一三一，大祀三，雩祀，第713—714页。

③ 光绪《清会典事例》（五），礼部三，卷四百二十，礼部一三一，大祀三，雩祀，第713—715页。

通阴阳之气，祈雨致祭，仍以用乐为是”，定嗣后遇祈雨祭告，仍用乐章。[1] 乾隆四十八年（1783）奏准，祈雨本无常期，而随时具举，则其事至重。祈雨期间，除承祭大臣“斋宿致虔”外，所有陪祀大小臣工“均应在公署斋宿，以致明洁诚敬之意”。

在祈雨的诸种礼仪中，大雩礼必须由皇帝来亲自主持。清代首行大雩之礼在乾隆二十四年（1759）。是年因夏至已过，乾隆帝已先后赴黑龙潭、社稷坛、方泽等地祈雨，但天时仍然亢旱，故确定于六月十一日（7 月 5 日）行大雩之礼，并定大雩仪节[2]。祀前一日，皇帝御常服诣太和殿视祝版，执事官皆常服。巳刻，皇帝诣坛斋宿，常服乘骑出宫，不乘辇，不设卤簿，不陈乐，前引后扈大臣侍卫咸常服导从，午门鸣钟，不陪祀王公百官常服跪送。驾至南郊，由坛西天门入，至昭亨门外降骑，步行入坛，恭视坛位，上香行礼如仪。至祀日，皇帝雨冠素服，步祷于坛，扈从官暨陪祀执事各官皆着雨冠素服，不燔柴，不进俎，不饮福受胙，“余乐章乐舞及玉帛器数，悉与常雩同”。皇帝行三献礼毕，复位北向立，司乐协律郎引舞童十六人，“衣元衣，执羽翳”，进至第一成坛上，为八列，赞引官奏跪，皇帝跪，群臣皆跪，舞童乃舞皇舞，按节而歌《云汉》诗八章，歌毕退，赞引官奏拜兴，皇帝率群臣行三拜礼兴，乃彻馔”，“并如常雩仪”。礼成，皇帝还宫，午门鸣钟，“不陪祀王公百官常服跪迎如初仪”。是日，还遣官一人告祭方泽，“得雨后，卜吉分、遣官报祀圜丘、方泽、社稷，一如大祀仪”[3]。道光十二年（1832），清朝第二次举行大雩之礼。是年因京师亢旱，道光帝先祀天神坛、社稷坛，六月十八日（7 月 15 日），复步祷方泽祈雨，“竭诚吁恳，均蒙浓云四布，微雨飘洒，尚未渥霈甘霖”。因节近大暑，京师仍然亢旱严重，决定仿效乾隆二十四年，于六月二十八日（7 月 25 日）举行大雩典礼，“摅诚步祷，为民请命，以祈天佑”。六月二十五日（6

---

① 光绪《清会典事例》（六），乐部一，卷五百二十五，乐部二，乐制一，中祀，第 1059 页。

② 《高宗纯皇帝实录》（八），卷五百八十八，乾隆二十四年六月上，第 532 页。

③ 光绪《清会典事例》（五），礼部三，卷四百二十，礼部一三一，大祀三，雩祀，第 713—714 页。

月22日），道光帝即进宫“御膳虔斋，斋戒之日，戴纬帽，穿常服，不挂朝珠。二十七日，阅视祝版，骑马诣坛斋宿，不乘礼舆，戴雨缨帽，穿青褂。二十八日，自斋宫步诣圜丘行礼，礼成后穿常服，不挂朝珠”①。六月二十七日（7月24日），道光帝诣天坛斋宿，“是日戌刻，浓云四布，雷电交作，澍雨立沾，本日据顺天府奏报得雨二寸”。礼成后，皇帝“策骑还园，欣看积水载涂”，上谕奖励所有在坛襄事的官员耆英、舒英、色克精额、元禄及太常寺堂官，并各执事人员，“俱着加恩赏加一级”。连贵因“恭读祝文，娴熟从容，声音朗畅，着赏加二级”，并加赏羽缎一板，大卷纱二匹，帽纬二匣。歌章作乐的乐舞生，因“节奏和谐，徐疾合度”，各赏给两月钱粮。②

祈禳之时，禁止宰牲。康熙五十年（1711）五月，因京师祈雨，下令自本月初六日（7月21日）起，“三日不宰牲，虔诚祈雨，此处俱系一体，即自初六日至初八日不宰牲，相应严禁扈从人员及村落居民，并着于各庙诵经，合意虔诚祈祷。朕三日茹素，传谕膳房知之。打鹿放鹰，俱行禁止”③。随后，因“天时又觉稍旱”，传谕在京大臣自二十四日起禁止宰牲，“照前虔诚祈雨”④。

（二）祈晴之礼

祈雨祈晴，事同一体。华北少雨，祈雨之事较为寻常，“向来北方四月内，干旱祈雨之时甚多”，因雨足祈晴，虽“为罕有之事”，但雨水过多会导致水灾，清朝也逐渐制定了祈晴的相关仪式。顺治朝即多次祈晴。顺治十年（1653）闰六月，因“霪雨不止，房屋倾塌，田禾淹没”，命将“祈晴事宜着即虔恪举行，毋事虚文”⑤。顺治十三年（1656）闰五月，因“近来阴雨浃日，恐致淫潦伤禾，使百姓失望，每

---

① 光绪《清会典事例》（一一），卷一千六十八，太常寺一一，礼节，大雩礼节，第706页。

② 光绪《清会典事例》（五），礼部三，卷四百二十，礼部一三一，大祀三，雩祀，第713—714页。

③ 《圣祖仁皇帝实录》（三），卷二百四十六，康熙五十年五月，第441页。

④ 《圣祖仁皇帝实录》（三），卷二百四十六，康熙五十年五月，第444页。

⑤ 《世祖章皇帝实录》卷七十六，顺治十年闰六月，第605页。

思及此，不胜兢惕，当竭诚祈晴”，命礼部察例举行[①]。顺治十四年（1657）七月，遣内大臣公爱星阿、尚书觉罗科尔昆、伊图、胡世安、侍郎邬赫祭告圜丘、方泽、大社、大稷、天神、地祇，祈晴[②]。顺治十五年（1658），因久雨，谕礼部祈晴三日[③]，随后，因未果，再祈晴三日[④]。顺治十六年（1659），以久雨祈晴，遣官祭圜丘、方泽、社稷、天神、地祇。[⑤] 祈晴有时效果明显。康熙五十二年（1713）六月，京师连日大雨，据大学士等奏，“皇上殷忧为民，昨下旨祈晴，今即晴明洵属奇异”[⑥]。雍正五年（1727）七月，皇上自圆明园进西直门，诣大高殿祈晴，“礼毕，风日晴明”[⑦]。

乾隆七年（1742），进一步确定祈晴之礼：“至久雨祈晴，仿照春秋左传鼓用牲于社及文献通考禜祭国门之礼，伐鼓用少牢，禜祭于京师国门，视水来涌集最多之门而祭，仍雨不止，则伐鼓用牲祭于社，毋庸于各坛祈祷”[⑧]。嘉庆六年（1801）夏，永定河水灾严重，河水漫溢成灾，积潦未退，在卢沟桥附近大面积决口多处。六月初八（7月18日），嘉庆帝下诏罪己，称自己五年以来竭力剿办白莲教，“近日连擒首逆，略有头绪。意谓今秋或可蒇事，即此一念，稍涉自满，致干天和”[⑨]。六月十一日（7月21日），又因水灾，命刑部清理庶狱[⑩]。六月二十二日（8月1日），嘉庆帝由圆明园进宫斋戒祈晴，四天之后又亲诣社稷坛祈晴。因会典中只有亲诣社稷坛祈雨之礼，祈晴未有明文，“但水旱同一灾祲，礼缘义起，自当一律虔祈，以迓时旸而消盛涨，谨择于本月二十六日亲诣社稷坛祈晴，先期于二十二日进宫起致斋三日，所有一切典礼着礼部太常寺敬谨豫备”。是日，嘉庆帝“亲诣行礼，御

---

① 《世祖章皇帝实录》卷一百一，顺治十三年闰五月，第783页。
② 《世祖章皇帝实录》卷一百十，顺治十四年七月，第864页。
③ 《世祖章皇帝实录》卷一百十九，顺治十五年七月，第922页。
④ 《世祖章皇帝实录》卷一百十九，顺治十五年七月，第923页。
⑤ 《世祖章皇帝实录》卷一百二十六，顺治十六年五月，第977页。
⑥ 《圣祖仁皇帝实录》（三），卷二百五十五，康熙五十二年六月，第525页。
⑦ 《世宗宪皇帝实录》（一），卷五十九，雍正五年七月，第905页。
⑧ 《高宗纯皇帝实录》（三），卷一百六十六，乾隆七年五月上，第109页。
⑨ （清）庆桂等辑：《钦定辛酉工赈纪事》，《中国荒政全书》第二辑第二卷，第189页。
⑩ 《仁宗睿皇帝实录》（二），卷八十四，嘉庆六年六月，第96页。

常服挂朝珠，坛内不作乐，荐脯醢果实，行礼仪节与常祭同，所用祝文翰林院撰拟”。因天气转晴，向来求雨有谢降之礼，“祈晴事同一体，亦应虔诚叩谢”。七月初二（8 月 10 日），嘉庆亲去社稷坛谢晴。具体做法，“本月二十七至二十九日孟秋时飨斋戒，次月初一日，朕亲诣太庙行礼后，仍于宫内斋戒，初二日亲赴社稷坛谢晴，所有一切仪文着照祈晴典礼，该衙门敬谨豫备。至祈晴系用常服，今行谢晴之礼，服色应有区别，是日朕御龙袍龙褂，其陪祀王公大臣及执事各员俱着穿蟒袍补褂”[①]。上谕令将此次祈晴、谢晴典礼仪注一并载入会典。[②] 嘉庆十二年（1807），因向来祈雨报雨，本无乐章，迨乾隆十八年（1753）始行增设，“至祈晴报晴，本不时有”，嘉庆六年（1801）举行祈晴礼时，也未经议设乐章，“因念雨旸祈报，民瘼攸关，典礼自宜画一，所有祈晴报晴应行增设乐章之处，着乐部太常寺查明，交翰林院妥拟进呈，候朕阅定，交太常寺载入则例，永远遵行”[③]。随后定社稷坛祈晴报祀，乐七奏，乐章用和字。[④]

除了祈雨、祈晴外，清代帝王也有因为其他灾害祈禳事宜。如前所述康熙十八年七月二十八日（1679 年 9 月 2 日），直隶三河、平谷发生八级地震。八月十五日（9 月 19 日），以地震遣官告祭天坛[⑤]。九月十八日（10 月 22 日），因余震不止，康熙帝又率诸王文武官员诣天坛祈祷。[⑥]

（三）祷蝗

蝗灾是影响清代农业收成的重要灾害之一。在天人感应观之下，祷蝗是清人所采取的治蝗办法之一。古人认为“蝗避善政”，修德同样可

① 《清会典事例》（五），礼部三，卷四百二十七，礼部一三八，大祀一〇，祭社稷坛，第 813—814 页。

② （清）庆桂等辑：《钦定辛酉工赈纪事》，《中国荒政全书》第二辑第二卷，第 254 页。

③ 《清会典事例》（六），乐部一，卷五百二十五，乐部二，乐制一，大祀，第1058 页。

④ 光绪《清会典事例》（五），礼部三，卷四百一十五，礼部一二六，祭统，用乐，第 643 页。

⑤ 《圣祖仁皇帝实录》（一），卷八十三，康熙十八年八月，第 1060 页。

⑥ 《圣祖仁皇帝实录》（一），卷八十四，康熙十八年九月，第 1073 页。

以灭蝗。唐太宗时，畿内有蝗。太宗掇数枚蝗虫称："民以谷为命而汝食之，宁食吾之肺肠？"举手欲食之，左右谏曰："恶物恐成疾。"唐太宗称："朕为民受灾，何疾之避？"遂将蝗虫吞下，"是岁蝗不为灾"①。清代帝王也认为："凡水旱蝗蝻之灾，或朝廷有失政，则天示此以儆之。"② 遇有蝗蝻之地，地方官也应先自我修省。陆曾禹曾言："蝗之为灾，一在赋敛之苛，一在官员不职"，"蝗蝻之生，人知之乎？刻剥小民，不为顾恤，地方官吏侵渔百姓之见端耳"③。在修省同时，官民士大夫还应即行"虔具酒楮，张幕焚香，告祭于神"④，祈祷的具体办法，比如在各乡有蝗地方，"祀神于坛，坛旁设坎，坎设燎火，火不厌盛，坎不厌多，令老壮妇孺操响器，扬旗幡，噪呼驱扑。蝗有赴火及聚坎旁者，是神灵之所拘也"⑤。

清代还以刘猛将军为驱蝗正神。刘猛将军是指南宋抗金名将刘锜。作为民间驱蝗神，刘猛将军信仰萌芽于南宋，宋元之际直至明朝，这一民间信仰在江南地区颇为盛行。康熙年间，刘猛将军在江南也颇受推崇，不少地方保持和举行隆重的祭祀刘猛将军的习俗。康熙二十五年(1686)，江宁巡抚汤斌认为此类习俗荒诞不经，只会助长不良风气，将刘猛将军祭祀视为淫祀："苏松祠有五通、五显及刘猛将、五方贤圣诸名号，皆荒诞不经，而民间家祀户祝，饮食必祭，妖邪巫觋创为怪诞之说，愚夫、愚妇为其所感，牢不可破"，因此，奏请康熙"赐特旨严禁，勒石山巅；令地方官加意巡察，有敢兴复淫祠者作何治罪，其觋观人等尽行责令改业，勿使邪说诳惑民听"⑥。康熙帝允准，谕"敕直隶各省严禁淫祠滥祀。从礼部尚书汤斌请也"⑦。

---

① （清）陈僅编述：《捕蝗汇编》，《中国荒政全书》第二辑第四卷，第733页。

② 《世宗宪皇帝实录》（一），卷三十四，雍正三年七月，第515页。

③ （清）陆曾禹：《钦定康济录》，《中国荒政全书》第二辑第一卷，第372—373页。

④ （清）曹秀先：《请捕蝗先行蜡祭疏》，《皇朝经世文编》，卷四十五，户政二十，荒政五，第10页。

⑤ （清）杨景仁编：《筹济编》，《中国荒政全书》第二辑第四卷，第297、302页。

⑥ （清）汤斌：《汤子遗书》卷二，《景印文渊阁四库全书》，台湾商务印书馆发行，1986年，第1299册，集部别集类，第469页。

⑦ 《圣祖仁皇帝实录》（二），卷一百二十六，康熙二十五闰四月，第342页。

雍正初年，据直隶总督李维钧奏称，畿辅地方每有蝗蝻之害，“土人虔祷于刘猛将军之庙，则蝗不为灾”①。雍正二年（1724），饬令各直省建刘猛将军庙。② 雍正陈述其理由称：“直隶总督李维钧奏称，畿辅地方，每有蝗蝻之害，土人虔祷于刘猛将军之庙，则蝗不为灾。朕念切恫瘝，凡事之有益于民生者，皆欲推广行之。且御灾捍患之神，载在祀典，即大田之诗亦云，去其螟螣，及其蟊贼，无害我田稚，田祖有神，秉畀炎火。是蝗蝻之害，古人亦未尝不藉神力以为之驱除也。曾以此密谕数省督抚留意，以为备蝗之一端。”③ 刘猛将军被纳入国家祀典，其形象也发生了变化，由刘锜变成了元代刘承忠。按照官方的解释，刘猛名承忠，是元时官指挥，能驱蝗，元亡自沉于河，世称刘猛将军。由此看来，刘锜作为抗金名将，其形象无法和清廷的政治需求相融通，刘承忠是元末自杀殉国的汉人将军，始终忠于作为少数民族的蒙古人建立的元朝，这种身份和经历更符合清政府指定的驱蝗神。道光四年（1824），据安徽巡抚陶澍奏称，其在省城率属虔祷于敕建刘猛驱蝗神庙，并飞饬委员督捕，当时宿州等处蝻子最多，该道率同州县分带民夫驰往，“一日全尽”④。同年，以刘猛将军灵应昭著，颁给御书匾额，悬挂江南省城神庙。咸丰七年（1857），敕封刘猛将军为保康刘猛将军。同治四年（1865），封刘猛将军为保康普佑刘猛将军。光绪四年（1878），加封刘猛将军为保康普佑显应灵惠刘猛将军。五年（1879），又加封刘猛将军为保康普佑显应灵惠襄济刘猛将军。十三年（1887），加封刘猛将军为保康普佑显应灵惠襄济翊化灵孚刘猛将军。⑤

虽然同意饬建刘猛将军庙，但清代帝王反对完全依靠鬼神或祈祷来驱蝗。雍正三年（1725），两江总督查弼纳奏称，“江南地方，有为刘

---

① 《世宗宪皇帝实录》（一），卷三四，雍正三年七月，第515页。

② 光绪《清会典事例》（六），礼部四，卷四百四十五，礼部一五六，群祀，直省御灾捍患诸神一，第31页。

③ 光绪《清会典事例》（六），礼部四，卷四百四十五，礼部一五六，群祀，直省御灾捍患诸神一，第31页。

④ 《宣宗成皇帝实录》（二），卷七一，道光四年闰七月，第141页。

⑤ 光绪《清会典事例》（六），礼部四，卷四百四十六，礼部一五七，祀四，直省御灾捍患诸神祠庙二，第49—50页。

猛将军立庙之处，则无蝗蝻之害，其未曾立庙之处，则不能无蝗”，雍正帝斥责“此乃查弼纳褊狭之见，讥讽朕惑于鬼神，专恃祈祷以为消弭灾祲之方也，其他督抚亦多有设法祈雨祈晴之奏。夫天人之理，感应不爽。凡水旱蝗蝻之灾，或朝廷有失政，则天示此以儆之，或一方之大吏不能公正宣猷，或郡县守令不能循良敷化，又或一郡一邑之中，风俗浇漓，人心险伪，以致阴阳沴戾，灾祲荐臻，所谓人事失于下，则天道变于上也”。因此，每逢灾害发生，封疆大吏暨司牧之官以及居民人等应当“惟以恐惧修省诚敬感格为本”，恐惧修省，交相诫勉，“夫人事既尽，自然感召天和，灾祲可消，丰穰可致，此桑林之祷，所以捷于影响也”。雍正帝一再强调，蝗蝻生发，不能一味地祈祷鬼神，而是应该“尽力捕捉，乃不成灾，考古捕蝗，惟有扑灭之法甚善。若怠忽从事，捕不尽力而委之天灾者，皆误也”，在雍正帝看来，“朕实有见于天人感应之至理，而断不惑于鬼神巫祷之俗习”。“至于祈祷鬼神，不过借以达诚心耳。若专恃祈祷以为消弭灾祲之方，而置恐惧修省于不事，是未免浚流而舍其源、执末而遗其本矣。朕实有见于天人感应之至理，而断不惑于鬼神巫祷之俗习。”① 因此，祷蝗如果效果不佳，即应停止：“蝗有祷之而不伤禾稼者，祷之未始不可。如祷而无益，徒事祭拜，坐视其食苗，不亦可冷齿耶！”② 祈祷毕竟不是治蝗的根本之法，乾隆十七年（1752），监察御史周焘即称：“闻地方官值蝗盛之时往往束手无策，不过叩祷刘猛，祈以神力驱除，要皆循行故事，未尝讲求拔本塞源之计者也。”③ 同年，直隶蝗蝻生发，本应极力驱除，但是“乡民无知，虽悬赏不肯即报，推求其故，恐派夫蹂躏，徒事烦扰，惟信刘猛将军之神，祈禳可免，愚说实不足凭”，经官组织极力围扑，并以钱买蝗，最终灭蝗殆尽，上谕认为，地方官“所见甚正，然民情亦当顺之，彼祀神固不害我之捕蝗也”，但是，若不尽力捕蝗，“而惟恃祀神，则不可耳”④。

① 《世宗宪皇帝实录》（一），卷三十四，雍正三年七月，第515页。

② （清）陆曾禹：《钦定康济录》，《中国荒政全书》第二辑第一卷，第440页。

③ （清）周焘：《敬筹除蝻灭种疏》，《皇朝经世文编》卷四十五，户政二十，荒政五，第9页。

④ 《高宗纯皇帝实录》（六），卷四百一十五，乾隆十七年五月下，第433页。

乾隆十八年（1753）七月，御史曹秀先请求皇帝颁发御制祭文，遇有蝗蝻郡县，即行誊黄告祭，乾隆帝认为“所见甚为迂谬”，他指出，“蝗蝻害稼，惟当实力扑捕，此人事所可尽，至于祈神报赛，礼亦宜之，若欲假文辞以期感格，如唐韩愈祭鳄鱼事，其鳄鱼之远徙与否，究亦无稽，未必非好事者流附会其说，朕非有泰山北斗之文笔，似此好名无实之举，深所弗取，所请不必行”①。

（四）祈神驱疫

清人认为，时疫的发生与人的贪念有很大关系：“旱者，气郁之所致也；潦者，气逆之所致也。盖逆必决，决斯潦，潦必伤阴，郁必蒸，蒸斯旱，旱必伤阳，阴阳受伤，必滞而成毒，毒气溃发，人物相感，缠而为患，疫症乃时行也。”阴阳之气“宜其顺而达矣，其所以郁而逆者，又何故耶？曰由人心致之也”。具体来看，“小人之心无过贪生，贪生则贪利，而利有所不遂，则谋计拙而忧愁瀦于肾脉，告援穷而恼怒聚于肝经，于是乎酬酢往来，同胞之和睦潜消，呼吸嘘暖，造化之盘旋相阻，始则风雨不时，继则温寒犯令，而阴气闭于外，阳乃用逆，阳气伏于中，阴乃用郁，此其势此其理也。然则调燮者其先调天下之财乎？财不调则贫富不均，民生不遂，而民气不伸，阴阳其必不和也”，“夫是以圣人首重通财而最忌壅财也，赈恤罚赎之典所以行也”②。还有人认为，疫病流行为“疫鬼”作祟，鬼神是致疫的重要原因之一：“再查疫疾之作，实有疫鬼为厉，是以周礼有十三科以疗民疾，内有祝由一科，以驱鬼而逐疫，而后世无传焉。”疾疫流行时，虔诚祈祷因此非常重要：“惟是府有郡疠之际，县有邑厉之祭，凡有遭兵刃而横伤者，有死于水火盗贼者，有被人取财而逼死者，有被人强夺妻妾而死者，有遭刑祸而负屈死者，有饥饿冻死者，此等鬼魂，精魄未散，依草附木，魂杳杳以无归，意悬悬而望祭，故令天下有司，依时享祀，本处城隍主之。今虽故事徒存，而有司之奉祝不虔，则无主之孤魂不享，郁勃怨愤

① 《高宗纯皇帝实录》（六），卷四百四十三，乾隆十八年七月，第771页。
② （清）金诚：《时疫》，《皇朝经世文编》卷四十五，户政二十，荒政五，第1页。

之气无所发泄，或作祟于田禾，或数兴为疫疠，以致民受其殃，此于山川社稷诸祀外尤当加意焉者。似应申饬绍郡有司，修省己愆，感格幽神，嗣后每岁春清明、秋中元、冬十月朔日，必躬必虔，幽明以和，灾沴不作。”①

祈禳被清人视为重要的祛疫方式。同治元年七月二十六日（1862年8月21日），因入秋以来疫气未除，问刑各衙门监押人犯屡被传染，不能及时拯救，日有监毙，准御史庆保奏，清厘庶狱，以祛时疫，命刑部、步军统领、顺天府各衙门将斩绞军统徒犯以下赶紧清厘，如有待质应讯之人，饬司坊各官取保后迅速传讯，次第结案。倘该司员等仍积压公事不办，即着严行参处。② 七月二十七日（8月22日），因京师疫气盛行，上谕命开言路：“用特再行申谕中外大小臣工，务各斋心研虑，于朝廷政治得失之大且要者悉矢忠赤，谠言无隐，亦毋徒以毛举细故，摭袭陈言，为虚承故事。”③

在鬼神司疫观念的影响下，建醮祈禳以驱避疫气的方法也常常为一些地方官所使用。如乾隆二十一年（1756）春，“疫疠偾兴，民受其困。时大宪率属吏致斋告虔，思所以为民请命者备至。余请于上台，延师叔侄祈祷。继而甘霖立霈，气旋消，吴民大悦”④。不过，清朝严禁地方借建醮祛疫而从中渔利。乾隆三十二年（1767），闽浙总督苏昌、福建巡抚庄有恭奏称，福州省城内外有虔事五帝者，“谓其神专司瘟疫，偶逢时症传染，奸徒乘机敛钱，设坛建醮，抬像出巡，其费竟以千百金为计，不独废时失业，劳民伤财，即种种不法之事，皆由此起”，因此饬地方官“收土木之偶，投畀水火，倡言奸棍，严拿治罪”⑤。

（五）伐蛟

蛟在传统社会中被视作兴风作浪的妖怪，“蛟水”则为夏天暴发于

① （清）袁一相：《救疫四条》，《皇朝经世文编》卷四十五，户政二十，荒政五，第1页。

② 《穆宗毅皇帝实录》（一），卷三十五，同治元年七月下，第937页。

③ 《穆宗毅皇帝实录》（一），卷三十五，同治元年七月，第943页。

④ 王国平、唐力行：《明清以来苏州社会史碑刻集》第411页，苏州大学出版社1998年版。

⑤ 《高宗纯皇帝实录》（十），卷七百八十一，乾隆三十二年三月下，第607页。

山区的洪涝，“被水之由，多系蛟发所致”。斩蛟与伐蛟因此成为弥灾的重要手段：“《月令》：季夏之月，命渔师伐蛟。则蛟之可伐，由来古矣。斩蛟之事，亦数见于载籍。深山叠嶂之间，当盛夏雷雨之际，伏蛟忽起，大水迅发，害及田庐人畜，事出俄顷，迫不及防。”① 有清一代，伐蛟依然是救治蛟水的重要方法，并且得到了官方的大力推广。

雍正十二年（1734），署两江总督魏廷珍刊刻颁行《伐蛟说》，其中称其伐蛟之法所得由来说：“尝考《月令》载伐蛟之文，古人多斩蛟之事。盖蛟之为害于民实甚，多方剪除，凡以为民也。江南地方如徽、宁、六、霍等处蛟水为患，人畜田舍随波荡然，殊可悯恻。访之故老，考之传闻，识产蛟之处，得伐蛟之法。”魏廷珍认为，“蛟以卵生，数十年而起。生蛟之地，冬雪不存，夏苗不长，鸟雀不集，其土色赤，其气朝黄而暮黑，星夜上冲于霄。其卵入地，自能动转，渐吮地泉，其形即成。闻雷声渐起而上，其地之色与气亦渐明而显。蛟未起二三月前，远闻似秋蝉闷在人手中，而鸣又如醉人声。此时能动不能飞，可以掘而得。及渐起，离地面三尺余，声响渐大。不过数日，候雷雨而出，多在夏末秋初之间。穿山破岸，水激潮涌，为害不可胜言矣。善识者于春夏间观地之色与气，及未起二三月前，掘土三五尺余，其卵即得。其大如瓮，其围至三尺余”。伐蛟的具体办法，该文本中罗列了如下几种：“先以不洁之物镇之，多备利刃剖之，其害遂绝。或于雪后，见其地围圆不存雪，不生草木，再视其土之色与气，掘得其卵，煮而食，味甚美，此土人经验之言也。又有说用铁与犬血及妇人不洁之衣，埋其地以镇之。盖蛟非龙引不起，非雷震不行。铁与秽物，所以制之也。又有说蛟畏金鼓，夜畏火光。夏月田间作金鼓声以督农，则蛟不起。即或起而作波，但见火光，闻金鼓声，其水势必敛退。又云蛟畏荆树，盖荆汁能治蛟毒也。又闻深山老人云，夏秋连日夜雨，则竖高竿，挂一灯笼，可避蛟也。诸说颇近理，故录以示人，庶几弭患于未然。”地方官应当竭尽其心，以此为弥灾之法，同时，还要防止借伐蛟违法之事：“如有地方棍徒，挟仇欺诈，借伐蛟之名，而挖人之基宅，挖人之坟墓，以破人

① （清）姚碧辑：《荒政辑要》，《中国荒政全书》第二辑第一卷，第798页。

之风水来龙，则又当从重治罪，断断不可轻宥。各府州县，宜择地方之善识者，详加审视，如与前说吻合，即躬亲诣验料理。又当刊刻其法，广布四方，使家喻而户晓之也。”魏廷珍《伐蛟说》“久而失传”，乾隆五十一年（1786）冬，得到朝廷重视，得以重新刊刻推广：“上允廷臣之请，敕下直省，酌量办理。爰取原本，重付剞劂，通发各属，流传奉行。其有照刊广布者听。”[①]

乾隆二年（1737），上谕命督抚要留心水旱事宜，其中称：“东南地方每有蛟患，考之于古，季夏伐蛟，载在月令。今土人留心者，尚能豫知有蛟之处，掘地得卵，去之则不为害，且蛟行资水，遇溪涧而其势始大，田畴虽不可移，而庐舍茔厝，尚可迁就高阜之地以避之，是亦未尝不可先事豫防，惟在实心体察耳。”[②] 乾隆十一年（1746），江南按察使翁藻奏称：“江、浙、四川所属及江西之德兴、宜黄等县，屡被水患，多系蛟发所致”[③]，他详细指出蛟的形态为：“蛟似蛇而四足细颈，颈有白婴，本龙属也。相传旷原邃阜，当春而雉与蛇交，精沦于地，闻雷声入土成卵，渐次下达于泉。久之卵大如轮，又闻雷声，奋起而上剖而出，暴腾狰劣，往往裂冈岭，荡田园，漂没庐舍人畜而迫不可防。虽雉与蛇非类而交，其事不经，又未见于纪载，似涉臆说。第考晋大元中，司马轨之将雉媒下翳，其媒屡雊野敌遥应，觅所应者，头翅已成雉，半身后故是蛇。又武库中忽有雉，人咸怪之。司空张华曰：必妖蛇所作。搜括之，果得蛇蜕。是雉与蛇交而生蛟，容或有之。要亦虫恶为民害者，所当亟为驱除也。”翁藻提出了数种伐蛟御蛟之法：“询之山野父老，凿言生蛟之地，冬雪不存，夏苗不长，鸟雀不集。其土色赤，其气朝黄而暮黑，星夜视之，气冲于霄。未起三月前，远闻似秋蝇鸣。此时蛟能动不能飞，可以掘得。及渐起，离地三尺，声响渐大。不过数日，候雷雨而兴，多生夏末秋初之间。善识者察气辨色，掘土三五尺余，其卵即得，多备利刃剖之，其害遂绝。或云蛟非龙引不起，龙非雷电不

① （清）魏廷珍：《伐蛟说》，《中国荒政全书》第二辑第二卷，第3—4页。
② 《高宗纯皇帝实录》（一），卷四十七，乾隆二年七月下，第807页。
③ 《高宗纯皇帝实录》（四），卷二百五十七，乾隆十一年正月下，第330页。

行，宜用铁与犬血及不洁之物以镇之。又云蛟畏金鼓，夜畏火。夏月田间作金鼓声以督农，则蛟不起。若连日雨，夜竖高竿，悬以灯火，亦可避蛟。凡此搜捕之方，防御之术，体察物理，未必无征。臣窃以御灾捍患，惟虑不得其法耳。苟有其法，似宜试行之。况蛟水最暴，发则为害非轻。历查各直省内，每于山深谷邃之区，多被蛟患。若得前项御蛟之法通行各省，令地方官晓示居民，不时留心察看，如果掘得蛟卵，自可永除民害。否则如法镇之，俾不得上腾，亦可防患于未萌。此人力所能为，似未便置之勿论也。”① 翁藻请将此伐蛟御蛟之法通行各省，令地方官晓谕居民，留心察看，如法搜捕。乾隆对此态度较为审慎，仅让浙江巡抚在浙江一省试行②。浙江布政使潘思渠进一步推广翁藻的说法，“将一切辨观气色、制掘镇压诸法，着有条款，详准通行，洵非诞妄”。在伐蛟的办法上，潘思渠称：“考之《齐谐志》内载，蛟有三畏，畏楝叶、畏铁、畏蜡。又闻前明河臣潘季驯梦神告以高家堰堤下有蛟，惟石灰可制。诘朝投以石灰，遂斩二蛟。则蜡与楝叶、石灰，似亦蛟所畏忌。凡有蛟处所，勘其土色，察其地气，形色可疑，并宜预为埋藏以镇压之，或亦不无裨益”。官府对伐蛟办法应该进行广泛宣传的讲解，具体办法是：“产蛟之处，多在深山幽谷，似应将捕御诸说，刊刻小字，小板刷印多张，饬令地方官，于每逢宣讲上谕及巡行村落劝课农桑时，进耆民老农，亲授方法，明白讲解。再于经收钱粮之处所，无论城乡，花户完纳给串之后，即给一纸带回，时时观看，俾父老子弟，咸知捕御之方，随地察看，依法除之。”伐蛟要重奖惩，伐蛟之法同样也会导致法立弊生，“地方奸棍怀私挟诈，捏称有蛟，或侵毁坟冢，或掘坏田地，亦未可定。应请除山野无碍之处，如有前指形色，知其下伏蛰蛟，许令军民人等便宜制伐外，其关涉他人坟冢田亩者，着令先期呈报地方官，立即诣勘确实，方许制掘。是又于立法之中，寓除弊之意。至保甲军民兵役人等，如能捕获蛟卵，许禀报府县验明，各给赏银十两，俾知奋励

① （清）姚碧辑：《荒政辑要》，《中国荒政全书》第二辑第一卷，第799—800页。

② 《高宗纯皇帝实录》（四），卷二百五十七，乾隆十一年正月下，第330页。

从事。如此区画承办，实心料理，庶蛟患可以渐除，民生实有裨益矣”①。

乾隆年间，担任江西巡抚的陈宏谋也著《伐蛟说》。陈宏谋认为，江南历史上即蛟患频繁：“往在江南，蛟患时闻，广原深谷之间，大率数载一发，其最甚者，宣城石峡山，一日发二十余处，六安州平地水高数丈也，江西缨山带湖，本蛟龙所窟宅，旌阳遗迹，其来尚矣，近世出蛟之事，在元一见于新建，在明一见于宁州，再见于瑞州，三见于庐山，四见于五义峰，五见于太平宫，国朝一见于永宁，皆纪在祥异志，彰彰可考”。陈宏谋在抚赣期间，也逢蛟患大发：“适兴国等处蛟水大发，漂没我田禾，荡析我庐舍，蠹焉心伤，思所以案验而翦除之，未得其要领也。”陈宏谋认为，蛟“有土色之可辨，有光气之可瞩，有声音之可听，其镇之也有具，其驱之也有方，循是则蛟虽暴，不难翦除矣”。就蛟的形状而言，“云蛟似蛇，而四足细颈，颈有白婴，本龙属也，其孕而成形，率在陵谷间，乃雉与蛇当春而交，精沦于地，闻雷声则入地成卵，渐次下达于泉，积数十年气候已足，卵大如轮，其地冬雪不存，夏苗不长，鸟雀不集，土色赤，有气，朝黄而暮黑，星夜视之，黑气上冲于霄，卵既成形，闻雷声，自泉间渐起而上，其地之色与气，亦渐显而明”，伐蛟的办法：“未起三月前，远闻似秋蝉鸣闷在手中，或如醉人声，此时蛟能动不能飞，可以掘得，及渐上，距地面三尺许，声响渐大，不过数日，候雷雨即出，出多在夏末秋初，善识者先于冬雪时，视其地围圆不存雪，又素无草木，复于未起二三月春夏之交，观地之色与气，掘至三五尺，其卵即得，大如二斛瓮，预以不洁之物，或铁与犬血镇之，多备利刃剖之，其害遂绝，又蛟畏金鼓及火，山中久雨，夜立高竿挂一灯，可以辟蛟，夏月，田间作金鼓声以督农，则蛟不起，即起而作波，但迭鼓鸣钲，多发火光以拒之，水势必退，皆得之经历之故老，凿凿有据者也。”陈宏谋还“稽往验今，征物推义”，从四个方面印证以上说法可信：“月令季夏，夏正之六月也，今言蛟之出在夏末秋初，其可信一也；志称弘治十七年，庐山鸣经三日，雷电大雨，蛟四出，今

---

① （清）姚碧辑：《荒政辑要》，《中国荒政全书》第二辑第一卷，第799—800页。

言蛟渐起，地声响渐大，候雷雨即出，知向所谓山鸣，乃蛟鸣也，其可信二也，许旌阳之镇蛟以铁柱，今言蛟畏铁，其可信三也；兵法潜师曰侵，声罪曰伐，今震之以金鼓，烛之以火光，如雷如霆，俨若六师之致讨，与伐之义正相合，其可信四也。"

陈宏谋对伐蛟之法极力提倡，并予以嘉奖："夫以蛟之不难制若此，而数千百年以来，罕有言之者，盖田夫野老，知而不能言，文人学士，鄙其事而以为不足言，司牧之官，又鞅掌于簿书，而不暇致详也，一旦横流猝发，载胥及溺，然后开仓廪以赈恤之，则已晚矣。天下狃于故常，而忽于远虑，贻害可胜道哉！予故亟录其说，广为刊布，且悬示赏格。有掘得者官给银十两。使僻远乡村之地，转相传说，人人属耳目，注精神，先时而侦候，临事而周防，庶几大害可除，此邦永蒙其福，而他省之有蛟患者，皆可踵而行之，幸无以为不急之迂谈也。"[①] 罗威廉谈及陈宏谋对天的崇敬时说，"陈宏谋慎重和庄严的儒家法术，因它的'道德内涵'而区别于众多竞争者的巫术，而这些竞争者试图以'粗略的直接的'方式来操纵超自然力"[②]。陈宏谋《伐蛟说》被广为流传，陆燿《切问斋文钞》、王昶《湖海文传》、贺长龄和魏源《皇朝经世文编》、徐栋《牧令书》等都予以收录。不少地方官以此督促和指导百姓"掘蛟"的事宜，甚至把"掘蛟"和杀灭蝗虫虫卵的"掘蝻"相提并论。例如，裕谦《勉益斋偶存稿》卷一有《劝伐蛟掘蝻示》，同卷有《伐蛟说》，卷九有《伐蛟掘蝻》；徐赓陛《不慊斋漫存》卷二有《掘蛟示》。士人也有相关的文章，内容也大致把山洪归结为"起蛟"，对蛟的认识几乎都和陈宏谋所云差不多。例如，汪士铎《汪梅村先生集》卷五《说蛟》，郑敦曜《亦若是斋随笔》卷五《伐蛟十二则》，王家振《西江文稿》卷二十五《蛟说》，无不如此。张应昌《国朝诗铎》卷十六专门有《伐蛟》一类，收录较长的诗八首。[③]

---

① （清）陈宏谋：《伐蛟说》，《皇朝经世文编》卷四十五，户政二十，荒政五，第10—11页。

② ［美］罗威廉：《救世——陈宏谋与十八世纪中国的精英意识》，陈乃宣、李兴华、胡玲等译，中国人民大学出版社2013年版，第139页。

③ 参见赵杏根《清代棚民问题侧论》，《南京林业大学学报》（人文社会科学版）2014年第1期。

清人认为，蛟也有善有恶，为政者要恐惧修省，求得人物相感："惟闻山村人家，宅舍之旁，见一物状类蚯蚓，顷之雷电交作，飞腾变化而去，逾时即安。一草一木，未经损伤，惟所起之处，下成深渊。小者可用人工运土填实，大者速为迁移，亦免崩陷。则蛟亦有善有恶也。为民上者，修德行仁，惩奸除暴，则人物相感，自然灾祲不生。群虎渡江，飞蝗入海，胜于制伐之法也多矣。"[①] 嘉庆时，敕封许逊为灵感普济之神，庙祀江西南昌县[②]。许逊是东晋旌阳令，后为道士，相传其斩蛟除害，宋代封为"神功妙济真君"，元代创立的道教净明忠孝道奉其为祖师。从清代帝王的态度来看，也逐渐接受以伐蛟作为救治水患的重要方法。乾隆五十一年（1786）十一月，上谕称："据张若渟奏请申伐蛟之令，以除民患"，江广一带每于大雨时行，"间有蛟之事深为民害，自应搜寻挖除，防患于未萌"，"于地方兴利除害，亦属有益"[③]。嘉庆十三年（1808），安徽潜山起蛟，水势陡涨，导致处于下游的洪湖骤难容纳，以致启坝宣泄，民舍田庐多被淹浸，为害不浅。嘉庆帝认为，这是因为地方官没有做好伐蛟的工作："伐蛟见于月令，昔人有行之者，若地方官仿照成法，先事豫防，何至仓猝患生，但此事一经胥吏办理，转恐有名无实"，因此，他命安徽巡抚董教增"转饬各府厅州县劝谕居民，务须于深山穷谷随时留心察看刨挖"，老百姓因与自身利益相关，"自无不实力奉行，较之官为经理，更有裨益也"[④]。光绪十年（1884），御史程鼎芬因"东南水患，多起于蛟，请查照古法，先事掘除，并钞录陈宏谋伐蛟说呈览一折。据称江西此次水灾，由于安徽祁门之出蛟，故大学士陈宏谋抚江西时创办掘除蛟种之法，弭患无形，民称其便，请饬查照办理"。上谕称，"蛟水冲决田庐，为害甚重，亟宜先事豫防，实力搜除"，命江西巡抚潘霨"按照所奏各节，严饬州县，认真讲求，为

① （清）姚碧辑：《荒政辑要》，《中国荒政全书》第二辑第一卷，第799页。

② 光绪《清会典事例》（六），礼部四，卷四百四十五，礼部一五六，祀三，直省御灾捍患诸神祠庙一，第35页。

③ 《高宗纯皇帝实录》（十六），卷一千二百六十八，乾隆五十一年十一月上，第1104页。

④ 《仁宗睿皇帝实录》（三），卷二百零七，嘉庆十四年二月，第777页。

防患未然之计，毋得视为具文”①。

伐蛟作为一种源自民间信仰的禳灾之术，在清代得到了朝廷到地方官员的提倡和推行，这除了是对天象示警的灾荒观的具体反映，也体现了在救灾能力比较低下的时候，清代中央到地方政府的消极治理理念："水灾并不是年年发生，伐蛟作为防灾措施则可以年年进行。如果人们进行了伐蛟（挖除蛟卵），而当年并没有出现水灾，则会被认为是灵验。当然，也会出现伐了蛟还是发生水灾的情况，但这时人们则会把责任推到蛟种是否挖除干净上，而不会怀疑伐蛟本身是否具有真实意义。"② 费孝通曾指出，巫术"不是命令所能禁止的，只有提供更有效的人为控制自然的办法才能消灭巫术"③。雍正年间，魏廷珍在《伐蛟说》中也道出了地方督抚关于伐蛟"或有裨于万一"的弭灾心态："论为政之大体，自当以修德行仁，为挽气化弭灾眚之本，此外何足道哉！然而为民父母之心，无所不周，不得不多方以冀救济，踵古人而行之，或有裨于万一"。对于民间的伐蛟之法，地方官不能选择无视，而是要学会"善为措置"："夫受人牛羊，立视而不救，非牧也。况受一方之百姓而职任抚循，明明有弭灾之说，顾嫌其迂而靳传，清夜扪心，何以自处？各府州县，其共体此意，善为措置，纵不能全弭其患，亦当竭尽乃心。况人事既尽，安知天意不可挽回乎？"④ 由此可见，在救灾技术、手段匮乏的情况下，伐蛟既是清代天命主义的灾异观的体现，也成为清代政权安定社会秩序、安慰灾民的治理之法。

二 中央掌管禳灾仪式的机构

（一）礼部

礼部下设祠祭清吏司，"掌考禋祀之典，以达诚敬，救眚颁朔皆掌

① 《德宗景皇帝实录》（三），卷一百九十，光绪十年七月下，第682页。

② 张小聪、黄志繁：《清代江西水灾及社会应对》，曹树基主编：《田祖有神——明清以来的自然灾害及其社会应对机制》，上海交通大学出版社2007年版，第147页。

③ 费孝通：《江村经济：中国农民的生活》，商务印书馆2002年版，第151页。

④ （清）魏廷珍：《伐蛟说》，《中国荒政全书》第二辑第二卷，第3—4页。

之”。所谓“水旱则祈”，遇灾祈禳的工作主要由祠祭清吏司来主持。嘉庆朝会典“祠祭清吏司”部分对因灾祈禳的程序做了简明的规定和说明：“孟夏常雩后不雨，致祭天神、地祇、太岁三坛。”三坛的神位，天神坛神位，云师左，雨师右，风伯次左，雷师次右，均南向。地祇坛神位，五岳居中，五镇右，五陵山左，四海次右，四瀆次左，均北向。京畿名山大川东位西向，天下名山大川西位东向。祭告三坛后，如七日不雨，或雨未沾足，再祈祷三坛。屡祷不雨，乃请旨致祭社稷坛。太社位左，太稷位右，不设配位。雨潦祈晴，冬旱祈雪，均致告天神、地祇、太岁三坛，与祈雨同。另外，还要做到“既事而报”。如祈雨三坛、社稷坛，雨足均报祀。未及常雩，奏请于关帝庙、城隍等庙祈祷，或奉旨祭黑龙潭龙神祠，以及饬僧道到显佑宫、东岳庙、城隍庙、三官庙、关帝庙诵经，得雨均行报祀。三坛祈晴祈雨祈雪既应，均报祀。①

礼部官员受皇帝指派，负责制定和实施具体的祈祷仪式。比如，康熙十七年（1678）六月，因天气亢旸，禾苗枯槁，康熙称自己力图修省，拟躬亲斋戒虔祷，令礼部“择期具仪来奏”。礼部遵旨奏定，前期致斋，至日，康熙自西天门步行至坛，行礼时甘霖大霈，仍步出西天门乘马回宫②。雍正十年（1732），因天时亢旱，雍正帝即着礼部、太常寺虔诚祈祷，照例禁止屠宰，不理刑名③。乾隆九年（1744），因京师亢旱，上谕令在关帝庙、城隍庙设坛，由礼部同顺天府官率僧道各十二人，先一日熏坛祈祷五日④。

除祈禳之外，礼部还管理各直省有关御灾捍患诸神祠庙的分封、修筑。光绪《大清会典事例·礼部》载：“直省御灾捍患诸神，于民有功德者，加封号，立专祠；致祭之礼，每岁春秋，所在守土官具祝文香

① （清）托津等纂：《大清会典》（嘉庆朝），第379页。

② 光绪《清会典事例》（五），礼部三，卷四百二十，礼部一三一，大祀三，雩祀，第706页。

③ 光绪《清会典事例》（五），礼部三，卷四百二十，礼部一五一，中祀八，祈祷三坛，第997页。

④ 光绪《清会典事例》（五），礼部三，卷四百四十，礼部一五一，中祀八，祈祷三坛，第999页。

帛，羊一，豕一，尊一，爵三”，“守土正官一人朝服诣祠行礼”[①]。比如，被清人认为能够除蝗的刘猛将军的分封和加封，必须经过礼部报经皇帝批准。

（二）太常寺

除了礼部外，太常寺作为掌管坛庙祭祀礼仪的机关，也掌因灾祈禳之事。太常寺专司坛庙大祀、中祀、群祀一应典礼。“凡祝版乐舞牲帛器用备办陈设之事，与斋戒之期，赞相之节，皆掌之。”太常寺丞掌祭祀派委执事，典簿掌斋戒及陈设祭器、祭品、牲只，赞礼郎读祝官掌唱赞礼仪等事。博士掌题奏事件、祝文礼节并笾豆、果品、米面、菜蔬、牲只支销银两等事，神乐观提点、知观及协律郎掌乐章音律，司乐掌祭祀礼仪乐舞及司香帛爵壶等事。[②] 另外，太常寺还负责确定祈雨、祈晴祭物等事。[③] 比如，大雩要用描金龙圆柱沉香一炷，沉香饼十二圆，降香饼二十四圆，圆柱降香五炷，降香块香三两，二十七块重一两一包，二十五块重一两二包，二十四块重一两一包，细块沉香、檀香、沉速香三样，合重八两，降香三斤十二两，降香、沉速香、速香各三块，共重八两一钱一包，计十二包，沉香丁四两，檀香丁八两，细沉速香丁十两，降香丁三两，细降香丁五两，六两重挂红白蜡烛十四枝，五两重挂红白蜡烛六枝，三两重挂红白蜡烛三十二枝，九两重挂红白蜡烛二枝，一斤重黄蜡烛十二枝，六两重黄蜡烛八枝，三两重黄蜡烛二百二十六枝，二两重黄蜡烛四十二枝，天青色告祀制帛一端，白色礼神制帛九端，黄色礼神制帛二端，赤色礼神制帛二端，青色礼神制帛二端，元色礼神制帛二端，鹿一只，兔五只，红枣九斤八两，桃仁八斤二两，榛仁八斤二两，葡萄八斤二两，莲子八斤二两，香油二斤，酒三十二瓶，每

---

① 光绪《清会典事例》（五），礼部四，卷四百四十五，礼部一五六，祠祀三，直省御灾捍患诸神祠庙一，第30页。

② 光绪《清会典事例》（一一），太常寺，卷一千五十八，太常寺一，官制，第580—581页。

③ 光绪《清会典事例》（一一），太常寺，卷一千八十七，太常寺三十，支销三，告祭祭物，第878页。

瓶一斤十二两，木柴一百五十斤，木炭二十五斤，净冰二十五块，炭墼七十九个，芦苇九十斤，报祀品物，均与常雩同。[①] 顺治十八年（1661）定，祭祀斋戒，所需满汉官职名均由太常寺开送[②]。嘉庆十二年（1807），所有祈晴报晴应行增设乐章之处，着乐部、太常寺查明，交翰林院妥拟进呈，候嘉庆帝阅定后交太常寺载入则例，永远遵行[③]。

太常寺官员在常雩举行时，分工明确。乾隆三十八年（1773），逢常雩大祀，皇帝拟诣皇穹宇拈香，仰瞻列祖神牌，因为见有字色模糊之处，谕交太常寺堂官查办。“乃该堂官止将上年冬至祭祀时恭请出龛入龛之祀丞任策祥送交刑部治罪，而刑部亦并未切实根究，仅以任策祥照律问拟，颟顸具奏”，此举令乾隆帝颇为震怒：“朕夙知郊坛大典，非一祀丞专司其责，恭请神牌系奉爵赞礼郎之事，且其日即经德福奏称向例如是，何得仅诿之微末祀丞，而置赞礼郎于不问？必系德福袒护满员，希图蒙混了事。”他因此令军机大臣详细查讯，始据德福称，恭请神牌出龛入龛系祀丞任策祥，“其自供案请入亭内恭舁至坛及祭毕由坛迎至供案，系赞礼郎珠通阿。是德福之意存袒庇，已属显然”。经军机大臣审拟具奏，坛官任策祥、珠通阿应依大不敬律治罪，堂官素尔讷、德福请旨治罪，其余新旧各堂官交部严加议处。乾隆下旨，任策祥、珠通阿俱着从宽改为应斩监候，秋后处决，德福、素尔讷着革去花翎，仍交部严加议处，永贵及其余太常寺堂官，俱着交部分别严加议处[④]。因字色模糊，乾隆如此大动干戈，一查到底，纠察太常寺若干大小官员，足见其对常雩的重视。

（三）乐部

乐部管理大臣，“亦曰典乐，以礼部满洲尚书一人兼之，又王大臣

---

① 光绪《清会典事例》（一一），太常寺，卷一千八十七，太常寺三十，支销三，告祭祭物，第876—877页。

② 光绪《清会典事例》（一一），都察院，卷一千二十二，都察院二五，各道六，祭祀纠仪，第270页。

③ 光绪《清会典事例》（一一），翰林院，卷一千四十八，翰林院五，职掌一，撰文，第503页。

④ 《高宗纯皇帝实录》（二十），卷九三二，乾隆三十八年四月上，第545—546页。

知乐者简用，无定员”，乐部“掌考乐律乐均之度数，协之以声歌，播之以器物，而辨其祭祀朝会燕飨之用，以格幽明，以和上下”①。乐部主掌祈禳所用乐律。乾隆六年（1741），祈雨以夹钟为宫。五十一年（1786）奏准，社稷坛祈雨报祀，随月用律。② 嘉庆《大清会典》称：“孟夏常雩祀天于圜丘，孟夏祈谷于上帝，皆以黄钟为宫。”③

三　对祈禳不力官员的惩处

清代帝王对祈禳不力的官员予以严厉惩处，既说明对禳灾制度的重视，也将之看作是考察、整顿吏治的重要方面，反映了清代政治救灾的多重目的。

康熙五十年五月十一日（1711 年 6 月 26 日）至十三日（6 月 28 日），祈雨三日，上谕批评“礼部大臣不虔诚，亦未可定。尚书贝和诺系懒惰懈弛之人，令户部尚书穆和伦代伊祈祷”④。康熙五十五年四月十四日（1716 年 6 月 3 日），上谕大学士嵩祝，称“观麦苗谷苗，虽发生畅茂，但天气稍旱，当豫期祈雨，着谕礼部”⑤。四月三十日（6 月 19 日），又谕大学士嵩祝：“今日阅京师奏报及直隶巡抚奏折，俱云各处有雨，尚未沾足。自五月初一日起，仍斋戒祈雨”⑥。五月初一（6 月 20 日），康熙再谕大学士嵩祝，称自密云县至边北虽雨水沾足，“无烦再祷，但京城左右仍然暵旱，朕心不安，不知众大臣亦念及否？目前端午节恐互相会饮，应行严禁，并令各官竭诚祈祷。尔将此旨速发京师，传谕九卿”⑦。

五月初二（6 月 21 日），因在京诸臣对祈雨事宜“迟延日久，并不奏闻”，后“始折奏热河得雨，臣等不胜忻幸之语”，康熙帝斥问“止

① （清）托津等纂：《大清会典》（嘉庆朝），第 433 页。
② 光绪《清会典事例》（六），卷五百二十四，乐部一，职掌，用乐，第 1054 页。
③ （清）托津等纂：《大清会典》（嘉庆朝），第 448 页。
④ 《圣祖仁皇帝实录》（三），卷二百四十六，康熙五十年五月，第 441 页。
⑤ 《圣祖仁皇帝实录》（三），卷二百六十八，康熙五十五年四月，第 631 页。
⑥ 《圣祖仁皇帝实录》（三），卷二百六十八，康熙五十五年四月，第 632 页。
⑦ 《圣祖仁皇帝实录》（三），卷二百六十八，康熙五十五年四月，第 632 页。

于此处，得雨有何忻幸？”他指出：“部院诸臣但知营求财贿，在家安逸而已，求雨之处未必亲到”，因此，命大学士嵩祝驰驿前往京城，“问用‘不胜忻幸’之语者为谁”，但是嵩祝并不直书申饬，又不严查题参，这令康熙十分震怒。他下旨斥责嵩祝说：“伊平日但务趋奉李光地、赵申乔，令于朕前称伊之善，令汉大臣轻视，满大臣咸习以为常矣。朕几次令科道陈奏，伊令科道缄口不言，皆入李光地、赵申乔之党，瞻徇情面、唯唯诺诺而已。伊乃大学士也，是非所在，岂特当与众言之？即于朕前亦当恳切言之。”“朕所用大学士，三四十人矣，从未见有如嵩祝者。伊自谓能自守之人，乃趋奉二阿哥，隐匿得麟逃走之事，与噶礼结亲，自守者果如是乎？且索额图、噶礼，朕皆诛之，嵩祝岂更甚于索额图、噶礼，朕不能诛之乎？抑畏伊镶蓝旗之党乎？今满洲大臣内无能令汉大臣心服者，朕因仍用马齐为武英殿大学士兼户部尚书，穆和伦为户部尚书，著嵩祝即驰驿前往京城，问用‘不胜忻幸’之语者为谁，祈雨不到者为谁，严查题参。若仍徇情面，一经觉察，必将嵩祝并诛之。”[①] 同日，康熙另谕嵩祝，认为通过诸臣对祈雨仪式的不重视，可见吏治废弛，令其非常失望：“近观部院诸臣，并不以朝廷事务紧要，民生关系重大为念，惟图恩威由己、多方设法、极力结党而已。今部院诸臣越次升用者多，而一切礼仪尚且不谙，况其他乎？今值暵旱之际，朕心忧虑，两发谕旨，始见臣等‘不胜忻幸’之语，朕心深为失望。”康熙认为，由此观之，“九卿并未会集，或止听一人之言，如此，难免欺君之罪矣。总之伊等结党甚众，若非伊等援引之人，科道言官，何以不行纠参。恐此风渐长，故将原任大学士马齐、原任尚书穆和伦亟行补授。尔赍此旨，切责在京诸臣”[②]。

次日，即五月初三（6月22日），上谕学士等，称京畿地方“至今雨未沾足，朕心不胜焦劳。自密云至口外，田禾甚佳。及问各处来人，俱云尚有雨水不足之处。念京城人民辐辏，就食者多，且太平日久，人口滋多，多至数倍，以此平素间谆谆以此事面谕众大臣，今值暵旱之

① 《圣祖仁皇帝实录》（三），卷二百六十八，康熙五十五年闰五月，第633页。
② 《圣祖仁皇帝实录》（三），卷二百六十八，康熙五十五年闰五月，第633页。

际，若再不亟为筹画，为君为臣者，所理何事乎”。同日，康熙谕署理内务府总管事务散秩大臣观宝，称上年直隶所属地方水涝，未得丰收，现在京师又旱，“朕心深为忧虑，自明日为始，朕于宫中每日止进膳一次。先人而忧，后人而乐，庶可感召天和也”。五月初五（6月24日），嵩祝折报京师下雨日期，上谕不以为然，认为“宋儒有言，求雨得雨，旱岂无因？此意甚深。今虽下雨，但雨势未必远及，有何可喜之处，求雨断不可止，必处处沾足方可停止也”。五月初六日（6月25日），上谕学士等，颇为愤怒地斥责礼部：“礼部前奏求雨，以雨足为止，今早又奏止求七日。于何日起，何日止之处，并未声明，甚属蒙混。至斋戒日久，人心易至懈怠，未必实能遵行。尔等将此旨明白抄发，传谕礼部。”三日后，即五月初九（6月28日），礼部题称祈雨情形：“臣等自四月二十二日祈雨起，连日微雨。至五月初三日，雨大霈。初七日，据差看雨人员等报称，京城周围初三初四等日雨水皆足。令于初十日停止祈祷。”次日，“上因得雨，始照常进膳”①。

在康熙的一再督促和责问下，五月十一日（6月30日），嵩祝上疏，题参户部尚书赵申乔、工部尚书王顼龄，左都御史范时崇，吏部侍郎傅绅，刑部侍郎李华之，学士蔡升元、王之枢、彭始抟，詹事王奕清，称上述人等“于祈雨处俱不亲到，殊属溺职，应交与吏部、都察院严加议处”，大学士王掞、副都御史郝林以患病为辞，于祈雨处只亲至一二次，亦属不合，应交与吏部察议。九卿等不虔心祈祷，“反于奏折内妄称忻幸，甚属不合”，将会题此事之九卿诸臣交与未豫此事之九卿诸臣严加议处，“至于奏报雨泽沾足与否及浸地几许之处，实系礼部专责，不行明白具奏，甚属溺职，应将礼部堂官等交与吏部都察院严加议处”。嵩祝自己“不即题参，实系庸劣愚昧，应将臣一并交部严加议处”②。随后，五月十八日（7月7日），因礼部已将大雨沾足、停止祈雨之处具题，内务府总管赫奕却“复将祈雨之处请旨，奏事如此倏忽，殊属不合”，因此，谕将赫奕革去工部尚书并内务府总管，其恩诏所得

① 《圣祖仁皇帝实录》（三），卷二百六十八，康熙五十五年闰五月，第633—634页。

② 《圣祖仁皇帝实录》（三），卷二百六十八，康熙五十五年闰五月，第634页。

荫生亦着革退。①

是年六月，九卿察议，户部尚书赵申乔，工部尚书王顼龄，左都御史范时崇，吏部侍郎傅绅，刑部侍郎李华之，学士蔡升元、王之枢、彭始搏，詹事王奕清奏折妄书"不胜忻幸"之语，祈雨处又不亲到，殊属不合，俱应革职。礼部尚书赫硕咨、陈诜，侍郎二鬲、王思轼、胡作梅，祈雨乃其专责，既不虔心祈祷，对雨泽曾否沾足之处又不明白具奏，殊属不合，俱应革职。大学士萧永藻、王掞，学士星峨泰、长寿，吏部尚书张鹏翮，侍郎孙柱、李旭升、汤右曾，户部侍郎傅尔笏纳、吕履恒，兵部尚书殷特布，侍郎党阿赖、田从典，刑部尚书赖都、张廷枢，工部侍郎王度昭，左副都御史董弘毅、郝林，通政使周道新祈雨处虽曾亲到，奏折妄称"不胜忻幸"之语，亦属不合，俱应革职留任。大学士嵩祝不将在京诸臣不虔诚祈雨奏报迟延之处即行指名参奏，亦属不合，应革职留任。得旨：赵申乔、王顼龄、范时崇、傅绅、李华之、蔡升元、王之枢、彭始搏、王奕清俱着降三级留任，恩诏所得荫生俱着革退；赫硕咨着革职，恩诏所得荫生着革退；陈诜、二鬲、王思轼、胡作梅俱着降五级留任，恩诏所得荫生俱着革退；萧永藻、星峨泰、长寿、张鹏翮、孙柱、李旭升、汤右曾、傅尔笏纳、吕履恒、殷特布、党阿赖、田从典、赖都、张廷枢、王度昭、董弘毅、郝林、周道新俱着降二级留任，恩诏所得荫生俱着革退；嵩祝着革职留任，恩诏所得荫生着革退。大学士王掞因病在家调养，着宽免。② 此案被参处的大学士、尚书、侍郎、御史等达33人，因祈雨不诚而严处要臣，既反映了康熙对祈雨的重视，也体现了其借官员对祈雨的态度考察吏治，并极力希望通过亲力亲为，扫除阳奉阴违、尸位素餐、无视民生的官场积弊。

康熙五十六年（1717）五月，因天旱，康熙命继续祈雨，五月初三日（6月11日）亥时下雨，至初四日寅时止，但礼部迟至未时没有具奏。上谕指出，祈雨事关民生，甚属紧要。都察院奏准，报雨乃礼部之专责，结果礼部等到钦天监知会后，"始行具奏，殊属溺职"，因此

① 《圣祖仁皇帝实录》（三），卷二百六十八，康熙五十五年闰五月，第635页。

② 《圣祖仁皇帝实录》（三），卷二百六十九，康熙五十五年六月，第636页。

将尚书殷特布、陈诜，侍郎萨哈布、王思轼、罗瞻等革职留任。[①] 从上可见，康熙对祈雨仪式高度重视，将之与整饬吏治紧密关联起来，也说明祈禳在清代救灾中所占据的重要位置。

乾隆以后，对斋戒陪祀官员的行为及惩处做了规定。乾隆二年（1737）议准，各衙门应陪祀官员，均令斋戒陪祀，在太常寺文到后，由该堂官严行稽查，务必令其住宿衙署，斋戒陪祀，不得藉端规避，如果确有属于“有疾病事故者”，亦令该堂官秉公稽查，声明缘由，行文都察院。至会集处，都察院收取职名，倘并无事故，不行斋戒，或已开斋戒职名不至会集处者，将该员照违令私罪律议处，该管官不行查出，照不行详察例议处。乾隆三十七年（1772），又奏准，满汉王公大臣应入斋戒陪祀者，由都察院等衙门稽查，于岁底通行检核，如有托故三次不到、奉旨交议者，议以降一级留任，仍罚俸一年。官员年逾六旬者，“听其自行酌量精神，或致斋而不陪祀，或并不能致斋，一听其便”，毋庸列入查奏汇核之内。乾隆四十九年（1784）题准，应行斋戒大臣，如有出差告假等事，务于册内注明，以凭核办，“如并不详晰填注，至奉旨交议后始行声请扣除，即将承办造册各员照经手遗漏例议处，核对各员照不行详查例议处”[②]。光绪十二年（1886）又奏准，凡一切应行告祭典礼，钦天监于祭祀册内将日期遗漏者，该堂官降一级留任，礼部失于察出，该堂官罚俸六月。又奏准，祭祀陈设器具，如盥盆棕荐之类有不齐者，承办之员罚俸一年。十三年（1887）奏准，凡各处祭告典礼，应由京颁发祝版香帛者，如果颁发衙门遗漏行文豫备，承办之员降一级调用，若赍送香帛之员沿途耽搁，致误告祭时刻者，降一级留任。该堂官失于查察，罚俸一年。[③]

嘉庆帝对于祈雨仪制与吏治间的关系，也颇为重视。嘉庆十三年（1808），逢常雩祀典，嘉庆帝前期诣坛斋宿，因见站班各员内除王公及一二品大臣当时另派差事者，“其余尚俱齐集”，但是三四品以下京

① 《圣祖仁皇帝实录》（三），卷二百七十二，康熙五十六年六月，第673页。

② 光绪《清会典事例》（二），卷一百十一，吏部九五，处分例，朝会祭祀，第425页。

③ 光绪《清会典事例》（二），卷一百十一，吏部九五，处分例，朝会祭祀，第429—431页。

堂颇属寥寥，嘉庆认为，这些人心存侥幸："在伊等自因平日召对时，以朕不甚熟识，遂尔相率偷安，大失敬事之义"，他气愤地声称："此次朕已觉察，因人数过多，姑免查究。嗣后如遇大典，再有如此懈惰不到者，一经查出，即照本日德麟贻误视牲降罚之例，严行惩处，决不轻贷。"[①] 有清也多派皇子分班祈雨者。嘉庆十六年（1811）四月，京师春天雨泽稀少，嘉庆降旨在黑龙潭山高水长二处设坛，派阿哥等分班祈祷。随后又派皇次子旻宁、仪亲王永璇、成亲王永瑆祈祀天神坛、地祇坛、太岁坛祈雨[②]。因旱情继续严重，嘉庆帝于本月二十四日（6 月 14 日）亲祀天神坛，地祇坛派皇次子旻宁，太岁坛派皇三子绵恺诣坛叩祷，庆郡王永璘祭宣仁庙。[③] 是日发生一件意想不到的事情，令嘉庆帝龙颜大怒。按照礼制，嘉庆帝赴天神坛祈雨，乘舆进先农坛东门，派出随祭之阿哥及扈从之御前大臣侍卫等俱于门外下马步行随入，约行二里许，方至坛所。嘉庆由神祇门进坛时，天色未晓，等到祭毕出坛，看到神祇门外路西"车轿马匹甚众，人声嘈杂"，该处距坛内不过数十步，至皇帝下轿处只有十余步。嘉庆诘问："如各官员应至该处下马，何以阿哥及御前随从之人转于先农坛门外下马？着交查坛之庄亲王绵课等查明是否向例相沿，抑系始自此次。其神祇门外系由何处派员稽查弹压，此次门外之车轿马匹均系何员乘入，从何门而进，一并查明参奏，不可回护取和，蒙混了事。"寻据绵课参奏，将该管官分别议处，并声明陪祀之王大臣因"俱已散归，不能按名指参"。上谕称："坛庙执事陪祀，皆有册籍可凭，无难稽考，此系绵课等意存回护见好，着传旨申饬，交军机大臣，将是日在天神地祇二坛执事之礼部太常寺等衙门堂司各官、并陪祀之王大臣官员，查开职名具奏，概行交部议处。"成亲王、荣郡王绵亿是日在先农坛外门稽查，距坛内稍远，此二人及随带之章京，着交部察议。庄亲王绵课、仪亲王在坛内稽查，未能先时驱逐，亦未经参奏，此二人及随带之章京着交部议处。庄亲王绵课、仪亲王并着退去稽

① 《仁宗睿皇帝实录》（三），卷一百九十四，嘉庆十三年四月，第 559 页。
② 《仁宗睿皇帝实录》（四），卷二百四十二，嘉庆十六年四月，第 261 页。
③ 《仁宗睿皇帝实录》（四），卷二百四十二，嘉庆十六年四月，第 268 页。

查坛庙差使，庆桂年踰七旬，不能久立，“亦着不必稽查坛庙”。其神祇门外管理路西之护军参领等着交部严加议处，护军等每名各责二十板，护军统领玉福着交部议处。并规定：“嗣后先农坛以内各坛宇，每遇亲诣及遣官祭祀之日，俱不准开北街门，擅放车轿马匹。所有执事陪祀之王大臣官员，均于南街门外下马步入，坛门以内亦不许支搭帐房，以昭整肃。”①

五月初八（6月28日），嘉庆又对四月二十四日祈雨事件发布谕旨，指出向例致祭三坛，“朕不亲诣行礼，执事陪祀人员由北街门入坛将事，相沿已久”，由此导致“前次朕躬祭天神坛，神祇门外竟有车马拥挤人声嘈杂之事。所有是日赴坛之王公大臣京堂等率属将事，自应恪恭整肃，御史有稽察典礼之责，均非不谙体制者比，乃于随从人役车马不自约束，咎实难辞，着交部议处”。执事陪祀之司员章京等虽亦有应得之咎，“但系因见王大臣等停放车马，相率效尤，着加恩免其议处”。上谕并称，五月初十日（6月30日），嘉庆帝将复亲祀天神坛求雨，“倘届期再有车轿马匹在神祇门外左近停放者，定当严行惩治，不能复邀宽贷。至向来三坛内有太常寺印宅公所，礼部太常寺执事官及坛户等，均由北街门出入。除遇朕亲诣致祭之日，各官俱改由南街门出入、关闭北街门不准行走外，余日仍着照常由北街门出入”②。

五月初九（6月29日），嘉庆诣时应宫拈香，以祈雨三坛，斋戒一日。五月初十，嘉庆再诣天神坛，命皇次子旻宁、皇三子绵恺分诣地祇坛、太岁坛祈雨，同时，命再于黑龙潭及山高水长设坛祈雨。是日祈雨时，派充典仪之赞礼郎图萨于应行唱赞送神时，“率行唱赞送燎，实属亵慢不敬”。上谕称，若系他人唱赞错误，不过交部严议，处以革职，即使问罪，亦止于发遣。但是，图萨系曾经身犯命案问拟绞罪之人，“彼时因伊父扎郎阿熟谙坛庙礼仪，特加恩贳，发交伊父在家管束。嗣据伊父扎郎阿称其悔罪自新，谙晓礼节，唱赞熟练，复录用为赞礼郎，

① 《仁宗睿皇帝实录》（四），卷二百四十二，嘉庆十六年四月，第268—269页。

② 《仁宗睿皇帝实录》（四），卷二百四十三，嘉庆十六年五月，第276页。

又经补授实缺”。图萨此次派充典仪，自应倍加小心，“无敢亵越，乃竟漫不经心，罹此错误，其咎较重，现已革职锁拿，着交刑部即于明日定拟具奏”。图萨父亲扎郎阿“平素并不认真教诲伊子，辄屡次在朕前饰词妄誉，此次复将伊子派充典仪，希图见长邀恩，实属徇私不职，本应即予罢斥，姑念其充当坛庙差使有年，着加恩仍降为赞礼郎，即补伊子所出之缺。哈宁阿、明志二人亦屡次在朕前称誉图萨，并将伊派充典仪，明系袒庇同僚，曲为援引，均应交部严加议处。惟本日哈宁阿于图萨错赞送燎之时，仍赞引送神仪注，于行礼节次得以如仪，尚不致误，哈宁阿着从宽交部议处，明志着交部严加议处。其余管理太常寺福庆等各堂官，均着交部议处。惟马履泰系属汉员，不谙清语，着加恩免其议处”。本日赞乐之赞礼郎于图萨错赞送燎时，如果仍赞送神乐，则错误益甚，其“并未赞乐，实属胸有定见”。又司祝之赞礼郎及司香帛之在前列者，“俱能循照定仪，并未相率错误，此三人均熟谙仪文，着加恩各赏给小卷纱一匹，以示奖励”。嗣后“有似此曾经身犯重罪、得邀宽宥、续经录用之，遇有一切坛庙祭祀差使，俱不准派充执事，以昭诚肃。着为令”[①]。五月十一日（7月1日），嘉庆再谕内阁，图萨充当天神坛典仪，于应唱赞送神时辄唱赞送燎，“实属亵越不敬”，刑部拟以斩立决，“自为罪所应得，但念伊年幼糊涂，因伊父扎郎阿平素不行管教，饰词妄誉，且徇私派充典仪，以致唱赞错误，经刑部审讯时，尚昏然不知，是其身罹大辟，实由伊父溺爱之故，其罪尚可末减”，图萨着改为斩监候，秋后处决[②]。

皇子若祈雨不力，也会受到皇帝的责惩。乾隆三十五年（1770）五月，派诸皇子到黑龙潭分班祈雨，八阿哥与十一阿哥同班。等到二人下班之期，乾隆遣人唤至，询及雨坛事，结果只有十一阿哥对答，因此得知八阿哥私自入城，受到乾隆皇帝的严厉批评。乾隆称：“朕并非有意觇察，而其迹自然发露，得以因事提撕，小惩大诫，未必非诸皇子之福”，“若八阿哥谓十一阿哥讦发其私，隐怀嗔恨，此乃不明理之见，

---

① 《仁宗睿皇帝实录》（四），卷二百四十三，嘉庆十六年五月，第277—278页。

② 《仁宗睿皇帝实录》（四），卷二百四十三，嘉庆十六年五月，第278页。

谅亦不出此。试思十一阿哥，当朕问及时，设稍为其兄掩饰弥缝”，则为欺父，“若唤来面询，何能复隐。且朕非特慈爱诸皇子，为之杜渐防微，实敬念我祖宗贻泽之长，惟期世世子孙，永守无斁，因不惜谆谆教迪，诸皇子宜善体朕心，恪遵朕训”①。

另外，清朝对直省祭祀斋戒也有规定。乾隆三十年（1765）奏准，直隶各省祭祀斋戒之时，“务须澄涤志虑，正肃威仪，必诚必敬，祭祀之日，务须敬谨躬亲，五鼓趋赴将事，不得托故转委，其朔望行香，亦须黎明谒庙，不得迟缓任意，司道府州县等官怠于祀典，托故偷安，或斋期燕会，临事跛倚者，许纠仪官据实揭报，督抚题参议处，寻议以革职，督抚不行查参，照徇庇例议处。若督抚祭不躬亲，斋戒弗虔，慢视行香，经科道访闻纠参，以不敬论罪”。同年，还奏准，各州县每逢祭祀，一切品物照依图制，“敬谨陈设，不得缺略，如有缺略未备，临祭祀通融借用者，该上司查参，照违制律议处”②。清代地方官皆把因灾祈禳作为救灾的重要方式，并把因灾祈禳和因灾修省结合起来。陈宏谋编《从政遗规》中节录王阳明告谕，“古者岁旱，则为之主者，减膳撤乐，省狱薄赋，修祀典，问疾苦，引咎赈乏，为民遍请于山川社稷，故有叩天求雨之祭，有省咎自责之文，有归诚请改之祷。盖《史记》所载，汤以六事自责，礼谓大雩，帝用盛乐，春秋书九月大雩，皆此类也。仆之所闻于古如是，未闻有所谓书符咒水，而可以得雨者也”，地方官“宜出斋于厅事，罢不急之务，开省过之门，洗简冤滞，禁抑奢繁，淬诚涤虑，痛自悔责，为八邑之民，请于山川社稷”，对“方士之祈请者，听民间从便，得自为之，但弗之禁，而不专倚以为重轻”③。陈宏谋任地方官时，即常进行祈雨。“他不仅在省城正式的祭坛祭拜，还亲自去遭遇严重旱灾的地方现场祭拜，去偏远山区的庙宇朝拜以求寻找更为灵验的神。”“由于他治理旱灾的成功而名声大增——一种被视为包含祈祷的力量的成功——他几乎成为朝廷中一个善于解决难题的

① 《高宗纯皇帝实录》（十一），卷八百五十八，乾隆三十五年五月上，第490页。
② 光绪《清会典事例》（二），卷一百十一，吏部九五，处分例，朝会祭祀，第424页。
③ （清）陈宏谋编辑：《从政遗规》，商务印书馆1934年版，第42—43页。

人，专门任职于那些将要发生旱灾的省份。”①

四　晚清禳灾思想的变化

在本章中，我们对清代的禳灾机制做了简要的概括。禳灾是人类向神明祷告以求平息灾祸的一种方法。清人认为，救灾是实现天人感应、体现仁君敬天爱民的重要内容。祈禳是救灾的重要组成部分。天象示警是对中央及地方政府解决问题能力的一个考验：“天之以灾谴示警，实未尝殃民以快意也，将以试司牧者之处置何如耳”②。清代荒政书对历代禳灾思想及在荒政中的具体实践方法多有详细阐释。陆曾禹《康济录》卷三上册所列临事之政二十条，其中第一条即为“急祈祷以回天意”，陆曾禹把祈祷看做是救灾极为重要的方式：“将荒之际，要务尚有过于祈祷者哉？”“至治馨香，何事于祷？不知旱涝无常，非神莫佑，祷亦不可少也。”③ 他罗列了自周以来诸多祈禳故事，渲染在严重自然灾害面前，君主或地方官员们要发善念，行善政，或虔诚祈祷，为民乞福，如此才能感动上苍，阴阳交泰。汪志伊辑《荒政辑要》共分十卷，其中卷一为“禳弭”，此卷“所采者，皆救灾恤患之先务”，分为以下几个部分：竭诚祷、扰龙事、伐蛟说、旱魃辨、厚给捕蝗、捕蝗法、陆曾禹《捕蝗八所》、捕蝗十宜、除蝗记、察冤狱、掩枯骨等④。杨景仁所辑录的《筹济编》卷二十、二十一、二十二、二十三分别为祷神、理刑、除蝗、伐蛟。杨景仁认为，祈祷本来是救灾所当务，应该在将荒时举行，而周礼十二荒政将之列于第十一，是因为“神道不先于人事，求诸明者实，索诸幽者虚也。然幽明一体，祷神礼不可废，亦在以诚相感而已。”⑤ 清代诸帝皆把禳灾看作是自己仁政的重要组成部分，并将

① ［美］罗威廉：《救世——陈宏谋与十八世纪中国的精英意识》，陈乃宣、李兴华、胡玲等译，中国人民大学出版社 2013 年版，第 138 页。

② （清）陆曾禹：《钦定康济录》，《中国荒政全书》第二辑第一卷，第 289 页。

③ （清）陆曾禹：《钦定康济录》，《中国荒政全书》第二辑第一卷，第 293 页。

④ （清）汪志伊辑：《荒政辑要》，《中国荒政全书》第二辑第二卷，第 543—557 页。

⑤ （清）杨景仁编：《筹济编》，《中国荒政全书》第二辑第四卷，第 271 页。

其逐渐制度化。在祈雨、祈晴、祷蝗、驱疫、伐蛟等方面，无不体现着清代禳灾机制的逐步设立、完善的过程。清代掌管禳灾仪式的机构，在中央主要包括礼部、太常寺、乐部等。清代帝王对祈禳不力的官员予以严厉惩处，既反映了对禳灾制度的重视，也将之看作是考察、整顿吏治的重要方面。

晚清已降，随着西方各类书籍、报刊的传播，新式学堂的建立，西方自然科学知识也因此被传播进来。对于灾害的成因，不少人开始有了新的认识，开明的官员、士绅和有西洋留学经历的新式知识分子更倾向于接受带有现代科学色彩的灾荒成因说。光绪五年（1879），《申报》以《南北气候不齐说》为题，认为与天命相比，人力在救灾中才应该发挥更大的作用："说者谓天灾流行，适符运会。南省人性懦弱，近于阴类，故其灾为水，水，柔象也。北方风气刚劲，近于阳类，故其灾为旱，旱，刚象也。此言也未免迂阔，而不达于事情。或又谓西北多山，东南多水，昔者共工氏头触不周山，天倾西北，地陷东南，故东南每多水患，而西北无之，西北每多旱患，而东南少焉。此说虽似有理，然所谓天倾地陷之说，究属荒誕而不足凭"，该文批评这些荒诞不经的说法称："即曰东南多水，然江淮水涸，赤地千里，见于史传者不一书。西北各省，如四川之三峡，水当春涨发，十围之大水亦能随波而下，津沽去岁亦有沁河溃决之事，可见以东南为必无旱，以西北为必无水患者，其说犹未能通也"。此外，该文对禳灾的效果也提出了质疑："屡阅日报，山西亢旱将及六年矣，而天意犹未回也，而京师不雨亦已多日。朝廷轸念民生，时深焦虑，于山西则发藏香交曾伯抚接领，虔诚祈祷，以迓和甘，于京师则禁止屠宰，诚心斋戒，皇上则时往大高殿行香，更派王公大臣分往时应宫、龙神庙等处竭诚祈祷，而为日已久，尚未闻有甘霖之沛，如曰人事之咎，而人事亦不可谓不尽矣。"文章认为，东南治理水灾，办法良多，"疏源导流，去淤设闸，凡有人力可用之处，无不详悉举行，故水虽不时为患，而究尚不为其害"，"独至旱灾，则除祈雨禁屠数端外，别无良法"，究其原因，是因为发生旱灾的北方交通条件十分有限，"地多山原旷野，舟楫有所不得，达肩负有，所不能胜"，因此即使是赈灾不乏粮款，但是不能及时运到灾区，也严重影响了赈灾效果："故虽朝廷截漕发帑，大宪酌盈剂虚，民间亦义解囊金，外国且慨多输助，而转运之艰苦，竟无法可以施行"。作者认为，要解决赈运物资转运这个难题，必须修铁路："欲求速运之法，非开铁路以驾火车不可"，"今中国苟亦以火车济舟楫之穷，而一劳之后可以永逸，此后虽遇饥荒，移粟移民，两俱利便，自南而北，亦可自东而西，亦无不可"。①

除了《申报》等报刊在批评天命主义的禳灾观念、传播科学救灾方面做了可贵的努力，社会精英人士在不同时期也对客观阐释自然灾害的成因、批评禳灾思想方面进行了积极的探索。夏明方就洋务派对传统灾异观的批判与利用进行了分析：洋务运动发起后，以"师夷"为手段的洋务派知识分子，从西方引进并翻译了许多自然科学著作。如王韬编辑了《西学辑存六种》，李善兰翻译了《谈天》一书。洋务派知识分子强调，中国之所以天灾流行，主要因为"尽人事以待天命"的消极行为所致。要真正做到弭灾于未患之前，收效于数十年数百年之后，必须运用天文、地理、器用等西方格致之学，创造"至理至情"的新理念。② 除了洋务派知识分子外，孙中山和张謇等也在批评旧式禳灾观念，宣传科学救灾方面，做出了卓著的贡献。

在近代中国社会，较早对自然灾害发生的因素做了最深入分析的，当属孙中山先生。孙中山曾深刻地指出，君权神授与古人的灾荒观有密切的联系，古人将应对水、火、风、雷四种天灾看作与天争："但是和天争，不比是和兽争可以用气力的，于是发生神权。极聪明的人便提倡神道设教，用祈祷的方法去避祸求福。他们所做祈祷的工夫，在当时是或有效或无效，是不可知。但是既同天争，无法之中，是不得不用神权，拥戴一个很聪明的人做首领。"③ 对于清末灾害频发的原因，孙中山认为"既不可指责是由于人口过多，也不可说成是自然原因所引起的

① 《南北气候不齐说》，《申报》1879年6月21日第1版。

② 夏明方：《略论洋务派对传统灾异观的批判与利用》，《中州学刊》2002年第1期。

③ 广东省社会科学院历史研究室编：《孙中山全集》第九卷，中华书局1981年版，第259页。

任何粮食恐慌"[①]，自然灾害都是人为因素造成的，应该采取积极的举措避免它们的发生。在后来所撰的《建国方略》中，孙中山专门论述了如何促进民生的发展，以为抵御灾害。辛亥革命后，临时政府也曾通饬各省，"夫一夫不耕，或受之饥"，"若全国耕者释耒，则虽四时不害，而饥馑之数，已不可免"，号召注重农事，减少流亡饥民。[②] 这些说明，孙中山对灾荒的认识已经脱离了原本的宿命论，从消极应对走向积极预防，未雨绸缪。在孙中山的影响下，1912 年，南京临时政府参议院决议建立中央观象台，下设天文、历数、气象和磁力四科，是为中国气象事业的起点和标志。

除孙中山之外，"状元资本家"、实业家张謇被称为中国近代气象学的奠基人。他在长期垦荒、治淮的过程中深切地感受到，"气象不明，不足以完全自治"。光绪三十二年（1906 年），张謇即在南通博物苑内设立测侯所，此后，他派人去上海徐家汇观象台学习气象学，1916 年，南通军山气象台建成，张謇亲自兼任总理。他声明自己创设气象台的原因为："窃农政系乎民时，民时关系气象……各国气象台之设，中央政府事也，我国当此时事，政府宁暇及此。若地方不自谋，将永不知气象为何事。农业根本之知识何在，謇实耻之"[③]。他还说明创设气象台，也"为自治公益事业之一"，"对于旱潦之预防，更有裨益"[④]。

总体来说，晚清以来，西方近代科学知识对于传统的灾荒成因说提出了严峻的挑战和质疑，一些人由此开始对传统"灾异天谴"的观念提出批评和反思，指出"天之降灾，人不得而禁之；人之弭灾，天亦不得而特之"的道理[⑤]，并将生态环境恶化、列强侵略等看成自然灾害发生的重要成因，提出改善交通条件、运用现代科学知识进行救灾等办法，凡此种种，形成了中国荒政近代化的早期探索。不过，如同邓拓所

① 《孙中山全集》第一卷，第 90 页。

② 《孙中山全集》第二卷，第 233 页。

③ 张謇：《为南通地方创设气象台呈卢知事》，转引自鲍宝堂《张謇与气象》，中国气象学会编：《推进气象科技创新加快气象事业发展——中国气象学会 2004 年年会论文集》（下册），气象出版社 2004 年版，第 447 页。

④ 张謇研究中心等编：《张謇全集》第 4 卷，第 186—187 页。

⑤ 夏东元编：《郑观应集》上册，上海人民出版社 1982 年版，第 30 页。

言，近代以来，“救荒思想的科学基础已初步奠立。但由于社会条件的限制，天命主义禳灾思想的残余还是顽强地存在着”，究其原因，“因为直至民国以后，我国社会经济结构的内部条件，仍然束缚人民思想的进步，仍然使人民难以接受新的科学知识，这是天命主义所以能够长期残留的根本原因”①。

① 邓拓：《中国救荒史》，北京出版社1998年版，第196—197页。

第七章

清代督抚的赈灾实践：以直隶为中心

清代督抚是衔接中央与地方治理的权力枢纽。关于总督与巡抚的主要职权，赵希鼎提出巡抚与总督品级有高下，职务大略相同，巡抚权力略小。其中总督主要职权为八项，分别为：奏折咨请之权、制定省例之权、升调黜免官吏之权、监督文武官吏之权、节制绿营军队之权、上奏会计及监督藩库之权、裁判权、对外交涉之权，此外还有祭祀典礼、旌表赈恤、监督学务之职权；巡抚职权与总督略同，大约有六项，即监理关税、监理厘金、管理盐政、监临乡试、管理漕政、用兵时督理粮饷。[①] 由于直隶特殊的地理位置，直隶总督有“八督之首，疆臣领袖”的称号。从清代直隶地方行政长官的建制来看，顺治初期，直隶地区设立三个巡抚，分别为顺天、保定、宣府巡抚，另设立两个总督，分别为天津总督、宣大总督。顺治五年（1648），设直隶山东河南三省总督。巡抚职能偏重民事，总督职能偏重军事，二者互不统属，直辖于中央。顺治十五年（1658），裁撤直隶山东河南三省总督，复设保定巡抚。康熙四年（1665），清廷复设直隶山东河南总督。康熙八年（1669）裁撤直隶山东河南三省总督，原有巡抚和总督的辖区统归于直隶巡抚，标志直隶省单一行政长官制形成。康熙五十四年（1715），特谕直隶巡抚赵弘燮加总督衔，六十年（1721）又裁撤。雍正二年（1724）十月，直隶巡抚李维钧特授为直隶总督，至此直隶总督成为定制，一直延续到清

① 赵希鼎：《清代总督与巡抚》，《历史教学》1963 年第 10 期。

末[①]。本章在探讨清代督抚救灾职掌的基础上，以直隶为中心，探讨督抚领导下直省救灾机制的建设和运转。

一　清代督抚的救灾职掌

督抚作为独挡一面的地方长官，管理地方军民政务，救灾自然也是督抚最为重要的工作内容之一，所谓“办理灾赈，乃疆臣最为切要之事”[②]，“各省督抚身任地方，皆有父母斯民之责，于所属州县水旱灾伤，自应速为访察，加意抚绥”[③]。“朝廷设官置吏，原以养民。遇有灾荒，即多方抚恤，方不负委任之重。”[④] 督抚的素质和效率也直接关系到整个救灾体系的成效。康熙帝指出：“备荒之法，全赖督抚得人”，因此，如果督抚“以讳灾为事，亏空塞责，一遇歉薄，莫知所措，视民命如草芥，何以为民父母？”[⑤] 雍正帝认为，地方丰歉，全系乎督抚政事之得失。雍正六年（1728）七月，山西巡抚石麟奏报，山西荣河县沿河地方因为黄河水漫涨，有18个村庄遭到淹浸，上谕称：“夫地方年谷之丰歉，水旱之有无，全系乎督抚政事之得失，天人相感之理确乎不爽”，石麟自担任巡抚以来，“精神不能周到，才力甚觉勉强，所办事务多不妥协，朕已屡次训饬，兼为地方廑念。今荣河县果有河水泛溢，淹及村庄之事。夫黄河之在山西，尚非险要之处，而今岁入夏以来又非多雨之年，乃忽闻水涨为患，岂非封疆大吏政事有阙，故上天垂象以示儆乎？凡督抚之责，全在于察吏除盗以安辑百姓，倘不能尽斯二者，必致上干天和，黎庶并受其困，关系之重有如此者”[⑥]。雍正十三年（1735），雍正帝再次强调督抚对于地方救灾和社会秩序的重要性，命各省督抚“将朕此旨刊刻颁布，务使远乡僻壤人人知悉”。其谕内阁

① 衣长春、李想：《论清代直隶总督职能的嬗变》，《河北学刊》2021年第1期。

② 《德宗景皇帝实录》（六），卷四百三十六，光绪二十四年十二月，第737页。

③ 光绪《清会典事例》（四），户部三，卷二百七十，户部一一九，蠲恤六，救灾，第83页。

④ 《世宗宪皇帝实录》（一），卷三，雍正元年正月，第82页。

⑤ 《圣祖仁皇帝实录》（三），卷二百一十，康熙四十一年十一月，第133页。

⑥ 中国第一历史档案馆编：《雍正朝汉文谕旨汇编》第7册，第276—277页。

称："国家设立科条，原以禁暴锄奸，使人共守，非可枉法市恩。天时有水旱灾荒，人生有鳏寡孤独，无辜赤子不幸而遭值困厄，督抚有司不能保护抚绥，乃听其饥饿流离，天高听卑，必加重谴。从来积善之家必有余庆，众人行善则庆在众姓。果然风俗淳良，号称仁里，则和气致祥，天道之感应捷于影响，凡水旱灾祲之戾气悉变为五风十雨之休征矣。然兴仁乐善者，乃乡邻长厚之风，而鼓舞旌扬者，则大吏有司之责。"① 乾隆帝谈到督抚对于救灾的重大责任时也称："夫地方灾荒，朕虽不诿过与汝督抚，而汝等督抚自返能无愧乎？若赈恤再复草率完事，视饥民于膜外，则所谓封疆大吏、民之父母者何？"② 有清一代，将督抚的救灾职能逐步条文化、法律化。顺治六年（1649），定直省灾荒督抚详查顷亩分数具奏例，十年（1653），定勘灾责成大员奏报例，京城由户部，直省由督抚请赈。雍正朝以前，每有地方灾荒，朝廷常派部院堂官往地方查勘赈济。后因钦差出巡，地方供顿不胜其烦，因此每遇灾荒，即责成本省督抚查办，"大吏之责弥重矣"③。督抚在救灾中担负着承上启下的重要职责，具体来说，主要包括以下几个方面。

（一）及早驰奏，蠲赈兼施

督抚对于荒政体系的有效运转，起着至关重要的作用。所谓"地方水旱灾祲，事所恒有，惟在该督抚等及早驰奏，蠲赈兼施，用苏民困"④，即面对灾情的发生，督抚要迅速奏报灾情，灵活开展救灾工作。雍正十三年（1735），上谕责令督抚应当及时、如实地奏报收成分数，切不可粉饰太平，捏报丰收："督抚身任封疆重寄，奏报收成分数，乃关系地方民命，必确实无欺，始得议行蠲赈，以苏民困。"在他看来，督抚粉饰太平的行为无异于"获罪于民，获罪于君，而获罪于天"："朕平日留心此事，见各省陈报收成分数，或有只据一方丰收数目为定。雨水过多之处，以高阜所收为准；亢旱时有之年，以低下所获为准，并

---

① 《世宗宪皇帝圣训》，卷三十，训臣工二，四库全书本。
② 《高宗纯皇帝实录》（一），卷十一，乾隆元年正月下，第358页。
③ （清）杨景仁编：《筹济编》，《中国荒政全书》第二辑第四卷，第330页。
④ 《仁宗睿皇帝实录》（一），卷五十九，嘉庆五年二月上，第781页。

不分析某处丰收，某处歉获。其意只图粉饰，以邀感召和气之名，而不知即此一念欺罔，已为获罪于民，获罪于君，而获罪于天矣。夫至诚格天，乃圣人体信达顺，参赞化育之事。尔等督抚，即使办理妥协，亦不过仰承皇考圣训，遵循罔越，岂得因年岁之丰阜，贪天之功为己功乎？若岁丰可引为己功，则必岁歉惧为己罪，捏报丰收，不恤民艰，使饥冻流亡之惨不得上闻，蠲免赈恤之恩不得下逮。职思其故，谁为厉阶？清夜扪心，何以自问！且朕体皇考敬天勤民之意，膺君国子民之任，岂肯姑贷此等督抚，以为民害耶！嗣后务各警醒，所奏报各地方收获分数，不得丝毫假饰，以干罪戾。”督抚若报灾延迟，经皇帝访察得实，轻则申饬，重则议处，“从未有因督抚讳匿灾伤，谓其能为国家惜费、特加任用之人”①。

“凡地方有灾者，必速以闻。”灾情发生之后，督抚应当首先要重视报灾。清代强调报灾应该及时：“地方遇有灾伤，该督抚先将被灾情形日期飞章题报。”② 报灾之后，督抚即应组织力量进行勘灾。清代帝王一再强调，以督抚为首的地方官勘灾，切忌迟延观望：“直省督抚务当严饬所属，遇有地方灾歉情形，立即亲历查勘，迅速详办。如有任意迟延者，即据实严参惩处，勿稍隐匿，置民瘼于度外，一经有人参奏，朕必将该省督抚一并治罪，决不姑容。”③ 乾隆六十年（1795）九月，两江总督苏凌阿奏约收分数折内，称海州、沭阳、赣榆、山阳、清河、桃源、安东等七州县“洼地积水未消，秋禾间有受伤，已饬藩司确勘等语”，上谕批复称其“所奏已迟，实属大误”，“各省地方偶遇水旱偏灾，即属一隅中之一隅，该督抚等亦应及早据实奏报，朕早一日降旨加恩，小民即可早沾一日之实惠。今海州等七州县洼地积水未消，秋禾间有受伤，苏凌阿并不查明早奏，仅于奏报约收分数附折声叙，于民瘼漫不经心，是即启讳灾之渐”④。因此，将苏凌阿交部议处。

在勘灾程序上，督抚对勘灾官员的遴选和委派也负有着重要职责。

---

① 《高宗纯皇帝实录》（十二），卷九百六十九，乾隆三十九年十月下，第1218页。

② 乾隆《钦定户部则例》，卷一百零九，蠲恤。

③ 《宣宗成皇帝实录》（一），卷三十二，道光二年闰三月，第566页。

④ 《高宗纯皇帝实录》（十九），卷一千四百八十六，乾隆六十年九月上，第860页。

顺治十六年（1659）复准，报灾地方，由抚按遴选廉明道府厅官履亩踏勘，不得徒委州县。[①] 康熙七年（1668），定督抚亲自勘灾例，规定直省凡有水旱蝗蝻等灾，有司速申督抚，督抚减带人役，亲踏详看，确定分数，造册报部[②]。不过，因督抚事务繁多，康熙八年（1669），又停止督抚亲勘，专责有司核实具报，督抚即委廉干官减从踏勘奏免。[③] 康熙十五年（1676）议准，官员勘灾，不委厅官印官，乃委教官杂职查勘者，罚俸一年。[④] 康熙三十六年（1697），定直隶被灾地方，着差户部贤能司官一员，会同督抚等逐一亲行确勘具奏。[⑤] 雍正六年（1728），进一步明确地方勘灾的程序：州县地方被灾，该督抚一面题报情形，一面于知府、同知、通判内遴委妥员，会同该州县迅诣灾所，履亩确勘，将被灾分数按照区图村庄分别加结题报。清代强调督抚对勘灾程序的负责制，虽然如上所述，康熙八年（1669）后定例停止督抚亲勘，但乾隆以后，仍然强调督抚"不得拘泥往例，凡遇灾伤异常之地，务令亲身前往查察"[⑥]。乾隆十六年（1751），河南巡抚鄂容安听闻山西丹、沁两河水发，涨入河南境内，即亲至武陟、河内察勘情形。鄂容安此举得到了乾隆帝的大加赞扬，称其"如此方克称封疆重寄，甚属可嘉"[⑦]。同年，山西凤台、高平等县被水，山西巡抚阿思哈仅派人前往查勘，奏报又延误时间，被乾隆帝"传旨申饬"。云南剑川、鹤庆、丽江等处发生地震，伤压甚重，而云南总督硕色、巡抚爱必达仅委知府查明赈恤，福建宁化、清流山水骤发，入城深至丈余，异涨非常，福建总督喀尔吉善仅委之知府同知以下等官查勘，上谕斥其"皆非慎重灾伤、矜恤颠连之意，殊属不合"[⑧]。

在报灾勘灾同时，针对具体灾情，督抚应当在遵循既定条例的基础

① （清）伊桑阿等纂：《大清会典》（康熙朝），第1卷，第227页。
② （清）伊桑阿等纂：《大清会典》（康熙朝），第1卷，第227页。
③ （清）伊桑阿等纂：《大清会典》（康熙朝），第1卷，第228页。
④ （清）伊桑阿等纂：《大清会典》（康熙朝），第1卷，第228页。
⑤ 《大清会典》（雍正朝），卷三十五，户部，蠲恤一。
⑥ 《高宗纯皇帝实录》（六），卷三百九十一，乾隆十六年闰五月下，第136页。
⑦ 《高宗纯皇帝实录》（六），卷三百九十一，乾隆十六年闰五月下，第136页。
⑧ 《高宗纯皇帝实录》（六），卷三百九十一，乾隆十六年闰五月下，第136页。

上，灵活安排组织力量赈济。乾隆二年（1737），九卿议覆安徽布政使晏斯盛条奏，定地方水旱灾伤，由督抚一面题报情形，一面遴委大员亲往被灾地方，酌量情形，先发仓廪，及时赈恤。乾隆五年（1740），上谕指出督抚“因时就事”的能力与赈济之间有着密切的关联：“赈济之事，最关紧要，固不可不先定条例，以便遵行。然临时情形难以预料，惟在督抚因时就事，熟筹妥协。如果应行赈济，即于常例之外，多用帑金，朕亦无所吝惜。倘该督抚不留心稽查，以致有司奉行不当，徒饱奸胥猾吏之私橐，小民不沾实惠，则虚縻国帑，究何裨益？”[①] 是年秋，安徽遭遇水灾，兼署安徽巡抚杨超曾令先以被水本州县所存银米抚恤，并发司库银八万、未被水诸州县仓米十万，赈上江各州县；又发司库银十万、各县谷百余万，赈下江各州县。上谕称其“料理赈恤，颇为得宜”[②]。乾隆七年（1742），大学士议覆御史李清芳条奏赈务各款时也强调，“至若地方连歉，抑或灾出非常，一切赈恤事宜有难拘常例办理者，督抚遵奉谕旨，因时就事，熟筹妥办”[③]。

（二）委员踏勘，监督办赈

督抚不仅对勘灾厘户、散赈安流诸事有审核决定之责，而且督抚统率一省吏治，其用人之得当与否更是影响着荒政的得失。如同杨景仁所言，若督抚“谨择亲民之官，主持赈务，其委查各员亦必遴忠信慈惠者而使之，以至绅士之招延，胥徒之奔走，靡不审慎焉”[④]。在清代帝王看来，督抚的能力对一省丰歉有直接的关系。雍正七年（1729），湖南巡抚王国栋奏报湘阴、巴陵等十三州县卫自六月初旬至七月中旬雨泽愆期，被旱成灾。雍正帝回复称：“直省督抚惟汝湖广为次，今岁天下丰收，亦惟汝湖广被灾，天道之感应实分毫不爽者，似此捷如影响，犹然不知信，朕实讶而不解。”他认为，与山东等省相比，湖南灾情严重与王国栋不作为大有关联，“朕命田文镜今春督理东省，则今岁山东收成

① （清）方观承辑：《赈纪》，《中国荒政全书》第二辑第一卷，第514页。
② 《清史稿》卷三百零八，列传九十五，第10568页。
③ （清）方观承辑：《赈纪》，《中国荒政全书》第二辑第一卷，第545页。
④ （清）杨景仁编：《筹济编》，《中国荒政全书》第二辑第四卷，第330页。

皆言四十一年至今为第一岁，此岂人力之能捏成者乎？况山东多难遇丰收而湖广易于大有，若令汝巡抚山东，则朕至于不敢言矣。有何可谕，但深嘉汝善于一转移间一句耳。似此棍摩服药，焦头烂额之功，朕无所取也，总不知务本，一切事皆失机宜，逐事尾追办理，此等伎俩，奈何”①。清中央要求督抚应亲自前往灾区查赈放赈，以便减少办赈弊端，使灾民获得实利。乾隆十六年（1751），上谕曾声明各省督抚“嗣后不得拘泥往例，凡遇灾伤异常之地，务令亲身前往查察。应行赈恤者，一面赈恤，一面奏闻”。② 但实际要做到这一点并不容易，“向来外省督抚大吏，遇有地方水旱等事，往往委之属员查赈，并不亲身前往”③。除了督抚的素质之外，督抚本身事务之繁忙也是一个客观的原因。就连皇帝也说：“督抚身任封疆，赈恤之处，谅亦不能遍历。”④ 另一方面，督抚出巡太繁，州县往往因供应频仍，感到苦累不堪。即便督抚按照规定轻装减从，但随行弁役，车马食用，也需地方提供相应的费用。此外，有的督抚虽然能够亲履灾区，但对救灾方案却“漫无措置，转致幕客招摇，家人滋扰，则又不若不亲往之为愈也”。因此，朝廷也同意督抚在“不敷分办”的情况下，视灾情轻重决定其是否亲勘。灾重者督抚应该亲往查勘，若“无关紧要，即不必亲往”⑤。无论如何，督抚在组织、监督地方官员办赈方面肩负重大的责任。乾隆三年（1738），上谕严申，水灾的救治尤其要及时迅速：“朕念水旱之灾，同宜赈救，而水为尤甚，旱灾之成以渐，犹可先事豫筹，水则有骤至陡发之时，田禾浸没，庐舍漂流，小民资生之策，荡然遽尽，待命旦夕，尤当速为拯救，庶克安全，不致流移失所。现在成例分别极贫次贫，其应即行拯救者，原不待部覆，但恐各省办理不一，或仍有拘泥迁延，致灾民不能及时沾惠者。”因此，各省督抚要负起赈灾组织之责：“可严饬地方官，凡遇

---

① 中国第一历史档案馆编：《雍正朝汉文朱批奏折汇编》第 31 册，江苏古籍出版社 1991 年版，第 331 页。

② 《高宗纯皇帝实录》（六），卷三百九十一，乾隆十六年闰五月下，第 137 页。

③ 光绪《清会典事例》（四），户部三，卷二百八十八，户部一三七，蠲恤二四，灾伤之等，顺治十年，第 368 页。

④ （清）姚碧辑：《荒政辑要》，《中国荒政全书》第二辑第一卷，第 755 页。

⑤ （清）姚碧辑：《荒政辑要》，《中国荒政全书》第二辑第一卷，第 755—756 页。

猝被之水灾，迅文申报，该督抚即刻委员踏勘，设法赈济安置，一面办理，一面奏闻，务使早沾实惠，俾各宁居，以副朕悯念灾黎之至意。倘或怠玩濡迟，致伤民命，或有司奉行不力，胥役侵蚀中饱，以及借名捏饰浮冒开销等弊，该督抚照例严参。倘办理未协，情弊未除，朕惟于该督抚是问。将此永著为例。”[①] 对办赈官员的奖励或惩处，也由督抚负责予以题名：“办赈各员，如果有实心实力，洁己爱民，使被灾黎庶不致失所者，许该督抚特行保题。其抚绥得宜，办事妥协，应行议叙者，令该督抚题请酌量议叙，以示鼓励。其有不实力奉行，厘剔弊端，致使小民不克均沾实惠者，令该督抚核实题参议处，以示惩戒。”[②]

清历朝皆强调督抚对办赈不力之官员不许有任何包庇情节。乾隆十九年（1754），一个叫刘霖的地方官承办赈务时，将米石搀以糠秕，又短缺升合，乾隆帝认为，这与寻常侵欺帑项不同：“灾民嗷嗷待哺，为父母者，即实心办理，如数给发，尚恐其不免饥馁，而乘机侵扣，罔惜民命，此岂有人心者？”对于此种情形，督抚访查确凿后，自应严参，照例请旨革职拿问。“若仅照常题参审讯，何以惩儆贪邪？”[③] 乾隆因此命将刘霖革职拿问，所有搀和米色及亏缺帑项一并严审究追，按律定拟。他严厉指出：“嗣后有似此而该督抚仍视为泛常，不照例革职拿问者，该部即治督抚以徇庇之罪。”[④] 道光二年（1822），上谕再次重申，“嗣后各直省督抚，务当严饬所属，遇有地方灾歉情形，立即亲历查勘，迅速详办，如有任意迟延者，即据实严参惩处，勿稍隐匿，若祗知徇庇属员，置民瘼于度外，一经有人参奏，朕必将该省督抚一并治罪，决不姑容”[⑤]。

（三）兴利除患，防灾备荒

“养民之道，必使兴利防患，水旱无虞，方能使盖藏充裕。”[⑥] 在清

① （清）姚碧辑：《荒政辑要》，《中国荒政全书》第二辑第一卷，第757页。
② （清）姚碧辑：《荒政辑要》，《中国荒政全书》第二辑第一卷，第764页。
③ （清）姚碧辑：《荒政辑要》，《中国荒政全书》第二辑第一卷，第764页。
④ （清）姚碧辑：《荒政辑要》，《中国荒政全书》第二辑第一卷，第764—765页。
⑤ 《宣宗成皇帝实录》（一），卷三十二，道光二年闰三月，第566页。
⑥ 《高宗纯皇帝实录》（一），卷四十七，乾隆二年七月下，第807页。

代帝王看来，皇帝更希望督抚能在防灾的层面上下功夫："至于水旱情形，为督抚者察其端倪，早为区画，随时密奏，则朕可倍加修省，而人事亦得以有备。若过拘成例，则未免后时矣。"[①] 康熙四十二年（1703），山东发生大的饥荒，康熙因山东一省官员平日不知重积蓄、备荒灾，一遇凶年，束手无策，将山东合省官员停其升转，"俟民生复苏之日，再行开复"[②]。雍正十三年（1735），上谕称，"朕望天下督抚董率有司，屏弃虚文，敦尚实政，平时则劝农教稼，辟地垦荒，崇俭黜奢，储粮积粟，以立其根本，偶遇旱潦，即据实奏闻，殚心区画，俾泽中鸿雁，共庆乐郊，有此济人利物之功，方不负父母斯民之职"[③]。乾隆二年（1737），乾隆帝指出各省督抚中，只有甘肃巡抚德沛到任后即奏请兴水利、裕仓储，署陕西巡抚崔纪也有劝民凿井灌田之奏，其余督抚"于民生衣食本源"则未能切实讲求。他因此劝戒督抚要"刻刻以民生利赖为先图，一切水旱事宜，悉心体究，应行修举者，即行修举，或劝导百姓，自为经理，如工程重大，应动用帑项者，即行奏闻，妥协办理"[④]。时署陕西巡抚崔纪在西安、同州、凤翔、汉中等地劝民凿井，乾隆称赞"此极应行之美举，当徐徐化导，实力奉行"，次年崔纪与湖北巡抚张楷互调时，报新开井七万余，乾隆令张楷察勘，张楷"言民间食其利者三万二千馀，遇旱，井效乃见"[⑤]。清代帝王不断告诫督抚劝农积贮、仓储建设的重要性。乾隆五年（1740）七月，御史沈世枫奏称，"近年以来之督抚，每以寻常政务，不足以结主知而动众听，于是逞臆见以变法，矜一得以邀功，其说以为利民，而其实利未见而害随之"，他因此请"申谕各省督抚，毋矜奇鬻异、以逞其聪明，毋好大喜功，冀邀夫嘉奖"。乾隆认为，"沈世枫折中，所奏劝农积贮等务，朕何尝不屡降谕旨，责之督抚，而督抚中之实在留心者果不多见"，因为

① 光绪《清会典事例》（四），户部三，卷二百八十八。户部一三七，蠲恤二四，灾伤之等，第366页。

② 《圣祖仁皇帝实录》（三），卷二百一十三，康熙四十二年八月，第158页。

③ 《世宗宪皇帝实录》（二），卷一百五十一，雍正十三年正月，第867页。

④ 《高宗纯皇帝实录》（一），卷四十七，乾隆二年七月下，第807页。

⑤ 《清史稿》卷三百零九，列传九十六，第105696页。

此等事即使留心经画，也一时难以见功，而如果置之不问，也一时未必见过，“是以悠悠忽忽，竟视为具文矣”。乾隆强调养民对于国家治理的重要：“治天下之道，莫大于教养二端，朕之初意，俟养民之政、渐次就绪，闾阎略有盈宁之象，则兴行教化，易俗移风，庶几可登上理。”作为封疆大臣，不能只靠“办地方一二事，遂足以满朕之望”，“朕日以皋夔稷契望天下之督抚，天下之督抚，亦当以皋夔稷契自待，不可识见短浅，过自匪薄，徒沾名誉，徒邀嘉奖，为言官之所轻也，要之安静与废弛，振作与纷扰，差之毫厘、谬以千里，如安静与振作，则为朕之所取，废弛与纷扰，则为朕之所斥，是非判然，无难决择”①。

另外，清人认为政事不修是致灾的重要原因，督抚应将地方灾情的发生与本省吏治之清明与否联系起来，注意将民隐上达皇帝，以求天人感应。雍正帝曾言，救灾的责任“全在本省督抚”。他指出，水旱灾害的发生往往因督抚等封疆大吏“治理纰缪”而造成，“以督抚受朕委任之重，为朕养育万民，必视百姓之疾苦如痛痒之在己身。一遇水旱饥馑，必思所以致此之由，或因本省之政事吏治有阙，即思速为改易之，或因本地之人心风俗不端，即思速为化导之，兢兢业业，修省祈祷，竭尽诚心，一如朕之朝乾夕惕，断无不可以挽回天意者。假若闻朕之政治稍有阙失，即直言陈奏，不必隐讳。如此则官与民联为一体，臣与君又联为一体”②。

二　清代省级行政赈灾体系

清代的直隶一省，幅员辽阔，“广一千二百三十里，袤二千六百三十里”③。其统辖范围十分广泛，所辖府、州、厅、县众多，光绪末年，“京尹而外，领府十一，直隶州七、直隶厅三，散州九，散厅一，县百

① 《高宗纯皇帝实录》（二），卷一百二十三，乾隆五年七月，第805页。

② 光绪《清会典事例》（四），礼部二，卷三百十三，礼部二四，耕耤，耕耤册礼，第696页。

③ 《清史稿》卷五十四，志二十九，第1893页。

有四"[1]。作为畿辅重地，直隶社会环境的稳定与否与京师息息相关。清代直隶自然灾害频发，根据竺可桢《中国历史上气候之变迁》的统计，1800—1900 年，直隶水灾次数居全国各省之首，达 52 次，安徽居第二位，达 42 次，第三位为江苏，有水灾 41 次，直隶比安徽高出 10 次。同一时期，直隶发生的旱灾有 47 次，位居第二的山东发生旱灾 30 次，第三位的江苏发生旱灾 24 次，直旱灾次数比山东多 17 次[2]。有的学者指出，近代直隶的灾荒可谓"甲天下"[3]。乾隆《畿辅通志》称："畿辅为首善之地，经画区置，万方皆取则焉。"直隶的赈灾体系集中体现了清代中央和地方救灾机制的特点，其赈灾实践也反映了清代救灾制度的不断发展变化。

清朝的救灾体系主要依托强大的行政系统和法律制度而进行。清历朝皇帝将荒政视为根本大计。在皇帝的驾驭下，从中央机关到地方州县，皆确立了相应的救灾职责和监督机制。就直隶地方政府的救灾职能来讲，直隶总督作为封疆大吏，管理地方军民政务，赈灾也是其最为重要的工作之一，督抚在救灾中承上启下，其政治素质和组织能力直接关系到整个救灾体系的成效。直隶总督对于封疆大吏具有示范和引领的作用，对于赈灾不力者，清廷同样予以严惩。乾隆三十六年（1771），直隶总督杨廷璋奏称，大兴等十七州县与霸州等十二州县被淹，其中大兴、宛平、良乡、固安、永清、东安、霸州、武清等八州县被水颇重，涿州等十三州县次重，三河等八州县较轻。杨廷璋批令藩司杨景素"委员确勘"，其先飞饬借给每户义谷四斗，对坍塌房屋者，瓦房给银一两，土房五钱，仍俟勘得成灾与否，分别办理。此举令乾隆帝大怒，他批评杨廷璋的做法"殊属非是"，"灾务关系民生，最为紧要，自应迅速查办，俾灾黎早得安全"。当时直隶藩司杨景素正在密云督办差务，根本无暇再兼顾大兴等地的救灾工作："如此易知之事，杨廷璋亦不知乎？杨廷璋身任总督，通省文武皆其所辖，派令查勘灾务，谁敢不遵，岂必

---

① 《清史稿》卷五十四，志二十九，第 1893 页。

② 竺可桢：《中国历史上气候之变迁》，《东方杂志》1925 年第 3 号。

③ 池子华、李红英、刘玉梅：《近代河北灾荒研究》，合肥工业大学出版社 2011 年版，第 4 页。

待藩司查参，始能料理”，而且杨廷璋“近在永定河干，派员甚为直捷，却又批交杨景素辗转往还，稽延时日，亦非情理”，“若以为办灾系藩司专责，即暂令王显绪代为行文，俟杨景素回任再为补详，亦何不可，而必为此纡回曲折之事乎？此等外省相沿俗例，极可憎鄙”[①]。

在督抚之下，布政使专责管理全省赈务。清代布政使掌一省之行政，总司全省之钱谷出纳，就救灾而言，“定例地方赈务，系藩司专责”。康熙四年（1665），定凡遇灾，该州县以被灾情形申报布政使司，若布政使违限，照州县道府处分。前述嘉庆六年（1801）永定河水灾中，直隶布政使同兴于河堤决口及被水情形未能即时查勘具奏，直至谕旨询问后，始据各管府厅禀报入奏。上谕诘问同兴对“本省被灾情形竟茫然不知。及经饬训，徒以焦愤愧悚虚词入奏，于事何益？各地方官皆藩司所属，如果知其疲玩，何不及早参劾惩办乎？同兴久任直隶，实难辞咎，著交部严加议处”[②]。大学士管理吏部事务庆桂等认为同兴“实属迟缓”，应将其照冲决地方申报过限十日例，降二级调用，又因系奉旨交部严议，应加一等，改为降三级调用。另外对于勘灾情形，布政使也有责任认真稽核，断不可讳灾，亦断不准捏报。此外，赈粮赈银的发放、灾地的蠲缓情形，也应由布政使制定出相应办法，向督抚汇报。

清代道员辅佐布政使、按察使两司，负责管理某一方面或某一地区的地区政务，或通辖全省地区，或只辖部分府、州地方，为省与府、州之间的地方行政官员。[③] 关于道员的职掌，《清朝通典》载：“分守、分巡及粮储、盐法各道，或兼兵备，或兼河务，或兼水利，或兼学政，或兼茶马屯田，或以粮盐兼分巡之事，皆掌佐藩臬，核官吏，课农桑，兴贤能，厉风俗，简军实，固封守，以倡所属，而廉察其政治。”[④] 知府作为府的地方行政长官，掌一府之政令。在灾赈方面，道员与知府应对所属被灾州县亲身督勘，并对州县所报的各村庄成灾分数复查加结，详

---

① 《高宗纯皇帝实录》（十一），卷八百八十八，乾隆三十六年七月上，第905—906页。

② （清）庆桂等辑：《钦定辛酉工赈纪事》，《中国荒政全书》第二辑第二卷，第228页。

③ 刘子扬：《清代地方官制考》，紫禁城出版社1994年版，第95页。

④ 《清朝通典》，卷三十四，职官十二。

请督抚具题[①]。道员与知府应对所属被灾州县亲自勘查，并对州县上报的成灾分数予以复查。道府对于赈灾负有重要的复核审转之责任，但是，办赈过程中，其职责也常被人为地弱化。嘉庆年间，陕甘总督那彦成奏称，“查历年报灾，例由该管道府覆勘，照例具报藩司，藩司具详总督批准行文，查办清楚，然后领饷散给，定例原属周密。近来各州县往往以急赈为名，径请径放，率向督、藩禀请，不由道、府核转。各道、府果能公正自持，亦自可认真办理。无如积习相沿，不能振作，各州、县亦乐于少人稽查，便于作弊”，各道、府亦互相推诿，“从不过问，亦无从查悉，不过事后照例移详具结。于是距省辽远之州县，任意侵冒，远者如此，近亦效尤。似此浮冒弊混，各道府尚同局外，民间亦何从得悉?”[②] 道府之下，州县作为清代最小的行政单元，也担负着重要的救灾职责。关于州县的救灾职能及实践，将在下章专门论述。

直隶的赈灾体系除了依靠行政系统而设立，还包括由中央或地方派设临时救灾官员，设立临时救灾机构等，这些方法能够有效弥补常设行政机构救灾人力之不足，体现了清代救灾机制中灵活变通的特点。如顺治十一年（1654），直隶水灾颇重，饥民困苦异常，二月二十五日（4月12日），上谕特命户、礼、兵、工四部发库贮银十六万两，皇太后发宫中节省费用并各项器皿共银四万两，顺治帝又发御前节省银四万两，共计二十四万两，差满汉大臣十六员分赴八府地方赈济，督同府州县卫所各官，量口给散。[③] 二十七日（4月14日），遣尚书觉罗巴哈纳、王永吉、刘昌，侍郎苏纳海、觉罗额尔德、祝世允、觉罗科尔昆、李荫祖、高珩、吕崇烈、梁清标、杜立德、魏管，都察院左都御史屠赖，通政使喀恺，大理寺卿郝杰等分赈直隶八府。[④] 三月初六（4月22日），近京地方米价腾贵，谕令殷实之家有能捐谷麦或减价出粜以济饥民者，

① 光绪《清会典事例》卷一百一十：“嘉庆十九年议准，州县地方被灾，该督抚一面题奏，一面于府州丞倅内遴委妥员，会同该州县迅诣履勘，将被灾分数按照区图村庄，分别轻重，申报司道，由该道覆查加结，详请督抚具题。”

② （清）那彦成编：《赈记》，《中国荒政全书》第二辑第二卷，第695页。

③ 《世祖章皇帝实录》卷八十一，顺治十一年二月，第638页。

④ 《世祖章皇帝实录》卷八十一，顺治十一年二月，第639页。

先给好义匾额及羊酒币帛，以示旌表。饥民内年七十以上者，由州县官增给布一匹，遗弃子女并令官府设法收养，若民间有能收养四五口以至二十口者，亦酌给羊酒币帛、好义匾额，并令地方官随时掩埋饥殍尸躯。与此同时，令地方官暂停受理除强盗人命外的一切民事案件，违者参奏。饥民有去他处籴买米粮者，“不许恃强之徒遏闭拦截，犯者拿问”①。康熙二十八年（1689），直隶大旱，康熙发帑金三十万两、并动支常平等仓粟予以赈济，因感“通衢相近之民虽已获沾恩泽，而僻壤穷檐究不能以自存”，以致越乡去土者甚众，“小民流移若此，则司牧大吏所赈救者安在耶？前所发三十万帑金未审如何散给，所在人民有无转徙，应遣部院大臣往加详察”，因此，派遣侍郎索诺和、阿山、席珠、齐穑、李振裕、李光地、王维珍、徐廷玺等分四路前往直隶，巡察赈务②。除中央委派外，督抚可从下级官员中遴选合适人选，作为地方查赈委员，会同州县官处理赈务，从而加强办赈力量。由于地域、灾情的不同，各省在查赈委员的派设上并无统一章程。乾隆年间，直隶的办法是，视灾区大小决定派员多寡。厅印官一般派设一至两人，佐杂三四人或五六人。此外，直隶还设有救灾的临时性机构。如同治年间，李鸿章设立直隶筹赈局，光绪二十七年（1901），袁世凯将筹赈局改名为直隶赈抚局，主要负责推广赈捐，募集善款。

三　清代直隶的救灾章程

清代直隶的赈灾体系依托行政系统而逐级设立，职责明确，层层监督。直隶的赈灾制度，既与中央保持着高度一致，也多有对国家政策的补充和细化。由于地理位置特出，自然灾害频发，清王朝对直隶赈灾高度重视，而直隶的赈灾实践也体现了清朝救灾制度发展变化的特点。

直隶的救灾制度，既与中央保持着高度一致，也有自己的灵活性。如前所述，清代的救灾立法，在会典、则例、律例等法典、法规中皆有

① 《世祖章皇帝实录》卷八十二，顺治十一年三月，第643页。

② 《圣祖仁皇帝实录》（二），卷一百四十四，康熙二十九年二月，第589页。

明确体现。同时，和许多省份一样，直隶还因地制宜、因时而设有形式多样的灾赈章程。其中一类为综合性的救灾法规，用以全面指导救灾中的各个环节。如乾隆八年（1743），直隶旱灾，是年七月，直隶总督高斌奏定院奏办赈事宜六条，认为“赈务轻重缓急之宜，不能豫定，惟在临时酌量妥办，以重当厄之施。然起手收功先后之次第，亦应早为筹画”，即救灾章程不可预定，但也不可不尽早筹划。办赈事宜六条，首先为查赈，“先令地方印官亲身赴乡，核明户口，分别极贫、次贫，俾灾民食赈有望”，如此可安民心，使灾民不轻易离开乡井，“民知官之恤己也，自易听从”；其次为安辑，因为流民已经很多，“缘亢旱已甚，田禾无望，尚非已经迫于饥馁，惟当早为安辑”，令清河道方观承、天津道陶正中率同河间府知府徐景曾、天津府知府胡文伯分路前往，因地制宜，悉心筹办；其三，确定加赈月分，就灾区情形，“有不得不恳恩于常例之外者”。拟于八月普赈之后，将灾重州县之极贫统加赈五个月，次贫统加赈四个月。自十一月起，至次年二三月上，责成道府大员加意经理，俾无失所。次年三四月青黄不接之时，应否再筹接济，根据情形另奏请旨；其四，为了应对粮价骤贵，将通仓粟米分运各州县，照地方时价平减出粜，以资民食；其五，八九月种麦之期，对“有地无力之户”，借给麦种，令其及时普种。如“地主外出，即责成地邻承种。地主归来，计其迟早，酌量分给子利”；其六，赈务首重在米。米有不敷，乃兼用银。广收口外之粟米，令热河、八沟四旗三厅属多为收籴存贮，运往通州、天津充赈，“或抵运苏州陵糈，而以东豫二省岁运蓟仓者截留在津充用，皆今冬必应筹办者”①。

在此基础上，清河道方观承认为，“凡核验户口、给散银米一切事宜，固属目前要务，而蓄养耕牛、借助麦种，尤当先期筹画”，又主持定立《会议办赈十四条》，涉及到整个赈务的主要环节。

第一，细化加赈的具体方案。被灾的二十五个州县中，河间府属之河间、阜城、任邱、交河、献县、景县、吴桥、东光，天津府属之静海、青州、沧州、南皮、盐山、庆云，冀州属之武邑，深州属之武强等

① （清）方观承辑：《赈纪》，《中国荒政全书》第二辑第一卷，第500—501页。

十六州县，“均系全灾，应将极次贫民加赈月分遵照奏案办理”，其河间府属肃宁、宁津、故城，保定府属束鹿，正定府属之栾城，广平府属之威县，深州并所属之饶阳、安平共九州县，“均系偏灾，应仍照常例办理”，不用延长加赈期限。

第二，确定大赈自十一月为始，一方面是要做筹赈的准备：“普赈之后，各处户口查毕，米粮运到，原需两月之期”，另外，加赈“更宜施之于冬寒岁暮之时。应请定于十一月初一日开赈，按月散给”。在此其间，对极贫户口内“老病孤寡全无依倚”者，因其“一经停赈，即难存活”，在八月普赈后，续赈九十两月，接至大赈。

第三，确定银米兼赈，米折银数，照乾隆三年（1738）直隶奏案，每斗折银一钱五分半，米五合折银七厘五毫，合制钱六文半。

第四，查赈具体办法。查赈“先赴被灾最重之州县，就一州县中，先赴被灾最重之村庄，挨户清查，分别极贫次贫，点明男女大小口数，开载赈册，仍于门墙灰书户名口数，以防遗漏重复影射之弊”。极贫户内老病孤寡赤贫无依者，“悉注册内，以便续办”。村庄内“如有因灾挈眷外出存剩空房者，另簿记之，作为外字号，亦于门墙灰书户名口数。本人闻赈归来，即凭查验补赈”。

第五，印票、赈册的备具与使用。标明某州县某村庄，以次登记姓名并男女大小口数，十二岁以下者定为小口，票钤州县印，每百张为一束。查毕一村，即照册填写名口，票册合钤图记，按名散给。谕令于放赈之日，执票赴厂支领。

第六，赈厂的设置。令地方官除城仓设厂外，视应赈村庄道路远近，在饥民每日可往返适中处所分设赈厂，预先将应需米谷运贮村庄，散赈日期和地点要先期出示晓谕，务使远近周知。届期前夕，司赈之员至厂住宿。

第七，闻赈归来贫户，应请一体赈恤。

第八，贫乏生员，令教官查报，酌量周恤。

第九，地方住旗庄头、壮丁、家奴并旗户地亩多者，俱不应赈。特殊群体，如“灶户之贫乏者，令该管大使查明口数，移送州县赈恤”。

第十，确定银米兼赈及标准。按大口日给米五合，计月给半，米七升五合；小口日给米二合五勺，计月给半，米三升七合五勺。州县应另造七升五合、三升七合五勺木筒各若干具，以备散赈之用。

第十一，确定核赈、散赈佐杂教职等饭食盘费，每员月给盘费银八两。核赈委员，各派书办二名、跟役二名，每名日给饭食银四分。散赈，每厂派书办二名、衙役四名、量米斗级四名，每名日给饭食银四分。凡册籍纸张笔墨零星各费，令州县先行垫用，“统于司库存公银内请领还项”。

第十二，出借麦种和耕牛标准。出借麦种，先仅畜有牛只之家，查明实种麦地，按亩借种五仓升。无牛贫民，令向牛力有余之家雇用，每亩代发雇值制钱二十五文，收成时还官。

第十三，官为借贷耕牛办法。贫民小户牧养无资者，“官为借给八九两月牧费，按月银五钱，验明毛齿登记。本户自用耕种并附近有地无牛者雇用，官为代发雇值，收成时照数还官。所借牧费，宽期于明岁麦后还半，大秋全完”。

第十四，对绅士商民殷实之家情愿助赈者的奖励。“如有谊笃桑梓、情殷任恤者，或将余粮减价平粜，或就贫民径行施给，或设厂煮粥，或制给棉衣”，不拘何条，不论本地邻封，有以上助赈者，报明地方官，“听其自行经理。事竣，按其所用银米核实具详，少则酌量优奖，多则题请议叙”①。

《会议办赈十四条》是对高斌办赈事宜六条的细化。另外，州县官还会在上司的办赈办法上，继续因地制宜，提出相应规章。如霸州知州朱一蜚禀陈《办赈济事宜八条》。第一，是对村大人众的地方，尤宜加意清厘，责重乡地牌头按户实报；第二，收成确实分数，地方官按村注交委员携带查阅；第三，次贫户内，老幼数口俱应入赈；第四，除应赈及不应赈外，“其有本人坚切求赈而必不应给被删者，恐有刁民从中生事，须于草册内切实登注”；第五，城关市镇鳏寡孤独老疾残废极贫乏食者，准其摘赈；第六，沿河及交界地方，多有刁民赁住破屋，携带家口，指称种地，分趁数县皆得领赈。须详查来历姓名，系某州县某村

① （清）方观承辑：《赈纪》，《中国荒政全书》第二辑第一卷，第502—506页。

人，给与印票，令回本地禀官验票补赈，以杜重冒；第七，对盐场大使灶户册，应统一于各村应赈户口内一体查明，交地方官将某名即系某灶户名底，饬粮书另行摘造申送，仍于原册内注明删除；第八，贫生户口，由教官查明开送，无庸列入草册。其同居弟侄，亦不得造入民户。可见，朱一蜚这份《办赈济事宜八条》，主要针对实际办赈中可能出现的各种弊端，以及特殊人群，因而更加具体，具有可操作性。[①]

另外，道光十二年（1832），直隶雨泽愆期，农田受旱，直隶总督琦善所拟灾赈章程即称："盖非杜绝浮冒则帑必虚靡，非任使得人则民无实际。因为详采例文，参酌成案，并于前直隶督臣方观承之《赈纪》、前闽浙督臣汪志伊之《荒政辑要》各书择其易行而无弊者纂为一帙，分列勘灾、蠲赋、查赈、放赈、平粜、煮赈六目，而冠以总说六条。"[②] 灾赈总说六条分别为安民、除弊、盟心、择人、通粮、劝捐等。章程对各条目都进行了详细解释。比如安民，"灾之初起，民心易于惶惑，且有携带老幼、出外求食者，不为设法经理，民何以安"，安民之法首先"在停减赋役以体恤之"，次在"惩治游棍以保卫之"，另外，"弭盗所以保富，而保富即所以卫贫，是缉捕亦安民之一端"。道光帝称这份灾赈章程"所拟各条尚属妥备准要"，但他认为更重要的是要"行之以实，民沾实惠"，官吏有办理不善或者侵吞等弊，"必应从严惩办以儆其余，断不准受人欺蒙，姑息从事"，灾赈中如果出现问题，直隶总督琦善应该负主要责任："倘办理不善，别经发觉，惟汝是问。"[③] 同治六年（1867），顺天、直隶发生严重旱灾，针对灾区较广、经费短绌等特点，直隶总督刘长佑等订立救荒赈恤章程十二条。

另一类为专门性的法规，即针对某一救灾程序专门设定。比如，乾隆八年（1743），方观承主持订立散赈条规十二条，通谕印委各员及所管地保、领赈贫民一体周知。大体内容如下：一，散赈大口日给米五

① （清）方观承辑：《赈纪》，《中国荒政全书》第二辑第一卷，第523—526页。

② 中国第一历史档案馆藏：宫中朱批奏折，内政赈济，朝年赈济，档号：01-01-0734-046。

③ 中国第一历史档案馆藏：宫中朱批奏折，内政赈济，朝年赈济，档号：01-01-0734-033。

合，谷则倍之，小口减半；二，赈厂每处委佐杂教职一员驻厂监赈，专司稽查约束之事，详明委任，以专责成；三，印官领到库银，将一户大小口应赈米银数包封，一村庄为一总包，照册内户口次第就厂散给；四，放赈前数日，将各厂附近村庄按道里远近、人户多少均匀配丁，分几日支放，多张告示，遍谕乡地；五，厂门左右十丈外，界以长绳。令乡地带领赈户人众，各按村庄排立，以道路远近为给放次第。一村庄之内，先女后男，先老弱后少壮；六，厂内贮米，戒湿润，书役按票开发，不许留前待后；七，赈厂许钱市之人就厂兑换，官为定价，一准库平；八，贫户止一两口者，应照市价折发钱文；九，赈册内有续字之极贫户口，自起赈日至十月底止，核算银米若干，于普赈时一并支给；十，外出之户在各村已查之后陆续递回及自归者之领赈办法；十一，离厂稍远之村庄有孤寡老弱病废不能赴领者，准本村亲信之人带票代领；十二，灾民众多，情伪百出，应令地方牌邻据实举报，于赈册内删除，首告者赏给口米一份。这份散赈条规实施的结果，方观承颇为自得地说："余与陶副使自冬徂春巡历灾区，妇女不闻叹于室，童子相卒嬉于路，二三父老举手加额曰：圣天子活我！"①

清代救灾制度的内容主要包括报灾、勘灾、禳灾、筹赈、救灾等方面。直隶的救灾活动，严格依照国家救灾制度和程序进行，但是，在具体执行过程中，又做了阐释、细化和补充。比如，勘灾之后要进行查赈。查赈的目的是划分贫户等差，核对灾民户口，为赈济做准备。"查赈灾荒，乃地方第一紧要事务。"乾隆年间，直隶的做法是，管理赈务的道员依照相应查赈条规，先带同厅印官员清查一两日，之后，厅员带领佐杂、教职等清查一二日，经过层层培训的各级官员携带赈票，分赴派定村庄，查赈时在赈票上填明极贫、次贫的户数、口数。另外，要准备赈簿一本，将每天查赈的户数、口数等进行统计，还要将一月内所查村庄成灾分数，极次贫的户数、口数等，逐一登记。为了加强监督，道府等官员应不断巡历灾区，并按赈簿抽查核对，如果发现遗滥浮开等弊病，及时对承办之员进行追责。对于直隶的查赈办法，乾隆帝称赞"甚属妥协周详"，并多次谕令各地仿照推行。道光十二年（1832），总督

① （清）方观承辑：《赈纪》，《中国荒政全书》第二辑第一卷，第532—534页。

琦善所拟灾赈章程中的查赈办法，基本仿照汪志伊《荒政辑要》中的办法进行。另外，在赈册赈票的设计上，俱系用坚韧棉纸，赈册以百页为一册，每页两面十户，刊列号数，钤盖缝印，以“天地元黄”等字样，为委员号记，人占一字，印于册面，所查某庄，即摘写庄名一字，编为册内号数，委员执册挨户，登注灾民口数，仍将州县草册查对，是否相符，如某项口无，则填以圈，按户注明极次字样，查完一村庄，合计大小口总数，注明册后，一日查过数村庄，即通计数村庄男女大小口总数，注明册后，封送总查之厅印官复核，移交地方官办理。赈票须照两联串票之式，当幅之中，填明号数，钤盖印信，每百张钉为一本，票首用委员号记，依格册内所开极次贫户大小口数填注，如某项口无，则填以圈，以一票截给本户，以票根存官比对，各灾民持票赴厂，监赈官点名验票相符后照票给领银米，并另制月份图记，放讫一月，在票上依次盖用“某月放讫”图记，赈毕掣票，其外出归来之户，查明入册。①

直隶的救灾制度，也体现了清代救灾制度中因地制宜、灵活多变的特点。比如，从赈济类型来看，粮食赈济是赈济中最重要的形式。但是，若米谷不足，可以实行粮银兼赈，也可以用赈银代替赈粮。清朝根据各省情形，制定了不同的银米折赈标准。乾隆四十一年（1776）议准各省贫民折赈定价，列表如下②：

表7-1 清代各省贫民折赈定价表

省份 / 定价	直隶	江南、浙江、江西	山东、江苏、安徽、湖北、湖南、甘肃、云南	山西	奉天	陕西
每米一石定价	一两二钱	一两二钱	一两	一两六钱	六钱	一两二钱
每谷一石定价	—	六钱	五钱	九钱六分	三钱	六钱

① （清）王延熙、王树敏辑：《皇清道咸同光奏议》，文海出版社1969年版，第1613—1620页。

② 福建、广东、广西、四川、贵州五省向不折赈。（见光绪《清会典事例》（四），户部三，卷二百七十二，户部一二一，蠲恤八，赈饥二，第115页。）

从上表可见，直隶省贫民折赈，每米一石定价银一两二钱，其标准与江南、浙江、江西、陕西等省相同。另外，贫生折赈，每米一石定价银一两。再如，根据《户部则例》等的规定，清政府会支付一定的因灾坍塌房屋的修缮费，伤亡者的殓埋费、治疗费等。以坍房修费为例，清朝各省也分别做了详细规定，其中，直隶省水冲民房修费银，全冲者瓦房每间一两六钱，土草房每间八钱。尚有木料者，瓦房每间一两，土草房每间五钱。稍有坍塌者，瓦房每间六钱，土草房每间三钱。在申请维修费用的坍房数量上，每户不得超过三间。有的省份还要区分极贫次贫人口。如山东省水冲民房，露宿之时，不论极贫、次贫、又次贫，按户先给搭棚银五钱，水退后分别验给修费银两，极贫每户一两五钱，次贫每户一两，又次贫每户五钱。淹毙人口埋葬银，每大口一两，每小口五钱。因地理位置不同，有的省份还要特别考虑到地方特点。如广东省水冲民房修费银，大瓦房，全倒者每间一两，半倒者每间五钱；小瓦房、大草房、大茅草房，全倒者每间五钱，半倒者每间二钱五分；小草房、小茅草房，全倒者每间二钱五分，半倒者每间一钱二分五厘。吹揭瓦房每间一钱。此外，还规定击破漂没民船修费银，大船每只一两，小船每只三钱。淹毙人口埋葬银，每大口二两，每小口一两。压伤人口抚恤银，每口三钱。[①] 类似的规定细密合理，具有很强的可操作性。

四　从高斌到李鸿章：直隶总督的赈灾实践

由于特出的地理位置，加以自然灾害频发，清朝对直隶的赈灾非常重视，“直隶畿辅首善之地，应沛殊恩”。直隶的救灾实践也清晰地体现了清代救灾制度发展变化的特点。以下以乾隆八年（1743）直隶旱灾赈济、光绪十六年（1890）直隶水灾赈济为例，来考察直隶总督组织下的赈灾实践。

① 《钦定户部则例》，卷八十四，蠲恤二，同治十三年校刊本。

(一) 乾隆八年 (1743) 直隶旱灾赈济

乾隆七年(1742)，直隶发生严重旱灾，河间、天津二府，冀州、深州所属各州县，因入夏以来雨泽愆期，“或麦收之后秋禾未获种植，或已种之后根苗未能滋长”；保定府属之束鹿县、正定府属之栾城县、广平府属之威县“得雨亦未沾足，以致秋收失望，虽其中轻重不等，而被旱偏灾已形”[①]。七月十三日(8月31日)，直隶总督高斌奏称，天津、河间并深、冀等属地方，大旱成灾，“如沧州青县、南皮、景州、交河、阜城等被灾最重之地，不但籽粒无收，亦且柴薪无出，乡民耕种杂用牛驴因乏草收养，俱行卖弃，嗷嗷待哺，情势甚急”[②]。总督高斌委任清河道方观承、天津道陶正中“总其事”，率同河间府知府徐景曾、天津府知府胡文伯等府州官员“亲历灾地督率查办，并委员会同各该地方官确勘被灾分数，查明应赈户口逐一造报”[③]。此次赈济活动，被不少学者视为乾隆朝救灾实践的典型，中央与地方显示了较高的工作效率：直隶总督高斌、布政使沈起元“同心商榷，朝奏而夕报可，复有不待奏请，我皇上已照临及之者”。直隶清河道方观承与天津道陶正中，“戴星而驰，遍历灾所，心计口画，十指布算，集古赈饥成法而参观之”[④]。方观承把此次赈灾的官方文献整理成著名的《赈纪》一书，法国学者魏丕信认为，《赈纪》所反映的直隶救灾活动，说明18世纪清王朝建立了一个成熟稳定的官僚体系，该体系能够聚集大量资源，进行粮食和资金的跨地区调运，承担大规模、长时期的救灾活动[⑤]。

此次直隶旱灾，导致不少地方收成歉薄，贫民乏食，米价昂贵。其中，被灾最重者有河间、献县、阜城、任邱、交河、景州、青县、静海、沧州、南皮、盐山、庆云、吴桥、东光、武邑、武强等十六州县，

---

① (清)方观承辑：《赈纪》，《中国荒政全书》第二辑第一卷，第509—510页。
② 中国第一历史档案馆藏：朱批奏折，内政赈济，档号：04-01-01-0092-012。
③ (清)方观承辑：《赈纪》，《中国荒政全书》第二辑第一卷，第510页。
④ (清)方观承辑：《赈纪》，《中国荒政全书》第二辑第一卷，第491页。
⑤ [法]魏丕信：《18世纪中国的官僚制度与荒政》，第264页。

被灾次重者有肃宁、宁津、故城、威县、深州等五州县，稍轻者有束鹿、栾城、饶阳、安平及天津、大城等六州县。以上二十七州县，直隶总督高斌等奏准先普赈一月，之后请准突破被灾加赈月分定例，延长加赈时限，再将成灾最重之十六州县自十一月加赈至来春二三月止，极贫加赈五个月，次贫加赈四个月，成灾次重及续报偏灾之十一州县，遵照定例，按成灾分数加赈一个月至四个月①。此二十七州县应赈极次贫约共大小口一百八十九万，折大口一百五十八万，合普赈、加赈，约共需米五十七万五千余石、银八十六万余两。

在筹赈方面，此次赈济米粮的来源，六七月间，上谕命先拨运仓米十万石分贮被旱各州县，后又于通仓梭米各色米内再拨四十万石，令高斌分发各处。另外，高斌等“又添拨各处仓谷约十五万石，计足敷用”②。根据方观承等议行的散赈条规，此次散赈，大口日给米五合，谷则倍之，小口减半。银米兼支，升米折银一分五厘。一月三十日，大口月给赈米七升五合、银一钱一分二厘五毫，小口月给赈米三升七合五勺、银五分六厘二毫五丝。③ 乾隆九年（1744）正月，因天津、肃宁、故城、宁津、大城、束鹿、深州、饶阳、安平、衡水、新城等十一州县原属偏灾，但与灾重之十六州县地界毗连，准将以上州县按册再加赈一月④。二月，又准将被灾最重之十六州县不分极次贫皆展赈至四月为止。所需米三十万石由仓场总督从通仓内给发。四月，因雨泽稽迟，麦收失望，又将上述十六州县展赈一个月。⑤ 此外，在勘验户口之时，遇有老病孤苦、情状危惨、非急赈之不生者，验明情形，知会印官先行摘赈，普赈之后，九十两月间对“茕独老疾之不自存也”予以续赈，不成灾之区有蠲无赈，因其毗连灾村，也予以抽赈。

因秋成无望，不少灾民四出流移，据高斌奏称，“河间中路既多，天津东路更复不少，大约为数一二万不止”。为了安抚流民，清政府在

---

① （清）方观承辑：《赈纪》，《中国荒政全书》第二辑第一卷，第538页。
② （清）方观承辑：《赈纪》，《中国荒政全书》第二辑第一卷，第539页。
③ （清）方观承辑：《赈纪》，《中国荒政全书》第二辑第一卷，第533页。
④ （清）方观承辑：《赈纪》，《中国荒政全书》第二辑第一卷，第495页。
⑤ （清）方观承辑：《赈纪》，《中国荒政全书》第二辑第一卷，第496—497页。

近京州县设厂煮赈[①]。另外，为了让灾民尽快回籍恢复生产，直隶对流民分别予以留养、资遣。留养标准，大口日给一升，小口五合，按日动支。资遣流民按照乾隆五年（1740）定例，大口给大制钱二十文，小口减半。[②]

直隶还采取采买、截漕等方式筹集米粮，用于灾区的平粜和借贷。九月，奏准动支司库银二十万两，自古北口采买米七万九千二百九十五石六斗。十一月，再动拨司库银十万两，从热河采买黑豆一万石，奉天采买黑豆一万七百五十五石二斗一升七合五勺，又采买粟米八万五千三百六十三石四斗七升。[③] 十二月，准截留河南漕米十万石，“视州县大小，酌量分派存贮，以敷粜借之用”[④]。次年正月，动用司库银五万两往奉天采买高粱七十万九百九十石。四月，又以司库银十万两从河南采买麦六万五千一百五十二石。[⑤] 六月，再以司库银约十万两从大名、广平二府采买麦六万三千四百十四石八斗四升，以银六万两从正定府采买麦四万一百三十六石；又用银三千七百二十一两，采买高粮三千二百七十二石。以司库银六万两从宣化府采买麦四万九十一石九斗。[⑥] 此外，被灾最重之河间等十六州县共出借麦种二千五百六石二斗八升，麦种牛力银六万八千九百六十六两七钱零、制钱一千缗二十五千二百七十五文；被灾次重之肃宁、宁津、故城、深州、饶阳、衡水、束鹿、威县、天津、大城十州县，共出借麦种牛力银一万一百五十九两九钱零、制钱五百九十九千四百九十七文；偏灾之霸州、固安、雄县、清河、玉田五州县，共出借麦种银三千五百六两九钱零。乾隆九年八月，上谕准将上述麦种牛力牧费悉予豁免，“以纾民力”[⑦]。

据统计，此次直隶赈灾，赈户达六十六万四千八百九十有奇，大小口共二百一十万六千六百九十，又煮赈流民九十四万四千二十口，赈过

① （清）方观承辑：《赈纪》，《中国荒政全书》第二辑第一卷，第617页。
② （清）方观承辑：《赈纪》，《中国荒政全书》第二辑第一卷，第577页。
③ （清）方观承辑：《赈纪》，《中国荒政全书》第二辑第一卷，第594—595页。
④ （清）方观承辑：《赈纪》，《中国荒政全书》第二辑第一卷，第596页。
⑤ （清）方观承辑：《赈纪》，《中国荒政全书》第二辑第一卷，第601页。
⑥ （清）方观承辑：《赈纪》，《中国荒政全书》第二辑第一卷，第602—603页。
⑦ （清）方观承辑：《赈纪》，《中国荒政全书》第二辑第一卷，第605—606页。

米谷共一百一十万七百二十石有奇，银一百一十万五千四百七十六两有奇。[①] 这些“准确数据，清楚地证明了这一时期救荒政策与管理的高效率，而不是像后来那样，成为空洞无物的虚架子”[②]。

此次赈灾，直隶各州县办赈官员达245人。如前所述，方观承受直隶总督高斌委派，带同河间、天津、冀州、深州等府州官员亲历灾地督率查办，建立了高效的救灾行政组织。除了道府州县官员外，还派设有大量的办赈委员。方观承认为，单靠正印官员办赈是不可能的，更不能假手胥吏：“今年直属之被偏灾者，本处牧令尚可料理。普灾，则其应办之事正多，而城内早暮亦需弹压，何能分身四乡？至一二教职佐杂，更难责以周遍，势不得不假手胥役乡地，而此辈乘机舞弊，任情操纵，甚或浮开诡名，侵冒帑项，倥偬之际，不可究诘。”方观承的做法，是厅印官带同佐杂官分查的方式：“通省内另派厅印，带同佐杂等员分查。视州邑之大小，厅印或一员，或二员，佐杂并能事教官，或三四员，或五六员，各给号记一字，如天地元黄之类。其厅官之才干者，或兼管两州县。”在查赈方法的示范和统一方面，由方观承等照议定规条，“率同各厅印清查一二日，俾皆领会，厅印又率同各佐杂教职清查一二日，俾皆领会，然后各照派定村庄，四出分查，庶可画一”[③]。下表是乾隆八年（1743）直隶赈灾中派委人员的大概情况[④]：

表7-2　**乾隆八年（1743）直隶赈灾派委人员表**

州县名		知县	协办	分办
旱灾最重十六州县	河间	方嵋	望都知县石声闻	县丞张若淞等10人
	献县	杨文彩	定兴知县孙凤立	教谕鲍梓等13人
	阜城	许煓	保定府理事同知僧保住	典史宓宏道6人
	任邱	朱煐	涞水知县王治	主簿高自伟等7人

① （清）方观承辑：《赈纪》，《中国荒政全书》第二辑第一卷，第617页。
② ［法］魏丕信：《18世纪中国的官僚制度与荒政》，第258页。
③ （清）方观承辑：《赈纪》，《中国荒政全书》第二辑第一卷，第507—508页。
④ （清）方观承辑：《赈纪》，《中国荒政全书》第二辑第一卷，第617—639页。

续表

州县名		知县	协办	分办
旱灾最重十六州县	交河	严遂成	宝坻知县洪肇楙	教谕崔云驹等 8 人
	景州	屈成霖	河间府通判汪铎、永清县知县李缵	州判史宏彦等 11 人
	吴桥	满保	安肃知县王屋霨	县丞相柳槐等 8 人
	东光	赵宪	易州知州杨芊	训导陈嘉谟等 8 人
	青县	鲍梓	河西务同知周硕勋	主簿吴艾等 9 人
	静海	马国镇	河西务同知周硕勋	教谕赵士机等 6 人
	沧州	刘蒸雯	顺德府通判饶佺	州判俞洲等 12 人
	南皮	侯珏，署知县朱奎扬	霸州知州朱一蜚	教谕李长发等 8 人
	盐山	郑鸣岐	武清知县吴狥	教谕刘文彦等 13 人
	庆云	金士仁	保定知县王沄	典史孔宗洺等 5 人
	武邑	胡正	冀州知州范清旷	教谕戴三聘等 8 人
	武强	陶镛	正定府知府王师	教谕张本等 11 人
旱灾次重十一州县	肃宁	陈文正	广昌知县王化南	教谕任枚等 5 人
	宁津	王钦	完县知县王沧	教谕黄灿等 7 人
	故城	向德华	香河知县张永安	训导刘汉成等 6 人
	束鹿	李成蹊	安州知州冯章宿	
	威县	卢豪然		教谕傅基孔等 2 人
	深州	姜嗣泰	保定知府吴谦志	学正张睦等 16 人
	饶阳	调任知县侯珏；知县王维周	保定府通判程士数	教谕张正贤等 5 人
	安平	王毓德	宁河知县沈浚	教谕刘如基等 4 人
	天津	张志奇	通州知州杜甲	县丞郑发等 8 人
	大城	谢钟龄	文安知县梁德长、晋州吏目熊先滨	
	衡水①	徐琨		候补州同陆昂等 2 人

这种救灾机制可以将考察地方吏治与落实救灾政策有效结合起来，收到了良好的效果。是年沧州灾情最重，天津道陶正中“首先赴之”，

① 原文为故城县，《中国荒政全书》疑为衡水县。见《中国荒政全书》第二辑第一卷，第 634 页。

结果遇到“士民讦诉州牧者日十数辈”，经查，时任州牧任事刚刚两个月，“察所诉诬妄，因集众谕之，悉以呈状交州”，与此同时，积极组织救灾，“责治督率各员遍历穷檐，指示清厘，赍银米就赈久饥者，发胥役冒赈奸状”。其驻沧州七天，“而细大毕举，风声所及，远近帖然”①。本次办赈委员的经费，根据乾隆元年（1736）上谕，“嗣后直省州县，倘遇查勘水灾旱灾等事，凡一切饭食盘费及造册纸张各费，俱酌量动用存公银两，毋许丝毫派累地方”。直隶的办法是，核赈、散赈各委员，正印丞倅以上，“无庸给与盘费”。佐杂教职，每员月给盘费银八两。核赈委员，各派书办二名、跟役二名，每名每日给饭食银四分。散赈时，每厂派书办二名、衙役四名、量米斗级四名，每名每日给饭食银四分。“凡册籍纸张笔墨零星各费，令州县先行垫用，统于司库存公银内请领还项。”② 赈事结束之时，直隶省对委员分别予以奖叙，将“居心慈惠、办事周详、叠奉差委、备著勤劳者列为一等，办事明晰、不辞劳瘁者列为二等，小心勤力者列为三等”，对列在一等之蠡县县丞杨景素等十二员，记功三次；列在二等之天津府经历饶锐等二十二员，记功二次；列在三等之景州州判史宏彦等四十员，记功一次，“以昭奖励”③。

总体来说，此次赈济，显示了乾隆初期救灾制度化与高效的管理效率的较好结合：“18世纪中叶的几十年都显示出是一个高峰：灾害勘查与赈灾物资分配的章程和法规比以往任何时候都更加完善和标准化、制度化，在歉年、物价高昂之时，或是饥荒之年，资助贫困人口在一定程度上成为地方政府的一件例行公事，至少从理论上说，它所遵循的是一套近乎自动化的程序。所以雍正和乾隆皇帝统治时期的政府管理效率肯定相当高，而这在很大程度上是这些帝王的政治目的、亦即他们所具有的一种坚定意念的结果——严格监控官员，使官僚政府尽可能高效地为大众服务，并由此而加强清朝的统治。在这方面，救济灾民是驱动地方

---

① （清）方观承辑：《赈纪》，《中国荒政全书》第二辑第一卷，第508页。

② （清）方观承辑：《赈纪》，《中国荒政全书》第二辑第一卷，第505页。

③ （清）方观承辑：《赈纪》，《中国荒政全书》第二辑第一卷，第540—543页。

官府、使之行动起来的最好机会。”[1]

（二）光绪十六年（1890）直隶水灾赈济

嘉庆年间白莲教起义以后，国家赈济拨款日渐减少。咸丰朝以后，赈捐代替国帑成为赈灾款项的第一来源。直隶的赈灾实践也鲜明地反映了这一点。例如，光绪二年（1876），直隶旱灾，此次筹赈，朝廷拨部库银十万两，而赈捐银达三十九万余两[2]。光绪十六年（1890）直隶水灾的赈济中，政府拨款五十六万两银，赈捐所得约近二百四十八万两银。[3] 仅光绪一朝，顺天、直隶因灾而开捐的次数至少达15次。在此过程中，清中央的财政权力逐渐下移，赈捐成为直隶总督掌握财权的重要手段。与此相随的是，具体的赈灾活动多由直隶总督筹办，军机处、户部的作用日益减弱。

光绪十六年（1890）五月下旬，京师先是大雨连绵，又遭永定河、南北运河、大清、潴龙河等先后决口。永定等河决口，使本已被雨成灾的京师及近畿地区几成一片泽国。六月十四日（7月30日）上谕称：“本年五月下旬以来，大雨连绵，永定河水势盛涨，险工迭出。六月初五日，北上汛二号被水漫溢，刷宽口门七八十丈”，因永定河堤工漫口严重，“该管各员，疏于防范，实属咎无可辞”，永定河道万培因、石景山，同知窦延馨，均革职留任，武清县县丞张映辰革职留工效力，李鸿章交部议处。[4] 顺天、直隶整体被灾情形，据李鸿章奏：“查顺直各属，本年夏间霪雨兼旬，连宵达旦。边外及邻省诸水奔腾汇注，汹涌异常。永定河、南北运河、大清、潴龙河及任丘千里堤，先后漫溢多口。上下数百里一片汪洋，有平地水深二丈余者。庐舍民田尽成泽国，小民荡析离居，凄惨万状，灾象之重，为数十年所未有。以致顺天、永平、保定、河间、天津等府属，田亩多被淹没，房屋倒塌甚多，并有损伤人

---

① ［法］魏丕信：《18世纪中国的官僚制度与荒政》，第2—3页。

② 《畿辅通志》卷一百零八，经政十五，恤政一，光绪十年刻本。

③ 资料据《李文忠公奏稿》卷七十的统计。见（清）吴汝纶编《李文忠公（鸿章）全集》，文海出版社1980年影印本。

④ 《德宗景皇帝实录》（四），卷二百八十六，光绪十六年六月，第809页。

口。此外各府州属，亦有被潮、被雹地面，灾区既重且广。”[①] 因水灾严重，饥民抢夺之事所在多有，其中三河县属尤甚，另外燕郊夏店等处也有扰害商旅之事。八月初四日（9月17日）上谕称：“有人奏畿东一带饥民，到处抢夺，三河县属尤甚；燕郊夏店等处，回民蜂起，聚众劫掠，扰害商旅，请饬拨勇巡逻等语。本年畿辅灾区甚广，难保无宵小乘间抢夺情事。”[②]

永定等河决口，使本已被雨成灾的京师及近畿地区几成一片泽国。六月初十（7月26日），上谕谓：“近日阴雨连旬，京畿一带河流盛涨，闻右安门永定门外数十村庄皆被淹没，伤毙人口牲畜无数。房山县山水涨发，冲入浑河，东安、武清、良乡、涿州等处水深数尺，路断行人。小民荡析离居，深堪悯恻”，因此，命顺天府尹潘祖荫等“酌拨银两，并雇募民船，派委妥员，迅速驰往被灾各村庄，查酌情形，妥为救济”[③]。六月十三日（7月29日），因宛平、固安、良乡、房山、通州、顺义等州县暨南路厅同知查报，“所属地方或田庐漂没，或全村被淹，伤毙人口甚多”，上谕命先在六门外添设粥厂，并于孙河、定福庄、采育镇、黄村、庞各庄、卢沟桥六处一律添设粥厂，给京仓米一万五千石，即行分领煮散，以资急赈，派志颜、李端遇、胡聘之、胡隆洵、景沣、徐承煜分往孙河等六处，“稽查弹压，妥为监放”。各镇开厂所需经费银二千两，由户部照数拨给。慈禧太后命发宫中节省内帑银五万两，作为赈抚之需。[④] 同时，因京师雨水过多，八旗兵丁生计维艰，给八旗兵丁一月钱粮[⑤]。因京师粮价腾贵，命李鸿章就近于天津地方出示招商，贩运米粮来京。[⑥] 六月十九日（8月4日），因天津等处被水严重，拨直隶藩库等银六万两，先就被水极重之区办理急抚，又将奉天运京粟米一万二千七百余石，并于本年江北河运漕米内截留三万六千石，

① 中国第一历史档案馆藏：宫中朱批奏折，财政类，田赋项，第100函，第3号。
② 《德宗景皇帝实录》（四），卷二百八十八，光绪十六年八月，第832页。
③ 中国第一历史档案馆藏：上谕档，第1410册，第53页。
④ 中国第一历史档案馆藏：上谕档，第1410册，第87页。
⑤ 中国第一历史档案馆藏：上谕档，第1410册，第91页。
⑥ 中国第一历史档案馆藏：上谕档，第1410册，第81页。

拨给备赈。[1] 七月，据李鸿章奏称，因水灾十分严重，“近津一带而论，民田庐舍，本多用土砌筑。雨淋日久，酥裂不堪，一经灌入洪涛，无不墙倾屋圮。小民或倚树营巢，呼船渡救；或挈家登陆，迁避无方。颠沛流离，凄惨万状，几于目不忍睹，耳不忍闻。现在立秋节近，纵使开霁放晴，赶消积潦，亦只能补种荞麦等类。况仍阴云密布，雨意尚浓。如再淫霖不已，更属不堪设想。穷民生计维艰，来津就食者众”，因此，李鸿章率同司道府县竭力倡捐，并分劝绅商集资助赈。多设厂棚，散放馍粥。“只以频年灾歉，捐务已成弩末。直省又系缺额之区，难筹巨款。惟急抚要需，刻不容缓，不得不设法筹凑”，因此，饬由藩库凑拨银三万两，长芦运库拨银二万两，保定练饷局拨银一万两，“遴派廉干之员，分投被水较重各处，会同地方官查明择要核实赈济”[2]。八月初五（9月18日），因灾区太广，命给粳籼米十万石，由京仓拨给，作为顺天各属冬春赈需，交潘祖荫等分拨各厂煮粥散放。[3] 九月二十六日（11月8日），拨户部银二千两，京仓米八千石，分给京畿粥厂，赈抚被水灾民。[4] 十月十五日（11月26日），又给京仓漕米五万石分拨各厂煮粥，以备冬抚之用。[5] 十月十七日（11月28日），蠲缓通州等九十八州县被水村庄丁粮租课。[6] 次年正月初二（1891年2月10日），又缓征蓟州等九十八州县被灾村庄新旧额赋杂课，并展缓原贷仓谷籽种。[7]

因为水灾严重，直隶总督李鸿章奏准开办赈捐，“新海防例均暂停收”[8]。经户部议准，订立顺直赈捐章程，其内容包括捐贡监、捐职衔、捐升衔、捐推广升衔顶戴、捐封典、捐翎枝。根据这份章程，凡捐衔、封典、贡监，统照新海防捐，以四成实银上兑，应试监生仍收十成实

---

① 《德宗景皇帝实录》（四），卷二百八十六，光绪十六年六月，第812页。

② 《东华续录》，《再续行水金鉴・永定河十》，第246—247页。

③ 《德宗景皇帝实录》（四），卷二百八十八，光绪十六年八月，第832—833页。

④ 《德宗景皇帝实录》（四），卷二百八十九，光绪十六年九月，第854页。

⑤ 《德宗景皇帝实录》（四），卷二百九十，光绪十六年十月，第864页。

⑥ 《德宗景皇帝实录》（四），卷二百九十，光绪十六年十月，第865页。

⑦ 《德宗景皇帝实录》（四），卷二百九十三，光绪十七年正月，第898页。

⑧ 中国第一历史档案馆藏：宫中朱批内政（赈济等）第91—26号。《清代灾赈档案专题史料》第23盘，第1227页。

银，并仿照光绪十五年（1889）江浙赈捐章程，准捐翎枝二品顶戴，又援照火器营章程，准由贡监加捐盐运使、副将、参将等衔。各省被议人员分别官阶、银数，准请赏还官衔、翎枝，报捐棉衣除照例建坊外，如折解实银，也准一律核奖。[①] 这份顺直赈捐章程以后几年曾多为直隶及其他省份所援照。如光绪十八年（1892），直隶又因雨水过多，三十余州县被灾，李鸿章再次奏请开办赈捐，一切章程悉照光绪十六年（1890）赈捐章程。自光绪十六年七月到十一月底，直隶共收捐银592480两；自十六年十二月到十七年三月底，经李鸿章倡捐并收到各省将军督抚及代办顺直赈捐各局暨本省官绅商富捐解直隶赈银共858312两；从十七年四月到六月底，又续收到本省外省官民捐解直隶赈银近100万两。[②] 赈捐银的总数远远超过政府拨款。

光绪十六年（1890）后，直隶连续多年继续水灾频仍，如光绪十八年（1892），直隶春旱夏涝，永定等河六月间漫溢决口，沿河州县被灾严重。清廷筹拨银米赈抚，准直隶继续筹办赈捐，并分别蠲免、蠲缓被灾之七十三州县[③]。光绪十九年（1893）六月间，顺、直霪霖不休，各河漫溢，被淹甚广。清廷截拨漕米，添设粥厂，因灾缓征者达六十四州县[④]。光绪二十年（1894），顺天、直隶夏间淫雨连绵，大清等河纷纷漫决，通州等一百零二州县被水成灾，永平、遵化二府灾情甚重。清廷拨仓米、漕米赈济，并分别蠲豁、蠲缓被灾各州县。[⑤] 连续的自然灾害，使得直隶社会经济很难得以迅速恢复，也让政府灾害治理能力愈显衰颓。国家治理能力的衰退，使得皇帝无法向康乾时期那样投入巨大的精力和资源去也进行河流治理，无力顾及治河工程，使得水患严重，从而加剧了自然环境的退化和社会秩序的动荡。这一时期的灾害救治，"最多能算是向饥民提供食物、金钱、住所、衣物的救济，旨在恢复农业生产或重建'一劳永逸'的河工的宏图伟业一去不返"。另一方面，

① 《顺直赈捐章程》，光绪刻本。
② 《李文忠公全集》，卷七十，第31页；卷七十二，第15页；卷七十三，第24页。
③ 《德宗景皇帝实录》（五），卷三百十七，光绪十八年十月，第107页。
④ 《德宗景皇帝实录》（五），卷三百三十二，光绪二十年正月上，第270页。
⑤ 《德宗景皇帝实录》（五），卷三百五十八，光绪二十一年正月上，第656—657页。

作为清朝统治中心的北京“不再是地区粮食供应体系稳定可靠的中心，自1813年起曾经绝对优先的北京粮食安全问题在历次自然灾害和政治危机的冲击下受到了严重的威胁，即使是在19世纪五六十年代的一般性粮食危机中也凸显出来”①。

随着政府赈济能力的不断下降，嘉道以后，社会力量在直隶赈灾中所起的作用也日趋加大。光绪五年（1879）夏秋之交，直隶突降暴雨，六十八州县被水，“通州等州县自五月中旬以后，连遭大雨，河水涨漫，洼区多被淹浸，间有被雹之处，秋禾灾歉”②。在官府筹赈非常拮据之际，义赈人士严作霖、经元善等人携款前来直隶赈灾，他们先后在任丘等地支散赈银十八万六千余两，为直赈募捐总数达三十九万余两③。光绪三十三年（1907），永定河水灾发生，直隶总督袁世凯也传谕天津商会劝募赈款，散放急赈，“以补官款之不及”，天津商会专门成立救急善会，积极组织急赈、冬抚等事宜。社会力量在晚清赈灾中所发挥的重要作用，大大缓解了官赈的压力，弥补了官赈的不足。光绪末年，义赈甚至成为官赈的仿照对象，与官赈形成体制内的合作，这也充分反映了清代传统救灾制度的衰落及近代转型。

---

① ［美］李明珠：《华北的饥荒：国家、市场与环境退化1690—1949》，第383页。

② 中国第一历史档案馆藏：上谕档第1357册，第165页。

③ 《齐豫晋直赈捐征信录》，《中国荒政书集成》第8册，第5757—5802页。

第八章

清代州县救灾机制：以《真州救荒录》为中心

州县是清代最小的行政单元。作为州县的行政首脑和政治主体，州县官对所辖地区的任何事情皆应负责："所谓地方利弊，民生疾苦，全赖州县为之区画。"①《清史稿》这样描述清代知县的职权："知县掌一县治理，决讼断辟，劝农赈贫，讨猾除奸，兴养立教。凡贡士、读法、养老、祀神，靡所不综。"自然灾害威胁着一方百姓的生命安全，也影响着社会秩序的正常运转，救荒赈济当然也成为州县官重要的职掌之一。在整个国家的救灾体系中，州县官的作用更是举足轻重的："办理赈务，全在地方州县得人，庶不至有名无实。"②刚毅《牧令须知》也描述了灾荒来临时州县官所应进行的工作："地方遇有水旱霜雹蝗蝻等灾，必宜速勘速报。如灾民饥溺，迫不及待，一面倡捐，买米散放，以救民命，一面详请委查，发饷赈救，若必俟禀蒙批准，始行发给，哀鸿遍野，殊恐缓不济急。至灾未成分数，不能违例请赈，则详请缓征，以纾民力。或请发仓谷以平市价，或请借籽种，或借富平粜，或散借粮食，秋收归还。安贫宜先保富，保富正可济贫，全在牧令尽心经理耳。"③大体来看，州县官在灾害赈济方面应该发挥的职责主要有报灾、勘灾、减免赋税、赈济饥荒、带头捐输、捕蝗等。道光二十八年(1848)，江苏仪征发生严重水灾。仪征位于江苏省中西部，古称真州。

---

① 光绪《清会典事例》(一)，吏部二，卷六九，吏部处分例，馈送嘱托，第239页。

② 中国第一历史档案馆藏：上谕档，第1425册，第203页。

③ (清)刚毅：《牧令须知》卷一，光绪己丑刊本。

此时担任仪征县令的为王检心。王检心是河南南阳人，道光五年（1825）中举，道光十五年（1835），以举人大挑一等分发江苏候补知县，历任兴化、句容、仪征、宜兴、铜山等六县知县。王检心将此次救灾文献辑成八卷的《真州救荒录》①，较为详尽地展示了此次水灾的赈济情况。本文拟以《真州救荒录》为中心，大体介绍清代州县的救灾人员组成、救灾机构及救灾规章，借此观察清代州县救灾机制的运作状况及其特点。

一　救灾人员

道光二十八年（1848），江苏仪征发生特大水灾，因为雨水过多，江潮盛涨，导致庐舍漂没，尸棺横流。六月二十三日、七月初一日、初六日，知县王检心三次向上司通禀圩岸被冲破、田禾被淹的情况。同时，他先是亲自前往东南西三乡查勘灾情，督促农夫将被淹地方“车救堵筑”，因为暴雨的再次降临加重了灾情，他又带领巡典各员，分赴各坊，疏消积水，并对被水灾民展开抚恤，使其不至流离失所：“卑职饬带巡典各员分赴各坊，亲督乡保农佃人等加筑圩岸，昼夜堵御。嗣于六月十八九日，东风大作，江潮愈大。二十、二十九等日，断续阴雨，风威不止，潮水漫入田内，车戽不及，致将圩岸冲破，沿江外圩漕芦田亩俱被水淹。据各坊地保农民禀报，其近河里圩田地积水愈深。卑职复又督饬农佃赶救，设法宣泄戽救。无如东风昼夜不息，潮水有长无消，在田禾苗，诚恐淹浸日久，难免受伤。”发禀后，王检心坐船又赴被淹各处，复加查勘，“勘得东乡与江都毗连之四都坊及三乙坊、都天庙坊、旧港坊、东边滩沿江外圩漕芦田亩，因入夏后雨水过多，江潮泛涨，迨六月十八九及二十、二十九等日，东风大作，复得雷雨，致将圩埂冲破，田禾被淹。又勘得西乡与六合县毗连之白茅墩坊及下游之青山坊、甘草山坊、一戗港坊、西边滩及南乡之黄泥滩坊、萧公庙坊、北薪洲、补薪洲、永兴洲沿江外圩漕芦田亩，委因江潮异涨，及六月间雨水过

① （清）王检心：《真州救荒录》，《中国荒政书集成》第6册，第3723—3808页。

多，风狂浪涌，外圩埂岸冲破，禾苗被淹。田内现在水深五六尺不等，田水相平，难以车救，情形极重”。与此同时，展开抚恤，对被淹居民，“已由卑职捐备馍饼、席片，用船渡送，妥为抚辑，不致流离失所”。舍舟登陆后，“又勘得西乡之西门外坊腹里被淹田亩，水无去路，无从宣泄，及东乡之东门里坊，并逼近运河之河北坊、天安庄坊、朴树湾坊，亦因入夏以来雨水过多，潮水日长，兼之六月断续阴雨，东风大作，山水下注，致将近河圩田间被水淹。现在田内水深二三尺不等，田水相平，势难车救”。勘灾完毕后，“又据北乡之北门外坊地保禀报，初四日风狂浪涌，河埂冲破，保护不及，圩田被淹，及城厢内外附近城河之天安桥、八字桥、南门里、南门外、马驿街，二坝、三坝、四坝、五坝园地、房屋、道路俱被水淹。卑职复勘无异。以上腹里被淹田地，情形稍轻，被水居民毋庸安抚。仍有卑境与江都同在一圩之四都坊、东乡之石人头等坊内圩田亩、沿江埂岸，现在严饬业佃多备桩木，加筑防堵，遇有危险，赶紧保护，昼夜防守。仍望天气晴霁，江潮稍落，东风停息，始可无虞。现在已淹田地，一片汪洋，田亩确数碍难核实。至高阜山田，连得透雨，禾苗畅茂，亦望晴日蒸晒，以冀饱绽结实”①。

查赈散赈的过程中，王检心一方面注意“不辞劳瘁，周历履勘”，同时，严防其佐助人员，如书差地保从中擅权。州县救灾事务繁多，查勘户口，造具册籍，“势不得不由胥役里保之手”②。在此情况下，州县就不得不假手胥役勘灾放赈。地保差役在救灾过程中损公肥私，是一种常见景象：“向来各州县里保蠹役，每有做荒、买荒之弊，串同粮户捏报，亦有径自捏报，图准转卖者。其弊在荒熟相间之处为多。又有飞庄诡名之弊，乡保勾串胥役，以少报多，将无作有，蒙混请领肥己。其弊在僻远处所及邻县交界之处为多。甚至将一切老荒版荒，已经除粮之地，难以识别者，影射开报。查灾印委各员，但凭乡保引至一二被灾之处，指东话西，信以为实，不复详细踏勘。”江苏省为了严防地保差役擅权，也一再告诫地方官，地保和书差在救灾中可谓弊窦无穷，救灾的

① （清）王检心：《真州救荒录》，《中国荒政书集成》第6册，第3733—3734页。
② （清）杨西明编：《灾赈全书》，《中国荒政全书》第二辑第三卷，第498页。

各个环节中都应该严防这种现象发生。[①]

如何防止胥吏乘机舞弊，侵冒帑项？王检心的办法是勉励自己和查赈委员亲力亲为，熟悉灾情，不给地保可乘之机。他称自己在灾情发生之后，叠次赴乡，对一切情况了如指掌，又会同委员周历履勘，使得乡保没有机会施其伎俩，因为灾地熟地调查很清楚，自然就不会有飞庄诡冒的弊端。查赈之时，一方面严谕书差地保"勉为良善"，一面对查赈委员做了严格培训，将查赈章程及自己撰写的"查写户口条规"，每位查赈委员各送一本，"与之悉心讲论，户必亲到，人必面验，察其情形，当面给票，不假乡保之手"。王检心在委员查赈时进行抽查暗访。对于随委查赈的书差，一面宽给饭食，一面对"妄索恩票"的书役"解县惩办"。设厂放赈时候，对于厂书中"需索钱票、偷扣底串者"，于厂所枷号示众。此外，地保担负着维持本地治安之责，放赈时若有人"滋扰索闹"，"定必根查闹事人住居坊分，严提该坊地保惩究"[②]。

除了以州县官为中心的日常行政组织进行的救灾活动外，此次仪征水灾救济，还有大量临时性救灾人员的参加。临时性的救灾人员主要包括三类：

其一是勘灾、查赈官员。是年的水灾波及江苏省大部分州县，按照规定，州县报灾后，清中央政府要求督抚应亲自前往灾区查赈放赈，以便减少办赈弊端，使灾民获得实利。但事实上，由于督抚事务繁忙，加上若遇灾区广阔，让其遍历灾区是不可能的。在督抚难以躬亲其事的情况下，选择和委托合适人选，代替督抚前往勘灾放赈因此就成为各省救灾中更为常见的一种现象。如前所述，清代非常注重对勘灾、查赈官员的遴选和委派。顺治十六年（1659），复准报灾地方，由抚按遴选廉明道府厅官履亩踏勘，不得徒委州县。[③] 雍正六年（1728），进一步明确地方勘灾的程序：州县地方被灾，该督抚一面题报情形，一面遴委妥员，会同该州县迅诣灾所，履亩确勘，将被灾分数按照区图村庄分别加

---

① （清）王检心：《真州救荒录》，《中国荒政书集成》第6册，第3761页。
② （清）王检心：《真州救荒录》，《中国荒政书集成》第6册，第3743页。
③ （清）伊桑阿等纂：《大清会典》（康熙朝），第1卷，第227页。

结题报。一般来说，督抚应从知府、同知、通判内遴委妥员，会同州县迅至灾所，履亩确勘。此次仪征水灾，江苏省先后三次派委员前往勘灾，首次会勘，派试用从九品叶廷芬，第二次会勘，派江苏既补知府王梦龄，第三次会勘，委派江苏既补知府王梦龄、江苏即补知府王在仪前往。

其二，查赈委员。这类委员与督抚所委派复勘的厅印官不同，也被称为“协办官”[①]。协办官的人数，由州县官根据各村庄灾册计算，向知府申请委派相应人员，如果本府可以派出的佐杂等仍不够用，可以再禀请督抚、布政使调发候补试用等官分办。[②] 此次仪征水灾查赈委员的选派，按照扬州府规定的“如请十人，则省中请委六人，府中请委四人”的原则，应赈灾区共三十二坊三洲二边滩，在仪征的查赈委员有8人，其中包括候补县丞谢时若，候补盐大使徐友庾，仪征县旧江司巡检李成荣、税局朱大受、署典史钱庆恩五人，此五人参与分查义赈户口“分头查写，业已将次完竣。卑职抽查暗访，该员等所查户口均系家家亲到，人人面验，当面给票，不假书差地保之手，办理极为认真”，另外县丞方榆专管监督挑夫起卸仓谷，教谕杨孚民、训导茅本兰负责监放义谷，此三人也被请准参与查赈大赈户口。[③]

其三，本地士绅及民人。办赈需要众多人手，此次救灾中，江苏省曾提倡各县在查赈时尽量延访绅耆协同地方官办赈，作为避免使用丁书胥役的方式，因为“绅士为士民之首，耆老为一乡之望，同乡共井，较之官吏，耳目切近”，如果是没有绅耆的偏僻村庄，也可以令“庄田较多及识字安分人作为董事”[④]。仪征县虽然没有延请绅董查赈，但在赈灾的其他环节和临时救灾机构中均聘请了绅耆、民人。比如，该县所成立的当牛局，即由绅董方震时、江本潞等11人负责，民人陈玉彪、殷起凤等6人专司局务。其中，绅董皆“品端识练”者，“地方凡有公事，无不借资襄助”，帮办民人亦为“任劳任怨，实心经理”之人，因

① （清）姚碧辑：《荒政辑要》，《中国荒政全书》第二辑第一卷，第745页。
② （清）李傢农编：《荒政摘要》，《中国荒政全书》第二辑第四卷，第521页。
③ （清）王检心：《真州救荒录》，《中国荒政书集成》第6册，第3758页。
④ （清）王检心：《真州救荒录》，《中国荒政书集成》第6册，第3762页。

此，赈事结束后请求对绅董照例优奖，帮办民人破格请叙。[①] 另外，慈幼堂、暂栖所本身就是绅董公同捐资所设，运行经费也主要由“绅富捐施接济”，专为水灾成立的恤婴堂，也遴选绅董张符瑞登“专司其事”，“由县倡劝官捐，好义绅商愿捐者听”[②]。仪征水灾中士绅的广泛参与，充分反映了士绅在地方行政中的地位，以及在地方公共福利中发挥的不可或缺的作用。州县官也常常借助对士绅的依靠，作为防止胥吏乡保擅权的重要手段。

二　救灾机构

清代从中央到地方都没有专门常设的救灾机构或组织。在救灾的很多环节中，州县多根据需要，设立“厂”、“局”或“堂”等临时救灾机构。以“局”为例，清代州县办灾，往往专设一“局”，局中成员，可用总书一人或二人，选定小心谨慎、谙熟文移且从未犯事之人充当，另外选择诚实勤敏者二十或三十人充当缮书，所有成员由州县开具花名、年貌、籍贯，申报上司存案。[③] 道光二十八年（1848），仪征水灾的救济中，所设立的临时性救灾机构即包括赈捐局、当牛局、恤婴堂、收受蝻子局等。

（一）赈捐局

清代州县多有为赈捐而设立的名之为“局”的组织。乾隆年间，浙江余姚荒旱，知县戴廷沐即在城隍庙设局，延请原任沭阳县知县黄璋及监生、贡生等13人为董事，令其持簿劝捐，乡民有急公好义者可自行赴局输捐，所捐米石由董事收存支放。[④] 此次仪征水灾，扬州府先拨给商捐盐义仓谷5000石，这个数量仅为道光二十一年（1841）所拨的四分之一。官赈不足的情况下，王检心于是年七月二十一日（9月6

① （清）王检心：《真州救荒录》，《中国荒政书集成》第6册，第3784页。
② （清）王检心：《真州救荒录》，《中国荒政书集成》第6册，第3801页。
③ （清）姚碧辑：《荒政辑要》，《中国荒政全书》第二辑第一卷，第801页。
④ （清）张廷枚辑：《余姚捐赈事宜》，《中国荒政全书》第二辑第二卷，第82—85页。

日）在邑庙开局劝捐，并带头捐钱500千文。从七月十九日（9月4日）开始，到九月初六（10月20日），发布劝捐告示四次，鼓励“绅商富户中深明大义、情殷桑梓、乐善好施者”积极捐输，捐输的内容，“或助银钱，或助稻谷”均可。九月下旬后，因为冬天即至，灾民御寒成为问题，所以又劝令绅商富户“或施棉衣以御严寒，或送医药以救疾病，或广收幼孩以免遗弃，或备棺殓几埋以免暴露”①。此次赈捐，虽然三番五次动员，但由于“富户田亦被淹，捐资未能踊跃”，捐输寥寥，劝捐两个多月后，虽然有捐钱一万四千余串，但多未完缴。这些捐资在大赈之前，起到了重要作用：“灾口嗷嗷，赈期尚远，在于已捐项种，酌提钱文，或备钱票，或备馍饼，由董事散放接济，暂救目前”，九月十月也需要先放捐赈，大赈之后，展赈之需，也要由“捐资、义谷两项续行散放，并不另请银两”②。

（二）当牛局

耕牛对于传统农业社会的重要性是不言而喻的。“有田无牛犹之有舟无楫，不能济也”③。清人把保护耕牛看作是救灾的重要环节：“有可耕之民，无可耕之具，饥馁何从得食，租税何从得有也？”④ 清代许多救荒书也都强调保护与借贷耕牛对救灾的重要性。陆曾禹《康济录》中列举当事之政二十，其中之一即为“贷牛种以急耕耘”，魏禧《救荒策》中先事之策有七，其中之一为重农，魏禧认为，赈贷牛种与兴屯田、修水利一样，皆是重农的具体内容。地方官府在保护灾区耕牛方面，也因地制宜，制定了一些办法，丰富了借贷耕牛的内容。如光绪十八年（1892）秋，江苏丹阳大祲，镇江知府王仁堪“假官钱于民，使勿卖牛，名曰牛赈”⑤。地方官府对灾区耕牛的保护方面，最为典型的是当牛局的设立。当牛局是救灾时的临时机构，主要功能是由官府出资

① （清）王检心：《真州救荒录》，《中国荒政书集成》第6册，第3751页。
② （清）王检心：《真州救荒录》，《中国荒政书集成》第6册，第3753页。
③ （清）陆曾禹：《钦定康济录》，《中国荒政全书》第二辑第一卷，第374页。
④ （清）陆曾禹：《钦定康济录》，《中国荒政全书》第二辑第一卷，第377页。
⑤ 《清史稿》卷四百七十九，列传二百六十六，第13094页。

将灾民耕牛暂时设局收买，耕作之时再由牛主赎回。清代虽然严禁宰杀耕牛，但灾民无可奈何之下，买卖宰杀耕牛以“剜肉补疮”又是在所难免的，这对地方官指挥当地救灾形成不小的考验：“为上者苟不预为筹及，则将来灾祲既去，而元气遂不能复，此其为患亦正不小也。”[①]当牛局成立的目的即是作为未雨绸缪之策，为灾后恢复生产做准备：“如果贫民不能存活，欲变卖易谷，听其赴官陈告，官令富民为之收买，仍付牛主收养，待丰年贩买，或牛主取赎。如此，则牛可不杀而春耕有赖，民获全济而官本不亏。”[②]清朝最受推崇的是道光年间江苏省当牛局的设立。道光三年（1823），江苏遭遇严重水灾，江苏按察使林则徐等设立当牛局，由于“行之有效”，道光十一年（1831）江苏水灾中，两江总督陶澍等“亦拟照办”，在是年设定的救灾十二条章程中，其中之一即是“收牧牛只以备春耕也”。因为有感“贫民遇灾，口食尚且难顾，虽有耕牛，无力喂养，往往鬻于私宰之人，得钱过度。目前既嗟殄物，日后又叹辍耕，深堪悯惜”，因此，令被灾各县从捐项中提取经费，设当牛局收养灾民耕牛，具体办法是：“凡贫民以耕牛赴质者，量给当钱，暂为收养，仍给以当票，并锯下角尖，俾其收执，以侯赎时比对。”[③]时人作诗称颂：“江南田不耕，耕牛势难畜。大吏救其灾，特设当牛局。局前聚牛头，局内刻牛角。取犊俟春耕，某某标名目。牛一若无知，局促而觳觫。牛又若有知，摇尾而果腹。所惜牛善病，治牢如治狱。无使牛畏寒，诛茅盖其屋。但得延残喘，生死关绝续。此恩重邱山，万年回首伏。昔闻龚少卿，今见林少穆。”[④]

道光三年（1823）、十一年（1831）设立当牛局的案例，后来多次成为江苏省救灾的范本，据称，“庚子、戊申、己酉，每水患踵事而行，著有成效”[⑤]。仪征水灾中，由于被水灾区无力养牛，灾民将耕牛贱卖

---

① 《论当牛善政》，《申报》1882年9月19日第1版。

② （明）林希元辑：《荒政丛言》，《中国荒政全书》第一辑，第170页。

③ 中国第一历史档案馆藏：《道光十一年苏皖赈灾史料选》（上），《历史档案》1997年第3期。

④ 张郁文辑：《木渎小志》卷六，利苏印书社1928年铅印本。

⑤ 《再续高邮州志》卷七，善举志，台北成文出版社1974年影印本。

宰杀，水退后又无力购买，致使田亩荒芜，“灾地耕牛，佃户无力喂养，贱卖回民，恣意宰杀”，王检心一面将被抓获的牛贩艾起朋等分别枷号满日，杖责示惩，另一方面，根据道光三年（1823）、十一年（1831）的救灾经验，仪征县在县城祈年观设置当牛局，由绅商方震时，职员尹复初等作为董事，民人陈玉彪等为帮办。经费由商民劝捐而来，局务由绅董经理，书役等“止效书写奔走之劳，不令涉手银钱”。当牛局从九月初一（9月27日）开局，九月二十八日（10月24日）截止，当水牛89只，黄牛293只，子牛27只，共409只。次年二月，原本放赎，不加喂养利息，至三月初四放赎撤局[①]。在此期间，王检心制定收当耕牛章程二十条，对当牛定价、牛只管理，人员伙食薪水及奖惩等做了规定，因为“收养事繁”，后又定续发章程六条，加强了对当牛局的管理[②]。作为救灾的临时机构，当牛局也可谓事务繁多，对州县救灾管理能力提出了不少考验：“设局兴办，必须先有收养之所，而经理照管喂养一切费用，亦非易易。”[③] 仪征县因为当牛局设立效果显著，得到了江宁知府的褒奖和推广：“该县能将荒政次第举行，课称循吏，定邀上考，所议章程亦极细妥善，仰侯通行各属一体照办。”[④]

当牛局作为“救灾救彻”的良策在不少赈案中得到推广。道光二十九年（1849），江苏水灾依然严重，《道光己酉灾案》《常昭水灾纪略》《济荒要略》等反映是年救灾的文本中，都对江苏各地设立当牛局有所记载[⑤]。《常昭水灾纪略》载，常熟、昭文两县拟定的救荒十则中，其一为“耕牛宜禁宰收畜也”，即认为道光三年（1823）设立当牛局“法良利溥，今宜遵照施行”[⑥]。《济荒要略》亦载，苏州也拟照道光三

① （清）王检心：《真州救荒录》，《中国荒政书集成》第6册，第3797页。

② （清）王检心：《真州救荒录》，《中国荒政书集成》第6册，第3784—3787页；第3793页。

③ （清）顾甦斋辑：《济荒要略》，《中国荒政书集成》第6册，第3977页。

④ （清）王检心：《真州救荒录》，《中国荒政书集成》第6册，第3795页。

⑤ （清）佚名编：《道光己酉灾案》，《中国荒政书集成》第6册，第3947页；（清）佚名撰：《常昭水灾纪略》，《中国荒政书集成》第6册，第3963—3964页；（清）顾甦斋辑：《济荒要略》，《中国荒政书集成》第6册，第3977页。

⑥ （清）佚名撰：《常昭水灾纪略》，《中国荒政书集成》第6册，第3964页。

年（1823）成案，设养牲局，水牛当价十两，黄牛八两，沙牛四两，以十个月为周期，半年限内回赎，苏州府并对乡村市镇“好善有力”之家也鼓励推广此类办法，代为当养，“或一人认当数牛，或一人认当一二十牛，均各随心量力，以全生命”①。在其他省份，当牛局也得到推行。比如光绪八年（1882），江南大水，安徽芜湖设立当牛局，拟收当牛只一千头，其中在北门外赭山地藏庵作为总局，孙膑庙作为分局，并订立《芜湖当牛局章程》②，还有人劝导当牛事宜不必只依赖官府，绅商也可以集结力量，募赀开设③。直至民国时期，当牛局仍被作为救荒良策得以实行。1926 年，江苏遭遇水旱灾害，灾民纷纷变卖宰杀耕牛，江苏防灾会即向江苏沪海道道尹公署请设当牛局④。

（三）恤婴堂

传统荒政中，历来重视收育婴孩。因为清代许多省份溺婴现象十分严重，饥荒之年，只会让这种现象愈演愈烈：“民间遗弃婴儿，虽成熟之年，亦常有之。况年荒米贵，窘迫无聊，弃置路旁，乳食不继，即时毙命，殊堪怜悯”⑤。因此，有人建议，地方官原有设立育婴堂，“此际当加意整理。如经费不敷，即多方设法补助。令堂内司事之人，按日四散巡查，并饬城乡保甲人等，见有路旁遗婴，随时送堂，注册留养，延医好为调治。一切乳工衣食等项，务必如数给与，俾各养育存活”。仪征县本来设有育婴堂，归盐务批验厅专管，“规条井井，经理认真”，但不少人惮于报送，“闻有顾惜颜面，不居送堂之名，罔识门径，惮于往来之苦，旋生旋弃，讳言弗育，恬不为怪，人理全无”。仪征水灾中，因为水灾加重了溺女现象的严重，“青黄不接，乏食孕妇，寒饿交侵，愁肠百结，胎前产后，实有性命莫保之虞。迨至痛楚离怀，已属万分侥幸，责以枵腹抚养，其情更觉难堪。顾育之于送堂之后，不若保之于生

① （清）顾甦斋辑：《济荒要略》，《中国荒政书集成》第 6 册，第 3977 页。

② 《芜湖当牛局章程》，《申报》1882 年 9 月 8 日第 9 版。

③ 《论当牛善政》，《申报》1882 年 9 月 19 日第 1 版。

④ 《防灾会请设当牛局之核准》，《申报》1926 年 2 月 21 日第 14 版。

⑤ （清）姚碧辑：《荒政辑要》，《中国荒政全书》第二辑第一卷，第 819 页。

产之初，更不若恤之于未产之前，我生我育，母健子长，两全之道，莫善于此”，王检心因此决定成立恤婴堂，“与育婴堂收养，并可相辅而行”。他依照无锡保婴局的规条，专门订立六条章程，道光二十九年（1849）正月，在南门内真武庙纺织局设立恤婴堂，遴选绅董张符瑞、刘桂馨，帮办盛克昌、欧阳康等专司其事。绅董帮办等的花销，章程中做了具体规定：“每日早饭、茶点，支钱二百文；赴乡访查，一日来回牲口钱八十文，两日加倍。途中饭食，即在二百文之内按人提出。因陋就简，诸从节省。查过孕妇、婴孩，每于五日开单报闻一次。每婴一名，连未产以前，需钱二千八九百文。有婴百名，加饭食等费，约需钱三百二三十千文；二百名倍之。”① 恤婴堂赈恤的对象主要是孕妇、产妇和新生婴儿。另外，山乡及家可支持者，不在应恤之列，若有“实在贫病奄奄，朝不谋夕，妇人怀孕足月，将次分娩，即将居住村庄、夫名、妇氏、现在子女数年岁、地保邻右姓名注册”，分产前、产后、产后一月、二月发给钱米。未生产前，给熟米一斗、钱二百文、青布一丈二尺、棉絮半斤，生产后来堂报名，往验所生男女箕斗，发给门牌、腰牌，从生产之日起，每月给熟米一斗、钱二百文，闰四月麦熟为止。发放的形式，第一月到门面交，第二月以后，抱孩来堂，佩带腰牌，验明给领，截止期满。“本妇儿女众多，或尚需帮工谋食，实在难以兼顾，代送育婴堂抚养，愿充乳工者，据实声明，会商批验厅，令其觅保验充。”如果因为离城窎远，穷乡僻壤，一时查访未周，凡属灾区，家有孕妇，足月临产，困苦情状与应恤之例相符，“许本夫及切近亲属赴堂报明住居村庄、姓氏，并现有子女人数、年数、保邻姓名，暂登草册。绅董人等亲往查看，委无诡冒等弊，一体注册照恤”。为了加强管理，防止冒滥，恤婴堂还刷备三联腰牌、门牌、存根一张，盖印发堂备用。有婴之家，一张给贴门首，一张用版粘贴，作为腰牌，长四寸，阔二寸七分，厚三分，并给本人，挂于小孩脑前，一张存根备用。婴孩、腰牌不准相离，发给钱米，以此为据。②

---

① （清）王检心：《真州救荒录》，《中国荒政书集成》第6册，第3801页。

② （清）王检心：《真州救荒录》，《中国荒政书集成》第6册，第3801—3802页。

恤婴堂主要资金来自王检心的捐廉钱一百千文，幕友捐钱三十千文，计划恤婴200名。恤婴堂开办至是年闰四月麦熟之后结束，截至期满后，若婴儿父母“仍难支持，代送育婴堂收养”[①]。

（四）收买蝻子局

由于水灾将低洼处所淹浸，道光二十八年（1848）冬天灾区又逢一冬无雪，次年春天，因为担心蝻子萌动，“诚恐鱼虾遗子，化生为蝻”，仪征县在正月专门设局收买蝻子，民间若缴得蝻子一斗，给钱三百六十文，如不及一斗，按升给钱”。此举可以调动灾民的积极性，也可以防止出现飞蝻之患：老百姓“视此事为利薮，而不虑为畏途，众力奋兴，似不致有飞蝻之事”，另外也可以吸收尽量多的人参与防灾，搜挖蝻子“非特少壮丁男易于为力，即老弱幼稚亦无不能为”，“只须费力而不费财，且有所得，以资糊口，将见稻麦丰收，普登大有，上年灾侵之余，更可补复元气”，可谓“一举数善”[②]。二月初二（3月6日），仪征县再发催挖蝻子告示，“凡有宿草，连根芟刈，或本人留作柴薪，或送局领价，按担给钱”，除再分委巡典、税课司，并饬差协同地保、洲头、农佃人等实力搜挖外，命地保军民农佃人等“遍加搜挖，将每日挖得蝻子，掘得草根，即行送县，验明发局，照数给价，并不羁延。如敢阳奉阴违，搜挖不力，一有萌动，定提该处地保人等重责，决不宽贷”。

王检心认为，扑灭蝻子，主要分三种情况。第一是灭于未萌之前。“蝻由子变，子附草生。上年被淹之处，以及湖荡水涯，凡有宿草，即集多人连根芟刈，敛置高处。待其干燥，或作柴薪，或就地焚之”。这个办法可“绝其本根，最为紧要”。第二是灭于将萌之际，“蝗之生子，用尾栽入土中，深不及寸，仍留孔窍，形如蜂窝”，这种情况，应广谕乡民，细加寻视，“但见土脉坟起，即便尽情搜挖蝻子，悉数送官，或易以米，或易以钱，务绝根株，不可贻患”。第三种情况，灭于初生之

① （清）王检心：《真州救荒录》，《中国荒政书集成》第6册，第3805页。
② （清）王检心：《真州救荒录》，《中国荒政书集成》第6册，第3807—3808页。

时，“蝻之初生如米粟，不数日而大如绳，能跳跃群行，他物击之不死”，因此，“宜用旧皮鞋底，或草鞋之类，蹲地捆挞，应手而毙”，“挞死之蝻，仍令送官，计升给价”①。

除此之外，一些常设的慈善机构，在此次救灾中也受到官府的重视，发挥了救灾职能。这些救灾机构具体来说有：

1. 暂栖所

如仪征县本来设有暂留所，但是年久荒废，此次赈灾中经捐资设屋，改名为暂栖所，收养“本境无依贫民及留易过往有病一时无处安身者，给予药饵口粮，病痊愿去者，给资听便”。因为担心大水之后有大疫，“老病贫民及穷途孤客，贫病颠连，谅必更多”，此类人也可以由暂栖所收养。② 所需经费，于捐资款内拨钱二百五十千文，添建号舍十间，并置备棉被、床铺、什物等，并拨盐义仓谷二百石，接济口食。到十一月底，暂栖所收养贫民42人。③

2. 慈幼堂

仪征县平时设有慈幼堂，每年冬天收养幼孩300名，另外有常年收受的恤孤义学幼童40名。该堂并无恒产，主要靠田租、房租、引费、官捐为经理之本。道光二十八年（1848）入夏以来，“盐未解捆，商、船两捐毫无，加之圩破水荒，圩田失收，经费倍形支绌”。王检心由县里从盐义仓谷内拨谷四百石，用来充作经费。同时，发布“劝捐助慈幼堂示”，希望绅商富户士民铺户“或捐银米，或捐柴米，或捐香油菜蔬，或捐棉衣被褥，随时送堂接济”，捐银三百两以上者照例请奖。④

3. 普泽局

由于水灾导致地近水滨者经波浪冲击，多有棺木漂流。普泽局平时负责抬葬无力棺柩，掩埋暴露枯骨。此次赈灾中，普泽局董被批评以经费无出为理由，“虚应故事，名实不符，甚非为善之道”⑤，经由赈局拨

---

① （清）王检心：《真州救荒录》，《中国荒政书集成》第6册，第3808—3809页。
② （清）王检心：《真州救荒录》，《中国荒政书集成》第6册，第3799页。
③ （清）王检心：《真州救荒录》，《中国荒政书集成》第6册，第3800页。
④ （清）王检心：《真州救荒录》，《中国荒政书集成》第6册，第3799页。
⑤ （清）王检心：《真州救荒录》，《中国荒政书集成》第6册，第3766页。

给二百千文经费，令绅董雇人周历灾区，检埋棺柩枯骨，不可违例火化，每五天具报一次。

总体来看，仪征水灾赈济既注意和加强发挥平时慈善机构、救灾机构的功能，又能根据救灾的具体特点，设立临时性救灾机构，选用绅士、民人等参与救灾管理，从而有助于提高救灾效率。不过，从中也可以看出，常设的救济机构由于缺乏官方经费的支持，多半经费短绌，运作不良，说明清代社会保障体系远不够完善。

三 救灾章程

如前所述，清人一直强调立法对救灾的重要性，所谓“救荒总期尽善，而立法不厌周详”。从会典列举的荒政十二条，到则例、省例中的救灾法规，再到大量存在的临时性救灾章程，展现了清代救灾法律体系的系统性和多层级相因的特点。州县灾救灾过程中，也常常定立各种形式的救灾章程。此次水灾赈济中，王检心称其也严格按照荒政十二条来办赈，同时力求灵活变通：“事不师古则违法，事尽师古则违行”[①]，比如把禁买灾民赈票视为“除盗贼”，把设局当牛视为“散利薄征”等。

道光十一年（1831），江苏水灾，江苏布政使林则徐曾经订立筹计章程，内容包括倡率劝捐以周贫乏，资送流民以免羁累，收养老病以免流徙，收养幼孩以免遗弃，劝谕业户以养农佃，殓葬尸棺以免暴露，多设粜厂以平市价，变通煮赈以资熟食，捐给絮袄以御寒冬，劝施籽种以便种植，禁止烧锅以裕谷食事，收养耕牛以备春耕等。道光二十八年（1848），江苏省被水州县甚多，江苏省将此条款抄发被灾各州县，令“逐条确核仿办”[②]。除了逐一对照筹计章程办赈，仪征县还注重因地制宜，比如针对水灾后的瘟疫，捐资配送祛寒去湿丸，疏通交通要道，对被淹没的城厢内外道路，捐资租借搭盖盐厂工人木跳，“往来称便”，被灾地区男女婚嫁不免耽搁，女子“迁移露面”，会使“奸徒易起邪

① （清）王检心：《真州救荒录》，《中国荒政书集成》第6册，第3731页。

② （清）王检心：《真州救荒录》，《中国荒政书集成》第6册，第3753页。

心，牙侩更生贪恋”，因此，鼓励和支持灾民迅速完婚，节俭办婚礼，“嫁衣等项，即以旧有之物，浆洗为之”①，“男家勿索妆奁，女家勿争财礼”，目的是维持地方风气，“既正人伦，又养廉耻”②。

另外，十月份办理大赈之时，江苏省又将林则徐道光十一年（1831）所订立的《查赈章程》刊发多本，交给查赈委员，《查赈章程》被称为“办赈箴规”，系林则徐针对当时办赈积弊所设立。③ 除了《查赈章程》外，道光二十八年（1848），江苏省还新刊印了《查灾切要》，因其“切中时弊”，仪征县也交给委员随时翻阅。④

江苏省的救灾章程成为仪征水灾赈济的重要条文法规。除此之外，针对救灾的各个环节，仪征县还设定了多种临时性章程，如办理恤婴堂章程、收当更牛章程二十条（后来又续定章程六条）、散放义谷章程、捐恤户口章程等。如收当更牛章程二十条，包括酌定当价；通筹喂养；慎重出纳；分局司务；当本喂养，通融挹注；草须预买；草堆慎重；器物宜预备；牛屋坚实，牛粪变价；雇佣牧夫须壮健农佃；发给腰牌以资稽查；当牛觅保；公看口牙以定当价；饭食、工食定数给发；坟墓园田毋许践踏；牛病立即医治；总头人等核记功过；出力与捐输分别奖励；牛毙传主看明。续议章程六条包括，牛屋宜宽深；火患宜慎防；草束宜撙节；退牛作记认；子牛给草并看取痘浆；牛病须另拴。⑤ 从这份当牛章程，可见州县办赈的具体细致，极具可操作性。

另外，有的章程是对省府相关章程的补充。如查办大赈续拟条款，因为之前查写义赈户口，“系猝被水灾之后，乏食贫民有仍在本坊居住者，委员即在本坊查散。其搬移高阜搭蓬，或暂居庙宇，均就所在地方查验给票，委员缮榜。有集镇可贴者，均就各处实贴；其无集镇之处，贴于邑庙，咸使周知，固可杜除浮冒”，但是大赈户口，则须另行查写，

① （清）王检心：《真州救荒录》，《中国荒政书集成》第6册，第3755页。

② （清）王检心：《真州救荒录》，《中国荒政书集成》第6册，第3774页。

③ 中国第一历史档案馆藏：宫中朱批奏折，内政赈济，朝年赈济，档号：04-01-01-0723-065。

④ （清）王检心：《真州救荒录》，《中国荒政书集成》第6册，第3759页。

⑤ （清）王检心：《真州救荒录》，《中国荒政书集成》第6册，第3784—3787；第3793页。

“委员亲验给票，除缮榜晓示之外，仍于灾户门首实贴门牌，注明极次大小口数，以备抽查”，因为考虑到“查赈散赈，积习相沿，尤宜严禁书差地保，涤虑洗心，屏除故套”，因此，除上司下发的议赈条款外，王检心“尚有应议各条，合再禀陈”，合计定立大赈续拟六条：

第一，查写户口，应委各员宜互相稽察。具体办法是：“委员赴乡，户户亲到，验明给票，不假书差之手。查过一户，用门牌写明某户极次贫大小口数，实贴灾户门首。查完一坊，将该坊户口缮榜通衢。如有舛错，准予五日内呈明更正。某坊共给极次贫若干户，大小口各若干，由委员径行开折申报藩、府二宪，一面报县。”县中此时可以展开抽查工作：“县中即照报文户口，查对票根，缮贴邑庙，注明某员承查某坊字样。县中抽查，如有不符，随时指诘。倘有书差地保串同冒混，枷责示众。”灾区一律查完后，“凭委员较对朱册，核算数目，由县造册，通送各宪，以备抽查”。另外，要注意区分灾民和闹赈者的区别：“至争索赈票，多非实在灾民，而从中滋事，藉灾为头，率领老幼，多方闹索者，均非善类。生监则先移学收管，查有劣迹，据实详办，地棍则随时惩警。”

第二，棚栖寄居灾民，宜附坊给赈。棚栖寄居灾民，指的是被水之初，本县灾民或者迁移到高处搭盖帐篷，或者寄居庙宇，查放义赈，均为随地给票。现在水虽渐落，恐尚有未尽涸复之处，难以搬回原住村庄，因此，应传地保查询明白灾民原居坊分住址，另行注册，就所在地方查验给票，同时将本坊户名扣除，以免重冒。如有外县灾民寄居县境，因原籍无栖身之所，不愿回归者，可以询明原籍住址，另册登记，照次贫予以赈票，以免流离；“仍开花名户口，移明原籍扣赈，以防重领”。如果“虽系棚栖而积有余粮，或有业营生，可以支持者，不准滥给”。

第三，市易钱价，应严禁高抬，以恤灾民。各处银钱价值各有低昂，本不能一律相同。本境市价长落，在平时交易时候，应原听其便。但是，凡遇灾年，奸牙铺户知有赈济，常将钱价抬高，从中牟利。王检心因此示谕牙铺按旬据实开报，“将来赈银，即照市价易值合算。通足制钱，按月分大小，串扎散放。仍随时密令亲信人暗赴钱铺易换，所易之价较多，即提牙铺责惩。倘日期宽余，邻境价善，约除盘费水脚，仍与本境稍好，自应在于价善之处易换。若明虽价善，而钱色不纯，钱数不足，并无相宜之处，仍就本境易换。此就卑境情形而论，总冀多多益善”。

第四，“办灾经承酌给纸饭，以免藉口也”。县境圩田自被淹以来，“缮查文案等事，昼夜不遑”，在经费补贴上，“办事经承，予以纸饭油烛等费，差役地保，给以饭食，仅劳其力，不费其财。倘有需索等事，一经查出，立予究革”。因为“从前大赈放完，查造花名细册，通送各宪，册页繁多，缮写颇须时日，且纸张、饭食，所用亦巨”，为提高效率，因此请求本年“只造花名一套，余用简明册通送”。

第五，“放期应循定例，而免灾民仰望也”。本年仪征县成灾九分者有十坊三洲二边滩，八分灾者六坊，七分灾者十六坊，统计三十二坊三洲二边滩。定例十分灾，极贫例赈四个月，十月起赈，次贫三个月，十一月起赈；九分灾，极贫例赈三个月，十一月起赈，次贫两个月，十二月起赈；七、八分灾，极贫例赈两个月，十一月起赈，次贫一个月，十二月给赈。但是，“每因村庄窎远，户口繁多，不能克期查竣，以致并关散放，灾民多有嗷待之苦”。此次拟分八路，于十月初查，一月之内，“克期完竣，庶可从容查验，处处亲到，不致草率遗滥。赈银发到，赶紧易钱，按大小建月分，预为串扎，遵照定例，于十一月开放”。

第六，灾民赴厂领赈，宜示体恤。赈厂虽设置在适中之处，“而乡有远有近，寒气湿气甚重，衣食不足者最易染受”。王检心因此在厂旁砌设锅灶，捐备姜枣锅焦熬汤，“以待灾民，随到随饮，或可稍御寒凉。所费无多，贫民不无有益”。另外准备有祛寒去湿丸，“本已在署施送，复于委员往查义赈时，各带一二千丸，并备五毒膏，专治无名肿毒。见有内外症，随时散给，用之甚效，要者愈多”。给丸时，还要告知病者，“伏暑、暑湿等症不可误服”。截至九月二十日止，配送一百四十料。“此后天寒水冷，恐病者愈多，并查户口，亦令委员带往施散。”

从仪征县承上下发、或自行制定的救灾章程和规条来看，作为临时性救灾法规的救灾章程，主要因时制宜，针对某次救灾活动而制定，既体现了中央、省府的救灾法规在州县的具体实施，也体现了州县对救灾法规的阐释和补充。救灾章程体现了清代救灾立法的灵活性，从而能够更好地发挥救灾法规对救灾实践的指导作用和保障作用。

四　清代州县救灾机制的评价

（一）“一人政府”的鲜活体现

清代州县政府的职能非常具体而繁杂，但所有这些职能都只有州县官一人负责，其下属们大都只扮演着无关紧要的角色。瞿同祖因此将这一特点称为“一人政府”。救灾的主要环节，如报灾、勘灾、查赈、散赈等，都需要州县官进行细致的工作。州县官的能力、品质往往在很大程度上决定着救灾的成败。“荒祲出于天灾，补救则全资人力”①。王检心应该是一个颇为勤勉和有治理能力的官员。水灾发生后，他担心堤坝不坚，亲往督筑，书吏“止之曰：差催可矣”，他坚持亲自前往督催，使得“民鼓舞奋兴，昼夜修理”，另外，他还亲自驾着小船，打捞尸体，发放席片馍饼，请求发放仓谷和正赈银两，数次发动劝捐，到城隍庙祈晴，施医施药，发放棉衣，从鼓励多婚、设立暂栖所、恤婴堂等多方面保护妇女、儿童、老弱残疾人等弱势群体。此外，王检心既能将上级的救灾政策执行下去，还注重因地制宜，灵活机动地制定救灾规章，并运用于救灾实践。他曾谈到，扬州知府曾经问他：“汝所禀，吾皆能批。果能以一行之否？”他回答说：“已行方敢禀，未行不敢禀也。满目哀鸿，总竭尽心力，尚未能皆为拯救，倘再摭拾浮词，空言无补，何以上对大君，中对祖宗，下对万民乎。”②《真州救荒录》刊行的直接原因，是因为道光二十九年（1849）水灾依然严重，王检心是时已经离任仪征，因救荒者“多艳称余真州事，且索稿本传抄”，所以才编成刊行。这也说明其救灾经验的影响。王检心的救灾活动也得到了扬州府的赞赏，称其“能将荒政次第举行，可称循吏，定邀上考”③。这也说明，

---

① 光绪《清会典事例》（二），吏部二，卷一百十，吏部九四，处分例三三，赈恤，第418页。

② （清）王检心：《真州救荒录》，《中国荒政书集成》第6册，第3732页。

③ （清）王检心：《真州救荒录》，《中国荒政书集成》第6册，第3795页。

清代州县官中不乏秉公办事、殚精竭虑的贤能之员，他们对赈灾进程的良性运作发挥了积极的作用。

（二）层层监督体系下的州县救灾

清代救灾体系中，皇帝与督抚、州县等形成了逐级负责制度。雍正帝即言："若督抚不得其人，朕之过也；有司不得其人，则督抚之过也。至地方百姓不能为之遂生复性，捍患御灾，则其过专在有司也。"① 临时救灾官员与州县官形成了严格的互相监督制度。州县官处于知府、督抚的监督之下，无权作出重大的决策，几乎赈灾中所有事情都要向上级官员汇报，取得同意后才能进行处理。仪征水灾赈济中，从查勘水灾，到请放仓谷，拨放和散放正赈银两，施放棉衣、药丸，收当耕牛，事事均需要请禀。仅正赈事宜，《真州救荒录》所收仪征县致扬州府和江苏布政司的禀文就有24件。层层监督的救灾体制是督促州县官办赈的重要手段，若办灾不力，州县官会受到罚俸、降级调用、革职、革职永不叙用等不同程度的行政处罚。比如，以报灾为例，"州县官迟报逾限一月以内者，罚俸六月；逾限一月以外者，降一级调用；二月以外者，降二级调用；三月以外者，革职"。督抚司道府官以州县报到日为始，如有逾限者，照此例处分。以上规定"永着为例"②。从另一方面来讲，层层监督的救灾体制使州县权力极小，而担负的责任却极大，这显然不能够调动地方官对救灾的主动性。从财政体制来看，清代州县存留制度拮据而僵死，不仅数额"奇廉"，而且不预留丝毫机动财力。③ 仪征救灾中，暂栖所、恤婴堂等临时救灾机构所需要银两皆由知县劝捐而来，没有相对的财政自主权，容易使州县救灾陷入明知救灾贵速、却又只能陷入拘泥文法、无钱可赈的两难境遇。

---

① 《世宗宪皇帝实录》（一），卷五十九，雍正五年七月，第902页。

② 光绪《清会典事例》（四），户部三，卷二百八十八，户部一三七，蠲恤二三，奏报之限，第366页。

③ 魏光奇：《有法与无法：清代的州县制度及其运作》，商务印书馆2010年版，第312页。

（三）常规性与临时性相结合的救灾机制

从救灾人员、救灾机构、救灾章程来看，清代州县救灾机制常规性与临时性相结合的特点非常明显。临时性各级救灾人员、救灾机构的设立，体现了清代救灾因地制宜、因时制宜的灵活性。临时性救灾人员的派出，有助于克服基层官僚组织人员之不足，避免胥吏乡保从中擅权。由于临时救灾人员专门负责救灾，也可以使州县官可以有时间继续关注其他日常性事务。临时性救灾机构的设立，也有助于避免冗官冗费导致的人事和财政的负担。作为临时性救灾法规的救灾章程，主要因时制宜，针对某次救灾活动而制定，是对中央法规的具体阐释和补充，体现了清代救灾立法的灵活性，从而能够更好地发挥救灾法规对救灾实践的指导作用和保障作用。但是，受清代行政体系本身的制约，这样的救灾体制本身也充满种种弊病。从救灾立法及实施来看，有清一代，基本没有一部专门的常设的救灾条例或法典出现。也就是说，指导和规范国家与地方救灾活动的救灾法规大都需要从综合性法典、则例中找寻。此外，整个救灾程序的良性运转，需要各级救灾人员保持敬业精神和廉洁奉公的品质。就查赈委员而言，由于委员层次庞杂，素质参差，事实上会在很大程度上影响赈济的效果，导致对地方及民间的扰累。所谓“有治法尤贵有治人”，一旦荒政不得其人，则任何严章峻法不过如同一纸空文而已。

第九章

晚清州县官视野中的救灾活动：以柳堂《灾赈日记》为中心

州县在清代地方行政中具有非常重要的作用。“天下事无不起于州县，州县理，则天下无不理。”① 自然灾害来临之际，救灾当然成为州县官无可避免的重要工作，州县官的素质和效率也直接关系到整个救灾体系的成效：“办理赈务，全在地方州县得人，庶不至有名无实。”② 林则徐在给杨景仁《筹济编》做序时也指出，自然灾害的发生，让老百姓加大了对州县官治理能力的期待和依赖：“牧民之官，民之身家之所寄也。年谷顺成，安于无事，民与官若相远；一有旱干水溢，则哀号之声、颠连之状不忍闻而不能不闻，不忍睹而不能不睹。彼民所冀于官之闻之睹之者，谓必有以生活我也。夫民固力能自生活者也，至力穷而望之于官，良足悲矣。居官者诚知民以生活望我，而我必有以生活之。”③ 从清代救荒书来看，州县官亲自书写的救灾经历、灾赈个案等并不多见。《灾赈日记》是其中非常重要的一种。关于《灾赈日记》的作者，有的文献称为邱柳堂④，王江源《晚清柳堂与〈灾赈日记〉》一文认为，《灾赈日记》署名“古桐邱柳堂”，“古桐邱”指河南扶沟，作者应为时

---

① （清）徐栋辑：《牧令书》，“自序”，官箴书集成编纂委员会编《官箴书集成》第七册，黄山书社1997年影印版，第6页。

② 中国第一历史档案馆藏：上谕档，第1425册，第203页。

③ （清）杨景仁编：《筹济编》，《中国荒政全书》第二辑第四卷，第7页。

④ 如李德龙、俞冰主编《历代日记丛钞》（学苑出版社2006年影印本）收录《灾赈日记》，李文海、夏明方、朱浒主编《中国荒政书集成》（天津古籍出版社2010年版）收录《灾赈日记》，作者皆称为邱柳堂。

任惠民知县的河南扶沟人柳堂。[①] 学界对于柳堂本人已经有了一定的研究。[②] 光绪二十四年（1898）夏，山东境内黄河决口，沿河地区受灾，时任惠民知县的柳堂在主持该县救济水灾过程中记下的《灾赈日记》，详细记述了他在水灾发生后持续半年多的时间组织救灾的经历。其史料价值弥足珍贵。

柳堂生于道光二十三年（1844），光绪十六年（1890）庚寅会试中进士，以知县分发山东。光绪二十二年（1895），任惠民知县，任职五年后，升任东平州知州等职。光绪三十二年（1906），柳堂复任惠民知县。其治理惠民县的文献，另外还著有《宰惠纪略》五卷[③]。《灾赈日记》时间起自光绪二十四年六月二十三日（1898 年 8 月 10 日），迄至光绪二十五年正月十二日（1899 年 2 月 21 日），约 200 天。《灾赈日记》的成书经过，自从六月二十五日（8 月 12 日）桑家渡黄河决口后，柳堂“查灾放赈，在外者多，在署者少”[④]，其间他将经历灾区情形，每晚取纸笔记下，“一纸不尽，续纸或背面书，鸦涂几不成字形”，等到冬竣后，又与灾赈相关的卷宗核对补充，经过整理，初命名为《灾赈记略》，后又改名为《灾赈日记》。按照柳堂的说法，这本日记对“百姓之昏垫，四境之周履，历历在目”，除了记载整个赈灾的过程，也是其作为惠民知县半年来的主要工作记载：“半年以来，除寻常词讼，何一非为灾赈计。”[⑤] 许多记载生动直接，也可从中窥见晚清官场的复杂的人际关系：“可以见世态之炎凉焉，可以见民情之诈谖焉，可以见仕途之险峻焉，可以见职守之劳瘁焉。”[⑥] 本章以此为中心，希望能够具

① 王江源：《晚清柳堂与〈灾赈日记〉》，《德州学院学报》2016 年第 3 期。

② 相关论文主要有王亚民《从〈宰惠纪略〉看晚清知县的乡村治理》，《东方论坛》2010 年第 2 期；翟国璋《坎坷的科举之路——柳堂个案研究》，《江苏教育学院学报》2010 年第 9 期；李关勇《异地文缘桑梓情深——一个逊清遗老与河洛诸文士的交游郄视》，《平顶山学院学报》2014 年第 3 期；李关勇《文人·官员·社会变革：一个晚清地方官的生命史研究》，博士学位论文，山东大学，2011 年；郭金鹏、李关勇《一个被掳者眼中的捻子——以柳堂〈蒙难追笔〉为视角》，《齐鲁学刊》2013 年第 4 期。

③ （清）柳堂：《宰惠纪略》，光绪二十七年刻本。

④ （清）柳堂：《灾赈日记》，《中国荒政书集成》第 11 册，第 7402 页。

⑤ （清）柳堂：《灾赈日记》，《中国荒政书集成》第 11 册，第 7402 页。

⑥ （清）柳堂：《灾赈日记》，《中国荒政书集成》第 11 册，第 7445 页。

象地考察晚清州县救灾内容及其实效，分析州县官在救灾模式下的实际角色及功能，同时期待从救灾这一视角，阐释清代州县制度的具体运作。

一　做官惟赈是大事：州县官与救灾

光绪二十四年（1898），黄河夏间在山东境内盛涨异常，漫溢多处，据山东巡抚张汝梅奏称："本年六月二十一日，山东黄河上游南岸黑虎庙漫溢，溜由寿张、郓城两县地界穿运河东泄，寿张县杨家井临黄堤漫溢，平地水深盈丈，被淹四百余庄。中游历城南岸杨史道口民埝漫溢，济阳县属之桑家渡大堤漫溢成口，刷宽至十五六丈，深二丈余，东阿境内王家庙漫溢十余丈。其余东平、肥城、长清各境内亦漫溢多处"，因山东黄河上中两游迭报失事，上谕将"张汝梅着交部议处"[①]。本年山东境内水灾极其严重，据张汝梅后来奏称："山东处黄河下游，河身弯曲，淤垫日高，故近年以来，几于无岁无工，即无岁无赈。然水势之大，灾情之重，从未有如今岁伏汛之甚者。溯自历城南岸杨史道口等处民埝漫溢后，各属报灾者，纷至沓来，就目前而论，已有历城、章丘、邹平、长山、新城、齐东，济阳、禹城、长清、东平、东阿、平阴、肥城、惠民、滨州、利津、沾化、青城、商河、阳谷、寿张、汶上、濮州、范县、郓城、茌平、博兴、高苑、乐安等二十九州县。臣核其所报情状，或一州一邑之内城乡村镇尽被水淹，或一村一镇之中庐舍资粮全归漂没，或灾黎来及逃避人口难免损伤，或虽已逃至高处饥困苦难生活。所最惨者，黄流陡至，或避于屋顶、或避于树巅，围困水中，欲逃不得，欲食亦不得，其望救之状与呼救之声，真令人目不忍睹，耳不忍闻。"[②] 惠民县是武定府附郭首邑，"土多硗瘠，民鲜盖藏"。清政府将惠民县定为"繁、难"两字中缺之地[③]。"繁"指公务繁多，"难"指

① 《德宗景皇帝实录》（六），卷四百二十三，光绪二十四年七月，第542—543页。

② 中国第一历史档案馆藏：军机处录副奏折，赈济灾情类，03－168－1370－15。

③ 刘子扬：《清代地方官制考》，紫禁城出版社1994年版，第472页。

民风暴戾，易于犯罪。惠民县有4条河流过境。其中，黄河由西向东流经县境南缘，为县内主要灌溉水源。另外还有徒骇河、沙河、土马河等三条河流。柳堂担任惠民知县时已经54岁，光绪二十四年（1898）是其执掌惠民的第三个年头。六月二十五日（8月12日），黄河济阳桑家渡决口，水漫惠民境内，正在视察沙河堤工的柳堂听闻“事已不可为，一时神魂俱失，呆立久之”[①]。随后，黄水冲决徒骇河堤工，徒骇河南北尽成泽国。七月十五日（8月31日），沙河正字约堤决，城西北成泽国，“合境几无干土”[②]。根据《灾赈日记》的记载，在接下来近半年的时间，柳堂主要从以下几个方面进行救灾工作：

（一）查放急赈

水灾属于突发性灾害，在灾情严重的情况下，需要进行急赈：“灾黎甫行被灾，仓皇无定，如大水淹漫，室庐荡然，被灾最为惨烈，自应急赈。”[③] 自六月二十五日（8月12日）至七月初七（8月23日），柳堂随武定知府或亲自赴四乡巡查灾情，组织人力至被水乡村救护被困灾民，发放锅饼，与邻县阳信县知县会晤商修守事，同时具禀向上司报灾，将被灾村庄造花户册，“预备委员查放急赈”，疲惫至“申请惝慌，气尽力竭，不能动移”[④]。所到之处，发现到处一片汪洋，村庄尽在泽国，灾民“人在屋顶立，甚可悯”[⑤]。七月初七，省城派发的作为临时救灾人员的委员来到惠民，带三千两银子进行查放急赈。随后，柳堂安排差役并亲自帮同委员急赈被水村庄[⑥]。从其日记中可见，查放急赈，每日在灾区的行程紧张而不易，以七月初七日所载为例，是日，柳堂“由小韩家、大车吴家西经杭家、西陈家、后牛家人药王庙口，见有五、六丈长大船停泊，意是自省来查放急赈者，问之果然，委员乃余旧识傅

① （清）柳堂：《灾赈日记》，《中国荒政书集成》第11册，第7407页。
② （清）柳堂：《灾赈日记》，《中国荒政书集成》第11册，第7416页。
③ （清）吴元炜：《赈略》，《中国荒政全书》第二辑第一卷，第676页。
④ （清）柳堂：《灾赈日记》，《中国荒政书集成》第11册，第7408—7409页。
⑤ （清）柳堂：《灾赈日记》，《中国荒政书集成》第11册，第7410页。
⑥ （清）柳堂：《灾赈日记》，《中国荒政书集成》第11册，第7411页。

大令鲁生（善宝）及彭大令晓峰（丙戌）、杜典史小村（从恩）也。带银三千两，舟子以船大，不敢出口行，方为难，余嘱令暂停。乘船东行至聂索桥，房屋倒殆尽。船浮水面，与戏楼平。余登楼与马首事略谈，赏给锅饼一百二十斤，与倒房者分食之，外给马首事馒首数十，以伊有老母也。命家人邵春赴南五庄，孙福赴南八庄，张铎赴西韩家口等庄，均带锅饼，每庄三二十斤、五六十斤不等。晚回药王庙，与委员船同泊，遇李光宇带饼赴直字约李家庄一带散放，遵余嘱也”①。至八月十五日（9月30日），急赈结束，放过急赈者共132村庄，5968户，大口21237口，小口8176口，每大口给赈京钱四百文，小口减半，共放京钱一万零一百三十千文，又放淹毙流亡钱一百千文，共放京钱六千八百四十千文。②

（二）勘灾查赈

在放急赈同时，进行勘灾。勘灾的目的是确定成灾分数。雍正六年（1728），议准州县官勘灾期限以四十五日为限。如逾限半月以内递至三月以外者，照报灾迟延例议处。③ 勘灾过程中，柳堂发现有报灾不实的情况。如七月二十日（9月5日），发现平字毛王庄、商家、二寄庄等村庄“半系济阳民，户口多浮冒，几经核减，仍不实”④。另外，杨家集并未见水，问责首事，“将笞责，数求情，宽之”。与杨家集相隔徒骇河的张、陈等庄田禾茂盛，有的地方更属丰稔，“报灾可恨”，“首事、地方，无一来见者，自知理短也”⑤。九月初，确定查灾密册和灾案禀稿，因为涉及八九百个村庄，必须谨慎小心，“有一信心不过者，即不能遽定”。统计成灾七成，应赈174村庄，较重者470多个村庄，较轻、极轻者160多个村庄⑥。勘灾之后，还有查赈，即划分贫户等差，

① （清）柳堂：《灾赈日记》，《中国荒政书集成》第11册，第7411页。

② （清）柳堂：《灾赈日记》，《中国荒政书集成》第11册，第7419页。

③ 光绪《清会典事例》（四），户部三，卷二百八十八，户部一三七，蠲恤二三，奏报之限，第367页。

④ （清）柳堂：《灾赈日记》，《中国荒政书集成》第11册，第7414页。

⑤ （清）柳堂：《灾赈日记》，《中国荒政书集成》第11册，第7415页。

⑥ （清）柳堂：《灾赈日记》，《中国荒政书集成》第11册，第7422页。

核对灾民户口，为赈济做准备。九月底，“查放冬赈委员挟赈票至”，和柳堂兵分四路查赈，到十月底查竣。十一月，经省赈抚局批复，极贫灾民折实大口 6984 口，次贫灾民折实大口 23732 口，需赈银约库平银四千两[①]。十一月二十日（1899 年 1 月 1 日），收到赈银、棉衣后，便出示晓谕灾民放赈时间和地点。放赈时，放过一村，榜示一村，并用朱笔将应领银数、棉衣标示，以防弊端。十一月底，冬赈放竣[②]。距离县城三十里以内者，均是柳堂自查自放。另外，十二月底，又清查极贫人口 276 口，柳堂亲自发放穷民津贴经费，称“放穷民赈”[③]。次年正月，查勘发放 42 个村庄津贴籽种。查放津贴籽种中，也有对赈济中错漏者予以弥补。如正月初二日（2 月 11 日），柳堂赴沙河北常家、徐家、蒋路庄、前后苏家、蔚家、杨千家七村查户口，津贴籽种，先是“水来此七庄，曾放饼五百斤，传言以饼坏不堪食，颇说闲话。该七庄亦不多贫民，急赈、普赈均未及。合龙后，数过后苏家庄，见房屋倒塌，虽不无稍有盖藏之户，而穷困者亦复不少，深悔务远遗迩，未免失察”。以上地方在钦差到来时，亦无一投诉者，民风宽厚，让柳堂“益觉抱歉，遂多发籽种，以补余过。嗣每亩发市斗四升，二十亩以上始扣除，河南则六亩以上便不发，所以示区别也”[④]。

（三）开办粥厂

除了急赈、普赈外，还有煮赈，即开设粥厂。开设粥厂历来皆会生发不少问题，此次惠民县粥厂刚刚开设，即发现弊端重重，如有一人两签之弊，贫富混淆之弊，屯聚滋闹之弊等。柳堂因此请准设立粥厂章程十四条，对粥厂经费、地点、人员，施粥流程、灾民安置等问题予以说明。如在粥厂经费方面，“设厂放粥，必须宽筹经费。除禀准动用赈捐等银外，官为倡捐，次及盐、当，次及殷实富户，不稍勉强，不拘多寡，随缘乐助。捐者姓名皆登印簿，以备完竣之日，分别标榜示众”，

---

① （清）柳堂：《灾赈日记》，《中国荒政书集成》第 11 册，第 7429 页。
② （清）柳堂：《灾赈日记》，《中国荒政书集成》第 11 册，第 7432 页。
③ （清）柳堂：《灾赈日记》，《中国荒政书集成》第 11 册，第 7441 页。
④ （清）柳堂：《灾赈日记》，《中国荒政书集成》第 11 册，第 7443 页。

撤厂之时，“须将捐输人名、银钱数目及粥厂起止日期，共用柴米若干，并厂中器具、工料、灯油、工食一切经费，统计盈绌，标榜示众，不敷另为筹捐。如有盈余，少即散给贫民，多则发当生息，以备来年放粥之用”。粥厂的管理方面，粥厂设立在郡城城隍庙，每日黎明开厂放粥一次，“贫民凭签领粥，并分男、女两厂，以分其势，免致搀杂拥挤”，签分循环，用红绿二色，“附近灾民，先期由首事造册呈县，查明真贫实苦，按名发给循签，俟开厂放粥时，缴签领粥，换给环签。逐日循环缴领，以杜冒滥重复之弊”。在管理人员方面，厂中“派出诚笃耐劳亲友二人，常川驻厂，总理一切。其经费、柴米、器具、人役，造具清册一本，出入流水赈一本，归其经管，以备稽考”。每日放粥时，聘请诚实幕友二人，分男、女两厂料理发放，同城官轮往稽查弹压，以防口角滋事。厂中安设大锅灶 24 座，大水缸 40 口，用草围好，一半装水，一半盛粥，并做草盖，盛满盖好，以防粥冷。厂中须用勺夫、水夫、火夫，派定每锅勺夫一名，火夫一名。“先择一承充饭锅头之人，令其挑选勤慎精壮者充当，以专责成。如有怠玩徇私情弊，一经查出，轻则立时更换，重则枷责示儆，不稍宽贷”。厂中前后门，各派把门二名，“以司启闭”。放粥处派听事四名，“以备指麾。均遴选勤慎之民人充当。各项夫役人等，均准在厂吃粥外，每日每名酌给工食京钱一百零十文，以示体恤。如有偷惰情弊，查出重责不贷”①。粥厂经费，除动用赈捐银外，柳堂自己倡捐银三百两，盐、当各商捐银数千两。粥厂于城隍庙开厂后，“日豢穷民近二千人”②，“贫民得此，无不欢欣。有谓向不见米，今得米食者；有向不得饱，今得吃饱者，闻之为之一快”③。此外，柳堂还开设平粜局，以调节粮价，用于核定散放津贴籽种等。

从上述可见，《灾赈日记》大体描述了晚清州县官在赈济水灾过程中的基本工作流程，从中可见州县官在救灾中所起的重要作用，举凡报灾、勘灾、查赈、放赈，每个救灾程序都需亲力亲为。这一方面是因为

① （清）柳堂：《灾赈日记》，《中国荒政书集成》第 11 册，第 7429—7430 页。
② （清）柳堂：《惠民县志补遗》，五行志，光绪二十六年刻本。
③ （清）柳堂：《灾赈日记》，《中国荒政书集成》第 11 册，第 7428 页。

救灾本身应是州县官职责所在，清人定义所谓“循吏”的标准，其中之一即为“或水旱为灾而能尽心救济，全活数百万人者”[①]。赈灾过程中州县官有贪污舞弊者，法律规定予以严惩。康熙十八年（1679），议准“赈济被灾饥民以及蠲免钱粮，州县官有侵蚀肥己等弊，致民不沾实惠者，革职拿问，照侵盗钱粮例治罪”。此条乾隆五年（1740）纂为定例附入“检踏灾伤田粮”条中[②]。州县官自己也认识到，“做官惟赈是大事，一有错，便是玩视民瘼”[③]。另一方面，州县官的救灾活动也能非常具象地体现其为政素质。在半年多的救灾过程中，柳堂可谓殚精竭虑：“自桑家渡溃决，驾轻舟遍历乡村，或六、七日一回署，或十余日一回署，风栉雨沐，星饭水宿，夫人而知其勤民矣。”[④] 其中还经历不少风险，如七月二十六日（9 月 11 日）坐船勘灾时，遭遇暴雨，船舱进水，“一日两遭险，丁役皆惶恐失措，面几无人色”[⑤]。他轻舟简从，查灾放赈时所带饮食常常是“单饼二，以水煮之，无油盐，然有咸菜”，自己仍然认为“胜于灾民多多矣”[⑥]。他有一首《勘灾行》描述自己勘灾时的艰苦情形说：“渴饮黄泉食干糇，向晚泊舟无干土，席地不堪容衾裯，蚊雷聒耳鸣不休。”[⑦] 除了救灾之外，州县官还要应对其他一些日常事务，如“词讼亦州县之要，如半年不理，成何政体”，光绪二十四年六月二十三日至二十五年正月十二日，柳堂共理词讼 321 起。因其兢兢业业，踏实认真，在当地“官声甚好”。从京城到武定州施放义赈的户部主事刘彤光在灾区访诸父老，“皆称邑侯纯斋柳君贤”，和柳堂晤谈，描述其“朴实若学究”，“叩以乡村灾形，应声答如指掌纹，非躬历日久，恐未易至此”，与那些“高卧衙斋，日旰不起”，“若询以城外事，则呼吏以对”的官员相比，“勤求民瘼”的柳堂“真可谓

---

① （清）徐栋辑：《牧令书》卷二三，《官箴书集成》第七册，第 546 页。
② 《大清律例》卷九，田涛、郑秦点校，法律出版社 1998 年版，第 192 页。
③ （清）柳堂：《灾赈日记》，《中国荒政书集成》第 11 册，第 7433 页。
④ （清）柳堂：《灾赈日记》，《中国荒政书集成》第 11 册，第 7445 页。
⑤ （清）柳堂：《灾赈日记》，《中国荒政书集成》第 11 册，第 7416 页。
⑥ （清）柳堂：《灾赈日记》，《中国荒政书集成》第 11 册，第 7431 页。
⑦ （清）柳堂：《灾赈日记》，《中国荒政书集成》第 11 册，第 7415 页。

惠民令”[①]。让柳堂更为欣慰的是，钦差溥良对山东巡抚张汝梅也大加肯定柳堂的政绩：“查过省东十五州县，当以惠民县为第一，以钱数、口数无一不符也。”[②]

二 非灾而灾：州县官救灾中的人际网络

《灾赈日记》中记载了不少和惠民水灾救济相关的各级官员形象，以致书成后，他交待看到的人要“慎密”，因为担心其“记事直笔，恐触犯当途达官忌讳”。日记中所记载的有的官员言行颇为具体细致，透过柳堂之笔，我们可以借此生动地感受州县官救灾中纷繁复杂的人际网络，观察清代救灾行政体系的具体运作。

（一）州县官与办赈委员

为了提高救灾效率，协助和监督州县官救灾，清代地方督抚常会委派临时办赈委员前往灾区查赈放赈。“各属地方辽阔，灾赈事务头绪纷繁，印官一身不能兼顾，故须委员协办。”[③]“州辖一州，县辖一县，或一二百里，或二三百里，被偏灾者尚可料理，普灾则应办事尤多，岂能兼顾，则委员重矣。”[④] 此次惠民水灾中，从省城派往该县查放急赈的委员有知县傅鲁生、彭晓峰、典史杜小村等。桑家渡六月二十五日决口，他们七月初携带赈银三千两来到惠民，分路查放急赈，直到八月初事毕回省。查放冬赈时，被派往惠民县的查放冬赈委员有即用知县王玉堂、候补州判宋遇滨、候补县丞王小堂，查赈时分为四路，由三位委员和柳堂各领一路。办赈委员的设立，有利于分担州县官的赈灾压力，并与州县官相互监督，提高救灾物资使用的透明度。但是，在州县官看来，办赈委员对本地情况不熟悉，尤其其素质参差不一，有时并不能起到好的效果。惠民县查灾放赈中，柳堂认为做的最符合规范的是自己

① （清）柳堂：《灾赈日记》，《中国荒政书集成》第11册，第7399页。

② （清）柳堂：《灾赈日记》，《中国荒政书集成》第11册，第7444页。

③ （清）汪志伊辑：《荒政辑要》，《中国荒政全书》第二辑第二卷，第570页。

④ （清）徐栋辑：《牧令书》卷十三，《官箴书集成》第七册，第263页。

“自查自放”的距城三十里内的地方，若是委员负责的“三十里外，则不符者多矣”。前面提及的办理冬赈委员王玉堂，在柳堂眼里就是这样一个“于民瘼毫不关心”“为谋缺计，只知见好上司”之人，王玉堂到达惠民县后，“自负有能，不问灾区之轻重，但就冬赈名册剔除口数，致灾民多有向隅”，“尤卑鄙不堪者”，“闻君至一村，有款待以酒食者，便许以赈。去岁灾案已定，增入数村，皆为此也”①。因为惠民县整体救灾成绩良好，王玉堂次年仍被委派为惠民县的春赈委员，此事令柳堂颇觉不平，专门在《灾赈日记》末《附春赈记事一则》，记载了王玉堂的行径，“以博大雅一噱云”②。

另外，在州县官看来，委员的增设会加大赈款被盘剥的风险，从知府发往州县的赈款，“在本府衙门留一半，大约幕友、丁役皆有所私之人；以一半交委员，委员亦有所私，再留一半，穷民得者寥寥矣”③。除了委员的素质堪忧外，委员的添设也会增加救灾开支，救灾经费短绌之时，如此做法并无必要。惠民水灾中，因为沙河吃紧，武定知府拟专派委员，负责将城门堰加高，柳堂认为城里地势高于城外，并无水患之忧。而且委员无枵腹从公者，即使照守沙河支发每人每日京钱一千，每月须钱二百四十千，“加以油烛桩料，总在三百千以上，以三月计之，便须钱一千余千，何处筹此巨款乎！”柳堂因此建议责成四城门首事看管，每门由他派差役二名伺候，随时向政府通报情况，“如此则事不废而款省，又甚便于民”，将委员撤去后，“乡民皆称便”④。

（二）应酬之烦

救灾过程中，州县官往往要接受各级上司的监督和检查，然而，督导太过频繁，就容易对州县形成一种干扰，令州县官不堪其扰，不胜其烦。袁枚曾指出，因捕蝗而前往灾区的各级官员如同“有知之蝗”，其给灾区带来的危害甚至超过了蝗灾本身：“今督捕之官太多，一虫甫生，

① （清）柳堂：《灾赈日记》，《中国荒政书集成》第11册，第7444页。
② （清）柳堂：《灾赈日记》，《中国荒政书集成》第11册，第7444页。
③ （清）柳堂：《灾赈日记》，《中国荒政书集成》第11册，第7441页。
④ （清）柳堂：《灾赈日记》，《中国荒政书集成》第11册，第7412页。

众官麻集，车马之所跆藉，兵役之所輘轹，委员武弁之所驿骚，上官过往之所供应，无知之蝗食禾而已，有知之蝗先于食官而终于食民。”①作为重灾区的惠民县，自然也有中央和地方官府派来的临时救灾官员“此往彼来，络绎不绝”，其人数之多，“缕堤、大堤、徒骇堤均近百里，钦使随员、测量生、武弁、洋人几于到处布满，而食宿无定所，期会无定时，夫马酒席无定数，办差非常棘手矣”②。除了重灾区，惠民县还是武定府附郭首邑，繁难之地。时人以为，附郭首县的送往迎来之苦尤重，“长官层累，趋跄倥偬，供亿纷纭，尤有疲于奔命之苦”，清代有谚语形容首县之苦说：“前生不善，今生知县。前生作恶，知县附郭，恶贯满盈，附郭省城。”③ 办赈中官员不乏自律者，如钦差大臣、户部右侍郎溥良“一切酒席均不受”，“随员自备饮食，不骚扰地方”④，但迎来送往之多依然让州县官不堪其扰，柳堂称之为“非灾而灾”：“查河钦使随员洋人测量生，星罗棋布，到处居民不安，非灾而亦灾矣。郡守交替，往来灾区，迎送维艰，车户船户亦皆灾民，如病人负戴，穷民添客，亦非灾而灾之类也。”⑤ 因为送旧迎新“不下数十日”，船户受累不浅，畏惧支差，躲避逃走，迎接新来的武定知府时，由于找不到船只，柳堂“左支右吾，执雨盖立泥中，冠戴淋漓，与三班总役为难许久”，可谓狼狈不堪⑥。再如，为接待十二月来的查河钦使，从十一月初，惠民县就在徒骇河入首的夏家桥、清河镇等处预备宽大公馆，“伺候二十余日，夫数十人，马二十余匹，公馆六、七处不敢撤，一切应用俱招办”。感慨万分的柳堂专门写了《大官来》这首诗，表达其因送往迎来而不胜其烦的心情说：“大官来，小官去，东奔西驰知何处。小官来，大官去，东奔西驰差竟误。误差大官怒，大官不怒难自恕。”此外，应酬之烦使得物力人力皆透支，这对灾区来说无异于雪上加霜：“缕堤

---

① （清）袁枚：《复两江制府策公问兴革事宜疏》，《皇朝经世文编》，卷二十，吏政六，大吏，第3页。

② （清）柳堂：《灾赈日记》，《中国荒政书集成》第11册，第7429页。

③ 徐凌霄、徐一士：《凌霄一士随笔》，山西古籍出版社1997年版，第1548—1549页。

④ （清）柳堂：《灾赈日记》，《中国荒政书集成》第11册，第7437页。

⑤ （清）柳堂：《灾赈日记》，《中国荒政书集成》第11册，第7403页。

⑥ （清）柳堂：《灾赈日记》，《中国荒政书集成》第11册，第7418页。

遥堤漯河堤，行辕预备十数处，夫马足用，酒席不论数。那知差来到底误，伺候月余只一顾，靡费千金向谁诉。”[①] 靡费千金的各处公馆最后“来往仅见张、孙二观察”，发生在灾区的这种铺张浪费，“亦冤矣哉”[②]。

（三）办事之难

清代州县官被称为“治事之官”，州县之上的知府、司道、督抚等为“治官之官”，由于各级上司掌握着州县官的仕途命脉，因此，他们对州县官有着极大的支配权。如此“以官治官”的监察制度导致“一吏也，而监之者五六人，此一人之性情、语言、动作，其顺逆皆足以为利害；其左右之人，以至左史之属，其好恶皆足以为毁誉”，因为上司层次太多，使得州县官行政极易受到上司政令干扰，“力疲于趋承，心怵于功令，稍失上官之意，诃斥频加”[③]。救灾过程中，在负责本州县救灾同时，州县官同样还要完成很多上司交派的任务。让柳堂觉得颇为烦扰的是协济桑家渡秸料和代换义赈现钱运赴齐东县两事：“甚矣，惠民之多事也。以灾赈之区，自顾不暇，而令协济桑工秸料，民既受累，方竣事，又令代换义赈现钱，运赴齐东，商不又受累乎！”[④] 代换义赈现钱，指的是帮助义赈局换银一万两，其难度在于要从惠民运到齐东，当时交通不便，“水旱不通，节节阻滞”，运送巨款颇有风险。不过，让柳堂更感棘手的是被他称为“灾中灾”的协济桑家渡秸料一事[⑤]。因为桑家渡决口，惠民县被河防局告知需协济桑家渡秸料二百万斤[⑥]。柳堂认为，桑家渡决口虽是天灾，也是人祸，如果桑家渡有秸料数十万个，即不至于决口，但是当时“营委既妙手空空，无能为役；印官又深坐不出，其以害不在本境耶”[⑦]，负责黄河中游督办的道员丁达意不能

---

① （清）柳堂：《灾赈日记》，《中国荒政书集成》第 11 册，第 7433 页。
② （清）柳堂：《灾赈日记》，《中国荒政书集成》第 11 册，第 7439 页。
③ （清）梁清标：《敬陈用人三事疏》，《皇朝经世文编》，卷十七，吏政三，铨选，第 8 页。
④ （清）柳堂：《灾赈日记》，《中国荒政书集成》第 11 册，第 7432 页。
⑤ （清）柳堂：《灾赈日记》，《中国荒政书集成》第 11 册，第 7403 页。
⑥ （清）柳堂：《灾赈日记》，《中国荒政书集成》第 11 册，第 7415 页。
⑦ （清）柳堂：《灾赈日记》，《中国荒政书集成》第 11 册，第 7407 页。

防患未然，“不知自愧”，此时又指派作为重灾区的惠民县协济秸料，这就“犹人身染重病，日以参苓养之，犹恐自保，而乃令负重行百里，其有不速死者几希，抑亦不仁之甚矣”[①]。柳堂请求免去筹集，但未获准，他不禁慨叹：“明知此事扰民，州县力不能主，奈何!”[②] 更有甚者，丁达意因此向巡抚禀告其“玩视要工”，“处处与余为难”，在验收惠民县秸料时不停刁难，柳堂几赴桑家渡，与丁达意解释周旋，同时还要“好言抚慰”运送秸料而遭受刁难的首事，后经人作保，又随时向巡抚禀明相关事宜，方才完成任务。九月十七日（10 月 31 日）这天，因为斡旋此事，柳堂“自辰至戌，一粟未到口，真觉心力俱瘁矣”[③]。惠民县举人李凤冈在跋中所称此日记可见“世态之炎凉”，“仕途之险巇”，应当主要指此事。

三　民岂可畏：救灾中的官民关系

“亲民之官，州县为最。”[④] 作为亲民之官，州县官在官民关系中起着举足轻重的作用。方大湜阐释官民关系说：“天下之治乱系乎民，民之治乱系乎牧令。盖牧令者亲民之官，官不能治民，则民之疾苦日甚，天下所由多事也。”[⑤] 灾荒发生，容易引发各种社会矛盾。官方勘灾查赈之时，灾民“自应静候地方印委各员查勘”，但告灾闹赈现象常有在灾区发生：“向有土豪地棍，倡为灾头名色，号召愚民，敛钱作费，到处连名递呈。或于委员查勘时，暗使妇女成群结队，混行哄闹。本系无灾而强求捏报，或不应赈而硬争极次，往往酿成大案”[⑥]。对于故意扰乱救灾程序、或借灾渔利的普通民人，《大清律例》也规定了严厉的惩处条文。比如，如果人户将成熟田地移坵换段，冒告灾伤者，计所冒之

① （清）柳堂：《灾赈日记》，《中国荒政书集成》第 11 册，第 7416 页。
② （清）柳堂：《灾赈日记》，《中国荒政书集成》第 11 册，第 7419 页。
③ （清）柳堂：《灾赈日记》，《中国荒政书集成》第 11 册，第 7424 页。
④ 乾隆《海宁州志》卷七，乾隆四十年修、道光二十八年重刊本。
⑤ （清）方大湜：《平平言》，但湘良“序”，《官箴书集成》第七册，第 592 页。
⑥ （清）汪志伊辑：《荒政辑要》，《中国荒政全书》第二辑第二卷，第 580 页。

田，一亩至五亩，笞四十，每五亩加一等，罪止杖一百。[①] 再如，若乘地方歉收，有伙众抢夺，"扰害善良，挟制官长"，或者因赈贷稍迟，即有"抢夺村市、喧闹公堂及怀挟私愤、纠众罢市辱官者"，俱照光棍例治罪。虽然如此，告灾闹赈在救灾中仍然常有发生，告灾闹赈成为影响灾区社会秩序的重要因素，也使得救灾进程中的官民关系变得复杂敏感，这对州县官的应变能力也提出了重大挑战。如果州县官对此类事件处理不力，"营私怠玩，激成事端，及弁兵不实力缉拿，一并严参议处"[②]。

惠民水灾中，也出现了灾民闹赈现象，查放急赈时，因和字村灾情甚重，房屋倒至一半，柳堂挑出部分从急赈余款中予以散放，未想到因此一举，灾民"求者盈门，竟至舌焦唇敝，开导不去"，最后"非怒目厉声加之不可"，这让柳堂感慨"愚民无知，可恨又复可怜"，最后许以普赈才散去[③]。对于灾民闹赈，清代救荒书中指出，州县官不能只当"长厚者"或"柔懦者"，而是应该"严"字当头，既应针对此种现象"严切晓谕，加意防查"，还要对闹事的灾头"严拿详究，毋稍宽纵"，有犯即惩，毋任聚集滋事[④]。柳堂基本上也是这样做的。在李家庄放赈时，有生员王某出言不逊，饶舌不休，又指使妇女来滋闹，柳堂"怒不能平"，后"以盛气临之"[⑤]。聚众闹赈人数较多的一次是开办粥厂之时，因为灾民凭签领粥，所以有求签者百余人聚满街巷，以致县署大门内外拥挤不通。柳堂"厉声"令"走者免究，否则重惩不贷"，之后"走者已过半"[⑥]。当然，有时只靠"严"字也很难解决问题。放赈之时，官民沟通颇不容易，柳堂认为"尤难在点名，所有聋聩老妇，非十问不应，即问此答彼，竭尽气力呼之，始问出姓名，而住址又多歧，以忽说娘门，忽说婆门也。其黠者即乘此冒名将票诓去"，人心之诈，

---

① 《大清律例》卷九，第192页。
② （清）薛允升：《读例存疑》卷二十七，刑律之三，翰茂斋光绪三十一年刻本。
③ （清）柳堂：《灾赈日记》，《中国荒政书集成》第11册，第7414页。
④ （清）汪志伊辑：《荒政辑要》，《中国荒政全书》第二辑第二卷，第580—581页。
⑤ （清）柳堂：《灾赈日记》，《中国荒政书集成》第11册，第7416页。
⑥ （清）柳堂：《灾赈日记》，《中国荒政书集成》第11册，第7430页。

"其穷使然耶，亦余之失教耶!"① 与前述相比，赈灾过程中，灾民在上司或钦差来时拦舆呈控或屯聚闹赈者更让州县官倍感压力。虽然这种现象也是赈灾中的"常事，到处皆有梗玩不化者"，但这无疑与州县办赈成效密切相关。钦差来到惠民时，有妇女以"未得食粥"等原因集聚在钦差行辕，"驱之不去，闹更甚"，经人劝导才离开。经过暗访，闹赈者中"一荡妇无耻，不应食"，另一个有签二支，已食月余，"殊堪痛恨"②，最后将此二人"掌责示惩"③。灾民在上司面前闹赈呈控不仅与州县官政绩相关，也是平素官民关系的体现。此次水灾，与惠民县相邻的阳信县灾民去钦差行辕呈控本县知县办灾不力，柳堂认为，"阳信县令有眼疾，查灾固稍差，而阳信百姓亦未免过矣"，他感概"民嵒可畏者此也"，认为"作父母官平日不可不与民联络一气也"④。

从上述可见，救灾中官民之间的关系也是一种博弈关系。惠民水灾中，报灾不实者有一百多村，其中有客观原因，如水一过不留，田禾无伤者，但柳堂认为，主要的原因在于"大抵小民贪恩，妄生希冀，一验不实，伊自无话说，若不勘验，便啧有烦言，刁者且上控矣"⑤。为了保障灾区的社会秩序，州县官对涉及赈灾的司法案件比较重视："灾案关乎民命，非寻常词讼可比"⑥。《灾赈日记》中记载的灾案主要有两起，一起是审理纲口李家、王平环家二庄李化林等三人控告刘喜父子因灾舞弊案，经查系捏控。⑦ 另一起是李法崑呈控首事李明兰冒赈案。此案首事李明兰将该庄不应入赈的绅士李凤冈父子名字写入赈册，李凤冈父子并不知情，得知后向李明兰追问，"明兰无以对，因痛加呵斥"，李法崑因与李明兰有"讼嫌"，借此呈控李明兰冒赈，李凤冈后督同李明兰将浮领之钱分散该庄穷民。经由此案，柳堂称赞绅士李凤冈为"端人"，从此结为知己。《灾赈日记》编成后，柳堂请李凤冈校阅，因为

① （清）柳堂：《灾赈日记》，《中国荒政书集成》第 11 册，第 7441 页。
② （清）柳堂：《灾赈日记》，《中国荒政书集成》第 11 册，第 7437 页。
③ （清）柳堂：《灾赈日记》，《中国荒政书集成》第 11 册，第 7439 页。
④ （清）柳堂：《灾赈日记》，《中国荒政书集成》第 11 册，第 7441 页。
⑤ （清）柳堂：《灾赈日记》，《中国荒政书集成》第 11 册，第 7435 页。
⑥ （清）柳堂：《灾赈日记》，《中国荒政书集成》第 11 册，第 7404 页。
⑦ （清）柳堂：《灾赈日记》，《中国荒政书集成》第 11 册，第 7439 页。

“记事直笔”而叮嘱其“慎密，不足为外人道也”，可见二人之交好。李凤冈为《灾赈日记》做序、跋、题词，称赞柳堂“痌瘝切肺腑”，“夫人而知其勤民矣”[①]。从柳李二人之交好，也略可看出州县官与士绅间的相互合作和支持。

清代有“州县之权重于大吏”的说法，原因即是“一州一县得人，则一州一县治；天下州县得人，则天下治，督抚藩臬道府不过以整饬州县之治为治而已”[②]。关于州县官对于地方治理的重要性，柳堂自己也认为：“知县，官之小者也，而所系甚大，以之治民，官民一体，则协气旁敷。”[③] 所谓“救灾贵在得其人”，透过柳堂《灾赈日记》的记载，大体可以观察到晚清州县官的素质和能力在救灾过程中所起的重要作用。在清代救灾立法中，对报灾、勘灾、蠲免、缓征、平粜等救灾环节和活动中官员的失责行为，均设有详细的惩处条文，如对报灾迟延的地方官，《清会典事例》规定：“如州县官迟报，逾限半月以内者罚俸六月，逾限一月以内者罚俸一年，逾限一月以外者降一级调用，逾限两月以外者降二级调用，逾限三月以外、怠缓已甚者革职。”[④] 从《灾赈日记》看，州县救灾基本能够按照救灾程序有序开展，说明州县官的操守与救灾制度为救灾体系的有序运作提供了强大的保障。另外，《灾赈日记》也较为具体地展现了州县官在救灾实践中的心态变化，以及救灾中州县官所处的官与民的复杂的人际网络。清代除了地方各级政府外，中央和地方还派设办赈大臣和委员作为临时性的救灾人员，从体制上讲，清代救灾行政系统能够层层监督，职责明确，而且上下相通，灵活有序。然而，从其具体运作来看，层层相因的救灾体制使得州县官的权力极小，但是担负的责任却极大。同治年间，曾国藩曾指出当时的州县官“多以办灾为难”：“州县之不乐办灾，非尽恐免征之后办公无资，亦由赈事繁重，对百姓则易于见怨，难于见德，对上司则易于见过，难于见

---

① （清）柳堂：《灾赈日记》，《中国荒政书集成》第11册，第7445页。

② （清）方大湜：《平平言》，“凡例”，《官箴书集成》第七册，第593页。

③ （清）柳堂：《宰惠纪略》卷四，光绪二十七年刻本，

④ 光绪《清会典事例》（一），吏部二，卷一百一十，吏部九四，处分例三三，赈恤，第415页。

功耳"[①]。从州县官的救灾活动也可以看出，叠床架屋式的清代州县监察机制严重制约了州县官的施政权力，《灾赈日记》所描述的"世态之炎凉""民情之诈谖"，"仕途之险峻"，"职守之劳瘁"[②]，或可看做是对曾国藩所言的具体例证。

---

① （清）曾国藩：《遵查畿南灾歉酌拟赈疏》，（清）盛康辑：《皇朝经世文续编》，卷四十五，思刊楼光绪二十三年刊版。

② （清）柳堂：《灾赈日记》，《中国荒政书集成》第11册，第7445页。

第十章

清代救灾人事制度的成效及困境

清代没有常设的救灾机构和专职人员，其原因，一是因为清历朝皇帝对荒政非常重视，救灾之事往往亲自过问、亲自决策，督抚、知府、知州、知县等即是一省、一府、一州、一县的救灾总管，因此无须另设其他救灾机构和官吏；二是因为救灾对时间性要求极强，若设立常设机构，平时徒靡开支，临灾又人手不够。虽然不设常设机构，但是依托行政系统及法律制度，清代建立了一套严密、完整的救灾机制[①]。在皇帝的统一驾驭下，从中央机关到地方州县，皆确立了相应的救灾职责和监督机制，与此同时，清代政府逐步建立了临时救灾机制，其中，除了临时性救灾机构的设置外，主要体现为各级临时救灾官员的派设。考之既有研究，李向军在《清代荒政研究》第五章中对清代救荒用人制度作了分析，认为清政府在救荒用人方面建立了一套独特的管理与监督方法，“措施得当，制度完备”，是保证救灾工作得以顺利进行的重要原因[②]。法国学者魏丕信在《18 世纪中国的官僚制度与荒政》中对清代救灾中地方人事所存在的问题及解决办法予以阐释[③]。本章以清代临时救灾官员的派设为例，对清代救灾人事制度的制定及运行实效、困境进行一点分析，以期对清代救灾机制进行更为详细的观察和评估。

---

① 李向军：《清代荒政研究》，第 76—77 页。

② 李向军：《清代荒政研究》，第 76—80 页。

③ ［法］魏丕信：《18 世纪中国的官僚制度与荒政》，第 69—78 页。

一 清代临时办赈官员的派设

清代灾荒频仍，省、道、府、县各级行政长官皆把救灾当作最为重要的工作内容之一。所谓“办理灾赈，乃疆臣最为切要之事”①，“办理赈务，全在地方州县得人，庶不至有名无实”②，但是在清代政法合一的制度之下，如果灾情较重，督抚和州县官事务繁忙，让其遍历灾区是不可能的，因此，就必须委派相应的人员，协助地方官查灾办赈。为了帮助和监督地方救灾，清代逐步建立了因灾派设办赈官员的制度。具体来说，清代的临时办赈官员主要包括以下三种类型：

（一）中央察赈大臣的派设

在救灾进程中，清代帝王时有委派官员前往灾区查勘办赈。中央察赈大臣的派设并不固定，临时性和灵活性更加突出。乾隆帝曾经说：“向来简派察赈大员，或因旱涝重灾，或因封疆之吏措置未善，致干纠劾，是以降旨举行，非可援为成例。”③ 派设察赈大臣，主要目的是加强灾区的办赈力量，提高救灾效率：“若遇大荒之岁，赤地数千里，饥民数百万，则必特遣大员，会同督抚办理，方可期其有济。”④ 康熙四十二年（1703），山东连年饥荒，又遭遇雨水连绵，地方官虽然已奉令将灾区正赋蠲免，并采取了相应的赈济措施，但灾情依然严重，百姓颠沛流离。康熙帝一面斥责山东省“官员平日不知重积蓄，备荒灾，所以一遇凶年，束手无策”，因而将全省官员停止升转，一面委派大臣分三路前往赈济。其中自泰安至郯城为中路，派工部侍郎穆和伦去；自济南至登州为东路，派户部侍郎辛保去；自德州至济宁为西路，派刑部侍郎卞永誉去。又因截留漕粮亦属紧要事情，派漕运总督桑额也赴山东，亲

① 《德宗景皇帝实录》（六），卷四百三十六，光绪二十四年十二月，第737页。

② 中国第一历史档案馆藏：上谕档，第1425册，第203页。

③ （清）姚碧辑：《荒政辑要》，《中国荒政全书》第二辑第一卷，第765页。

④ （清）彭世昌：《荒政全策》，（清）饶玉成编：《皇朝经世文续编》卷四十一，户政十六，荒政一。

自指挥漕粮的截留。[①] 有的办赈大臣还被加以钦差衔。乾隆十七年（1752），直隶境内东光、武清等近四十州县发生蝗灾，直隶总督方观承奏参武清县知县沈守敬奉行不力、昏愦无能，乾隆帝屡次传旨申饬方观承于捕蝗之事，“不可不亲临查看，非可专委之地方官，以禀报了事而已”[②]，又派侍郎胡宝瑔以钦差身份前往督率地方员弁实力扑除，遇地方官有奉行不力者，即行参处[③]。谈到钦差大臣办赈的权力，乾隆帝曾言：“昔汲黯非查灾之使臣，尚可便宜行事，况亲承朕命查灾赈之大臣乎？”[④] 也就是说，钦差大臣可以代表皇帝全权处理一切赈济事务。另外，前往灾区的察赈大臣，多有以谙熟灾区情况、或者熟悉治河之道者充任。有的学者认为，清中央经常派遣钦差督察治河工程，其原因包括地方官员业务不熟、推诿扯皮，或者需要处理紧急治河事务等。[⑤] 乾隆二十六年（1761），因黄河在河南祥符等处漫口，河南巡抚常钧刚刚上任，尚不熟悉河务，上谕因此任命吏部侍郎裘曰修为钦差大臣，前往灾区查办赈务，其原因就是因裘曰修“于河务水利，曾经派办，全河经纬，自有成竹”[⑥]。随后，又派江南河道总督高晋赴河南协助经理，其原因也是因为高晋“久任南河，诸事熟谙”[⑦]。

（二）地方办赈委员的设立

1. 地方查赈委员的设立

中央派设的察赈大臣“非可援为成例”，但是，地方办赈委员的设立，则逐渐形成制度。如前已经提及的，顺治到康熙朝，对督抚要否亲勘的规定，有所反复。顺治十六年（1659），准报灾地方由抚按遴选廉明道府厅官履亩踏勘，不得徒委州县。康熙七年（1668），定督抚亲自勘灾例，规定直省凡有水旱蝗蝻等灾，地方官迅速报告督抚，督抚减带

① 《圣祖仁皇帝实录》（三），卷二百一十二，康熙四十二年七月，第157—158页。
② 《高宗纯皇帝实录》（六），卷四百一十四，乾隆十七年五月上，第421页。
③ 《高宗纯皇帝实录》（六），卷四百一十五，乾隆十七年五月下，第434页。
④ 《高宗纯皇帝实录》（三），卷一百七十六，乾隆七年十月上，第268页。
⑤ 王瑞平：《清代钦差大臣巡视治河工程原因探析》，《中州学刊》2019年第2期。
⑥ 《高宗纯皇帝实录》（九），卷六百四十一，乾隆二十六年七月下，第164—165页。
⑦ 《高宗纯皇帝实录》（九），卷六百四十二，乾隆二十六年八月上，第182页。

人役，亲踏详勘，确定分数。次年，即以督抚事务繁多，停止督抚亲勘例，有司核实具报后，由督抚即委廉干官减从踏勘。[①] 雍正六年（1728），进一步明确地方勘灾的程序："州县地方被灾，该督抚一面题报情形，一面于知府、同知、通判内遴委妥员，会同该州县迅诣灾所，履亩确勘，将被灾分数按照区图村庄分别加结题报。"[②] 此后勘灾、查赈、放赈中派遣查赈委员，一直成为救灾程序中的重要环节。比如，光绪二十四年（1898），山东惠民县境黄河决口，从省城派往该县查放急赈的委员有知县傅鲁生、彭晓峰、典史杜小村等。他们携带赈银三千两来到惠民，分路查放急赈。查放冬赈时，被派往惠民县的查放冬赈委员有即用知县王玉堂、候补州判宋遇滨、候补县丞王小堂，查赈时分为四路，由三位委员和知县柳堂各领一路。[③]

2. 协办官

清代曾严禁教官杂职充任查赈委员。康熙十五年（1676）议准，勘灾如果不委厅官印官，而委教官杂职查勘，原委官应罚俸一年。[④] 但是，因厅印官毕竟有限，所以乾隆二年（1737）定例称："诚以灾黎待恤，恐稽时日，故偶委佐杂分头踏勘，亦一时权宜，未便概行禁止。"这类委员与督抚所委派复勘的厅印官不同，被称为"协办官"[⑤]。协办官的人数，由州县官根据各村庄灾册计算，向知府申请委派相应人员，如果本府可以派出的佐杂等仍不够用，可以再禀请督抚、布政使调发候补试用等官分办。[⑥]

由于地域、灾情的不同，各省委员办赈并无统一章程，所以派出办赈委员的人数不尽一致，查赈委员和协办官常常同时派发。如前所提及的，乾隆八年（1743），在对直隶旱灾的赈济中，方观承称其分派委员

---

① （清）伊桑阿等纂：《大清会典》（康熙朝），第1卷，第227—228页。

② 光绪《清会典事例》（四），户部三，卷二百八十八，户部一三七，蠲恤二三，奏報之限，第366页。

③ （清）柳堂：《灾赈日记》，《中国荒政书集成》第11册，第7411页。

④ 光绪《清会典事例》（二），吏部二，卷一百一十，吏部九四，处分例三三，报灾逾限，第415页。

⑤ （清）姚碧辑：《荒政辑要》，《中国荒政全书》第二辑第一卷，第745页。

⑥ （清）李侪农编：《荒政摘要》，《中国荒政全书》第二辑第四卷，第521页。

的办法是，视地方大小决定派员多寡，厅印官一般委派一人或二人，佐杂同时配备三四员或五六员。道光二十八年（1848），江苏仪征发生特大水灾，江苏省先后三次派委员前往勘灾，首次会勘，派试用从九品叶廷芬，第二次会勘，派江苏既补知府王梦龄，第三次会勘，委派江苏既补知府王梦龄、江苏即补知府王在仪前往。在仪征的协办官员有8人，其中包括候补县丞谢时若，候补盐大使徐友庚，仪征县旧江司巡检李成荣、税局朱大受、署典史钱庆恩等5人，另外县丞方榆专管监督挑夫起卸仓谷，教谕杨孚民、训导茅本兰负责监放义谷。[①] 此外，办赈委员的选择除了依据级别外，才干、性情等都是应当考虑的因素。方观承指出："夫办员固视其才之何若，又当察其性情之宽严而器使之，使宽厚者当重灾，则虽滥而不至伤惠；刻核者当轻灾，则虽遗而不至屯膏；反是，则交失之矣。"[②] 在委员查赈的具体方式上，确定派出委员后，由总理赈务的道员按照议定的查赈规条，带同各厅印官先清查一两天，让其领会方法。厅员再带同派随的佐杂教职清查一两天，使佐杂人等也领会规则。然后各委员按照派定的村庄，四出分查。道府等官员则不时巡历，按委员提供的赈簿进行抽查。若有弊端，"惟承办之员是问"[③]。

3. 委员的经费及监督办法

委员勘灾查赈的经费，若是知府、州县官等正印官，因其俸禄优厚，不准支给盘费。教职及县丞、佐杂、候补、试用等官由官府按日拨付盘费，这也是保障委员能安心办赈的重要因素："守土之官查办，是其专责；佐杂各员，或以事非切己，不能认真赶办，所贵平日之诚信相孚，而临时舟车资斧从优佽给也。"[④]《户部则例》中对各省委员每日的盘费银均有详细规定。这里列表如下：

---

① （清）王检心：《真州救荒录》，《中国荒政书集成》第6册，第3758页。
② （清）方观承辑：《赈纪》，《中国荒政全书》第二辑第一卷，第617页。
③ （清）方观承辑：《赈纪》，《中国荒政全书》第二辑第一卷，第508页。
④ （清）方观承辑：《赈纪》，《中国荒政全书》第二辑第一卷，第467页。

表 10－1　　各省委员每日盘费银表

省份	奉天	直隶	山东	河南	江苏、安徽、湖南	江西	浙江	湖北	甘肃	陕西
每日盘费银	一钱五分至三钱①	二钱六分六厘	一钱	一钱	一钱至三钱②	一钱	一钱	一两	一钱	八分

上表可见，各省委员日给盘费银不尽一致，大致在一钱至三钱之间③。总之，委员不能向地保勒索盘费，更不许和地方绅衿交往，收受礼物。委员协办本身就是因为印官一身不能兼顾，灾赈事务头绪纷繁、地方辽阔的情况下，为了防止委员与州县官之间在灾赈事务上产生分歧，以致办理参差，双方必须先将救灾章程“公同细讲，和衷妥办”，“凡有临时饬办事宜，亦即分抄细看遵办，切勿各逞臆见，办理参差”④。办赈委员勘灾查赈时，必须亲历村庄，挨户亲查，查报饥口后由委员亲自当面登记到烟户册上，添给赈票，期间决不能假手地保胥吏代查代报，以此从程序上限制地保胥吏的权力，防止其从中擅权。乾隆二十二年（1757），因为有感查赈委员往往以例无处分，从而乘机扶同具结，虚应故事，上谕勒令嗣后委员中如有查灾不据实结报，办赈不实心挨查，草率从事者，由督抚查明参处，并且永着为令。⑤《大清律例·户律·田宅》“检踏灾伤田粮”条也规定：“若初复检踏，有司承委官吏不行亲诣田所，及虽诣田所，不为用心从实检踏，止凭里长、甲首朦胧供报，中间以熟作荒，以荒作熟，增减分数，通同作弊，瞒官害民者，各杖一百，罢职役不叙。”⑥

查赈过程中还应严防胥役、乡保擅权。印委各官务必亲自查赈的基础上，禁止胥役直接操控审户等事：“至于本处胥役，惟委员随一二名

① 巡检典史等官每日盘费银一钱五分，经历教职等官每日盘费银三钱。

② 教职佐杂每日盘费银一钱，试用候补官每日盘费银三钱。

③ 《钦定户部则例》，卷八十四，蠲恤二，同治十三年校刊本。

④ （清）汪志伊辑：《荒政辑要》，《中国荒政全书》第二辑第二卷，第 570 页。

⑤ 光绪《清会典事例》（四），户部，卷二百八十八，户部一三七，蠲恤二四，灾伤之等，第 288 页。

⑥ 《大清律例》卷九，第 192 页。

以供缮写，使令不许干预核户之事”。地方官及查赈委员对里保蠹役等亦应严加约束，厉行监督。乾隆朝《户部则例》规定：“凡灾地应赈户口，应委正佐官分地确查，亲填入册，不得假手胥役”，“倘有不肖绅衿及吏役人等串通捏冒，察出革究。若查赈官开报不实，或徇纵冒滥，或挟私妄驳者，均以不职参治”。另外，是从办灾经费上确保胥吏的口粮杂费从公费中动用报销。各省发放的胥吏的口粮费用各不一致。这里将各省佐杂教职的盘费银数及书吏跟役的饭食银数列表如下①：

表 10－2　　**佐杂教职、书吏跟役办赈盘费及饭食银数表**

省份	佐杂教职日给盘费银	书吏跟役数	书役日给饭食银
直隶	二钱六分六厘	4	四分
奉天	一钱五分至三钱	跟役 1—2 人，书役 2—4 人	一钱
山东	一钱	跟役 4	跟役五分，书役六分
山西			六分
河南	一钱	承书 1，跟役 1	三分
江苏、安徽、湖南	一钱		五分
福建			二分
江西	一钱	跟役 1	三分
浙江	一钱	2	三分
湖北	一两		
陕西	八分		四分
甘肃	一钱	1	五分
云南		书办 1，差役 1	米一京升，盐菜银一分五厘

二　清代救灾人事制度的成效

从中央到地方的临时救灾官员的设置，成为清代救灾机制的重要组成部分，其对提高救灾效率、完善和监督地方行政系统的救灾职能发挥

① （清）汪志伊辑：《荒政辑要》，《中国荒政全书》第二辑第二卷，第 595 页。

着积极的作用。大体来看，包括如下几个方面：

（一）上下相通，补地方赈济力量之不足

依据救灾进程和灾区情况，从中央到地方的各级临时性救灾人员的派遣，可以在很大程度上弥补常设行政机构在救灾方面人力不足的问题，使勘灾、放赈等救灾工作落实得更加全面而细致，同时有助于中央对各地救灾工作的及时掌控和指导。所谓救灾如救火，而每当灾害来临，地方官因掌管地方一切行政事务，难以集中全部应对灾情，委派大臣则得以专办赈务，可以提高救灾效率："若遇大荒之岁，赤地数千里，饥民数百万，则必特遣大员，会同督抚办理，方可期其有济。"① 康熙五十九年（1720），陕西接连歉收，急需赈济，由于西北用兵，地方官员大半在军前办事，康熙帝因此先派漕运总督施世纶前往陕西，协同陕西总督鄂海办赈②，后又派部院官分西安、延安、兰州三路赈济。施世纶是年十月赴陕，次年六月因陕西得雨，才回到原任。③ 对地方官而言，"州辖一州，县辖一县，或一二百里，或二三百里，被偏灾者尚可料理，普灾则应办事尤多，岂能兼顾，则委员重矣"④。查赈委员的派设，有助于克服基层官僚组织人员之不足，避免胥吏乡保从中擅权。由于临时救灾人员专门负责救灾，也可以使州县官可以有时间继续关注其他日常性事务。临时救灾人员中不乏秉公办事、殚精竭虑的贤能之员，他们对赈灾进程的良性运作发挥了积极的作用。如雍正七年（1729），淮安大水。教谕王之麟被委派分勘安东饥户，他乘小舟行田中，出入泥淖，遍历村庄，得饥民万余口上报。县令认为饥口太多，请减掉部分再上报。王之麟则说："是嗷嗷者不赈且不活，减之孰当死者？"适逢布政使前来巡查，王之麟哭诉灾民困苦情状，请按册全赈，得到了布政使

---

① （清）彭世昌：《荒政全策》，（清）饶玉成编：《皇朝经世文续编》卷四十一，户政十六，荒政一。

② 《圣祖仁皇帝实录》（三），卷二百八十九，康熙五十九年十月，第815页。

③ 《圣祖仁皇帝实录》（三），卷二百九十三，康熙六十年六月，第848页。

④ （清）徐栋辑：《牧令书》，《官箴书集成》第七册，第263页。

的同意。万余饥民因此得以活命。[①] 这些临时救灾人员事实上对沟通中央及地方各级官府、肃清灾赈弊端产生了积极的影响。

(二) 灵活机动，有效提高办赈效率

明代御史钟化民谈及明代救灾效率之低时称："往时赈济，郡邑申详，司道转呈，文移往来，或经千里，迟疑顾虑，延搁时日。及其得请，灾民且沟瘠矣。"[②] 制度冗沓、信息传递滞缓，都是导致救灾效率低下的重要原因。清代的临时救灾官员系因时制宜而设，这一方面避免了冗官冗费导致的人事和财政的负担，另一方面，查赈大臣，尤其钦差大臣被付以便宜行事之权，可以不拘泥常例，迅速、灵活地处理相关事务，从而保障救灾进程迅捷有序地进行。方观承称，乾隆七年（1742）直隶的救灾信息可以达到"朝奏而夕报可"[③]。嘉庆六年（1801），永定河决口，直隶交河县泊头三铺因系市镇之区，例不给赈，左都御史、查赈大臣熊枚目睹该处老幼男妇纷纷求赈，所以不拘泥成例，饬令查明户口后给与赈粮一月。嘉庆皇帝夸奖他"所办甚是"[④]。查赈官员们"可以无所顾虑地随时呈报他们认为是必要的报告，而总督必须尽快转递这些报告"[⑤]。这样较为灵活的机制有利于清代庞大的官僚机构及时应对赈灾中的各种危机，从而提升救灾效率，加速救灾进程。魏丕信认为，临时救灾官员的派出，也有利于不受地方积弊干扰，提高办赈效率，这些人"乐于临时分享高级官员和皇帝的部分权威，高高在上，发号施令，那么在救荒的有限时间里，这些人将确实能够克服平时包围着地方政府的那种尔虞我诈和损公肥私的风气"[⑥]。

另外，地方查赈委员的派设，其重要目的之一是提防乡保胥吏的擅权。清代中央到地方皆认为，乡保胥吏素质低劣，往往借办赈中饱私

① （清）杨景仁编：《筹济编》，《中国荒政全书》第二辑第四卷，第76页。
② （明）钟化民：《赈豫纪略》，《中国荒政全书》第一辑，第274页。
③ （清）方观承辑：《赈纪》，《中国荒政全书》第二辑第一卷，第617页。
④ 《仁宗睿皇帝实录》（二），卷八十九，嘉庆六年十月下，第182页。
⑤ ［法］魏丕信：《18世纪中国的官僚制度与荒政》，第68页。
⑥ ［法］魏丕信：《18世纪中国的官僚制度与荒政》，第77—78页。

囊，为所欲为，是影响救灾效率和质量的重要因素。如同方观承所言，如果地方灾情严重，州县官“应办之事正多，而城内早暮亦需弹压，何能分身四乡？至一二教职佐杂，更难责以周遍”，因此只能假手胥役乡地，这类人乘机舞弊，“任情操纵，甚或浮开诡名，侵冒帑项，倥偬之际，不可究诘”①。派设查赈委员即是避开乡保胥吏的重要方式。清朝一再强调，印委各官务必亲自查赈，禁止胥役直接操控审户等事：“至于本处胥役，惟委员随一二名以供缮写，使令不许干预核户之事。”乾隆朝《户部则例》强调查赈委员查赈必须亲力亲为，目的也是为了禁止胥吏插手：“凡灾地应赈户口，应委正佐官分地确查，亲填入册，不得假手胥役”，“倘有不肖绅矜及吏役人等串通捏冒，察出革究。若查赈官开报不实，或徇纵冒滥，或挟私妄驳者，均以不职参治”。查赈委员的派设也是获取灾民信任、从而保障灾区正常秩序的途径：灾民不会把查赈委员“与那些整年勒索自己的、受社会轻蔑的胥吏混同在一起：他们的官阶与行为都与胥吏们不同”②。

（三）层层相因，强化救灾监督

作为清代监察立法的《钦定台规》，在“五城”下设“赈恤”类，在“稽察”下设“京通十六仓”，对防灾救灾中的监督制度做了一定规定。设立以派设临时救灾官员为中心的临时救灾机制，则体现了中央对地方救灾的进一步监督。钦差大臣本身即有“督率”之意，乾隆帝曾言：“地方官习气，往往心存畛域，互相推诿，经钦差在彼督率，自可杜其掩饰观望之弊。”③ 但另一方面，皇帝也明确告诉督抚，若办赈钦差做事不妥，“何妨直奏”④。办赈大臣除了赈济之外，皇帝多半还会令其监督地方官办赈情形，若有办理草率、侵冒不实者即指名题参，若有实力奉行、民情感悦者，也应据实保奏。这些对地方各级官吏能够起到一定的震慑和监督作用，从而有利于减少办赈积弊，提高救灾效率。乾

① （清）方观承辑：《赈纪》，《中国荒政全书》第二辑第一卷，第507页。
② ［法］魏丕信：《18世纪中国的官僚制度与荒政》，第75页。
③ 《高宗纯皇帝实录》（九），卷六百八十八，乾隆二十八年六月上，第703页。
④ 《高宗纯皇帝实录》（七），卷五百四十，乾隆二十二年六月上，第833页。

隆十年（1745），直隶宣化一带被旱成灾，乾隆帝特遣大臣“前往料理”，他后来颇为自得地宣称其结果说，“自觉弊窦稍清”①。嘉庆六年（1801），永定河水灾，嘉庆皇帝因“恐地方官查报不实”，特派台费荫等八位大员分往四路，前往灾区悉心查勘。以后，又派熊枚为钦差大臣，会同直隶总督陈大文一同放赈。提到熊枚的作用，除了督办赈务以外，嘉庆帝还说：“直隶各州县见有钦差大员周历履勘，即有一二猾吏奸胥，自必知所儆惧，不敢从中舞弊。现在正届开放大赈之际，熊枚尤当遵照前旨，设有地方官办理草率、侵冒不实者，立即指名参奏。”②钦差大臣一旦发现灾区有饥民载道，或者有控告官吏侵吞者，或者灾民有未能接受赈济者，即可奏请皇帝，将督抚、司道及州县官予以重处。③

另外，清代对查赈委员的责任、盘费、奖惩等有着明确的规定，并将之写入《大清律例》《户部则例》等的相关条文中。查赈委员与督抚、州县等行政系统官员形成了严格的互相监督制度。除律令规定之外，为了加强对委员的监督，清代一再强调地方官应亲自巡行稽察，“并选干员密委抽查”。如发现冒滥遗漏等弊，“立将原办之委员，按其故误情罪，据实揭参”。受灾州县正印官对查赈委员也负有连带责任：“办赈委员，原系帮同地方官办理，是否妥协，应责成该印官随时稽察。如有重大弊端，除委员参处外，地方官应一并查参，庶不致膜视诿卸矣。”④ 前述道光二十八年（1848）仪征水灾中，知县王检心即称自己对查赈委员“抽查暗访”，这些委员“所查户口均系家家亲到，人人面验，当面给票，不假书差地保之手，办理极为认真”⑤。同时，督抚等地方官也对委员的遴选负相当的责任：“诚使大吏谨择亲民之官，主持赈务，其委查各员亦必遴忠信慈惠者而使之，以至绅士之招延，胥徒之奔走，靡不审慎焉。”⑥

① （清）方观承辑：《赈纪》，《中国荒政全书》第二辑第一卷，第755页。
② 《仁宗睿皇帝实录》（二），卷八十九，嘉庆六年十月下，第181页。
③ 《宣宗成皇帝实录》（七），卷四百四十五，道光二十七年八月上，第571页。
④ （清）方观承辑：《赈纪》，《中国荒政全书》第二辑第一卷，第575页。
⑤ （清）王检心：《真州救荒录》，《中国荒政书集成》第6册，第3758页。
⑥ （清）杨景仁编：《筹济编》，《中国荒政全书》第二辑第四卷，第330页。

三 清代救灾人事制度的困境

根据上述可见，作为清代救灾系统的重要组成部分，以派设临时救灾官员为中心的临时救灾机制发挥着重要的作用。与此同时，还应注意的是，清代诸帝派出办赈大臣的态度都是谨慎的。乾隆帝指出，派遣大臣虽然有助于赈务的迅捷有效，但是，“各省地方辽阔，水旱时有，安能悉遣大臣前往？”除了地广人少、不敷分派这个客观原因之外，派遣办赈官员对行政系统救灾职能的发挥还产生着一定的消极影响，临时救灾机制与地方行政系统之间存在不少矛盾，清中叶以后日趋严重的吏治腐败等原因，更使临时救灾机制陷入困境之中，成为统治阶层无法解决的难题。

（一）办赈官员的派设对地方的扰累

康熙二十三年（1684），河南灾，大臣议请派遣官员前往灾区查勘。内阁学士汤斌则说：“无益也！使者所至，苛扰实甚。州县一闻遣使，辄辍耕以待勘，是再荒也。不如令有司自勘良便。”汤斌认为，若派遣官员前往查勘，即使被派官员本人不苛扰，但在当时的官场积习之下，“亦多增一供亿之烦”①。汤斌所言在很多资料中可以得到印证。查赈大臣、尤其钦差代表天子出巡，其对地方很容易带来相当的扰累。乾隆二十七年（1762），御史永安奏请简派京堂科道查察直隶赈务，乾隆帝则责备永安“于事理实未深悉”。他指出，方观承任直隶总督已久，一切地方民事皆能做到悉心经理：“徒令信使四出，无论于事无裨，设使奉命者人众势纷，其中有一二好事之徒，大则别生掣肘，小则徒增酬应，闾阎岂沾实惠？况此尚畿辅近地耳，设遇远省偏灾，能一一官由中遣乎？”② 地方督抚等遇有钦差过境，往往开宴演戏，俱令首府首县承

① （清）杨景仁编：《筹济编》，《中国荒政全书》第二辑第四卷，第73—74页。
② （清）方观承辑：《赈纪》，《中国荒政全书》第二辑第一卷，第765页。

办。[①] 州县官为了逢迎钦差，更是在数十里外即设马为长探，二十里内设马为短探[②]。乾隆年间，户部右侍郎赵殿最奉命查勘直隶河东等处河道。据其奏称，所过地方，知府州县每于数十里外迎送，甚至有教官率领生员迎接道左。[③] 钦差之外，救灾过程中，州县往往要接受各级上司的监督和检查，督导太过频繁，也容易对州县形成一种变相的干扰。如前所述，袁枚把因捕蝗而前往灾区的各级官员比喻成“有知之蝗”，他认为，这些官员给灾区带来的危害甚至超过了蝗灾本身：“一虫甫生，众官麻集”，“委员武弁之所驿骚，上官过往之所供应，无知之蝗食禾而已，有知之蝗先于食官而终于食民。”[④] 迎来送往之多让灾区的地方官不堪其扰，光绪时山东惠民知县柳堂称之为“非灾而灾”，各类来灾区的官员“星罗棋布，到处居民不安，非灾而亦灾矣。郡守交替，往来灾区，迎送维艰，车户船户亦皆灾民，如病人负戴，穷民添客，亦非灾而灾之类也”[⑤]。

（二）地方官对办赈官员的不合作

在清代不少地方官看来，遣官赈济即是对督抚司道不信任的表现，其对赈灾发挥的消极效应是显而易见的：“国家不能慎简守令于平时，及其灾荒入告，则鳃鳃疑之，岂惟守令，并其司道督抚素倚安危者亦莫不鳃鳃疑之，是以不得不遣官勘察，而所遣者又多以文法为拘，后患为虑。因一人之诈，疑众皆然，惟己之便，不人之需，彼实能沾惠者有几哉？”[⑥] 在这种心态之下，地方官与办赈大臣、尤其钦差大臣之间关系是比较微妙的：“从来地方官不利有钦差，亦向来陋习，而钦差亦往往

① 《高宗纯皇帝实录》（十四），卷一千一百十二，乾隆四十五年八月上，第864页。
② 《高宗纯皇帝实录》（十一），卷八百二十七，乾隆三十四年正月下，第19页。
③ 《仁宗睿皇帝实录》（一），卷五十八，嘉庆五年正月下，第761页。
④ （清）袁枚：《复两江制府策公问兴革事宜疏》，《皇朝经世文编》卷二十，吏政六，大吏，第3页。
⑤ （清）柳堂：《灾赈日记》，《中国荒政书集成》第11册，第7403页。
⑥ （清）李因笃：《荒政》，（清）饶玉成编：《皇朝经世文续编》卷四十一，户政十六，荒政一。

以伺察地方之事为长，此皆非从公起见。”[①] 由于钦差对地方官权力处处掣肘和监督，地方官对于钦差的不欢迎是可想而知的。乾隆二十二年(1757)，徐州等处水灾，上谕命梦麟、裘曰修等为钦差，往来查勘，与地方官会商办理，但据江南总督所奏，“词旨之间，似有不愿钦差在彼之意”。另外，由于办赈过程中常有奉行不力之事，办赈大臣与地方官的责任很难分清，由此容易导致双方互相推委。道光二十七年(1847)，道光帝解释他未往亢旱严重的河南派出钦差的原因，即是恐因此使“该地方官转置身事外”，不愿因此“开推诿之渐”[②]。

地方查赈委员派遣虽成制度，但是在州县官看来，前述办赈委员对本地情况不熟悉，尤其素质参差不一，有时并不能起到好的效果。上一章所提及的惠民县查灾放赈中，柳堂认为做的最符合规范的是自己“自查自放”的距城三十里内的地方，委员负责的地方“则不符者多矣”。其中，办理冬赈的委员王玉堂，柳堂称之“于民瘼毫不关心”、“为谋缺计，只知见好上司”，王玉堂到达惠民县后，查赈时，“至一村，有款待以酒食者，便许以赈。去岁灾案已定，增入数村，皆为此也”[③]。但是，因为惠民县整体救灾成绩良好，这样一个“卑鄙不堪者”，次年仍被委派为惠民县的春赈委员。另外，在州县官看来，委员的增设会加大赈款被盘剥的风险，从知府发往州县的赈款，“在本府衙门留一半，大约幕友、丁役皆有所私之人；以一半交委员，委员亦有所私，再留一半，穷民得者寥寥矣”[④]。除了委员的素质堪忧外，委员的添设也会增加救灾开支，救灾经费短绌之时，如此做法并无必要。

（三）临时办赈官员素质的影响

所谓“建官惟贤，位事惟能”，历代皆把“择人委任”看作是救荒的“第一要事”。清人陆曾禹称：“天下事未有不得人而能理者也，况

① 《高宗纯皇帝实录》(七)，卷五百四十一，乾隆二十二年六月下，第859页。
② 《宣宗成皇帝实录》(七)，卷四百四十五，道光二十七年八月上，第571页。
③ (清) 柳堂：《灾赈日记》，《中国荒政书集成》第11册，第7444页。
④ (清) 柳堂：《灾赈日记》，《中国荒政书集成》第11册，第7441页。

歉岁哉?"[1] 从临时救灾官员来看亦是如此，其本身的素质及办赈能力对救灾制度的实施产生着至关重要的影响。清代虽然不乏像我们前面所提及的熊枚那样颇具能力的办赈大臣，但就总体而言，办赈大臣的素质和办事能力各不一一，办赈不力，甚至狐假虎威、贪赃枉法者也大有人在。嘉庆六年（1801），嘉庆帝评论他派往直隶赈济水灾的八位钦差大臣时说，八大臣分四路办赈，其中只有派往南路的台费荫、陈霞蔚所办"实为妥协"。查勘西路的窝星额、广兴仅查至涿州即行回京，所做之事不过是将开写的户口清单具奏，并未能悉心筹划赈济方法。派往东路查勘的阿隆阿、张端城在目击武清、宁河、宝坻等地严重灾情后，并不督同地方官立即开仓赈济，经皇帝面询，又转称民间有新麦，可以暂资糊口，此时不必赈济，嘉庆帝责备其"草率从事，殊负委任"，"大属非是"，因此将此二人交部严加议处，并将窝星额、广兴、阿隆阿、张端城三年内停止升转。[2]

就查赈委员的派设来看，灾赈期限及客观环境制约了委员办赈的实施空间。道光五年（1825），江苏巡抚陶澍论及办赈之弊时说，由于清代规定查赈期限严格，委员下乡后，因为不熟悉当地情况，所以多不谙道路，或不知土语，只好借助于随行书役，书役于是趁机与乡保勾结，互滋蒙混。另外，清代规定州县勘灾查赈期限为四十日，但这其中包括州县初查、委员复查以及造册上报时间，就委员来讲，实际查赈之期一般不过半月兼旬，其间有的村庄相距甚远，或者会遇到雨雪阻滞，乡保知道委员不能长久滞留此地，于是故意引带委员先去远处难处查赈，等到委员精疲力尽，又因为时间短促，未到之处于是只能凭乡保所开给票[3]。这些可以说是影响委员办赈的客观因素。此外，由于委员层次庞杂，素质参差，也在很大程度上影响了赈济的效果。清中叶以后，吏治日趋腐败，委员办赈怠玩已渐成风气："外省怠玩成风，委员查赈，往

---

① （清）陆曾禹：《钦定康济录》，《中国荒政全书》第二辑第一卷，第297页。

② 《仁宗睿皇帝实录》（二），卷八十四，嘉庆六年六月，第108页。

③ （清）陶澍：《陈办灾各弊疏》，《皇朝经世文编》，卷四十二，户政十七，荒政二，第9页。

往视为具文，并不亲历村庄，逐户挨查，一任胥吏虚开丁口，侵冒赈银。"① 在整个官场皆以办赈为利薮的情况下，委员中的廉洁持正之人反被"转深憎恶"。

（四）嘉庆朝关于查赈委员派设的讨论

嘉庆十三年（1808），江苏淮扬水灾，候补知县李毓昌被委派赴江苏淮安府山阳县查赈。山阳知县王伸汉希图联合委员冒领赈银，他向李毓昌等多名委员行贿，李毓昌不肯听从王伸汉捏添户口，并欲将实情禀明布政使，最后反遭王伸汉灭口。山阳冒赈案的发生震动朝野，朝堂之上针对查赈委员的派设进行了热烈的讨论。御史周钺奏请酌易办赈章程，其中欲于地方官查明户口之后，另委道府承办。嘉庆帝则颇为悲观地说："试思道府中又岂尽属贤能，现在宝坻一案，该管东路同知归恩燕即曾需索银三千两，山阳一案，该管知府王毂亦曾收受银二千两。设遇此等道府，令其领放赈银，又岂可信？"另外，道府对于各州县村庄户口并不能亲历周查，势必仍行转派委员分投前往。委员查赈愈繁，州县费用愈广，于赈务无益而有损。② 更有甚者，州县官与委员沆瀣一气，相互包庇和分赃，这种赈灾积弊，即使是皇帝也心知肚明却又无可奈何。嘉庆帝即总结道："地方偶遇水旱偏灾，发帑拯济，从不丝毫靳惜。乃不肖州县，且竟从中侵蚀。官吏多一分侵蚀，穷黎即多几许饿殍。向来疆吏，因办赈地方国帑攸关，未尝不特派多员，会同查办。而委员中存心公正者甚难其人，扶同一气者正复不少，欲杜弊而转多舞弊之人，欲节用而更增分银之吏。"③ 御史甘家斌奏请禁止外省各上司衙门多派委员，以省扰累，嘉庆帝认为"所奏甚是"，他指出，"多一委员，百姓多一番苦累"，要求以后"上司于饬查公事，不得滥委多员，委员等亦不得妄有需索，违者随时惩办"④。嘉庆帝认为，国家赈灾制度设计完美，无需更改，令他痛心疾首的是吏治之坏对荒政的影响：

---

① 《仁宗睿皇帝实录》（五），卷三百六十三，嘉庆二十四年十月，第801页。
② 《仁宗睿皇帝实录》（三），卷二百一十六，嘉庆十四年七月下，第901页。
③ 《仁宗睿皇帝实录》（三），卷二百一十七，嘉庆十四年八月，第924页。
④ 《仁宗睿皇帝实录》（三），卷二百一十九，嘉庆十四年十月，第958页。

"国家办赈章程，良法具在。如果各州县实心经理，该督抚认真查察，自能实惠及民。无如地方不肖之员昧良丧心，视同利薮，而派往查赈之委员等贤不肖亦复回殊，间或有持正之人，而嗜利者多，转深憎恶。"① 无可奈何的嘉庆只能将希望完全寄望于督抚："如督抚等果能一遇灾赈，先行严查核实，而于派往抽查之委员，务择存心公正之人，责成查察，仍随时密加廉访，贤者立加奖拔，不肖者即予纠参，则弊窦渐除，亦无虑小民之不沾实惠"，这说明其无法找到将救灾机制带出困境的良方。

与嘉庆的认识有所不同，有感于山阳冒赈案，赵翼在《檐曝杂记》中感慨，出现这样情况的根本原因在于救灾制度本身存在严重问题："惟向来办赈之法，本尚疏略。盖徒察弊于事后，而未能杜弊于事前也。""放赈时，虽有委员监放，既赈后亦有委员覆查，然官吏不肖者多，或徇隐，或分肥，终属有名无实。"② 赵翼提出了两种解决之道，其一是减价平粜，多设厂座，"限以升斗，俾奸民不能囤贩，仓谷不足，则买运以续之，此最为实惠及民之善政"。如果遇有"灾重必应发赈者"，则注意增加信息的公开性："凡一州县之内，各乡必有村镇聚集之所，计不过数十处。发赈之前，先将饥户姓名，并人口之多寡、赈期之久暂，分贴此数十处聚集之所，使人人皆得见之。事后抽查，亦易见虚实"，这样做就可以杜绝地方官浮开饥口、虚领赈赀的情况，"不防弊而弊自绝"③。赵翼的见解在当时并未引起重视，嘉庆之后诸帝仍片面寄望于依靠道德自律来解决问题，结果不过是导致办赈官员营私舞弊现象层出不穷。道光二十九年（1849），赈济淮扬水灾的过程中，不断发生了办赈委员营私舞弊的案件：江苏盐城县上冈司巡检张震、试用未入流纪煐遴、候补主簿汤致中在分派乡庄查放赈票时，办理不够周妥，又任听乡地人等敛钱指票④；江南天妃闸官韩铎奉委分查盐城灾户，对乡约送给书差钱文并未亲查，即行给票，致有浮冒遗漏。由于张震等四人均系佐杂，上谕因此责问："江南候补及实缺正印各官差委甚不乏人，

① 《仁宗睿皇帝实录》（三），卷二百一十六，嘉庆十四年七月下，第 901 页。

② （清）赵翼：《檐曝杂记》，中华书局 1997 年版，第 113 页。

③ （清）赵翼：《檐曝杂记》，第 113 页。

④ 《宣宗成皇帝实录》（七），卷四百六十二，道光二十八年十二月，第 841 页。

何至以此等微员委办赈务，朕实不解，岂除此佐杂数员，竟无人可委耶?"[①] 而两江总督李星沅的回奏则是，因淮扬被水甚重，灾区较广，所需查赈委员较多，势不能不饬令各管府县就近添委教职佐杂各员帮办[②]。救灾官员的素质，成为嘉道后帝王无法解决的救灾顽疾。晚清以降，随着官赈体制的衰败，民间义赈迅速兴起，义赈人士建立了一整套有别于官赈的办赈章程，比如光绪二年（1876），义绅李金镛制定《海州查赈章程》，其目的即在"破官赈之范围"，该章程中的每一条具体规定，都是对官赈弊端的直接纠正[③]。光绪二十九年（1903）初刊的《义赈刍言》，被许多义赈人士视为赈灾标本，从查户、急赈、总赈、程限等做了详细规定，其中指出，义赈人士"每饭一蔬，不得受官绅一起微末之馈"，"非自买之物，分粒不食。非亲查之户，不得给票"[④]。这些直接针对官赈积弊的措施，既说明了传统救灾机制的极度衰败，也表明了新的社会力量已经代替官方系统，成为近代救灾事业中的生力军。

① 《宣宗成皇帝实录》（七），卷四百六十三，道光二十九年正月，第849页。

② 《宣宗成皇帝实录》（七），卷四百六十四，道光二十九年二月，第861页。

③ 朱浒：《地方性流动及其超越：晚清义赈与近代中国的新陈代谢》，中国人民大学出版社2006年版，第202页。

④ 《义赈刍言》，《民国赈灾史料初编》第一册，国家图书馆出版社2008年版，第147页。

结　语

在汲取传统荒政和法律制度经验的基础上，清朝建立了中国传统社会最为完备、详细的救灾行政法律体系。与这一系统的法律法规体系建设同时，清朝集历代之大成，建立了系统完备的救灾制度，其内容主要包括报灾、勘灾、筹赈、赈灾、善后等多个方面，基本覆盖整个救灾过程。清朝将救灾责任法律化，救灾立法体系严整灵活，从而确保救灾制度有效运行。清代救灾制度远迈前朝，社会效果显著。清朝还十分重视防灾备荒，清代仓储规模之大、制度之严、影响之广，皆达到了传统社会的顶峰。清代系统严整的仓储制度，能够积极稳定粮食市场，灵活调节粮食供求，也提高了清代中央及地方政府抵御粮食安全风险、应对突发事件的能力，从而有利于缓解社会矛盾、维护社会正常发展。同时，清代实行粮价奏报制度，拓宽粮食流通渠道，重农稳粮，提高农业再生产能力，清代为保障粮食安全而采取的一系列政策是对传统重农重粮思想的体现和实践，也是加强国家力量、保持社会稳定发展的重要策略，对于促进经济发展、强化皇权政治发挥着重要作用。清代救灾制度的发展脉络与王朝兴衰同步，存在较为明显的阶段性变化，反映了清代灾害治理能力的不断加强、提高到衰退的过程。

清代救灾制度的运行，主要依托强大的行政系统而进行。清代中央政府和皇帝承担着灾害治理的主体责任。在皇帝的统一驾驭下，从中央机关到地方州县，皆确立了相应的救灾职责和监督机制，形成了皇帝与督抚、州县逐级负责的制度。清朝并将地方政府的救灾职能更加制度化、法律化。与此同时，清代政府逐步建立了临时救灾机制，从中央到地方的临时救灾官员的设置，对提高救灾效率、完善和监督地方行政系统的救灾职能发挥着积极的作用。清代救灾行政系统及其运行，是清代灾害治理的重要组成部分。救灾行政系统的不断完善，提升了灾害治理的制度保障，确保了灾害治理程序的执行和落实，主要体现在如下三个方面：

其一，清代救灾行政系统迅捷有效，职责明确。清朝未设专门的救灾机构，这一方面避免了冗官冗费导致的人事和财政的负担，另一方面，从皇帝到以户部为主的六部，再到督抚、道府、州县，这种救灾系统层层相因，职责明确，使得灾情一旦发生，救灾机制即可以马上启动，救灾工作就能够迅捷有序地展开。中央到地方的各级临时性救灾人员的派遣，又可以在很大程度上弥补常设行政机构在救灾方面人力不足的问题，使勘灾、放赈等救灾工作落实得更加全面而细致，同时也有助于皇帝对各地救灾工作的及时掌控和指导。

其二，清代救灾行政体系层层监督，奖惩分明。清代救灾体系中，皇帝与督抚、州县等形成了逐级负责制度。雍正帝即言："若督抚不得其人，朕之过也；有司不得其人，则督抚之过也。至地方百姓不能为之遂生复性，捍患御灾，则其过专在有司也。"[①] 临时救灾官员与督抚、州县等行政系统官员也形成了严格的互相监督制度。督抚等地方官应该对委员的遴选负相当的责任："诚使大吏谨择亲民之官，主持赈务，其委查各员亦必遴忠信慈惠者而使之，以至绅士之招延，胥徒之奔走，靡不审慎焉。"[②] 除此之外，"荒祲出于天灾，补救则全资人力"[③]。如前所述，会典、则例中对各级官吏的救灾工作制订了严格的奖惩措施，各级救灾人员，上至钦差大臣、督抚大员，下至州县官及胥吏、地保，一旦出现办赈不力甚至中饱私囊的情况，即可依例予以相应的处罚，并且形成杀一儆百的效应。反之，办赈得力之人亦可由上司依例邀叙请奖，或可作为以后擢升的政绩之一："办赈各官，如果实心实力，使灾黎不致失所者，督抚保题；抚绥得宜，办事妥协者，题请议叙。其有不实力

① 《世宗宪皇帝实录》（一），卷五十九，雍正五年七月，第902页。

② （清）杨景仁编：《筹济编》，《中国荒政全书》第二辑第四卷，第330页。

③ 光绪《清会典事例》（二），吏部二，卷一百一十，吏部九四，处分例三三，赈恤，第418页。

奉行，厘剔弊端者题参。若私征勒派，抠克侵肥者，指参计赃科罪。"①

其三，清代救灾行政体系上下相通，彼此支援。依据救灾进程和灾区情况，从中央到地方的各级临时性救灾人员的派遣，一方面可以在很大程度上弥补常设行政机构在救灾方面人力不足的问题，另一方面，查赈大臣，尤其钦差大臣被付以便宜行事之权，可以不拘泥常例，迅速、灵活地处理相关事务，从而保障救灾进程迅捷有序地进行。清代系统完备的救灾行政系统，反映了清代灾害治理体系的不断完善和发展，也说明当时国家治理能力和水平的不断提升。

但是，由于没有专门的救灾机构，受清代行政体系本身的制约，清代救灾法律在运转过程中也显示出其拖沓呆板的特点，清中叶以后日趋严重的吏治腐败等社会原因，则使救灾机制的弊端愈加严重。具体总结为以下几个方面：其一，机构冗沓，相互掣肘。迭床架屋式的机构设置使下级机构权力极小，而担负的责任却极大，这显然不能够调动地方官对救灾的主动性。其二，拘泥文法，消极变通。制度与机构的烦琐、交通条件的不发达导致各级官员不得不耗费很多精力忙于公文的传递："州县上府道，府道上督抚，批拨往还，动经旬月，及闻诸朝廷，而令下已往矣。然此非有司之罪。其失在国家也。"② 其三，欺上瞒下，层层包庇。所谓"有治法尤贵有治人"，整个救灾程序的良性运转，就在于"首择一用人之人为要矣"。事实上，督抚、布政使、州县官都是用人之人，如果督抚可以选择亲民之官主持赈务，精选佐贰人员充任委员，州县官能寻访到缙绅耆硕，任用老实可靠的胥吏，则荒政即可做到排除弊窦、普惠灾民。③ 但是，一旦荒政不得其人，则任何严章峻法不过如同一纸空文。乾隆以后，因吏治日坏导致的救灾机制的种种积弊在史料中比比皆是。

其四，因灾祈禳，重救轻防。清代救灾行政系统是皇权政治的产物，受灾异天谴说的理论影响和束缚，各级行政系统救灾实践的展开，

---

① （清）杨景仁编：《筹济编》，《中国荒政全书》第二辑第四卷，第330页。

② （清）李因笃：《荒政》，（清）饶玉成编：《皇朝经世文续编》卷四十一，户政十六，荒政一，第5页。

③ （清）杨景仁编：《筹济编》，《中国荒政全书》第二辑第四卷，第329—330页。

首先表现为对天象示警、寻求天人感应的反映，受这种“天命主义的禳弭论”的影响，各级政府救灾实践的展开，重救灾而轻防灾，使得“荒政制度表现为警示戒惧、上应天意的国家行为，以回应天灾背后的神秘天意，仅仅集中于解决因灾害造成的民生困乏问题”①。

清代救灾行政系统及救灾制度的运行具象地反映了清代灾害治理的发展脉络，而清代灾害治理的发展脉络也是对清代国家治理能力从发展、鼎盛到衰落的鲜明反映。顺康雍时期，随着清政权的日益稳固，以及农业生产的不断恢复和发展，清代灾害治理能力得以逐步恢复，赈灾成为统治者施政重点，然因中央财力匮乏，国家赈灾力度不够大。乾隆时期，国力日渐强盛，救灾制度在不断的调整中趋于完善。此一时期，国家救灾物资充裕，灾蠲数额不断加大，灾赈次数也逐渐增多。这也说明，康乾盛世作为清代大一统国力增强、社会稳定、经济发展、吏治清明的时期，也是灾害治理能力和水平得到极大提升的时期。乾隆中叶以后，官场日趋腐败，捏灾冒赈之案不断出现，乾隆四十六年（1781），发生了震惊朝野的甘肃捏灾冒赈案。嘉道以降，救灾制度的内容大体变化不大，只是在赈灾实践中根据需要进行了一些变通及调整。由于国库空虚，这一时期国家救灾的特点表现为缓征多而灾蠲少，以煮赈充放赈等。同时，吏治积弊重重，也使得赈灾效果大打折扣，荒政制度渐趋衰落。咸丰朝以后，中央财政愈加匮乏，赈捐成为赈灾款项的第一来源。在疾疫、火灾的应对中，初步实现了相关救灾制度的近代转型。但是随着政治、经济实力的衰退，国家救灾体系日趋式微。民间义赈随之兴起，并在赈灾中发挥了日益显著的作用。

① 卜风贤：《传统荒政何以陷入救灾乏力的历史困境——基于灾害治理史的考察》，《社会科学战线》2024 年第 7 期。

主要参考文献

一　传统文献

光绪《清会典事例》，中华书局 1990 年版。
《光绪会典》，文海出版社 1967 年版。
光绪《钦定六部处分则例》，光绪十八年上海图书集成印书局印。
光绪《山西通志》，光绪十八年刻本。
光绪《天津府志》，光绪二十五年刻本。
乾隆《钦定户部则例》，乾隆四十六年武英殿刻本。
乾隆《钦定吏部处分则例》，蝠池书院出版有限公司 2004 年版。
（清）包世臣：《安吴四种》，光绪十四年重印本。
（清）鲍书芸参定，祝庆祺编次：《刑案汇览》，成文出版社 1968 年影印本。
（清）陈康祺：《郎潜纪闻二笔》，晋石点校，中华书局 1984 年版。
《大清会典》（雍正朝），雍正十年内府刻本。
《大清律例》，田涛、郑秦点校，法律出版社 1998 年版。
《东省通饬》，清抄本。
（清）冯煦主修、陈师礼总纂：《皖政辑要》，黄山书社 2005 年版。
《福建省例》，《台湾文献史料丛刊》第 7 辑，人民日报出版社 2009 年版。
（清）顾廷龙、戴逸主编：《李鸿章全集》，安徽教育出版社 2007 年版。
国家清史编纂委员会灾赈志课题组与中国第一历史档案馆编：清代灾赈

档案专题史料。
（清）贺长龄辑：《皇朝经世文编》，上海广百宋斋光绪十七年校印。
《湖南省例成案》，嘉庆十八年湖南按察司刻本。
《清朝文献通考》，商务印书馆1936年版。
《江苏省例初编》，同治八年江苏书局刊本。
《江苏省例三编》，光绪九年江苏书局刊本。
《江苏省例四编》，光绪十七年江苏书局刊本
《江苏省例续编》，光绪元年江苏书局刊本。
（清）刚毅等修：《晋政辑要》，光绪十五年刻本。
（清）海宁辑：《晋政辑要》，乾隆五十四年山西布政使司刊本。
（清）刘锦藻撰：《清朝续文献通考》，商务印书馆1955年版。
（清）宁立悌等辑：《粤东省例新纂》，道光二十六年刻本。
欧阳辅之编：《刘忠诚公（坤一）遗集》，近代中国史料丛刊，第二十六辑，第252册，文海出版社1968年影印本。
《清实录》，中华书局1986年版。
（清）饶玉成编：《皇朝经世文续编》，同治十二年刊，光绪八年补刻续编，江右饶氏双峰书屋刊本。
（清）葛士浚：《皇朝经世文编》，光绪十四年上海图书集成局铅印本。
沈桐生辑：《光绪政要》，文海出版社1966年影印本。
（清）盛康编：《皇朝经世文续编》，思刊楼光绪二十三年本。
（清）李珍辑：《定例全编》，康熙五十四年荣锦堂刻本。
（清）陶澍：《陶澍集》，岳麓书社1998年版。
同治《钦定户部则例》，成文出版社1968年版。
（清）涂宗瀛等辑：《峡江救生船志》，光绪九年水师新副中营刻本。
（清）王庆云：《石渠余记》，北京古籍出版社1985年版。
（清）王延熙、王树敏辑：《皇清道咸同光奏议》，文海出版社1969年版。
（清）吴汝纶编：《李文忠公（鸿章）朋僚函稿》，文海出版社1967年影印本。

(清) 吴汝纶编:《李文忠公 (鸿章) 全集》, 文海出版社 1980 年影印本。
(清) 锡良:《锡清弼制军奏稿》, 文海出版社 1974 年影印本。
肖荣爵编:《曾忠襄公 (国荃) 书札》, 文海出版社 1970 年影印本。
肖荣爵编:《曾忠襄公 (国荃) 奏议》, 文海出版社 1969 年影印本。
徐珂编撰:《清稗类钞》, 中华书局 1984 年版。
杨一凡、宋北平主编, (清) 伊桑阿等纂:《大清会典》(康熙朝), 关志国、刘宸缨校点, 凤凰出版社 2016 年版。
杨一凡、宋北平主编, (清) 允裪等纂:《大清会典》(乾隆朝), 李春光校点, 凤凰出版社 2018 年版。
杨一凡、宋北平主编, (清) 托津等纂:《大清会典》(嘉庆朝), 王帅一、刘盈皎、王正华校点, 凤凰出版社 2021 年版。
雍正《钦定吏部处分则例》, 蝠池书院出版有限公司 2004 年版。
(清) 张集馨撰:《道咸宦海见闻录》, 杜春和、张秀清整理, 中华书局 1981 年版。
赵尔巽等撰:《清史稿》, 中华书局 1976 年版。
《治浙成规》, 道光十七年刻本。
中国第一历史档案馆藏, 宫中朱批奏折。
中国第一历史档案馆藏, 军机处录副奏折。
中国第一历史档案馆藏, 上谕档。
中国第一历史档案馆藏, 端方档。
(清) 朱寿朋编:《光绪朝东华录》, 中华书局 1958 年版。

二 资料汇编

李文海、夏明方、朱浒主编:《中国荒政书集成》, 天津古籍出版社 2010 年版。
李文海、夏明方主编:《中国荒政全书》, 北京古籍出版社 2002、2004 年版。

全国图书馆文献缩微复制中心编：《清光绪筹办各省荒政档案》，2008年影印本。

水利电力部水管司科技司、水利电力科学研究院编：《清代长江流域西南国际河流洪涝档案史料》，中华书局1991年版。

水利电力部水管司科技司、水利电力科学研究院编：《清代黄河流域洪涝档案史料》，中华书局1993年版。

水利电力部水管司、水利电力科学研究院编：《清代淮河流域洪涝档案史料》，中华书局1988年版。

水利电力部水管司、水利水电科学研究院编：《清代珠江韩江洪涝档案史料》，中华书局1988年版。

水利电力科学研究院编：《清代海河滦河洪涝档案史料》，中华书局1981年版。

水利水电科学院等编：《清代辽河、松花江、黑龙江流域洪涝档案史料、清代浙闽台地区诸流域洪涝档案史料》，中华书局1998年版。

谭徐明主编：《清代干旱档案史料》，中国书籍出版社2013年版。

田涛、郭成伟整理：《清末北京城市管理法规》，北京燕山出版社1996年版。

王国平、唐力行主编：《明清以来苏州社会史碑刻集》，苏州大学出版社1998年版。

谢毓寿、蔡美彪编：《中国地震历史资料汇编》，科学出版社1987年版。

中国社会科学院历史研究所资料编纂组：《中国历代自然灾害及历代盛世农业政策资料》，农业出版社1988年版。

中央气象局研究所等编辑：《华北、东北近五百年旱涝史料》，中央气象局研究所1975年版。

三　近人著作

白丽萍：《清代长江中游地区的仓储和地方社会：以社仓为中心》，中国社会科学出版社2020年版。

卜风贤：《历史灾荒研究的义界与例证》，中国社会科学出版社 2018 年版。
卜风贤：《农业灾荒论》，中国农业出版社 2006 年版。
蔡勤禹、景菲菲等：《近代以来中国海洋灾害应对研究》，商务印书馆 2023 年版。
曹树基主编：《田祖有神——明清以来的自然灾害及其社会应对机制》，上海交通大学出版社 2007 年版。
陈桦、刘宗志：《救灾与济贫：中国封建时代的社会救助活动（1750—1911）》，中国人民大学出版社 2005 年版。
陈业新：《明至民国时期皖北地区灾害环境与社会应对研究》，上海人民出版社 2008 年版。
陈志武：《文明的逻辑：人类与风险的博弈》，中信出版集团 2023 年版。
邓拓：《中国救荒史》，北京出版社 1998 年版。
冯尔康、常建华：《清人社会生活》，天津人民出版社 1990 年版。
冯柳堂：《中国历代民食政策史》，商务印书馆 1934 年版。
冯贤亮：《明清江南地区的环境变动与社会控制》，上海人民出版社 2002 年版。
复旦大学历史地理研究中心主编：《自然灾害与中国社会历史结构》，复旦大学出版社 2001 年版。
高道蕴、高鸿钧、贺卫方编：《美国学者论中国法律传统》，中国政法大学出版社 1994 年版。
高建国：《中国减灾史话》，大象出版社 1999 年版。
郝平：《丁戊奇荒：光绪初年山西灾荒与救济研究》，北京大学出版社 2012 年版。
何汉威：《光绪初年（1876—1879）华北的大旱灾》，香港中文大学出版社 1980 年版。
赫治清主编：《中国古代灾害史研究》，中国社会科学出版社 2007 年版。
贾国静：《黄河铜瓦厢决口改道与晚清政局》，社会科学文献出版社 2019 年版。

贾国静：《水之政治：清代黄河治理的制度史考察》，中国社会科学出版社 2019 年版。
瞿同祖：《清代地方政府》，范忠信、晏锋译，何鹏校，法律出版社 2003 年版。
瞿同祖：《中国法律与中国社会》，中华书局 1981 年版。
康沛竹：《灾荒与晚清政治》，北京大学出版社 2004 年版。
李汾阳：《清代蠲卹制度之研究》，文海出版社 2006 年版。
李嘎：《旱域水潦：水患语境下山陕黄土高原城市环境史研究（1368—1979 年）》，商务印书馆 2019 年版。
李光伟：《清代田赋积欠与国家财政治理》，人民出版社 2024 年版。
李庆华：《鲁西地区的灾荒、变乱与地方应对（1855—1937）》，齐鲁书社 2008 年版。
李文海、程啸、刘仰东、夏明方：《中国近代十大灾荒》，上海人民出版社 1994 年版。
李文海：《历史并不遥远》，中国人民大学出版社 2004 年版。
李文海、林敦奎、周源、宫明：《近代中国灾荒纪年》，湖南教育出版社 1990 年版。
李文海：《世纪之交的晚清社会》，中国人民大学出版社 1995 年版。
李文海、夏明方主编：《天有凶年：清代灾荒与中国社会》，生活·读书·新知三联书店 2007 年版。
李文海、周源：《灾荒与饥馑：1840—1919》，高等教育出版社 1991 年版。
李向军：《清代荒政研究》，中国农业出版社 1995 年版。
刘子扬：《清代地方官制考》，北京紫禁城出版社 1994 年版。
孟昭华编著：《中国灾荒史记》，中国社会出版社 1999 年版。
聂选华：《固本安边：清代云贵地区的灾荒赈济研究》，中国社会科学出版社 2022 年版。
孙绍骋：《中国救灾制度研究》，商务印书馆 2004 年版。
王林主编：《山东近代灾荒史》，齐鲁书社 2004 年版。

王卫平、黄鸿山：《中国传统社会保障与慈善事业：以明清时期为重点的考察》，群言出版社 2005 年版。

吴十洲：《帝国之雩——18 世纪中国的干旱与祈雨》，紫禁城出版社 2010 年版。

吴四伍：《清代仓储的制度困境与救灾实践》，社会科学文献出版社 2018 年版。

夏明方：《近世棘途：生态变迁中的中国现代化进程》，中国人民大学出版社 2012 年版。

夏明方：《文明的“双相”：灾害与历史的缠绕》，广西师范大学出版社 2020 年版。

许大龄：《清代捐纳制度》，文海出版社 1977 年版。

姚清林、刘波、卢振恒、马宗晋：《灾害管理学》，湖南人民出版社 1998 年版。

杨明：《清代救荒法律制度研究》，中国政法大学出版社 2014 年版。

杨一凡、刘笃才：《历代例考》，社会科学文献出版社 2012 年版。

杨乙丹：《中国古代灾荒赈贷制度研究》，商务印书馆 2023 年版。

尹钧科、于德源、吴文涛：《北京历史自然灾害研究》，中国环境科学出版社 1997 年版。

于德源：《北京灾害史》，同心出版社 2008 年版。

余新忠：《清代卫生防疫机制及其近代演变》，北京师范大学出版社 2016 年版。

余新忠主编：《清以来的疾病、医疗和卫生：以社会文化史为视角的探索》，生活·读书·新知三联书店 2009 年版。

袁林：《西北灾荒史》，甘肃人民出版社 1994 年版。

张崇旺：《明清时期江淮地区的自然灾害与社会经济》，福建人民出版社 2006 年版。

张德泽：《清代国家机关考略》，学苑出版社 2001 年版。

张建民、宋俭：《灾害历史学》，湖南人民出版社 1998 年版。

张晋藩主编：《清朝法制史》，中华书局 1998 年版。

张祥稳：《清代乾隆时期自然灾害与荒政研究》，中国三峡出版社 2010 年版。

张艳丽：《嘉道时期的灾荒与社会》，人民出版社 2008 年版。

赵晓华：《救灾法律与清代社会》，社会科学文献出版社 2011 年版。

郑功成：《灾害经济学》，湖南人民出版社 1998 年版。

周琼：《清前期重大自然灾害与救灾机制研究》，科学出版社 2021 年版。

周荣：《明清社会保障制度与两湖基层社会》，武汉大学出版社 2006 年版。

朱凤祥：《中国灾害通史·清代卷》，郑州大学出版社 2009 年版。

朱浒：《地方性流动及其超越：晚清义赈与近代中国的新陈代谢》，中国人民大学出版社 2006 年版。

朱浒：《洋务与赈务：盛宣怀的晚清四十年》，中国人民大学出版社 2021 年版。

[法] 魏丕信：《18 世纪中国的官僚与荒政》，徐建青译，江苏人民出版社 2003 年版。

[美] 李明珠：《华北的饥荒：国家、市场与环境退化（1690—1949）》，石涛、李军、马国英译，人民出版社 2016 年版。

[美] 罗威廉：《救世——陈宏谋与十八世纪中国的精英意识》，陈乃宣、李兴华、胡玲等译，中国人民大学出版社 2013 年版。

[日] 织田万撰：《清国行政法》，李秀清、王沛点校，中国政法大学出版社 2003 年版。

[印] 阿马蒂亚·森：《贫困与饥荒：论权利与剥夺》，王宇、王文玉译，商务印书馆 2001 年版。

[英] 李提摩太：《亲历晚清四十五年：李提摩太在华回忆录》，李宪堂、侯林莉译，天津人民出版社 2005 年版。

四 学术论文

卞利：《论清初淮河流域的自然灾害及其治理对策》，《安徽史学》2001

年第1期。
卜风贤：《中国农业灾害史研究综论》，《中国史研究动态》2001年第1期。
卜宪群：《中国古代“治理”探义》，《政治学研究》2018年第3期。
岑大利：《清代的救灾政策述论》，《中共中央党校学报》2020年第3期。
陈桂权：《环境史视野下的“驱棚”与“伐蛟”》，《贵州师范大学学报》（社会科学版）2018年第4期。
陈桦：《清代防灾减灾的政策与措施》，《清史研究》2004年第3期。
陈丽萍：《近代两湖地区灾荒流民问题的政府调控》，《湘潭师范学院学报》（社会科学版）2006年第5期。
陈业新：《历史时期荒政成效评估的思考与探索——以明代凤阳府的官赈为例》，《学术界》2018年第7期。
池子华、李红英：《晚清直隶灾荒及减灾措施的探讨》，《清史研究》2001年第2期。
冯贤亮：《清代江南沿海的潮灾与乡村社会》，《史林》2005年第1期。
傅育红：《清代雩祭礼制与皇帝祈雨活动》，《历史档案》2022年第4期。
高升荣：《清中期黄泛平原地区环境与农业灾害研究——以乾隆朝为例》，《陕西师范大学学报》（哲学社会科学版）2006年第4期。
龚浩、王文素：《清代粮食储备体系及其问题的现实启示》，《中央财经大学学报》2019年第5期。
江太新：《清代救灾与经济变化关系试探——以清代救灾为例》，《中国经济史研究》2008年第3期。
蓝勇、刘静：《晚清海关〈中国救生船〉与东西洋红船情结》，《学术研究》2016年第4期。
蓝勇：《清代长江上游救生红船制初探》，《中国社会经济史研究》1995年第4期。
李伯重：《信息收集与国家治理——清代的荒政信息收集系统》，《首都师范大学学报》（社会科学版）2022 年第 1 期。
李长莉：《清代救灾体制转换与公共管理近代转型——效能分析与基层案例比较》，《江海学刊》2012 年第 1 期。
李光伟：《清代田赋灾蠲制度之演变》，《中国高校社会科学》2019 年第 2 期。
李光伟：《清中后期山东田赋蠲缓与财政治理》，《山东社会科学》2023 年第 6 期。
李光伟：《康熙天坛祈雨的历史书写与史实考析——兼论康熙雍正灾异观念演变及其影响》，《清史研究》2022 年第 1 期。
李军、石涛：《中国饥荒史研究方法刍议——以〈1690—1990 年间华北的饥荒：国家、市场与环境的退化〉一书为中心》，《中国社会经济史研究》2014 年第 4 期。
李文海：《进一步加深和拓展清代灾荒史研究》，《安徽大学学报》（哲学社会科学版）2005 年第 6 期。
李文海：《〈康济录〉的思想价值与社会作用》，《清史研究》2003 年第 1 期。
李向军：《清代救灾的制度建设与社会效果》，《历史研究》1995 年第 5 期。
李向军：《清代前期的荒政与吏治》，《中国社会科学院研究生院学报》1993 年第 3 期。
李向军：《清代前期荒政评价》，《首都师范大学学报》（社会科学版）1993 年第 5 期。
李向军：《清前期的灾况、灾蠲与灾赈》，《中国经济史研究》1993 年第 3 期。
李向军：《试论中国古代荒政的产生与发展历程》，《中国社会经济史研究》1994 年第 2 期。
梁希哲：《乾隆朝贪污案与惩贪措施》，《吉林大学社会科学学报》1991 年第 4 期。
刘炳涛：《清代雨泽奏报制度》，《历史档案》2017 年第 2 期。

刘炳涛：《清末新政期间地方雨泽上报的变化探析：以顺天府档案为中心》，《历史档案》2024 年第 1 期。
刘宝霞、彭宗超：《风险、危机、灾害的语义溯源——兼论中国古代链式风险治理流程思路》，《清华大学学报》（哲学社会科学版）2016 年第 2 期。
刘沛林：《历史上人类活动对长江流域水灾的影响》，《北京大学学报》（哲学社会科学版）1998 年第 6 期。
刘志刚：《康熙十八年京师大地震与政府反应》，《历史教学》（高校版）2008 年第 20 期。
卢经：《乾隆朝甘肃捐监冒赈众贪案》，《历史档案》2001 年第 3 期。
罗冠男：《清代行政立法理念与路径探析：以〈大清会典〉编纂为例》，《江汉论坛》2003 年第 6 期。
吕美颐：《略论清代灾赈制度中的弊端与防弊措施》，《郑州大学学报》（哲学社会科学版）1995 年第 4 期。
马波：《清代闽台地区主要灾种的时空特征及其与人类活动的关系述论》，《中国历史地理论丛》1997 年第 2 辑。
马万明：《明清时期防治蝗灾的对策》，《南京农业大学学报》（社会科学版）2002 年第 2 期。
马雪芹：《明清黄河水患与下游地区的生态环境变迁》，《江海学刊》2001 年第 5 期。
倪玉平：《试论清代的荒政》，《东方论坛》2002 年第 4 期。
倪玉平：《水旱灾害与清代政府行为》，《南京社会科学》2002 年第 6 期。
倪玉平、马振帅：《清代道光“癸巳大水”研究》，《史学集刊》2023 年第 5 期。
牛淑贞：《试析 18 世纪中国实施工赈救荒的原因》，《内蒙古大学学报》（人文社会科学版）2005 年第 4 期。
牛淑贞：《清代中期工赈救荒资金的筹措机制》，《内蒙古大学学报》（哲学社会科学版）2009 年第 5 期。

彭南生：《晚清无业游民与政府救助行为》，《史学月刊》2000 年第 4 期。
屈春海：《乾隆朝甘肃冒赈案惩处官员一览表》，《历史档案》1996 年第 2 期。
邵永忠：《二十世纪以来荒政史研究综述》，《中国史研究动态》2004 年第 3 期。
宋儒：《2022 年国家治理史研究综述》，《地域文化研究》2023 年第 6 期。
汪波：《康熙十八年京畿大地震的应急机制》，《光明日报》2009 年 2 月 3 日。
王洪兵、张松梅：《清代京畿灾荒与祛灾仪式探析》，《东岳论丛》2011 年第 7 期。
王林：《论清代对灾后流民的防范和安置》，《山东师范大学学报》（人文社会科学版）2009 年第 1 期。
王瑞平：《清代钦差大臣巡视治河工程原因探析》，《中州学刊》2019 年第 2 期。
王亚民：《从〈宰惠纪略〉看晚清知县的乡村治理》《东方论坛》2010 年第 2 期。
王志明：《雍正朝粮食安全政策与措施探析》，《社会科学》2017 年第 8 期。
吴宝晓：《19 世纪的地方政府与荒政——兼论李鸿章在直隶的赈灾活动》，《安徽史学》2007 年第 6 期。
夏明方：《大数据与生态史：中国灾害史料整理与数据库建设》，《清史研究》2015 年第 2 期。
夏明方：《继往开来：新时代中国灾害叙事的范式转换刍议》，《史学集刊》2021 年第 2 期。
夏明方：《救荒活民：清末民初以前中国荒政书考论》，《清史研究》2010 年第 2 期。
夏明方、宋儒：《与灾害共处——在灾害学习中推进中国灾害学理论体系的构建》，《中国人民大学学报》2019 年第 3 期。
杨振姣：《皇权政治与康雍乾时期蠲免政策》，《辽宁大学学报》（哲学社会科学版）2006 年第 2 期。
衣长春、李想：《论清代直隶总督职能的嬗变》，《河北学刊》2021 年第 1 期。
展龙：《从国家治理视域拓展灾害史研究》，《中国社会科学报》2020 年 9 月 28 日。
张杰：《清代康熙朝蠲免政策浅析》，《古今农业》1999 年第 1 期。
张进红：《中国古代灾害治理的理念与策略》，《光明日报》2023 年 9 月 9 日。
张璐：《国家治理视域下清前中期救灾法律及其实践——以 1830 年直隶磁州地震为例》，《理论界》2023 年第 3 期。
张涛：《中国古代灾害治理的历史经验》，《理论学刊》2022 年第 5 期。
张曦：《清代山西灾害治理及现实意义初探》，《山西农业大学学报》（社会科学版）2010 年第 1 期。
张祥稳、余林媛：《乾隆朝灾赈类型考论》，《南京农业大学学报》（社会科学版）2012 年第 4 期。
赵希鼎：《清代总督与巡抚》，《历史教学》1963 年第 10 期。
赵晓华：《救荒无奇策：清代灾赈方式及其特点》，《福建论坛》2023 年第 10 期。
赵晓华：《清代救灾人事制度的成效及困境》，《河北学刊》2020 年第 3 期。
赵晓华：《清代救灾制度为何效果显著》，《人民论坛》2020 年第 1 期。
赵晓华：《清代州县救灾机制研究——以道光二十八年仪征水灾赈济为例》，《山西大学学报》（哲学社会科学版）2015 年第 6 期。
赵晓华：《晚清州县官视野中的救灾活动：以柳堂〈灾赈日记〉为中心》，《华南师范大学学报》（社会科学版）2018 年第 4 期。
赵杏根：《清代棚民问题侧论》，《南京林业大学学报》（人文社会科学版）2014 年第 1 期。

周光辉、赵德昊：《荒政与大一统国家：国家韧性形成的内在机制》，《学海》2021年第1期。

周琼：《清代审户程序研究》，《郑州大学学报》（哲学社会科学版）2011年第6期。

周琼：《清代赈灾制度的外化研究——以乾隆朝“勘不成灾”制度为例》，《西南民族大学学报》（人文社会科学版）2014年第1期。

周琼：《清前期灾害信息上报制度建设初探》，《兰州大学学报》（社会科学版）2021年第4期。

朱浒：《从一尊到多元：晚清社会救济机制的结构性演变及其意涵》，《史学集刊》2023年第1期。

朱浒：《食为民天：清代备荒仓储的政策演变与结构转换》，《史学月刊》2014年第4期。

朱浒：《中国灾害史研究的历程、取向及走向》，《北京大学学报》（哲学社会科学版）2018年第6期。

五　学位论文

付庆芬：《清代蠲免制度研究》，博士学位论文，北京大学，2004年。

郭少妮：《灾害与边疆治理：清代中晚期西藏地区的灾害研究（1736—1911）》，博士学位论文，陕西师范大学，2022年。

黄静：《清代自然灾害救助法制州县实践研究》，博士学位论文，西南政法大学，2017年。

闫娜轲：《清代河南灾荒及其社会应对研究》，博士学位论文，南开大学，2013年。

彭建：《粮食与边疆安全——清代云南粮食供需研究（1736—1856）》，博士学位论文，云南大学，2020年。

王功：《清代甘肃自然灾害与政府应对研究（1644—1840）》，博士学位论文，陕西师范大学，2022年。

李莉莉：《晚清山西灾荒中的官赈机构运作研究》，硕士学位论文，山西大学，2021 年。
杨露：《清抄本乾隆〈河南省例〉整理与研究》，硕士学位论文，暨南大学，2019 年。
张凤鸣《救济与控制：清代乾隆朝“留养资送”制度研究》，硕士学位论文，浙江大学，2008 年。
周全霞：《清代康雍乾时期的民食安全研究》，博士学位论文，江南大学，2009 年。

后　　记

2004年开始，我有幸跟随李文海教授、夏明方教授从事《清史·灾赈志》的编纂工作，按照分工安排，我主要负责“官赈篇”的资料整理和撰写工作。在学习学界研究成果、搜集整理相关史料的过程中，我对清代的救灾制度及其运行产生了浓厚的兴趣。又因为我在中国政法大学工作，此前的研究领域主要在晚清法律社会史方面，因此自然地就将研究重心放在了对清代救灾法律制度的探讨上。2006年，我申报的课题“清代灾赈法规及其运作研究”获得国家社科基金的资助。2010年，拙著《救灾法律与清代社会》由社会科学文献出版社出版。在此之后，我又荣幸地参加了夏明方教授主持的国家社科基金重大项目“清代灾荒纪年暨信息集成数据库建设”，负责光绪宣统朝灾荒纪年的撰写及资料长编的编辑整理工作。2018年，我和团队申获教育部哲学社会科学重大攻关项目“近代救灾法律文献整理及研究”。通过这样一些平台，在整理相关资料的过程中，我对国家治理视域下清代救灾行政体系进行了进一步的思考，相关成果陆续发表在国内部分学术刊物和学术会议上。本书即是在这些成果的基础上，经过进一步整理、修订与补充而成的。

马克斯·韦伯在《以学术为业》的著名演讲中说：“学术生涯是一场鲁莽的赌博。”学术研究具有很大的不确定性，幸运的是，在我的学术成长之路上，得遇很多良师益友，他们严谨的治学精神、达观的人生态度让我受益匪浅。书稿在写作和出版过程中，得到了很多学界前辈和同行的大力帮扶和指导，在此一并表示深深谢忱。书稿定稿之际，时值甲辰年仲春，我正在京西参加封闭学习，公寓门口晚樱盛开，落英缤纷，永远怀念那段“荠花榆荚深村里，亦道春风为我来”的美好时光。清代救灾行政体系与国家治理研究是一个十分系统而宏阔的问题，囿于时间、精力所限，本书对此问题的讨论只是一个粗浅的阶段性成果，恳请学界同行不吝批评赐教。